Hans-Hermann Hertle

Sofort, unverzüglich

Die Chronik des Mauerfalls

Hans-Hermann Hertle

Sofort, unverzüglich

Die Chronik des Mauerfalls

Ch. Links Verlag, Berlin

Das Buch basiert auf der »Chronik des Mauerfalls«, die erstmals 1996 erschienen ist und bis zur 12. Auflage 2009 mehrfach kleinere Ergänzungen erhalten hat. Hier liegt nun eine überarbeitete, aktualisierte und erweiterte Neuausgabe unter modifiziertem Titel vor.

Auch als ebook erhältlich

Die Deutsche Nationalbibliothek verzeichnet diese Publikation in der Deutschen Nationalbibliografie; detaillierte bibliografische Daten sind im Internet über www.dnb.de abrufbar.

3. Auflage, Januar 2020

Prinzenstr. 85 D, 10969 Berlin, Tel.: (030) 44 02 32-0
www.christoph-links-verlag.de; mail@christoph-links-verlag.de
Umschlaggestaltung: Eugen Bohnstedt, Ch. Links Verlag,
unter Verwendung eines Fotos von der Öffnung der
Berliner Mauer am 12. November 1989 am Potsdamer Platz
(Presse- und Informationsdienst der Bundesregierung, Heiko Specht)
Satz: Eugen Bohnstedt, Ch. Links Verlag
Druck und Bindung: Druckerei F. Pustet, Regensburg
Gedruckt auf säurefreiem, alterungsbeständigem Papier

ISBN 978-3-96289-060-5

Inhalt

Anhang

»Schabowskis Zettel«

Vorwort

Ost-Berlin, 9. November 1989, 18.53 Uhr: Günter Schabowski, Mitglied des Politbüros des ZK der SED, teilt am Ende einer internationalen Pressekonferenz, die vom DDR-Fernsehen live übertragen wird, mit, die SED-Spitze habe sich entschlossen, eine Regelung zu treffen, die »die ständige Ausreise regelt, also das Verlassen der Republik«. Dann liest er die neue Reiseregelung, die der Ministerrat beschlossen habe, von einem Zettel ab. DDR-Bürger sollen ständige Ausreisen und Privatreisen ohne Vorliegen der bis dahin geforderten Voraussetzungen beantragen können, die Genehmigungen würden kurzfristig erteilt. »Wann tritt das in Kraft?« fragen Journalisten. Schabowski wirft einen Blick auf seine Papiere, dann antwortet er: »Sofort, unverzüglich!« Wenige Stunden später erzwingen die herandrängenden Ost-Berliner den ersten Durchbruch, sechs Stunden später stehen alle Grenzübergänge zwischen beiden Stadthälften offen, und Tausende von Berlinern tanzen auf der Mauer vor dem Brandenburger Tor.

»Wahnsinn!« war in dieser Nacht, in der sich Ost- und West-Berliner in den Armen lagen, das meistgebrauchte Wort. Katzenjammerstimmung herrschte dagegen am nächsten Morgen im SED-Politbüro.[1] »Uns allen war bewußt«, erinnert sich Hans Modrow an die politische Gemütslage, »daß etwas passiert war, was eigentlich nicht im Sinne der Sache war.«[2] Es wurde gerätselt, wie das Missgeschick hatte passieren können. »Wer hat uns das bloß eingebrockt?« fragte Egon Krenz ratlos auf der Suche nach einem Verantwortlichen[3], bevor er sich – wie auch Günter Schabowski – nur kurze Zeit später die Entscheidung zur »Öffnung der Grenze« selbst zuschrieb.[4]

Wer aber hatte der SED-Führung den Fall der Mauer wirklich »eingebrockt«? Insbesondere um Schabowskis Pressekonferenz ranken sich bis heute Legenden. So wurde vielfach spekuliert, der »Zettel« sei ihm erst während der Pressekonferenz zugeschoben worden, wobei der Phantasie über die Identität des geheimen Zuträgers keine Grenzen gesetzt sind. Entgegen anderslautender Gerüchte handelte es sich bei dem »Zettel« jedoch tatsächlich um ein Dokument des Ministerrates, das Schabowski vor der Pressekonferenz von Krenz ausgehändigt worden war. Es enthielt Bestimmungen für eine Reiseregelung, die am Morgen des 10. November als Beschluss des Ministerrates verkündet werden sollten.

Doch wer hatte die Freigabe von ständigen Ausreisen und Privatreisen, die Schabowski bekannt gab, entschieden? Wirklich der Ministerrat der DDR, wie es in der als ADN-Mitteilung vorbereiteten Presseinformation hieß, und auf »Empfehlung« des Politbüros, wie Schabowski verlautbarte? Hatten Krenz und Schabowski, die Mitglieder des Politbüros und des Ministerrates überhaupt begriffen, dass dieser Beschluss nicht nur »die Situation der ständigen Ausreise von DDR-Bürgern nach der BRD über die ČSSR« veränderte, wie seine Überschrift nahelegte und wie es Krenz nachmittags dem Zentralkomitee und Schabowski abends der Presse suggerierten, sondern an erster Stelle »Privatreisen nach dem Ausland ... ohne Vorliegen von Voraussetzungen« ab sofort ermöglichte?

Sollte ursprünglich gar nur das Problem der »ständigen Ausreise« gelöst werden, und waren Krenz und Schabowski, ja, das ganze Politbüro, der Ministerrat und das Zentralkomitee auf einen »Etikettenschwindel« hereingefallen und von vier leitenden Mitarbeitern des Ministeriums für Staatssicherheit (MfS) und des Ministeriums des Innern (MdI) als den Autoren des Beschlusses übertölpelt oder überlistet worden? Bescherte den Deutschen ein »historischer Irrtum« den Fall der Mauer und in dessen Konsequenz die deutsche Einheit?[5]

Und wenn schon das Ministerium für Staatssicherheit beteiligt war: Könnte der Fall der Mauer nicht Bestandteil oder gar krönender Abschluss jenes »Opus magnum« des MfS gewesen sein, als das Henryk Broder den Umbruch in der DDR interpretiert sehen mochte?[6]

Handelte die SED-Spitze auf Anweisung Gorbatschows, oder in welcher Form sonst war die sowjetische Führung beteiligt? War sie am Ende überhaupt nicht über die Absichten der DDR informiert?

Bestand in der Spitze der SED die Absicht, das »Missgeschick« mit einer militärischen Aktion wieder rückgängig zu machen?

War der Fall der Mauer gar, wie der Wittenberger Pfarrer und Bürgerrechtler Friedrich Schorlemmer mutmaßte, die letzte Rache der SED, um die Bürgerbewegung um ihre Revolution zu betrügen?[7]

Oder war die Art der Grenzöffnung das Werk von »Polit-Dilettanten«, wie der ehemalige Dresdener Oberbürgermeister Wolfgang Berghofer wetterte, weil er ihretwegen »endgültig alle Hoffnung auf eine tatsächliche Erneuerung des Sozialismus und der DDR« begraben musste: »Das einzige Pfund, mit dem man hätte wuchern können, wurde weggeworfen – von einem Berliner Wichtigtuer: Günter Schabowski.«[8] Die Mauer – die letzte kreditwürdige Immobilie der DDR?[9]

Setzte Günter Schabowski quasi als Stratege des Untergangs mit seinen Worten »sofort, unverzüglich« die Dynamik des 9. November 1989 gar absichtlich in Gang? »Wollte er«, wie der Autor Uwe Soukup fragend nahelegte, »wenn das Schiff schon nicht mehr zu retten war, es dann lieber selbst versenken?«[10]

Die vorliegende Chronik versucht, das dramatische Handlungsgeschehen des 9. und 10. November 1989 zu rekonstruieren – genauer gesagt, der neun Tage zwischen dem 4. und 12. November 1989. Es werden die Entscheidungsprozesse in der SED-Führung analysiert und im Detail nachgezeichnet. Es wird gezeigt, was ursprünglich beabsichtigt war, welche Veränderungen zum Fall der Mauer führten und warum dieser Schritt unumkehrbar war.

Das Buch basiert auf einer umfassenden wissenschaftlichen Studie des Autors, die im Sommer 1996 von der Freien Universität Berlin als Dissertationsschrift angenommen und im Westdeutschen Verlag veröffentlicht wurde.[11] Schriftliche Quellengrundlage sind vor allem die Aktenbestände der DDR-Archive. Ausgewertet wurden insbesondere die Akten des Politbüros, verschiedener Politbüro-Mitglieder (insbesondere die von Egon Krenz, Hermann Axen und Günter Mittag), des Zentralkomitees, mehrerer

Ministerrat VVS b2-937/89

2

Beschluß~~vorschlag~~

Zur Veränderung der Situation der ständigen Ausreise von DDR-Bürgern nach der BRD über die CSSR wird festgelegt:

1. Die Verordnung vom 30. November 1988 über Reisen von Bürgern der DDR in das Ausland (GBl. I Nr. 25 S. 271) findet bis zur Inkraftsetzung des neuen Reisegesetzes keine Anwendung mehr.

2. Ab sofort treten folgende ~~zeitweilige Übergangsr~~Regelungen für Reisen und ständige Ausreisen aus der DDR in das Ausland in Kraft:

   a) Privatreisen nach dem Ausland können ohne Vorliegen von Voraussetzungen (Reiseanlässe und Verwandtschaftsverhältnisse) beantragt werden. Die Genehmigungen werden kurzfristig erteilt. Versagungsgründe werden nur in besonderen Ausnahmefällen angewandt.

   b) Die zuständigen Abteilungen Paß- und Meldewesen der VPKÄ in der DDR sind angewiesen, Visa zur ständigen Ausreise unverzüglich zu erteilen, ohne daß dafür noch geltende Voraussetzungen für eine ständige Ausreise vorliegen müssen. Die Antragstellung auf ständige Ausreise ist wie bisher auch bei den Abteilungen Innere Angelegenheiten möglich.

   c) Ständige Ausreisen können über alle Grenzübergangsstellen der DDR zur BRD bzw. zu Berlin (West) erfolgen.

   d) Damit entfällt die vorübergehend ermöglichte Erteilung von entsprechenden Genehmigungen in Auslandsvertretungen der DDR bzw. die ständige Ausreise mit dem Personalausweis der DDR über Drittstaaten.

VVS b2-937/89

3

Über die ~~zeitweiligen Übergangsr~~Regelungen ist die beigefügte Pressemitteilung am 10. November 1989 zu veröffentlichen.

Verantwortlich: Regierungssprecher beim Ministerrat der DDR

»Schabowskis Zettel«: Die Ministerratsvorlage zur Reiseregelung, die Krenz während der ZK-Sitzung an Schabowski zur Veröffentlichung übergab.

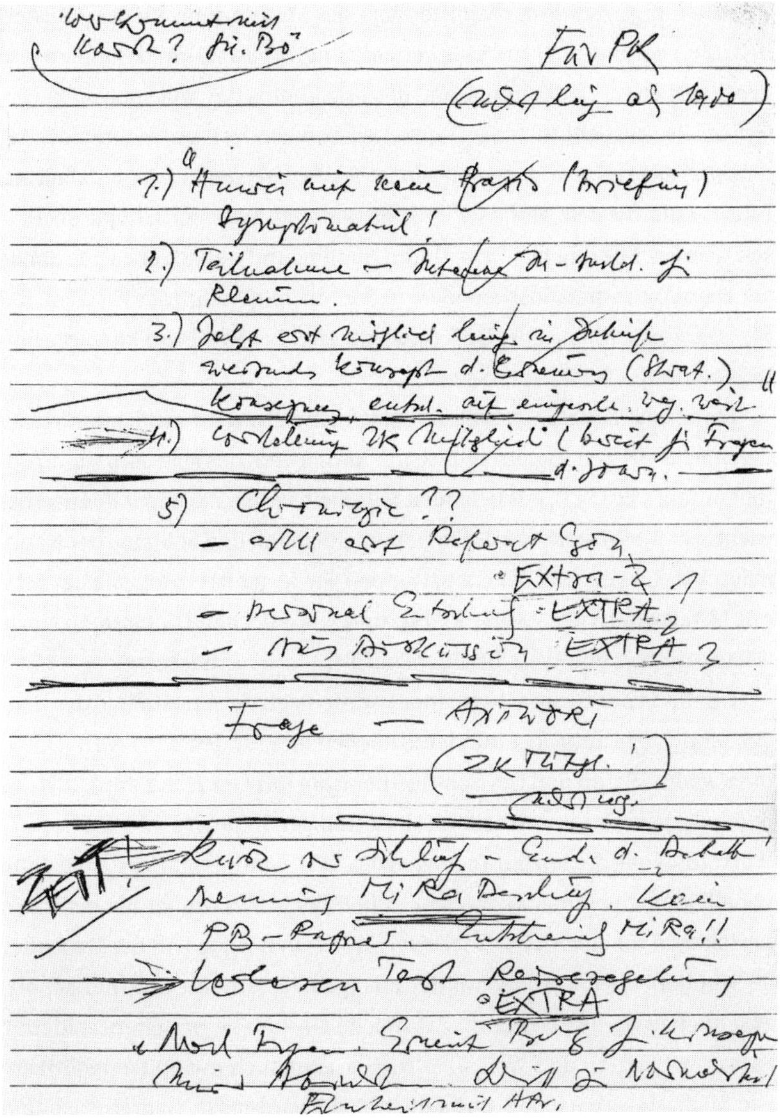
Für PK
1.) Hinweis auf neue Praxis (Briefing)
symptomatisch!
2.) Teilnahme – Interesse In- u. Ausl. für
Plenum.
3.) Jetzt erst möglich ...
... Konzept d. Erneuerung (Strat.)
4.) Vorstellung ZK Mitglied (bereit für Fragen
d. Journ.
5) Chronologie ??
– EXTRA
– EXTRA
– EXTRA
Frage – Antwort
(ZK Mitgl.!)
ZEIT! Kurz vor Schluß – Ende d. Debatte!
Nennung MiRa Beschluß. Kein
PB-Papier. Entstehung MiRa!!
verlesen Text Reiseregelung,
EXTRA

Schabowskis »Fahrplan« für die Pressekonferenz:
Die Bekanntgabe der neuen Reiseregelung sollte ganz am Schluss erfolgen (»ZEIT! Kurz vor Schluß – Ende der Debatte!«)

ZK-Abteilungen sowie des Ministerrates, des Ministeriums für Staatssicherheit, Ministeriums für Nationale Verteidigung, Ministeriums des Innern und der Staatlichen Plankommission, des Präsidiums der Volkspolizei Berlin, einiger Bezirksbehörden der Deutschen Volkspolizei sowie Akten des Senats und des Polizeipräsidenten von Berlin. Hinzu kommen Materialien aus Privatbesitz, die dem Verfasser im Zuge seiner Recherchen in Kopie überlassen wurden. Für ihre fachliche Unterstützung und freundliche Hilfe danke ich allen Archivaren, insbesondere in der Stiftung Archiv der Parteien und Massenorganisationen der DDR im Bundesarchiv sowie beim Bundesbeauftragten für die Stasi-Unterlagen.

Ergänzend zur Auswertung der schriftlichen Quellen wurden zahlreiche Gespräche mit Zeitzeugen geführt: mit Mitgliedern des Politbüros und Zentralkomitees der SED, mit leitenden Mitarbeitern des ZK-Apparates und der wichtigsten Ministerien; mit Generälen, Offizieren und Soldaten der Nationalen Volksarmee und der Grenztruppen sowie der Passkontrolle des MfS; mit Mitarbeitern des ZK der KPdSU und sowjetischen Diplomaten sowie westdeutschen und West-Berliner Politikern und Amtsträgern.

Der Kreis der Gesprächspartner konnte nach der Erstauflage des Bandes schon 1996 zunächst durch die Recherchen für den 3SAT/ZDF-Dokumentarfilm »Beton und Devisen« (gemeinsam mit Lew Hohmann), 1996/97 durch die gemeinsame Arbeit mit Gerd-Rüdiger Stephan an der Edition der Wortprotokolle der letzten Tagungen des SED-Zentralkomitees[12] und dann vor allem noch einmal in den Jahren 1998/99 in Zusammenhang mit den Recherchen für den ARD-/Cineimpuls-Dokumentarfilm »Als die Mauer fiel. 50 Stunden, die die Welt veränderten« (gemeinsam mit Gunther Scholz) erheblich erweitert werden.[13] Zahlreiche Gespräche mit Grenzsoldaten, Passkontrolleuren und (Volks-)Polizisten, aber auch mit Spitzenpolitikern wie Michail Gorbatschow und Eduard Schewardnadse, George Bush und James Baker, Hubert Védrine als engem Berater von François Mitterrand und Sir Charles Powell als persönlichem Berater von Margaret Thatcher, Helmut Kohl und Hans-Dietrich Genscher und vielen anderen haben das Bild vom 9. November 1989, den Abläufen und Hintergründen auf den verschiedensten Bühnen, weiter vervollständigt. Viele Erkenntnisse daraus haben nun auch Eingang in die hier vorgelegte überarbeitete und inhaltlich erweiterte Chronik gefunden. Mein Dank gilt allen, mit denen ich in diesen Projekten zusammenarbeiten durfte.

Vor allem allen Zeitzeugen möchte ich dafür meinen Dank aussprechen, dass sie mir ihre Zeit zur Verfügung gestellt haben und mit ihren Erinnerungen, gelegentlich auch ihren persönlichen Aufzeichnungen, zur Rekonstruktion der Ereignisse und zum Verständnis der Abläufe beigetragen haben.

Mein besonderer Dank galt und gilt weiterhin allen Kolleginnen und Kollegen sowie allen Freundinnen und Freunden zuletzt am Leibniz-Zentrum für Zeithistorische Forschung Potsdam und zuvor an der Freien Universität Berlin, die meine Arbeit mit kritischen Anregungen begleitet haben, vor allem Jürgen Kädtler, Andrea Fuchs und Erika Laurent, Peter Steinbach und Theo Pirker (†), M. Rainer Lepsius (†), sowie Christoph Links als Lektor und Verleger.

Die Berliner Mauer vor dem Brandenburger Tor; im Hintergrund links das Reichstagsgebäude, Frühjahr 1989.

Das Jahr 1989

Erich Honecker: »Die Mauer wird ... in 50 und auch in 100 Jahren noch bestehen«

»Die Mauer wird ... so lange bleiben, wie die Bedingungen nicht geändert werden, die zu ihrer Errichtung geführt haben.« Sie werde »in 50 und auch in 100 Jahren noch bestehen bleiben«, zeigte sich SED-Generalsekretär Erich Honecker am 18. Januar 1989 in Ost-Berlin überaus optimistisch.[1] Selbst der frühere Sicherheitsberater von US-Präsident Jimmy Carter, Zbigniew Brzezinski, der als einer der wenigen den Untergang des sowjetischen Imperiums vorhersagte, war sich 1989 noch sicher, dass sich im Sowjetblock allein die DDR und Bulgarien nicht in einer Krisensituation befänden.[2] Die DDR, so seine Prognose, werde für geraume Zeit ein »kommunistisches Preußen« bleiben, besonders wenn »Westdeutschland weiterhin die ostdeutsche Wirtschaft so großzügig« unterstütze.[3] Weder Erich Honecker noch Zbigniew Brzezinski vermochten sich offenbar vorzustellen, wie radikal sich in kürzester Zeit die außenpolitischen Existenzbedingungen und als deren Folge die innenpolitischen Rahmenbedingungen in der DDR verändern würden – genauso wenig wie KPdSU-Generalsekretär Michail Gorbatschow, US-Präsident George Bush und Bundeskanzler Helmut Kohl, geschweige denn die britische Premierministerin Margaret Thatcher oder der französische Staatspräsident François Mitterrand. Nahezu allen in- und ausländischen Beobachtern in Politik und auch in der Wissenschaft galt die DDR noch wenige Monate vor ihrem Untergang als eine Insel der Stabilität.[4]

Dreißig Jahre nach dem Ende der DDR und der Vereinigung beider deutscher Staaten gehören die Jahre 1989/90 zu den besterforschten Abschnitten der deutschen Zeitgeschichte.[5] Dies ist vor allem der Öffnung der ostdeutschen Archive zu verdanken: Die Akten der SED und des DDR-Ministerrates einschließlich der Unterlagen des Ministeriums für Staatssicherheit, der ostdeutschen Geheimpolizei, sind seit Beginn der 1990er Jahre ebenso frei zugänglich wie eine Vielzahl von Materialien der ostdeutschen Bürgerrechts- und Oppositionsbewegung.[6] Auf westdeutscher Seite unterliegen die Regierungsakten zwar einer 30-jährigen Sperrfrist, doch wurden sehr früh Dokumente von zentraler Bedeutung in einer Sonderedition »Deutsche Einheit« veröffentlicht.[7] Zudem erschien im Jahr 1998 eine vierbändige »Geschichte der deutschen Einheit«, deren Autoren ein privilegierter Aktenzugang gewährt worden war.[8] Russische, amerikanische, britische und französische Akten trugen zur Erhellung der Ereignisse ebenso bei wie auf amerikanischer Seite die frühe Studie von Condoleezza Rice und Philipp Zelikow, die gleichermaßen auf Regierungsakten wie auf unmittelbarer Zeitzeugenschaft beruht.[9]

Ergänzt werden die offiziellen Aktenüberlieferungen durch die Erinnerungs- und Memoirenliteratur vieler beteiligter Spitzenpolitiker und Diplomaten sowie eine Fülle von Interviews mit ihnen – von Journalisten, Dokumentarfilmern und Historikern.[10] Und schließlich stellt die zeitgenössische Medienberichterstattung von Presse, Funk und Fernsehen für die Zeitgeschichtsschreibung eine bedeutende Quelle dar.[11]

Erosionserscheinungen

Die Öffnung und Auswertung vor allem der ostdeutschen Archive führte sehr schnell zu dem allgemeinen Befund, dass sich die inneren strukturellen Krisenerscheinungen, die die Existenzgrundlagen der DDR bereits in den 1980er Jahren zunehmend untergraben hatten und die Handlungsmöglichkeiten der SED-Führung in der Finalitätskrise des Herbstes 1989 wesentlich beeinflussten, nur graduell von denen in ihren »Bruderländern«, den Staaten des sowjetischen Machtblocks, unterschieden. Die wirtschaftliche Lage in all diesen Ländern war desaströs. Ihr technologischer Rückstand war erheblich, die Arbeitsproduktivität nicht einmal halb so hoch wie im

Westen, viele Produktionsanlagen waren verschlissen, die Arbeits-, Gesundheits- und Umweltbedingungen in vielen Bereichen katastrophal, die Infrastruktur war verrottet, der bauliche Verfall der Städte fortgeschritten. Die Verschuldung im Westen hatte – besonders in Polen, Ungarn und der DDR – eine dramatische Höhe erreicht. Die Ausgaben für den militärisch-(geheim) polizeilichen Apparat verschlangen einen enormen Teil des Staatshaushaltes aller kommunistischen Staaten – allein in der Sowjetunion sollen es 40 Prozent gewesen sein.[12]

Die Erosion der Ideologie war unübersehbar: Das Versprechen einer kommunistischen Gesellschaft, die, wie es noch der XXII. KPdSU-Parteitag im Oktober 1961 unter Parteichef Nikita Chruschtschow angekündigt hatte, bis zum Jahr 1981 einen Überfluss an materiellen und kulturellen Gütern und den höchsten Lebensstandard auf der Welt erreichen sollte[13], war stillschweigend zurückgezogen worden. Im April 1971 hatte der XXIV. KPdSU-Parteitag unter Chruschtschow-Nachfolger Leonid Breschnew – und in seiner Folge die Parteitage aller »Bruderparteien« – als neue »Hauptaufgabe« die »Erhöhung des materiellen und kulturellen Lebensniveaus des Volkes« beschlossen.[14] In der DDR entstand für dieses Wohlfahrtspostulat die Formel von der »Einheit von Wirtschafts- und Sozialpolitik«. Die menschheitsbeglückende Utopie der kommunistischen Gesellschaft schrumpfte damit auf einen profanen Konsumsozialismus als Tagesaufgabe zusammen. Sozialismus als Zielvorstellung und die Erfüllung des Wohlfahrtsversprechens waren damit quasi eins geworden – mit der zwingenden Folge, dass das Nichteinhalten des Konsumversprechens den kommunistischen Führungen als Scheitern des Sozialismus insgesamt vorgehalten werden konnte.

Die angeblich »führende Kraft« der kommunistischen Parteien war erschöpft, der Glaube an die historisch-gesetzmäßige Sieghaftigkeit des Sozialismus über den Kapitalismus erschüttert, die Parteiführungen von jahrelangem Krisenmanagement zermürbt, viele Parteikader verschlissen, die Parteibasis, einschließlich der »bewaffneten Organe«, in weiten Teilen demoralisiert und desorientiert.

Doch bei allen gemeinsamen strukturellen Krisenerscheinungen unterscheidet sich der Fall der DDR von ihren »Bruderländern« auch erheblich.

Der kommunistische deutsche Teilstaat war zum einen ein Zwangs- und Kunstprodukt der weltpolitischen Interessen und imperialen Machtansprüche der Sowjetunion. Als »Satrapie des sowjetischen Hegemonialreiches«[15] hing die Existenz des ostdeutschen Staates von der Staatsgründung 1949 bis zum Jahr 1990 unmittelbar von der militärischen, ökonomischen und politischen Unterstützung der Sowjetunion ab und war damit zugleich in besonderer Weise unmittelbar deren Interessen unterworfen. Zum anderen stand die DDR in unmittelbarer Konkurrenz zur Bundesrepublik, dem anderen deutschen Teilstaat. Alle Versuche, eine »sozialistische deutsche Nation« oder auch nur eine »nationale DDR-Identität« zu begründen, waren kläglich gescheitert. Über 40 Jahre war die SED-Führung mit am westdeutschen Modell von Demokratie und Wohlstand ausgerichteten Erwartungen großer Teile der Bevölkerung und ihren gesamtdeutschen Orientierungen konfrontiert.

Zwar hatten sich die Beziehungen zwischen den beiden deutschen Staaten im Zuge der Entspannungspolitik und nach dem Abschluss des deutsch-deutschen Grundlagenvertrages 1972 im Zuge einer »Politik der kleinen Schritte« nahezu »normalisiert«. Für die Gewährung sogenannter humanitärer Erleichterungen (Verbesserung der Reisemöglichkeiten, Öffnung neuer Grenzübergänge, Verkauf von politischen Häftlingen[16], Erleichterungen im Post-, Paket- und Telefonverkehr u. a.) erhielt die DDR von der Bundesregierung finanzielle Alimentationen, um die sie ihre »Bruderstaaten« beneideten: Von 600 Mio. DM jährlich in der zweiten Hälfte der 1970er Jahre stiegen sie auf rd. 1,5 Mrd. DM in den 1980er Jahren an.[17]

Und je notleidender die DDR wurde – 1981/82 stand sie erstmals unmittelbar vor dem ökonomischen Bankrott[18] –, desto abhängiger wurde sie von der wirtschaftlichen Hilfe der Bundesrepublik – und desto größer wurden die politischen Zugeständnisse (Abbau der Minen und Selbstschussanlagen an der innerdeutschen Grenze 1983/84, Gewährung von mehr Ausreisen aus der DDR ab 1984, Genehmigung von mehr West-Reisen für DDR-Bürger ab 1986).

Alle Bundesregierungen weigerten sich jedoch bis zum Schluss, eine eigene DDR-Staatsbürgerschaft anzuerkennen. Die »Bewohner der DDR«, wie sie in der offiziellen Sprachregelung des Westens genannt wurden, waren dem Grundgesetz der Bundesrepublik entsprechend zugleich – potenzielle – Bundesbürger mit allen Rechten auf staatliche Fürsorge; es musste ihnen nur gelingen, westdeutschen Boden zu erreichen.

Gegen die Westorientierung weiter Teile der Bevölkerung und die Flucht von etwa 3,5 der insgesamt 18 Millionen Einwohner nach Westdeutschland zwischen 1946 und Mitte 1961 hatte sich die ostdeutsche Führung nicht anders zu helfen gewusst als durch die Abriegelung der innerdeutschen Grenze (Mai 1952) und deren Verminung sowie durch den Bau der Berliner Mauer und deren militärische Sicherung (im August 1961). Zur Verhinderung von Fluchtversuchen nahm sie selbst die Tötung von Flüchtlingen billigend in Kauf. Viele Hundert Flüchtlinge verloren an der innerdeutschen Grenze, in der Ostsee oder bei der Flucht über Drittländer ihr Leben. Allein an der Berliner Mauer wurden zwischen 1961 und 1989 mindestens 140 Menschen erschossen, verunglückten oder nahmen sich angesichts ihres gescheiterten Fluchtversuchs das Leben.[19]

Mehrere Zehntausend Fluchtwillige wurden zwischen 1961 und 1989 bereits bei der Planung oder auf dem Weg zur Grenze festgenommen. Statistiken der DDR-Generalanwaltschaft weisen von 1961 bis 1988 rund 110 000 Verfahren wegen »Republikflucht« bzw. »ungesetzlichem Grenzübertritt« aus.[20] Einer Studie über politische Gefangene zufolge, die auf Stichproben aus DDR-Kriminalitätsstatistiken beruht, wurden zwischen 1960 und 1988 DDR-weit in mehr als 71 000 Fällen Freiheitsstrafen wegen »Republikflucht« verhängt.[21] Insbesondere in den 1970er und 1980er Jahren wurden zudem DDR-Bürger, die einen Ausreiseantrag stellten, in der Regel ausgegrenzt, diskriminiert und kriminalisiert. Zehntausende von ihnen wurden zu Gefängnisstrafen verurteilt – nur weil sie das Recht auf Freizügigkeit für sich beanspruchten.

Fortwährend wurde das Grenzregime modernisiert und perfektioniert; zu keinem Zeitpunkt verschwendete die SED-Führung in den 28 Jahren nach dem Mauerbau auch nur einen Gedanken an den Abbau der Sperranlagen und die Gestaltung eines politischen Systems, das die Mauer überflüssig gemacht hätte. Dennoch gelang insgesamt etwa 40 000 DDR-Bürgern zwischen Mauerbau und Mauerfall auf zum Teil abenteuerlichen Wegen und unter Inkaufnahme lebensbedrohender Risiken die Flucht durch die Sperranlagen, mehr als 5000 davon in Berlin. In Anlehnung an einen Ausspruch des Grafen Mirabeau, Preußen sei kein Staat mit einer Armee, sondern eine Armee mit einem Staat, hat Stefan Wolle über die DDR gesagt: »Dies war kein Staat mit einer Grenze, sondern eine Grenze mit einem Staat.«[22] Die Ausgrenzung, Inhaftierung, Verletzung oder Tötung von Menschen, die ihr Land verlassen wollten, waren Teil eines Systems, das ohne Mauer nicht existieren konnte.

Egon Krenz: »Wir sollten jetzt nach vorne sehen«

Die schwelenden inneren Krisenfaktoren mussten in den mittelosteuropäischen Staaten so wenig wie in der DDR zwangsläufig in die Umbrüche und Revolutionen des Jahres 1989 führen. Für die DDR kamen die entscheidenden Anstöße vielmehr von außen: von den Veränderungen in der Sowjetunion, deren militärischen, politischen und ökonomischen Auswirkungen und den dann einsetzenden Reformprozessen in Polen und Ungarn.

Hervorzuheben ist, dass nicht »Glasnost« und »Perestroika«, sondern »Uskorenije« – sozialökonomische Beschleunigung – am Anfang von Michail Gorbatschows »Neuem Denken« stand, mithin die wirtschaftliche Misere zu Reformen in der Sowjetunion zwang. Zu den strukturellen Problemen der sowjetischen Planwirtschaft – niedrige Arbeitsproduktivität, mangelnde Innovationsfähigkeit, rückläufige Investitionsquoten, schleichender Substanzverlust und überdimensionierte Militärausgaben – traten in den 1970er und zu Beginn der 1980er Jahre neue Probleme wie die Erschöpfung von Rohstofflagern im Westen der UdSSR und enorm steigende Erschließungskosten in Sibirien sowie mehrere Missernten in Folge hinzu. Die sowjetische Führung unter Gorbatschow stand somit einer ernsten Wirtschafts- und Versorgungskrise gegenüber. Zu deren Behebung sollten auch die »Bruderländer« beitragen: Schon 1987 kündigte die Sowjetunion an, die Außenhandelspreise im Rat für gegenseitige Wirtschaftshilfe (RGW) ab 1991 an die

Weltmarktpreise anzupassen – was für die DDR auf einen Mehraufwand von 184 Mrd. Mark jährlich hinauslief und unter den Parteiökonomen blankes Entsetzen hervorrief.[23]

Nicht wenige Forscher tendieren dazu, die wirtschaftlichen Ursachen des Niedergangs des Kommunismus unterzubewerten. Zumindest für die DDR gehört es jedoch zu den erstaunlichen Archivbefunden nach 1989, in welchem Maße im innersten Machtzirkel der SED schon seit Mitte der 1970er Jahre offen über die zunehmenden Struktur- und Verschuldungsprobleme gesprochen und 1988/89 schließlich sogar über den bevorstehenden Bankrott spekuliert wurde[24], während die SED-Propaganda nach außen für die DDR noch unverdrossen einen Rang als zehntstärkste Industrienation der Welt reklamierte und nicht müde wurde, die angeblich »politisch stabile, wirtschaftlich dynamische Entwicklung auf ansteigender Linie«[25] anzupreisen. »Wir müssen den Zusammenbruch verhindern«, appellierte Honecker hingegen schon im Juni 1988 an das Politbüro.[26] Im kleinen Kreis von Wirtschaftsexperten äußerte Günter Mittag, der für die Wirtschaft zuständige Sekretär des Zentralkomitees, im November 1988 die düstere Zukunftsprognose: »So, wie es jetzt ist, geht es an den Baum, Totalschaden!«[27] Und im Mai 1989 gab Gerhard Schürer, Politbürokandidat und Vorsitzender der Staatlichen Plankommission, im kleinen Kreis der für die Wirtschaft verantwortlichen Mitglieder des Politbüros bekannt, dass die Westverschuldung monatlich um 500 Millionen Valutamark zunehme und »bei Fortsetzung dieser Entwicklung die DDR 1991 zahlungsunfähig ist«.[28] Die bereits eingeleiteten Kürzungen müssten dringend »mit einer Reihe ökonomischer Maßnahmen im Bereich der Konsumtion« verbunden werden.[29] Doch niemand im engeren Kreis der SED-Führung wollte sich der Aufgabe stellen, den Lebensstandard der Bevölkerung einzuschränken. »Was sagen wir dann dem Volk, wie treten wir dann dem Volk gegenüber auf?« fragte der Gewerkschaftsvorsitzende Harry Tisch.[30] Und Egon Krenz, im Politbüro für Sicherheitsfragen zuständig, gab als richtungweisende Parole aus: »Wir sollten jetzt nach vorne sehen. Es ist für mich gar keine Frage, ob die Einheit von Wirtschafts- und Sozialpolitik fortgeführt wird. Sie muß fortgeführt werden, denn sie ist ja der Sozialismus in der DDR!«[31] Im

Juni 1989 wurde Plankommissions-Chef Gerhard Schürer bei Erich Mielke vorstellig, um dem Stasi-Minister die Lage der Wirtschaft und besonders der Zahlungsbilanz unter vier Augen zu erläutern. Er habe Mielke drastisch verdeutlicht, so Schürer, »dass die DDR, für deren Sicherheit er als Minister die Verantwortung trägt, in kürzester Zeit bankrott gehen wird, wenn nichts Grundsätzliches in der politischen Führung des Landes verändert wird«.[32]

Plankommissions-Chef Gerhard Schürer bei Stasi-Minister Erich Mielke, Juni 1989:

»Mach' dir keine Sorgen, Gerhard, man wird uns schon unterstützen«

»Erich Mielke hat mich in seinem Arbeitszimmer empfangen und hat mich eine Stunde reden lassen. Er war nicht uninformiert über die ökonomische Lage, das kann man nicht sagen, er war bestens informiert. Er hat dann gesagt: ›Ist gut, Gerhard, dass du zu mir gekommen bist, das Vertrauen gehabt hast. Mach' dir keine Sorgen, man wird uns schon unterstützen.‹ In diesem ›man wird uns schon unterstützen‹ habe ich die Hilfe des großen Bruders aus Moskau gesehen – und da hatte ich schon gar keine Hoffnungen mehr. Die haben doch selber ökonomisch auf dem letzten Loch gepfiffen. Der Bevölkerung ging es doch viel dreckiger als der in der DDR. Die haben doch im Rüstungswettlauf alle Mittel verbraucht. Die Verhandlungspartner der Sowjetunion haben, wenn ich etwas für die DDR gefordert habe, manchmal zu mir gesagt: ›So wie ihr möchten wir auch mal den Krieg verlieren, euch geht es doch besser als uns!‹«

Interview mit Gerhard Schürer, 3.9.1996

KSZE Wien: »Das Recht eines jeden auf Ausreise aus jedem Land, darunter aus seinem eigenen, und auf Rückkehr in sein Land«

Es war nicht nur der fortschreitende ökonomische Verfall, der im Sommer 1989 die SED-Führung zermürbte. Ohnmächtig verfolgte sie schon seit 1987 die Verbesserung der Beziehungen zwischen der Sowjetunion und der Bundesrepublik, die im Juni 1989 während eines Staatsbesuches von KPdSU-Generalsekretär Michail Gorbatschow bei Bundeskanzler Helmut Kohl in Bonn in der Unterzeichnung einer »gemeinsamen Erklärung« mündete. Darin anerkannten beide Seiten das Recht eines jeden Staates,

»das eigene politische und soziale System frei zu wählen« und die »Achtung des Selbstbestimmungsrechtes aller Völker« als unumstößliche Prinzipien ihrer Politik zu betrachten.[33] Nur drei Wochen später brachen die Staaten des Warschauer Paktes auf Initiative der sowjetischen Führung im Juli 1989 auf der Tagung des Politisch Beratenden Ausschusses (PBA) in Bukarest in einem offiziellen Dokument mit dem Superioritäts- und Hegemonieanspruch der Sowjetunion und damit auch mit der Panzerphilosophie der begrenzten Souveränität der Mitgliedsstaaten (»Breschnew-Doktrin«). Im Kommuniqué der Tagung bekundeten die Partei- und Staatsführer der Ostblock-Länder, dass es »keinerlei universelle Sozialismus-Modelle« gebe und »niemand das Monopol auf die Wahrheit« besitze. Sie unterstrichen die Notwendigkeit, die Beziehungen untereinander »auf der Grundlage der Gleichheit, Unabhängigkeit und des Rechtes eines jeden, selbständig seine eigene politische Linie, Strategie und Taktik ohne Einmischung von außen auszuarbeiten, zu entwickeln«.[34] Im Unterschied zu ihren Nachbarstaaten betrachtete die Führung des ostdeutschen Teilstaates das den »Bruderparteien« damit eingeräumte Recht auf Selbstbestimmung weniger als Gewinn denn als Existenz-Bedrohung. Entfiel die sowjetische Bestandsgarantie für das SED-Regime, so war dieses vor die Aufgabe gestellt, seine Herrschaft fortan mit eigenen Mitteln vor »seinem Volk« zu legitimieren – und dies angesichts des drohenden ökonomischen Bankrotts. Dass SED-Chef Erich Honecker während der Bukarester Tagung eine Gallenkolik erlitt und noch vor der Unterzeichnung des Abschlussdokuments nach Ost-Berlin ausgeflogen werden musste, war von hoher symbolischer Aussagekraft.

Einen weiteren Schock versetzte der SED-Führung schließlich die Außenpolitik Moskaus gegenüber den Vereinigten Staaten von Amerika. Um Fortschritte bei den Abrüstungsverhandlungen mit den USA zu erreichen, erklärten sich Gorbatschow und der sowjetische Außenminister Eduard Schewardnadse – ohne Abstimmung mit ihren Verbündeten und, wie die SED-Führung meinte, vornehmlich auf deren Kosten – zu weitgehenden Zugeständnissen in Menschenrechtsfragen bereit. Im Januar 1989 nötigte die Sowjetunion die DDR-Führung regelrecht zu ihrer Unterschrift unter das Wiener KSZE-Abkommen. Darin verpflichteten sich die Unterzeichnerstaaten unter anderem, das Recht eines jeden »auf Ausreise aus jedem Land, darunter aus seinem eigenen, und auf Rückkehr in sein Land uneingeschränkt« zu achten. Ähnliche internationale Abmachungen hatte selbst die DDR schon mehrfach unterzeichnet, ohne sie je in innerstaatliches Recht umzusetzen. Doch in Wien verpflichtete sie sich erstmals, dieses Recht – also uneingeschränkte Reisefreiheit – gesetzlich zu garantieren und die Einhaltung dieser Verpflichtung beobachten zu lassen.[35]

Die Außenpolitik der Sowjetunion zwang somit insbesondere dem Verbündeten in Ost-Berlin innenpolitische Verpflichtungen auf, deren Umsetzung nicht nur die politische Stabilität der DDR, sondern deren Existenz bedrohen konnten: Mit der Durchlässigkeit der Grenze drohte die allmähliche Staatsauflösung.

Die schlimmsten Befürchtungen der SED über das »Einmischungsinstrumentarium« des Wiener Schlussdokuments wurden nach kurzer Zeit noch übertroffen: Die westlichen Staaten setzten die DDR wegen ihrer restriktiven Ausreisepraxis, dem Schießbefehl an der Grenze und immer wieder wegen der Berliner Mauer insgesamt auf internationalen Foren und Konferenzen auf die Anklagebank – und die Sowjetunion und die anderen Ostblockländer gingen zu ihrem »Bruderstaat« zunehmend auf Distanz.

Die Tötung von Chris Gueffroy bei einem Fluchtversuch in Berlin am 5. Februar 1989 und die Schüsse auf drei Flüchtlinge am 10. März 1989, bei denen ein junger Mann verletzt wurde, verstärkten die Proteste gegen die DDR: Es drohte die Isolierung der auf internationale Anerkennung – und Wahrung ihrer Kreditwürdigkeit – bedachten SED-Führung. In dieser Situation wurden die DDR-Grenztruppen auf Befehl Honeckers am 3. April 1989 angewiesen, »die Schußwaffe im Grenzdienst ... zur Verhinderung von Grenzdurchbrüchen nicht anzuwenden«. Nur bei Bedrohung des eigenen Lebens dürfe die Schusswaffe noch eingesetzt werden. Diese Befehlsgebung ist am 4. April 1989 bis hinunter zum letzten Grenzposten bekanntgemacht worden und wurde seitdem praktiziert. »Lieber einen Menschen abhauen lassen, als in der jetzigen politischen Situation die Schußwaffe anzuwenden«, hatte der SED-Generalsekretär und Vorsitzende des Nationalen Verteidigungsrates seinen Militärs über den ZK-Sekretär für Sicherheitsfragen, Egon Krenz, ausrichten lassen, wie es der Stabschef der DDR-Grenztruppen in einer Niederschrift festhielt.

Doch am 8. April 1989 stoppte ein Passkontrolleur erneut mit einem Schuss zwei Flüchtlinge, die den Grenzübergang Chausseestraße zu überrennen versuchten – eine Szene, die von West-Berlin aus fotografiert wurde und um die Welt ging. Hintergrund dieses Zwischenfalls war, dass die Passkontrolleure lediglich zur Täuschung die Uniformen der Grenztruppen trugen, tatsächlich aber Angehörige des MfS waren. Das MfS aber war über die Aufhebung des Schießbefehls nicht informiert worden – was nun schleunigst nachgeholt wurde. Auch an den Grenzübergängen in Berlin – wie etwa in der Bornholmer Straße – und an allen Grenzübergängen der DDR zur Bundesrepublik galt fortan für alle bewaffneten Kräfte der Befehl, Grenzdurchbrüche nur noch »ohne Anwendung der Schusswaffe« zu verhindern.

Chronik

Ungarn 1989: Das erste Loch in der Mauer

15. Januar: Unterzeichnung des KSZE-Folgeabkommens in Wien. Der sowjetische Botschafter in der DDR, Wjatscheslaw Kotschemassow, gibt später als Äußerung Honeckers wieder: »Wir geben Weisung, dieses Dokument zu unterzeichnen, werden es aber nicht erfüllen.«

2. Mai: Ungarische Grenzsoldaten beginnen mit dem Abbau des Stacheldrahtzaunes zu Österreich.

12. Juni: Der Beitritt Ungarns zur Genfer Flüchtlingskonvention wird rechtswirksam. Danach ist es untersagt, Flüchtlinge in den Staat zurückzuschicken, aus dem sie geflohen sind.

12.–14. Juni: Der ungarische Staatssicherheitsdienst versichert einer Delegation des MfS: DDR-Bürgern werde auch künftig »eine Ausreise nach der BRD/Österreich oder einem anderen Staat eigener Wahl (...) nicht gestattet«; Grenzverletzer würden an der ungarisch-österreichischen Grenze nach wie vor festgenommen.

13. Juni: Staatsbesuch von Michail Gorbatschow in der Bundesrepublik, Unterzeichnung der »Gemeinsamen Erklärung«.

27. Juni: Der ungarische Außenminister Gyula Horn und sein österreichischer Amtskollege Alois Mock durchschneiden in Anwesenheit der internationalen Presse ein Stück Stacheldrahtzaun bei Sopron am Neusiedlersee.

Hauptabteilung VI
PKE Bornholmer Straße

Berlin, 12. April 1989

1. Stellvertreter des Leiters
Genossen Generalmajor Vogel

Information zur Gewährleistung der Sicherheit an der Güst im Zusammenwirken mit den Grenztruppen

Die in den Grenztruppen bereits seit geraumer Zeit gegebene Orientierung, Verletzungen der Staatsgrenze ohne Anwendung der Schußwaffe mit anderen Mitteln zu verhindern, wurde am 6. 4. 89 durch den Kommandeur des GR 35 nochmals bekräftigt und angewiesen, von diesem Tag ab 21.00 Uhr nicht mehr auf Grenzverletzer - einschließlich Fahnenflüchtige - zu schießen. Diese Weisung wurde in Auswertung des Vorkommnisses an der Güst Chausseestraße am 8. 4. 89 nochmals durch den Stabschef des GR 35 wie folgt präzisiert:

Unter Beachtung der militärischen und politischen Notwendigkeit darf die Schußwaffe nur noch

1. bei bewaffneten Angriffen auf die eigene Person bzw. auf Angehörige der Organe des Zusammenwirkens
2. bei Terrorverbrechen und Geiselnahmen in Anwendung gebracht werden.

Mit dem Kommandanten der Güst wurden meinerseits die Varianten der Handlungen am 10. 4. 89 nochmals präzisiert und ausgehend von dem Grundsatz, Grenzdurchbrüche mit allen Mitteln - ohne Anwendung der Schußwaffe - zu verhindern, festgelegt:

Bei Auslösung von Güst-Alarm werden

1. a) durch den Postenführer des Postens 1 der GT die Tore der Güst im Grenzstreckenabschnitt geschlossen (bisher gab es dazu keine Festlegungen, der Kommandeur des GR 35 stimmte zu),

Gewährleistung der Sicherheit am Grenzübergang Bornholmer Straße: seit April 1989 »ohne Anwendung der Schußwaffe« (BStU, ZA, MfS-HA VI 1308, Bl. 30/31).

b) durch den Posten 1 der PKE das Fußgängertor, der Sperrschlagbaum und das Kfz-Tor im Bereich 1 geschlossen,

c) der 2. Posten der Grenztruppen im Bereich 1 verläßt sofort den Postenturm und verhindert zusammen mit dem Posten 1 der PKE ein Überwinden des Bereiches 1 durch Grenzverletzer. Nach dem Schließen der Tore im Grenzstreckenabschnitt (ca. 7 - 8 Sekunden) verstärkt der Postenführer der Grenztruppen beide vorgenannten Genossen.

2. durch den Paßkontrolleur - Außenposten - der Kfz-Abfertigung die Diplomatenspur in Höhe der Paßkontrollinie gesichert und Versuche von Durchbrüchen bereits dort oder nach Verfolgung im Zusammenwirken mit den 3 Genossen im Bereich 1 verhindert. Die weitere Sicherung der Diplomatenspur sowie des angrenzenden Raumes der Sicherstellung übernimmt der Sicherungsposten 3 der Grenztruppen (rechte Flanke der Güst).

3. im Postenbereich 7 (Vorkontrolle Ausreise) Fußgänger- und Kfz-Tor sowie das Passagentor und die WSSB-Schlagbäume zum Abfertigungstrakt und zur Diplomatenspur geschlossen (letztere wurden grundsätzlich nur zum Passieren von Kfz im Reiseverkehr geöffnet).
Im Falle eines versuchten Grenzdurchbruches ist dieser nach Möglichkeit durch die 3 in diesem Bereich eingesetzten Genossen zu verhindern. Gelingt dieses ohne Anwendung der Schußwaffe nicht, nehmen 2 Genossen die Verfolgung auf und handeln im Zusammenwirken mit dem die Diplomatenstrecke sichernden Paßkontrolleur, den Kontrolleuren des GZA und der Paßkontrolle auf dem Abfertigungstrakt bzw. wenn auch dort eine Festnahme noch nicht gelingt, gemeinsam mit den, den Posten 1 sichernden 3 Genossen.

Die im Falle eines versuchten Grenzdurchbruches zwischen den Bereichen 7 und 1 handelnden Genossen der PKE und der Grenztruppen können durch 2 Reserveposten der Grenztruppen sowie - in Abhängigkeit von der Tageszeit - durch 1 oder mehrere Paßkontrolleure verstärkt werden.

Bachmann
Oberstleutnant

7. Juli: Der Warschauer Pakt bricht in Bukarest erstmals in einem offiziellen Dokument mit der Breschnew-Doktrin der begrenzten Souveränität der Mitgliedsländer.
14. Juli: Stasi-Bilanz zu Ungarn: Vom 1. 1. – 12. 7. 1989 haben 618 DDR-Bürger einen Fluchtversuch von Ungarn nach Österreich (oder anderen Staaten) unternommen, 406 wurden verhindert, 212 waren erfolgreich. 148 DDR-Bürger, die eine Flucht über Ungarn planten, wurden bereits in der DDR festgenommen.
31. Juli: In mehreren diplomatischen Vertretungen der Bundesrepublik im Ostblock, darunter auch in Budapest und Ost-Berlin, halten sich mehr als 150 ausreisewillige DDR-Bürger auf.
7. August: Die SED-Führung kündigt die sogenannte »Anwaltszusage« auf. Rechtsanwalt Vogel teilt dem Bundesministerium für innerdeutsche Beziehungen mit, dass er Zufluchtsuchenden in den Vertretungen der Bundesrepublik nur noch Straffreiheit bei Verlassen und Rückkehr in die DDR, nicht aber mehr wie bisher eine schnelle positive Entscheidung des Ausreiseantrags zusagen könne.
8. August: Die Bonner Vertretung in Ost-Berlin wird geschlossen. Sie ist von 130 ausreisewilligen DDR-Bürgern besetzt. Die DDR weigert sich, den Besetzern mehr als nur Straffreiheit zu gewähren.
13. August: Die Bonner Botschaft in Budapest, in der sich 180 DDR-Bürger aufhalten, wird geschlossen, am 24. August auch die Botschaft in Prag. – Bis zu 100 DDR-Bürgern gelingt täglich die Flucht von Ungarn nach Österreich, Hunderte werden jedoch noch festgenommen.
19. August: Das Ungarische Demokratische Forum und weitere ungarische Oppositionsgruppen laden unter Schirmherrschaft des Europa-Abgeordneten Otto von Habsburg und des ungarischen Reformpolitikers Imre Pozsgay, Mitglied des Politbüros der USAP und Staatsminister, zu einem »paneuropäischen Picknick« an die ungarisch-österreichische Grenze bei Sopron ein. Dort soll durch die symbolische Öffnung eines Grenztores und eine »einmalige, okkasionelle Grenzüberschreitung« für einen Abbau der Grenzen und ein geeintes Gesamteuropa demonstriert werden. Über 600 DDR-Bürger reißen ein Grenztor nieder und stürmen nach Österreich. Nach wenigen Stunden wird das Loch wieder geschlossen.
Die gefahrlose Grenzüberquerung, so wird später bekannt, soll durch ein Stillhalteabkommen zwischen Staatsminister Pozsgay, dem Innenminister und dem Chef der Grenztruppen ermöglicht worden sein – auch als Test, wie die Sowjetunion auf derartige Aktionen reagiert.

22. August: Der DDR-Bürger Kurt-Werner Schulz wird bei einem Fluchtversuch nach Österreich im Handgemenge von einem ungarischen Grenzposten erschossen.
24. August: In Polen wird Solidarność-Mitbegründer Tadeusz Mazowiecki zum ersten nichtkommunistischen Ministerpräsidenten gewählt.
DDR-Bürger, die bis dahin die bundesrepublikanische Botschaft in Budapest besetzt haben, können mit Papieren des Internationalen Komitees des Roten Kreuzes per Flugzeug nach Österreich ausreisen. Im Gegenzug schließt die Bundesregierung ihre Botschaft auf unbestimmte Zeit für den Besucherverkehr.
25. August: In Bonn kommen der ungarische Ministerpräsident, Miklos Németh, und Außenminister Gyula Horn mit Bundeskanzler Helmut Kohl und Außenminister Hans-Dietrich Genscher zu einem Geheimtreffen auf Schloss Gymnich zusammen. Miklos Németh eröffnet das Gespräch nach seinen Angaben mit den Worten: »Herr Bundeskanzler, Ungarn hat sich entschieden, den DDR-Bürgern die freie Ausreise zu erlauben. Wir haben uns dazu vor allem aus humanitären Gründen entschieden.« Horst Teltschik zufolge versichert Kohl seinen Gesprächspartnern, die Nachteile auszugleichen, die Ungarn durch eventuelle Vergeltungsmaßnahmen der DDR entstehen würden. Die Bundesregierung gewährt Ungarn im Gegenzug, aber zeitlich versetzt, einen zusätzlichen Kredit über 500 Millionen DM und verspricht die Aufhebung des Visazwangs und politische Hilfe beim angestrebten EG-Beitritt.
31. August: 150 000 DDR-Bürger halten sich zu dieser Zeit in Ungarn auf, darunter mindestens 10 000 mit Ausreiseabsichten in die Bundesrepublik. Dies teilt der ungarische Außenminister, Gyula Horn, DDR-Außenminister Oskar Fischer sowie Honecker-Vertreter Günter Mittag mit und kündigt an, die ungarisch-österreichische Grenze ab dem 11. September für DDR-Bürger zu öffnen.
8. September: Aufgrund von Zusicherungen von DDR-Rechtsanwalt Wolfgang Vogel verlassen alle DDR-Bürger die Ständige Vertretung in Ost-Berlin. Sie wird anschließend für den Besucherverkehr geschlossen.
10./11. September: Der ungarische Außenminister, Gyula Horn, gibt die Öffnung der ungarisch-österreichischen Grenze für DDR-Bürger ab 0.00 Uhr schon um 19.00 Uhr im ungarischen Fernsehen bekannt – so rechtzeitig, dass bereits die »Tagesschau« um 20.00 Uhr darüber berichten kann. Zehntausende von DDR-Bürgern reisen in den nächsten Tagen und Wochen über Österreich in die Bundesrepublik aus.

In Polen und Ungarn wurden demokratische Reformen hin zu einem Mehrparteiensystem eingeleitet – von unten erzwungen, aber im Unterschied zur DDR auch von Partei-Reformern von oben vorangetrieben. Vier Tage bevor der Sejm am 24. August 1989 mit dem Oppositionellen und Solidarność-Berater Tadeusz Mazowiecki den ersten Ministerpräsidenten der Volksrepublik Polen wählte, der nicht der kommunistischen Partei angehörte, schlug der rumänische Machthaber, Nicolae Ceaușescu, in Ost-Berlin und den anderen Ostblock-Hauptstädten Alarm und zeigte, dass er die jüngsten Beschlüsse des Warschauer Vertrages nicht verstehen wollte. Der DDR-Botschafter in Bukarest, Herbert Plaschke, meldete Honecker die Ansicht Ceausescus, dass die Entwicklung in Polen die Macht der Arbeiterklasse gefährde und ein Abgehen von sozialistischen Prinzipien bedeute. Die Situation gefährde die Interessen des Sozialismus einschließlich des Warschauer Vertrages und diene den Interessen der NATO. Es müsse alles für die Bildung einer Regierung durch die polnische kommunistische Partei getan werden. Das war nicht weniger als eine kaum verhüllte Aufforderung zu einer gemeinsamen Intervention des Warschauer Paktes in Polen. In Ost-Berlin landete die Kriegserklärung an die polnische Opposition nicht bei Honecker, der erkrankt war, sondern bei Günter Mittag, der ihn vertrat und der das Telegramm kommentarlos an die Politbüro-Mitglieder zur Lektüre weiterreichte.[36] Eine Reaktion der SED-Führung darauf ist nicht bekannt.

Zu diesem Zeitpunkt stand die SED-Führung längst mit dem Rücken an der Wand, was zu der ihr vielfach bescheinigten Verunsicherung und der daraus resultierenden »Sprachlosigkeit« führte. Zwar wuchs innerhalb der Parteimitgliederschaft der Unmut über die Führung, doch zeichnete sich keinerlei nennenswerte Strömung gegen die Parteispitze ab, von einer innerparteilichen Opposition ganz zu schweigen.[37]

Die Dynamik für die weitere Entwicklung bis zum Herbst 1989 ging in der DDR zunächst von dem Flüchtlingsstrom – und vor allem der Fernsehberichterstattung darüber[38] – aus: von den mehr als 100 000 Antragstellern auf eine Ausreise aus der DDR und ihren Besetzungsaktionen bundesdeutscher Botschaften in Warschau, Prag und Budapest.[39]

Plankommissions-Chef Gerhard Schürer:

»Wir sind doch das Einflußgebiet der mächtigen Sowjetunion«

»Es war ein Zeichen der Auflösung. Es war nicht einfach ein Flüchtlingsstrom, die ganze Entwicklung ging dem Ende zu. Ich habe eigentlich gesehen, was kommt, ich habe es nur nicht glauben wollen. Ich habe mir immer eingeredet, die DDR kann doch nicht untergehen, immer wieder von dem Gedanken aus, wir sind doch das Einflußgebiet der mächtigen Sowjetunion.«

Interview mit Gerhard Schürer, 3.9.1996

Zwar hatte die Anzahl von systemkritischen und oppositionellen Gruppierungen in der DDR seit Mitte der 1980er Jahre zugenommen.[40] Frieden und Umwelt, Demokratie, Menschenrechte und insbesondere auch Freizügigkeit waren ihre Themen. Nicht wenige Pfarrer waren engagiert; die evangelische Kirche diente vielen Gruppen als Schutzraum. In den runden Jubiläumsjahren der Herbstrevolution entstand gelegentlich in der Öffentlichkeit der Eindruck, als sei der von diesen unabhängigen und Bürgerrechtsgruppen organisierte Protest während des Jahres 1989 stetig angeschwollen: von den Protesten gegen die Fälschung der Kommunalwahlergebnisse im Mai über Aktionen gegen die gewaltsame Niederschlagung der chinesischen Studentenunruhen im Juni und der Gründung der Oppositionsbewegung Neues Forum am 9./10. September, weiterer Gruppen danach und schließlich der Sozialdemokratischen Partei (SDP) bis hin zu den Demonstrationen in Leipzig, Dresden, Plauen, Karl-Marx-Stadt und Berlin im September und Anfang Oktober 1989.

Aber dieser Eindruck trügt. Die oppositionellen Gruppen blieben bis in den Sommer 1989 hinein weitgehend unter sich und vermochten breitere Teile der Bevölkerung kaum zu erreichen.[41] Bei öffentlichen Protestaktionen waren bis dahin selten mehr als einige Hundert Menschen zusammengekommen – und dies auch nur an wenigen Orten.

Dienstbesprechung beim Minister für Staatssicherheit, Ost-Berlin, 31. 8. 1989:
»Wir haben die Sache fest in der Hand«
»Genosse Minister [Erich Mielke]: Ist es so, dass morgen der 17. Juni ausbricht?
Genosse Oberst Dangrieß: Der ist morgen nicht, der wird nicht stattfinden, dafür sind wir ja auch da. (...)
Genosse Generalleutnant Hummitzsch: Ansonsten, was die Frage der Macht betrifft, Genosse Minister, wir haben die Sache fest in der Hand, sie ist stabil.«
[Quelle: Auszug aus einer Dienstbesprechung beim Minister für Staatssicherheit, Berlin, 31. 8. 1989, zit. nach: Armin Mitter/Stefan Wolle (Hg.), Ich liebe Euch doch alle! Befehle und Lageberichte des MfS Januar bis November 1989, Berlin 1990, S. 125 ff.]

BND-Lageeinschätzung zur DDR, Pullach, 27. 9. 1989:
»... eine explosive Mischung ... ist nicht zu erkennen«
»Die spektakulären Fluchten von DDR-Bürgern über Ungarn haben nach ersten Hinweisen das Gefühl der Hoffnungslosigkeit und der Resignation in der Bevölkerung stark vertieft und verbreitet. Selbst SED-Mitglieder stehen fassungslos dem Phänomen gegenüber, daß Angehörige einer Generation, die im Sozialismus aufgewachsen ist, massenhaft die DDR verlassen.
Eine explosive Mischung, die zu Entwicklungen vergleichbar dem 17. Juni 1953 führen könnte, ist jedoch nicht zu erkennen. Gefährliche Massendemonstrationen dürften die Sicherheitsorgane bereits im Zeitpunkt des Entstehens erkennen und zerschlagen. (...)
In der durch den Massenexodus über die ungarisch-österreichische Grenze entstandenen Stimmungslage kam es in der DDR zur Gründung neuer ›oppositioneller‹ Gruppen, deren Bedeutung in der westlichen Presse z. T. weit überschätzt wird. (...)
Eine Verbindung oder gar Unterstützung der sozialkritischen Gruppen durch die Sowjetunion ist nicht bekannt. Dabei ist zu berücksichtigen, daß es sich um Randgruppen handelt, die über keine politische Machtbasis verfügen.«
Bundesnachrichtendienst/Ref. 32C, betr.: PKK-Sitzung am 27.9.1989, hier: DDR, BA, B 206/587, Bl. 70–75, hier Bl. 73f.

Erst nach der Gründung des Neuen Forums am 9./10. September 1989 und weiterer Gruppen wie dem »Demokratischen Aufbruch« und »Demokratie Jetzt« trat ein sprunghafter Zulauf ein, den nicht nur der DDR-Staatssicherheitsdienst und der Bundesnachrichtendienst, sondern auch die Oppositionellen selbst nicht vorhersahen. Im Gegenteil: Die Gründungsmitglieder des Neuen Forums waren trotz der massiven Ausreisebewegung vom Stillstand der Verhältnisse in der DDR so überzeugt, dass sie ihr Folgetreffen erst auf den 2. Dezember 1989 festlegten.[42] Mitte September 1989 rechneten demnach auch die Bürgerrechtsaktivisten nicht mit den schon wenige Wochen später einsetzenden revolutionären Ereignissen: ein Indiz dafür, »dass die Opposition den Entwicklungen praktisch ebenso hinterhereilte wie alle anderen politischen Handlungsträger im In- und Ausland«.[43] Wie diese wurden sie von dem Ausbruch der Großdemonstrationen überrascht. Der Anfang Oktober schnell anschwellende und auf zahlreiche Städte überspringende, offene Protest folgte auf die Öffnung der ungarisch-österreichischen Grenze für DDR-Bürger am 10./11. September 1989.[44]

Michail S. Gorbatschow:

»Sie taten es einfach«

»Daß die ungarische Führung uns anrief und um Erlaubnis fragte, die Grenzen zu öffnen – solch ein Gespräch fand gar nicht mehr statt. Sie taten es einfach. Sie begriffen, daß die Situation schon weit genug fortgeschritten war, um diesen Schritt zu vollziehen. Und daß dieser Schritt verstanden werden würde.«

Interview mit Michail S. Gorbatschow, 8. Dezember 1998

Zehntausende euphorisierte Deutsche aus der DDR reisten in den nächsten Tagen und Wochen über Österreich in die Bundesrepublik aus. Die Moskauer Führung war über diesen Schritt, mit dem die Ungarn ihre Rolle als Hilfsgrenzpolizei vor allem für die DDR aufkündigten und mit der Demontage der Sperranlagen das erste große Loch in den Eisernen Vorhang zwischen den Staaten des Warschauer Vertrages und der NATO schlugen, von der ungarischen Regierung nicht konsultiert worden. Die sowjetische Vormacht, so erklärten später Ministerpräsident Miklos Németh und auch Außenminister Gyula Horn, sei erst am letzten Tag informiert worden: »Es war offensichtlich, daß sie schon lange von unserem Vorhaben wußten. (...) Da wir uns bis zum letzten Moment in Schweigen gehüllt und die Sowjets nicht in die Sache einbezogen hatten, kamen sie umhin, dazu Stellung nehmen zu müssen.«[45]

Der Ernst der dadurch für die DDR entstandenen Lage blieb Moskau allerdings nicht verborgen. Schon in der Lagebesprechung der sowjetischen Botschaft am 6. September in Ost-Berlin hatte Botschafter Wjatscheslaw Kotschemassow die Situation als die vielleicht »brisanteste in der Geschichte der DDR« bezeichnet. Es gehe »nicht nur um die DDR, sondern um die ganze sozialistische Gemeinschaft. Der Zusammenhang mit den Ereignissen in Polen, Ungarn, Bulgarien ist offensichtlich. Die DDR destabilisieren würde bedeuten, die Situation in der sozialistischen Gemeinschaft völlig zu modifizieren.«[46] Vierzehn Tage später, nach seiner Rückkehr aus Moskau, wo er an der Plenarsitzung des Zentralkomitees der KPdSU teilgenommen hatte, berichtete Kotschemassow den Botschaftsangehörigen, dass Gorbatschow ihm gegenüber zwar betont habe, die DDR sei für die Sowjetunion ein so wichtiges Land, »daß wir ihre Destabilisierung unter keinen Umständen zulassen können. (...) In Moskau herrsche eine große Beunruhigung wegen der Situation in der DDR. Es gebe nur eine Aufgabe – die DDR zu halten.« Die Generallinie Gorbatschows jedoch sei: »Wir unterstützen die DDR, aber nicht auf Kosten unserer Interessen in der BRD und in Europa insgesamt.«[47]

Es ist mehr als fraglich, ob sich Michail Gorbatschow noch von vertraulichen Mitteilungen wie denen der britischen Premierministerin Margaret Thatcher beeindrucken ließ, die ihm am 23. September 1989 in Moskau versicherte, Großbritannien und Westeuropa seien »nicht an der Vereinigung Deutschlands interessiert«. Die in der NATO-Erklärung niedergeschriebenen Worte klängen zwar anders – aber Gorbatschow möge sie einfach ignorieren. Thatcher: »Wir wollen die Vereinigung Deutschlands nicht. Dies würde zu Veränderungen der Nachkriegsgrenzen führen, und das können wir nicht zulassen, da eine solche Entwicklung die Stabilität der gesamten internationalen Lage beeinträchtigen und zu einer Bedrohung unserer Sicherheit führen könnte. Wir sind auch nicht an der Destabilisierung Osteuropas oder der Auflösung des Warschauer Paktes interessiert.«[48] Relevanter für Gorbatschow waren zu diesem Zeitpunkt möglicherweise unter anderem die Berichte des KGB: »Alle unsere besten Quellen«, so Sergej Kondraschow, damals Chefberater von KGB-Chef Wladimir Krjutschkow, hätten im Sommer 1989 berichtet, »dass die deutsche Teilung nicht länger aufrechtzuerhalten sei«.[49]

Erich Honecker: »Man sollte ihnen keine Träne nachweinen«

Das Bündnis ihres Bruderlandes Ungarn mit dem imperialistischen Klassenfeind BRD und die Zuschauerhaltung der Sowjetunion musste die SED-Spitze als schlimme Demütigung empfinden. Sie reagierte zutiefst verärgert und gereizt. Auf die eigene Kraft verwiesen, stand auf der Politbüro-Sitzung vom 12. September, in der Günter Mittag den erkrankten Honecker vertrat, als erste zu behandelnde Frage, wie »das Loch Ungarn zuzumachen«[50] sei, denn die Beantragung von Reisen nach Ungarn war überall in der DDR sprunghaft angestiegen. Und nicht nur der Abteilung Pass- und Meldewesen im Volkspolizei-Kreisamt Magdeburg fiel auf, dass die Reisezeit mit drei bis vier Tagen häufig auffällig kurz war und selbst im Oktober noch als Campingurlaub angegeben wurde.[51] Um »schwere Einbußen« an Bürgern zu vermeiden, schlug Mittag vor, »die Ausreisen nicht mehr so global durchzuführen wie bisher. Wieso müssen die wackligen Kandidaten fahren? Diese interne Regelung darf allerdings nicht unsere Partei und die Masse der Bevölkerung betreffen. Wir würden sie verärgern. MfS und MdI sollen diese Maßnahmen durchführen.«[52] Auf diese Weise halste die SED-Führung die Lösung ihres politischen Dilemmas letztendlich den Mitarbeitern der Sicherheitsbehörden auf.

Die ratlosen Aktionen des Politbüros waren nicht geeignet, die Situation zu beruhigen, geschweige denn das Ausreiseproblem zu lösen. In der zweiten Septemberhälfte setzte sich nicht nur die Fluchtbewegung über Ungarn fort, sondern ausreisefordernde DDR-Bürger besetzten erneut auch die Botschaften der Bundesrepublik in Prag und Warschau.

Um die Lage in Polen und in der ČSSR zu bereinigen, ließ die SED-Spitze am 30. September und erneut in der Nacht vom 4. auf den 5. Oktober etwa 14 000 ausreisewillige DDR-Bürger aus den Prager und Warschauer Botschaften der Bundesrepublik in verriegelten Zügen der Deutschen Reichsbahn in die Bundesrepublik reisen.[53] »Sie alle haben durch ihr Verhalten die moralischen Werte mit Füßen getreten und sich selbst aus unserer Gesellschaft ausgegrenzt«, schleuderte ihnen das »Neue Deutschland« in einem von Erich Honecker redigierten hasserfüllt-bitteren Kommentar nach. »Man

1 ANLAGE

WERTE GENOSSEN
AUF GRUND DER BITTE DER TSCHECHOSLOWAKISCHEN STAATSFUEHRUNG VOLLZIEHT SICH IN DER NACHT VOM 4. ZUM 5.10.1989 EINE DURCHFAHRT MEHRERER ZUEGE, IN DENEN SICH EHEMALIGE DDR-BUERGER BEFINDEN, DIE IN DIE BUNDESREPUBLIK ABGESCHOBEN WERDEN. DETAILS KOENNT IHR UEBER DIE REICHSBAHN ERFAHREN. DIE ERFORDERLICHEN SICHERHHEITSMASZNAHMEN, DIE DIE UNGEHINDERTE DURCHFAHRT DER ZUEGE SICHERN, WERDEN ZENTRAL EINGELEITET UND MIT EUCH BESPROCHEN. =

MIT SOZIALISTISCHEM GRUSZ

E. HONECKER

BERLIN, 4.10.1989

Fernschreiben von Erich Honecker an die 1. Sekretäre der SED-Bezirksleitungen Dresden und Karl-Marx-Stadt, 4. 10. 1989 (BStU, ZA, SdM 664, Bl. 60).

sollte ihnen deshalb keine Träne nachweinen.«[54] Der Transport erfolgte nicht auf direktem Weg über die tschechoslowakisch-bayerische Grenze, sondern über das Territorium der DDR. Damit sollte die Souveränität der DDR und ihre Verfügungsgewalt über die Flüchtlinge demonstriert werden. Den Flüchtlingen wurden in den Zügen die Personaldokumente abgenommen, um sie nachträglich ausbürgern zu können. Außerdem war es den DDR-Behörden nur in Kenntnis der Personalien möglich, sich des Eigentums der »Abtrünnigen« zu bemächtigen sowie Sperrmaßnahmen über die Ausgereisten zu verhängen und Besuchsreisen in die DDR sowie die Benutzung der Transitstrecken zu verhindern.

5. Oktober 1989: Acht Sonderzüge mit 8000 DDR-Flüchtlingen aus der Prager Botschaft treffen auf dem Umweg über die DDR in Bayern ein.

Stasi-Information, 3. 10. 1989

Gorbatschow an Honecker: »Angelegenheit Prag« lösen

»Durch zielgerichtete Indiskretionen des DDR-Rechtsanwaltes Prof. Dr. Wolfgang Vogel gegenüber dem DDR-Korrespondenten des ›Spiegel‹, Schwarz, Ulrich, wurden diesem am Morgen des 3. 10. 1989 bei einem Besuch bei dem Rechtsanwalt folgende Hinweise bekannt:

– Der Generalsekretär des ZK der KPdSU und Vorsitzende des Obersten Sowjets der UdSSR, Genosse Michail Gorbatschow, habe seinen Besuch in der DDR zum 40. Jahrestag nur unter der Bedingung zugesagt, daß die ›Angelegenheit Prag‹ bis zum 7. 10. 1989 gelöst sei.
– Genosse Honecker habe sich auf diesen Druck hin zur ersten Abtransport-Aktion von DDR-Bürgern aus Prag über die DDR in die BRD in der Nacht zum 1. 10. 1989 entschlossen, obwohl er sich über die Konsequenz, eine sehr schnelle erneute Besetzung der BRD-Botschaft in Prag durch ausreisewillige DDR-Bürger, vollkommen im klaren gewesen sei. Damit habe er Genossen Gorbatschow drastisch demonstrieren wollen, daß dieser im Unrecht sei.«

BStU, ZA, MfS-Neiber 224, Bl. 98

Am 3. Oktober 1989 ließ Honecker die DDR-Grenze zur ČSSR schließen. Bei der Durchfahrt der Züge aus Prag kam es in der Nacht vom 4. auf den 5. Oktober und am darauffolgenden Tag in Dresden zu teilweise brutalen Auseinandersetzungen zwischen Ausreisewilligen, die versuchen wollten, noch irgendwie in die Züge hineinzukommen, und bewaffneten Kräften. »Mit ihrer zynischen Unnachgiebigkeit«, kommentiert Pollack, »trug die Führungsriege der SED selbst zur Formierung des Protests auf den Straßen bei.«[55] Statt den ungestörten Ablauf der Festlichkeiten der Partei- und Staatsführung zum 40. Jahrestag der DDR zu gewährleisten, leiteten die Durchfahrt der Züge aus Prag und die Grenzschließung zur ČSSR den Übergang zum offenen Protest in der DDR ein.

Herbstrevolution

Ausreisedruck, Demonstrationen und der Sturz Honeckers

Es war die Öffnung des Eisernen Vorhangs in Ungarn, die das Machtverhältnis zwischen Regime und Bevölkerung in der DDR auf entscheidende Weise verschob.[1] Die Ausreisebewegung erzeugte eine breiter werdende Gegenbewegung derjenigen, die in der DDR bleiben wollten und zum ersten Mal seit dem Volksaufstand von 1953 die Chance sahen, dafür dem Regime Bedingungen zu stellen: »Wir bleiben hier, aber nur, wenn es nicht so bleibt, wie es ist«, lautete eine frühe Leipziger Demonstrations-Losung. Die neu eröffnete Möglichkeit der Ausreise über Ungarn ließ sich als Druck- und Drohmittel einsetzen, um für das Dableiben in der DDR einen politischen Preis zu verlangen. Die Flucht- und Ausreisebewegung schwächte das politische Widerstandspotenzial im Land nicht länger, sondern gab ihm eine gesellschaftliche Berechtigung. Die Massenausreise über Ungarn unterminierte in nie dagewesener Weise die Staatsautorität und wurde zur Voraussetzung und Bedingung des sich entfaltenden Massenprotests.[2]

In Leipzig versammelten sich am 18. September mehr als 1000 Menschen zum Friedensgebet in der Nikolaikirche, mehrere Hundert demonstrierten auf der Straße, 31 wurden vorläufig verhaftet. »Wir bleiben hier!« lauteten die Sprechchöre jetzt und nicht mehr, wie in den zurückliegenden Wochen: »Wir wollen raus!«[3]

Die Synode des Evangelischen Kirchenbundes verabschiedete am 19. September in Eisenach einen Beschluss, in dem sie eine pluralistische Medienpolitik, demokratische Parteienvielfalt, Reisefreiheit für alle Bürger, wirtschaftliche Reformen und Demonstrationsfreiheit als »längst überfällige

Am 9. Oktober 1989 gehen 70 000 Leipziger auf die Straße und erstreiten mutig das Demonstrationsrecht. Trotz massiver Polizeipräsenz kommt es nicht zu gewaltsamen Auseinandersetzungen.

Reformen« einklagte. Gewerkschaftsmitglieder aus dem VEB Bergmann-Borsig, einem Berliner Großbetrieb, verliehen gegenüber FDGB-Chef Harry Tisch ihrer Empörung Ausdruck, »die Abkehr so vieler unserer Menschen ausschließlich als Machwerk des Klassengegners zu entlarven, bei dem diese DDR-Bürger nur Opfer oder Statisten sein sollen«. Wie Rockmusiker und Künstler, Schriftsteller und Wissenschaftler und selbst Vertreter der Blockparteien forderten sie die Partei zum öffentlichen Dialog mit allen Kräften in der Gesellschaft auf. Am 19. September griff das Neue Forum als erste der unabhängigen Gruppen das Organisationsmonopol der SED an und beantragte offiziell seine Zulassung als Vereinigung.

In der letzten Septemberwoche, 14 Tage vor dem als festliche Großveranstaltung geplanten 40. Jahrestag der DDR, meldete sich Erich Honecker, der seit Juli krankheitsbedingt ausgefallen war, in der Führung zurück. Fest entschlossen, all diesen »Provokationen« ein schnelles Ende zu bereiten, wies er am 22. September die Ersten Sekretäre der Bezirksleitungen in einem Fernschreiben an, »daß diese feindlichen Aktionen im Keime erstickt werden müssen, daß keine Massenbasis dafür zugelassen wird«. Zugleich sei Sorge dafür zu tragen, »daß die Organisatoren der konterrevolutionären Tätigkeit isoliert werden«.[4]

Doch schon die Leipziger Montagsdemonstration am 25. September, an der sich mehr als 5000 Menschen beteiligten und die Zulassung des Neuen Forums forderten, ließ sich aufgrund der verbreiterten Massenbasis nicht mehr »im Keime ersticken«. Am gleichen Tage erhielten Bärbel Bohley und Jutta Seidel als Gründungsmitglieder im Innenministerium den Bescheid, dass ihr Antrag auf Zulassung des Neuen Forums als Vereinigung abgelehnt wurde. Das Politbüro bestätigte diese Entscheidung und bekräftigte ihre Endgültigkeit.[5] Mielkes Stellvertreter, Rudolf Mittig, rief am 26. September die stellvertretenden Chefs der MfS-Bezirksverwaltungen zusammen und gab als Parole aus, die »feindlich-oppositionellen Zusammenschlüsse« mit dem Ziel der Zerschlagung »operativ zu bearbeiten«. Das MfS sollte in diesen Gruppen – nicht zuletzt mit Hilfe seiner darin vertretenen inoffiziellen Mitarbeiter – Grabenkämpfe forcieren, Misstrauen säen, die Mitglieder aufsplittern und versuchen, die Politisierung der Gruppen durch das Aufwerfen von Organisations- und Strukturfragen zu stoppen.[6]

Ebenfalls am 26. September befahl Honecker zur »Gewährleistung der Sicherheit und Ordnung« und »zur Verhinderung von Provokationen unterschiedlicher Art« am Jahrestag der DDR die Herstellung der Führungsbereitschaft der Bezirkseinsatzleitung Berlin sowie der Kreiseinsatzleitungen der Berliner Stadtbezirke.[7] Auf der Grundlage dieses Befehls des Vorsitzenden des NVR brachte Verteidigungsminister Heinz Keßler am nächsten Tag vorsorglich Truppenteile der Nationalen Volksarmee für die Zeit vom 6. bis zum 9. Oktober befehlsmäßig für einen Einsatz in Berlin in Stellung.[8]

Am Abend des 2. Oktober skandierten rund 20 000 Menschen auf dem Leipziger Karl-Marx-Platz (heute Augustusplatz) »Freiheit, Gleichheit, Brüderlichkeit«. Von Sondereinsatzkräften wurde ein Teil der Demonstranten eingekesselt. Es gab zahlreiche Verletzte und »Zuführungen«. Als Volkspolizisten eine Durchsage über Lautsprecher mit »Hier spricht die Volkspolizei«

begannen, entgegnete die Menge: »Wir sind das Volk!«, wie sich der Schriftsteller Martin Jankowski erinnert. Gegenüber der Volkspolizei sollte damit klargestellt werden, so Jankowski, »dass sie gerade diejenigen bekämpften, die zu schützen sie dem eigenen Namen nach eigentlich den Auftrag hatten – das Volk«[9]. Die Parole »Wir sind das Volk« sollte den Aufstand bis zu den Tagen des Mauerfalls befeuern.

Der militärische Ernstfall trat für die SED-Führung weder in Berlin noch in Leipzig ein, sondern am Abend des 4. Oktober in Dresden. Dort stürmten überwiegend Ausreisewillige aus der ganzen DDR den Hauptbahnhof mit der Absicht, auf die Züge aufzuspringen, mit denen die Prager Botschaftsflüchtlinge durch die DDR in die Bundesrepublik transportiert werden sollten. Nach der Grenzschließung zur ČSSR symbolisierten die Züge für viele die letzte Hoffnung auf eine freie Ausfahrt aus der DDR. Rund um den Dresdener Hauptbahnhof kam es, so ein Bericht des MfS, »nach Ansammlungen von bis zu ca. 20 000 Personen zu tumultartigen Ausschreitungen (...), so daß die Gefahr einer vollständigen Besetzung des gesamten Bahnhofgeländes bestand«.[10]

Als Erich Mielke und Hans Modrow, dem Dresdener SED-Chef, an diesem Abend gemeldet wurde, dass die Situation in Dresden außer Kontrolle zu geraten drohte, wandten sie sich zwischen 22.00 und 23.00 Uhr mit der Bitte um Unterstützung an die NVA-Führung. Der Auftrag der NVA war in der DDR-Verfassung auf den Schutz vor äußeren Angriffen beschränkt, doch jetzt wurde sie gegen die eigenen Bürger mobilisiert. Verteidigungsminister Keßler löste sofort für den gesamten Militärbezirk III (Leipzig) der Landstreitkräfte die Alarmstufe »Erhöhte Gefechtsbereitschaft« aus und befahl, aus den strukturmäßigen Einheiten der NVA Hundertschaften zu bilden. Mit der Aufgabe, die Polizeikräfte im Raum Dresden zu unterstützen, erhielten die Soldaten ihre Maschinenpistolen und scharfe Munition.[11] In der Nacht vom 4. auf den 5. und vom 5. auf den 6. Oktober wurden NVA-Truppenteile mit einer Stärke von etwa 2000 Mann in Dresden in Einsatzbereitschaft versetzt. Drei der am 5. Oktober formierten 21 Hundertschaften wurden an diesem Tag, fünf der 17 bereitgehaltenen Hundertschaften am 6. Oktober mit polizeilichen Aufgaben in praktische Einsätze geführt.

Trotz der militärischen Vorbereitungsmaßnahmen und trotz der zum Teil gewalttätigen Auseinandersetzungen zwischen Volkspolizei und Demonstranten in der ersten Nacht[12] – danach verliefen die Demonstrationen von Seiten der Teilnehmer friedlich, die Polizeieinsätze jedoch vergleichsweise brutal[13] – hob der Verteidigungsminister am Vormittag des 6. Oktober den Befehl zur Mitführung von Maschinenpistolen und scharfer Munition auf nachhaltiges Drängen von verschiedener Seite auf; die weiterhin bereitgehaltenen NVA-Einheiten wurden ab diesem Zeitpunkt mit Gummiknüppeln ausgerüstet. Außer in Dresden kamen Kräfte der NVA auch bei Demonstrationen in Karl-Marx-Stadt und Plauen zum Einsatz.

Bis zum 7. Oktober wurden zahlreiche Demonstranten in verschiedenen Städten durch brutale Übergriffe der Volkspolizei und Staatssicherheit verletzt und mehrere Tausend Menschen bei der Auflösung von Demonstrationen polizeilich »zugeführt«. Unverkennbar war jedoch, dass die Aufgabe, die Demonstrationen »im Keime zu ersticken«, allein mit Polizeiaktionen nicht zu erfüllen war. Vor der Anwendung des letzten Mittels aber, dem Einsatz der Armee in ihren militärischen Strukturen und mit schwerer Kampftechnik, schreckte die SED-Führung offenbar zurück. Noch war die Frage offen, ob es im Hinblick auf einen Einsatz der NVA bei der »Dresdener Linie« bleiben würde oder ob sich die SED-Führung die Zurückhaltung ihres letzten Mittels einer militärischen Intervention allein im Hinblick auf den ungestörten Ablauf der Feierlichkeiten zum 40. Jahrestag der DDR selbst auferlegt hatte, um davon umso ungehemmter Gebrauch zu machen, sobald die DDR nicht mehr im Rampenlicht der internationalen Öffentlichkeit stand.

Losungen wie »Vorwärts immer, rückwärts nimmer«, »Unser Arbeitsplatz ist ein Kampfplatz für Frieden und Volkswohlstand« und »Was des Volkes Hände schaffen, soll des Volkes eigen sein« schmückten die vom Politbüro bestätigte Festansprache Honeckers zum 40. Jahrestag. Wie die anderen sozialistischen Länder, tat er kund, würde die DDR »die Schwelle zum Jahr 2000 mit der Gewißheit überschreiten, daß dem Sozialismus die Zukunft gehört. (...) Seine Existenz gibt nicht nur unserem Volk neue Hoffnung, sondern der ganzen Menschheit.«[14]

Demgegenüber hatte Michail Gorbatschow sowohl in seiner Grußansprache wie in einer internen Beratung mit dem Politbüro reformorientierte Akzente gesetzt. Er hob die »wachsende Vielfalt der Formen der Produktionsorganisation, der sozialen Strukturen und der politischen Einrichtungen« als charakteristisch für die sozialistische Welt wie für die gesamte Zivilisation hervor. »Die Versuche der Unifizierung und Standardisierung in Fragen der gesellschaftlichen Entwicklung, einerseits der Nachahmung, andererseits der Aufzwingung von irgendwelchen verbindlichen Mustern«, so seine Lektion, »gehören der Vergangenheit an. (...) Die Auswahl der Entwicklungsformen ist eine souveräne Angelegenheit eines jeden Volkes. (...) Vor allen Dingen sollten unsere westlichen Partner davon ausgehen, daß die Fragen, die die DDR betreffen, nicht in Moskau, sondern in Berlin entschieden werden.«[15] In einem spontanen Interview an der Ost-Berliner Neuen Wache ließ Michail Gorbatschow den Satz fallen: »Gefahren warten nur auf jene, die nicht auf das Leben reagieren!« Vor dem SED-Politbüro variierte er diesen Satz: »Wenn wir zurückbleiben, bestraft uns das Leben sofort.« Nicht Gorbatschow, sondern sein Pressesprecher, Gennadi Gerassimow, machte daraus am Abend den Ausspruch »Wer zu spät kommt, den bestraft das Leben!« – ein dezenter Hinweis an die SED-Spitze, endlich auch in der DDR einen Erneuerungsprozess einzuleiten.

Michail S. Gorbatschow:

»Honecker blieb hart wie die Berliner Mauer«

»Krenz, Stoph, Modrow und nicht nur sie, sondern fast die Hälfte der Führung Honeckers war auf Veränderungen geistig vorbereitet, auf eine gewisse Synchronisation des Lebens und der Prozesse in Zusammenhang mit der Perestroika. Aber Honecker blieb hart wie die Berliner Mauer. Letztendlich jedoch hielt Honecker nicht stand – genauso wenig wie die Berliner Mauer [...] Wir wußten, daß Honecker vor uns vieles verbarg: sowohl in der Politik als auch in Bezug auf den Zustand der Wirtschaft. Über alle Jahre hinweg trugen seine Informationen Jubelcharakter: optimistisch, übermäßig optimistisch. Aber wir wußten, daß es nicht so war. Und in vielem machte man seitens der Regierung Honecker von dem Nutzen Gebrauch, den man aus der Zusammenarbeit mit der UdSSR zog, besonders was Energieressourcen angeht, für die man in bedeutendem Maße im Ausland Devisen realisierte; von uns hat

die DDR Energieressourcen auf Clearingbasis bekommen. Warum soll man das verheimlichen! Die Regierung Honecker erhielt solide Unterstützung auch von der Regierung der BRD, so daß tatsächlich die Situation so war, wie sie sich uns darstellte. Eigenständig konnte die DDR nicht existieren, das heißt: Sie war bankrott.
Aber nichtsdestotrotz versuchte Honecker sogar, mich für dumm zu verkaufen, als ich zu den Feiertagen kam, am 7. Oktober. Ich war entsetzt, wie man so sagt. Ich war entsetzt. Drei Stunden unterhielt ich mich mit ihm. Ich wollte, daß unser Gespräch freundschaftlich verlief. Ich ließ niemals zu, weder Honecker noch sonst jemandem irgendwelche moralischen Standpauken zu halten und noch weniger, Kommandos zu geben – das war einfach ausgeschlossen, völlig ausgeschlossen. Und wenn es eine Aufzeichnung dieses Gespräches gibt, können Sie feststellen, daß es genau so war. Ich denke nichtsdestotrotz, daß er irgendwie inadäquat reagierte auf mein Gespräch. Und er fuhr fort, mich von den mächtigen Errungenschaften der DDR überzeugen zu wollen.«
Interview mit Michail Gorbatschow, 8. Dezember 1998

In den Abendstunden des 7. Oktober lösten MfS und Volkspolizei einen Demonstrationszug von mehreren Tausend Menschen in Berlin gewaltsam auf. Der Einsatz der Sicherheitskräfte, die einen massenhaften Grenzdurchbruch nach West-Berlin befürchteten, erfolgte mit großer Brutalität. Auch am nächsten Tag kam es in Berlin zu brutalen Übergriffen gegenüber Demonstranten.

Die Anwendung staatlicher Gewalt schien zu eskalieren, und die Vorbereitungen auf die Leipziger Montagsdemonstration am 9. Oktober ließen das Schlimmste befürchten. Am 8. Oktober teilte Honecker den Ersten Sekretären der Bezirksleitungen telegraphisch mit, dass die Demonstrationen des Vortages »gegen die verfassungsmäßigen Grundlagen unseres sozialistischen Staates gerichtet waren«. Es sei damit zu rechnen, dass es zu weiteren »Krawallen« käme. Für diesen Fall erteilte er den Befehl: »Sie sind von vornherein zu unterbinden.«[16] Erich Mielke ordnete am gleichen Tag »volle Dienstbereitschaft« für alle Angehörigen des MfS und die Bereithaltung ausreichender Reservekräfte an, »deren kurzfristiger Einsatz auch zu offensiven Maßnahmen zur Unterbindung und Auflösung von Zusammenrottungen zu gewährleisten ist«. Stasi-Mitarbeiter hatten bis auf Widerruf ihre Dienstwaffe ständig bei sich zu führen.

Gegen die erwarteten 50 000 Leipziger Demonstranten wurden mindestens 8000 Einsatzkräfte – Volkspolizisten, zentrale Reserven des MdI, Kampfeinheiten des MfS, Betriebskampfgruppen, Hundertschaften der NVA – aufgestellt; daneben erhielten rund 5000 »gesellschaftliche Kräfte« – Mitglieder bzw. Mitarbeiter der SED sowie staatlicher Organe – den Parteiauftrag, die Feinde ideologisch und agitatorisch zu überwältigen. Sollte es diesem Massenaufgebot wider Erwarten nicht gelingen, die Demonstranten abzudrängen und an der Bildung eines Demonstrationszuges zu hindern, war als nächste Maßnahme die Auflösung bzw. Aufspaltung des Demonstrationszuges mit anschließender Zerschlagung oder Einkesselung seiner Teile und der Verhaftung der »Rädelsführer« vorgesehen.

Der kritische Punkt für den Polizeieinsatz kam nach der Beendigung der Friedensgebete in den Leipziger Kirchen. Im Innenministerium in Berlin wurde das Geschehen auf Fernsehmonitoren verfolgt. Innerhalb einer Viertelstunde, so stellte es sich der Spitze im MdI dar – wie sich der Chef des Stabes, Generaloberst Karl-Heinz Wagner, erinnert –, seien auf einmal zigtausend Menschen zu sehen gewesen, die aus allen Ecken gekommen wären. Es war diese unerwartet große Zahl der Menschen, die den Handlungswillen der bewaffneten Organe zerbrach, keine Demonstration zuzulassen. Die Einsatzleitung im Berliner Innenministerium gab den Befehl, statt zum Angriff auf die Demonstranten zur Eigensicherung der Polizeikräfte überzugehen.[17]

Am Morgen nach der Kapitulation der Staatsmacht in Leipzig brach im Politbüro ein Machtkampf aus. Über den Ernst der Lage nicht nur auf der Straße, sondern auch in der Partei war zumindest der engere Führungszirkel des Politbüros bestens informiert. Die Berichte der Bezirksleitungen der SED wiesen darauf hin, dass sich überall in den Parteiorganisationen Lähmung, Vertrauensschwund, Resignation, Bedrücktheit und Ratlosigkeit ausbreiteten. Die große Mehrheit der Kommunisten bekunde zwar noch »ihre Treue zur Partei und ihre Bereitschaft zum Kämpfen – wartet aber auf Signale von oben, auf Antworten auf die brennenden Fragen«. Ein ausschließlich für Erich Mielke bestimmter Lagebericht des MfS zeichnete ein düsteres Bild:

Das Stimmungsbild der Bevölkerung habe sich rapide verschlechtert; das Vertrauen der Werktätigen in die Wirtschaftspolitik sei verloren, stattdessen seien überall ernsthafte Zweifel an der Perspektive des Sozialismus anzutreffen, hieß es darin. Die DDR befinde sich in »einer Situation wie kurz vor den konterrevolutionären Ereignissen am 17. 6. 1953«.[18]

Generalmajor Gerhard Straßenburg, Chef der BDVP Leipzig, 9. 10. 1989:
»Keine aktiven Handlungen gegenüber den Demonstranten – Übergang zur Eigensicherung«

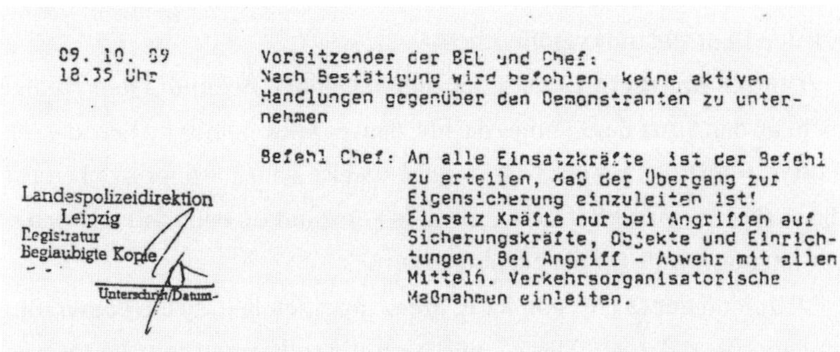

09. 10. 89
18.35 Uhr

Vorsitzender der BEL und Chef:
Nach Bestätigung wird befohlen, keine aktiven Handlungen gegenüber den Demonstranten zu unternehmen

Befehl Chef: An alle Einsatzkräfte ist der Befehl zu erteilen, daß der Übergang zur Eigensicherung einzuleiten ist! Einsatz Kräfte nur bei Angriffen auf Sicherungskräfte, Objekte und Einrichtungen. Bei Angriff - Abwehr mit allen Mitteln. Verkehrsorganisatorische Maßnahmen einleiten.

Landespolizeidirektion
Leipzig
Registratur
Beglaubigte Kopie
Unterschrift/Datum

BDVP Leipzig, Präzisierungen zur Aufgabenstellung und Befehlsgebung (mündlich/schriftlich) im Zeitraum vom 02. 10. 1989 bis 09. 10. 1989, Sächsischer Landtag 1994b

---

Während Honecker im Politbüro Entschlossenheit im Kampf gegen die Konterrevolution und die Bereitschaft anmahnte, dabei nötigenfalls auch »von der Macht Gebrauch zu machen«, setzte sich Egon Krenz für eine – von Honecker als »Kapitulations-Erklärung« zurückgewiesene – öffentliche Erklärung des Politbüros ein, die friedlichere Töne anschlug. Sprengkraft entfaltete dieses Papier dadurch, dass es in zwei Punkten die bisherige Linie des Generalsekretärs korrigierte. Zum einen gestand das Politbüro erstmals ein, dass Ursachen für die Fluchtbewegung auch in der DDR selbst zu suchen waren. Zum anderen unterbreitete es das von vielen geforderte Dialogangebot: »Gemeinsam wollen wir über alle grundlegenden Fragen unserer Gesellschaft beraten, die heute und morgen zu lösen sind. (...) Es geht um die Weiterführung der Einheit von Wirtschafts- und Sozialpolitik.

Es geht um wirtschaftliche Leistungsfähigkeit und ihren Nutzen für alle, um demokratisches Miteinander und engagierte Mitarbeit, um gute Warenangebote und leistungsgerechte Bezahlung, um lebensverbundene Medien, um Reisemöglichkeiten und gesunde Umwelt.«[19]

Für diese Erklärung, die maßgeblich von seinem Abteilungsleiter für Sicherheitsfragen, Wolfgang Herger, vorbereitet worden war, hatte sich Krenz bereits im Vorfeld der Sitzung der Unterstützung einer Reihe von Politbüro-Mitgliedern – darunter vor allem Willi Stoph, Erich Mielke, Siegfried Lorenz und Günter Schabowski – vergewissert. Am 12. Oktober wurde sie im »Neuen Deutschland« veröffentlicht.

Obwohl Krenz am 10. Oktober seinen eigenen Bekundungen zufolge nicht an den Sturz des Mannes dachte, dem er seine politische Karriere verdankte, war Honecker über die Vorgehensweise seines Kronprinzen erbost, die er als seine Autorität untergrabende Konspiration betrachtete. Noch in der Sitzung am 10. Oktober schlug er zurück.

Während der Diskussion hatte Krenz in seinen Beitrag die Bemerkung eingeflochten, das Wahlgesetz müsse künftig vollständig eingehalten werden. Auch ein 80- bis 90-prozentiger Stimmenanteil sei für die SED ein gutes Ergebnis.[20] Wollte der Vorsitzende der Wahlkommission mit dieser Äußerung zu verstehen geben, dass das Wahlgesetz bei den Kommunalwahlen am 7. Mai 1989 nicht eingehalten worden war? Bis zu diesem Zeitpunkt hatten dies nur Bürger behauptet, die die Auszählung der Stimmen in den Wahllokalen mitverfolgt und die Ergebnisse mit den später veröffentlichten Zahlen verglichen hatten. Am 7. eines jeden Monats prangerten sie seither den Wahlbetrug mit einer Mahnwache und einem Pfeifkonzert auf dem Alexanderplatz an. Dafür wurden sie auf Veranlassung jener regelmäßig verprügelt und wegen staatsfeindlicher Hetze festgenommen oder verfolgt, die nun im Politbüro selbst über Wahlfälschung sprachen.

Die Ausführungen von Krenz provozierten eine heftige Reaktion Honeckers. Barsch fuhr er – den stichwortartigen Aufzeichnungen Gerhard Schürers zufolge – seinen Sicherheits-Sekretär an: »Sagen, was man meint! Wahl gefälscht oder nicht. Sind gefälscht. Im PB aber nichts gesagt. Kontrolle hat das ergeben.«[21] Honecker nannte keine Namen, griff das Thema am Schluss der Sitzung aber noch einmal auf und kündigte »schärfste Maßnahmen gegen die Wahlfälschung« an, womit er direkt auf Krenz, den Vorsitzenden der Wahlkommission, zielte.[22] Behielt Honecker die Macht und setzte er seine Ankündigung in die Tat um, drohten Krenz und anderen Verantwortlichen aus der Reihe der Ersten Bezirkssekretäre unangenehme Untersuchungen der Begleitumstände der Kommunalwahlen, an deren Ende ihr politischer Absturz stehen konnte. In bester kommunistischer Tradition hatte Honecker die Frage »Wer-Wen?« gestellt.

Der endgültige Beschluss, Honecker zu stürzen, fiel Herger und Schabowski zufolge am 12. Oktober. Darüber hätte sich Krenz in getrennten Gesprächen mit Lorenz und Schabowski verständigt. Letzter Anlass sei eine Beratung Honeckers mit den Ersten Bezirkssekretären gewesen, in der der Generalsekretär die innere Krise der DDR allein »auf das Wirken feindseliger Kräfte von außen« zurückgeführt habe. Seine Gegner warfen ihm diese Auslegung als Versuch vor, die gerade erst veröffentlichte Stellungnahme des Politbüros zu »paralysieren«.[23]

Im Hinblick auf die erfolgreiche Durchführung des Sturzes von Honecker können wenig Zweifel daran bestehen, dass die Verschwörer um Krenz, Stoph und Mielke an bürgerkriegsartigen Zuständen in Leipzig anlässlich der zu erwartenden Montagsdemonstration am 16. Oktober nicht interessiert waren. Als für die Sicherheit zuständiger ZK-Sekretär nahm Krenz die staatlichen Vorbereitungen auf diesen Tag selbst in die Hand und flog am 13. Oktober mit den Stabschefs der Armee und des Innenministeriums, Fritz Streletz und Karl-Heinz Wagner, dem stellvertretenden Stasi-Minister, Rudolf Mittig, sowie Wolfgang Herger zu einer Beratung mit der Bezirkseinsatzleitung nach Leipzig. Oberster Zweck dieser Reise war es zwar nicht, wie Krenz schreibt, »über die Sicherung eines friedlichen Ablaufs der Demonstration am 16. Oktober 1989« zu beraten.[24] Der von ihm und Streletz auf dem Rückflug vorbereitete und von Honecker unterschriebene Befehl des Vorsitzenden des Nationalen Verteidigungsrates über »Maßnahmen zur Gewährleistung der Sicherheit und Ordnung in Leipzig« legte nach wie vor fest, alle Maßnahmen vorzubereiten, »um geplante Demonstrationen *im Entstehen zu verhindern*«.[25] Doch für den Fall, dass dies nicht gelingen sollte –

und darin lag tatsächlich eine neue Qualität der Befehlslage –, war der Einsatz polizeilicher Mittel und Kräfte nur bei Gewaltanwendung der Demonstranten gegenüber den eingesetzten Sicherheitskräften bzw. Objekten befohlen, und zwar ausdrücklich ohne Anwendung von Schusswaffen. »Der Einsatz der Schußwaffe im Zusammenhang mit möglichen Demonstrationen«, hieß es in dem Befehl, »ist grundsätzlich verboten.«[26] Nichtsdestoweniger hätte angesichts des wiederum massiven Kräfteaufgebots auch am 16. Oktober der kleinste Zwischenfall ausgereicht, um eine Eskalation von Gewaltanwendung auszulösen.

Krenz und Streletz brachten Honecker im Vorfeld der Leipziger Montagsdemonstration von Überlegungen ab, als Abschreckungsmaßnahme »ein Panzer-Regiment durch Leipzig fahren zu lassen«[27]. Dem Stabschef des MdI, Generaloberst Wagner, zufolge war der Gedanke, Panzer einzusetzen, bereits im Flugzeug verworfen worden, weil der DDR dann ein Massaker wie in Peking, wenn nicht ein Krieg gedroht hätte. Honecker habe er von der Unsinnigkeit einer solchen militärischen Drohgebärde mit dem Argument überzeugt, so Streletz, dass die jugendlichen Demonstranten, die in Leipzig die überwiegende Mehrheit der Demonstrationsteilnehmer stellten, in Panzernahbekämpfung ausgebildet seien. Mit einem Sprung auf das Kettenfahrzeug und der Abdunkelung der Sichtluke des Fahrers mit einem Tuch seien Panzer in der Stadt manövrierunfähig zu machen.[28] Ein erfolgreicher Panzereinsatz in Städten und dicht besiedelten Wohngebieten setze deshalb die bedingungslose Bereitschaft zur Gewaltanwendung voraus. Honecker hätten diese Einwände überzeugt, sodass er von einem Panzereinsatz Abstand nahm.

Generaloberst Fritz Streletz, Chef des Hauptstabes der NVA:

»Nachteile eines Panzer-Einsatzes bedeutend größer als die Vorteile«

»Die Erfahrungen in Budapest damals (beim Volksaufstand in Ungarn 1956, HHH) haben gezeigt, was es bedeutet, wenn Panzer irgendwie in einer Stadt eingesetzt werden. Alle jungen Menschen in der DDR waren bei der Armee und wurden auch in der Panzernahbekämpfung ausgebildet. Und wenn ich auf einen Panzer aufspringe, die Fahrerluke irgendwie jetzt versuche, dort, wo praktisch der Panzerfahrer jetzt durchsehen kann, wenn ich das mit

einem Handtuch oder mit einem Lappen zuhalte, muß der Panzer stehenbleiben, er kann ja nicht mehr fahren. (...)
Ich habe das sachlich alles Erich Honecker, wie sich das gehört, erläutert, habe ihn aufmerksam gemacht, daß die Nachteile bedeutend größer wären als die Vorteile einer solchen Demonstrationsfahrt. Und er hat das auch eingesehen und hat dann von dieser Maßnahme Abstand genommen.«
Interview mit Fritz Streletz, 9. Oktober 1996

Die Leipziger Montagsdemonstration am 16. Oktober verlief friedlich, die bewaffneten Kräfte schritten nicht ein. Auch parallele Demonstrationen mit rund 10 000 Teilnehmern in Dresden und Magdeburg, 5000 in Halle und 3000 in Berlin gingen ohne Zwischenfälle auseinander. Rückenwind für den Sturz Honeckers gab es seit dem 16. Oktober auch aus Moskau. Aus einer spontanen Audienz bei Michail Gorbatschow brachte SED-Politbüromitglied Harry Tisch, zugleich Vorsitzender des FDGB, als Mut machende Botschaft des KPdSU-Chefs an die Verschwörer mit: »Keine Angst vor dem eigenen Volk haben – Stehen zu Euch!« Und weiter: »Wenn Erich einsichtig ist oder nicht, sonst Sozialismus in Gefahr, Vorschläge richtig!«

Die Sitzung des Politbüros am 17. Oktober lief zunächst nach Plan.[29] Wie mit Krenz besprochen, stellte Willi Stoph zu Beginn den Antrag, Honecker von sämtlichen Funktionen abzulösen. Wie schon in der Sitzung eine Woche zuvor, ergriffen alle Anwesenden das Wort. Ob sie seine Verdienste würdigten (Hager, Axen), seine Ignoranz kritisierten (Krolikowski) oder ihm vorwarfen, er habe selbst sein Lebenswerk zerstört (Böhme), ob ihnen das Herz blutete (Lorenz) oder die Entscheidung wehtat (Krenz): Alle rückten von ihrem Generalsekretär ab und stimmten Stophs Antrag zu; so Günter Mittag, der trocken feststellte, Honecker habe das Vertrauen der Partei verloren, und ebenso Erich Mielke, der in Bezug auf die »sehr, sehr ernste Lage« erregt vorbrachte: »Wir haben vieles mitgemacht. Wir können doch nicht anfangen, mit Panzern zu schießen.« Als 21. Redner erklärte Krenz seine Bereitschaft, die Verantwortung zu übernehmen.

»Tief getroffen, daß (der) Vorschlag von Stoph kam«, wehrte sich Honecker am Ende zur Überraschung aller mit einer verbitterten, aber angriffslustigen Verteidigungsrede. Er warnte vor dem Glauben, dass mit seiner

Ablösung die inneren Probleme beruhigt würden: »(Der) Feind wird weiter heftig arbeiten. Nichts wird beruhigt.« Das Auswechseln von Personen zeige vielmehr, »daß wir erpreßbar sind«. Das werde der Gegner ausnutzen. An Schabowski gerichtet, der als neue Politik von Krenz eine »Linie der Kontinuität und Erneuerung« propagiert hatte, stellte er die Frage, was denn die Erneuerung sei, welche Richtung eingeschlagen werden solle? Bisher jedenfalls gebe es eine solche Linie nicht. Gegen die, die offen gegen die Arbeiter- und Bauernmacht seien, müsse man auftreten, wies er dann Mielke zurecht. Zwar respektiere er die Beschlüsse des Politbüros, doch mit der Ablösung von Kadern sei er nicht einverstanden. Auch in der Ungarischen Volksrepublik, in der der Sozialismus nun verloren sei, habe dieser erste Schritt nicht geholfen. Tief enttäuscht äußerte er sich abschließend darüber, dass Genossen gegen ihn gesprochen hätten, »von denen ich das nie erwartet habe«. Als letzten Satz Honeckers hielt Schürer fest: »Ich sage das nicht als geschlagener Mann, sondern als Genosse, der bei bester Gesundheit ist.«

Trotz seines Widerstandes musste sich Honecker am Ende geschlagen geben. Er stimmte seiner eigenen Ablösung zu, Mittag und Herrmann taten es ihm gleich. Einstimmig beschloss somit das Politbüro, Honecker, Mittag und Herrmann von ihren Funktionen zu entbinden und dem Zentralkomitee Egon Krenz als neuen Generalsekretär vorzuschlagen.

Der Versuch eines Reisegesetzes: »In 30 Tagen um die Welt – ohne Geld«

Nach dem Sturz Erich Honeckers im SED-Zentralkomitee am 18. Oktober 1989, dem die Details der Vorgeschichte im Politbüro verborgen blieben, konzentrierte Krenz die gesamte Macht in Partei und Staat auf seine Person. Als eine der ersten Entscheidungen des Politbüros ließ er sich mit dem Bereich Kommerzielle Koordinierung den inoffiziellen, kapitalistischen Sektor der DDR-Planwirtschaft persönlich unterstellen.[30] Auf der Sitzung der Volkskammer am 24. Oktober folgte er Honecker auch in den Funktionen des Vorsitzenden des Staatsrates und des Nationalen Verteidigungsrates nach. Gegen diese neuerliche Ämterhäufung gab es neben Protesten auf der Straße erstmals nicht nur Gegenstimmen in der Volkskammer; auch in der SED kam Kritik auf.

Soweit es Krenz selbst betraf, hielt sich seine Freude über die neuen Ämter vor dem Hintergrund seines Wissens um die ökonomische Lage und die Auslandsverschuldung in engen Grenzen. Wie auch immer der Nachfolger Honeckers heißen werde, hatte Krenz gelegentlich im engsten Vertrautenkreis prophezeit, er werde sich den Hals brechen. Schon die ersten Tage nach dem Führungswechsel schienen diese negative Prognose zu bestätigen. »Die Lage im Lande beruhigt sich nicht«, stellte Wolfgang Herger enttäuscht fest, »im Gegenteil, die Unruhe wächst, die Forderungen nach schnellen praktischen Resultaten werden drängender, Demonstrationen finden mittlerweile im ganzen Lande statt.«

BND-Einschätzung, 23. Oktober 1989

»Krenz ist keine Übergangslösung«

»Die Rede von Krenz vor dem ZK-Plenum am 18. 10. 89 (und später im DDR-Fernsehen) verzichtet formal auf alle bekannten Stereotype. Sie zeigt inhaltlich neues Realitätsbewußtsein. Eigene Fehler werden eingestanden. In den führenden Gremien der SED erscheint Krenz als der Mann, der die kritische Situation mit neuen Methoden meistern kann, ohne die Wesensmerkmale des Sozialismus zu gefährden. Er ist keine Übergangslösung. Die kritisch-skeptische Haltung oppositioneller Gruppen ihm gegenüber ist für seine Position ohne Belang.
Krenz' Wille zu Reformen ist ernstzunehmen. Die Reformen bleiben limitiert und kontrolliert (Der Sozialismus steht nicht zur Diskussion). Er muß bis auf weiteres Rücksicht nehmen auf die im Politbüro verbleibenden ›Hardliner‹ (Hager). Die Nachbesetzung der freigewordenen Politbüro-Sitze kann Hinweise auf Machtkonstellation und politische Richtung geben. (...)«

BArch, B 206/584, Bl. 156

Krenz verstand unter der von ihm am 18. Oktober verkündeten Politik der »Wende« vornehmlich den Beginn eines »ernstgemeinten politischen Dialogs«, mit dem die SED »vor allem die politische und ideologische Offensive« ergreifen wollte, ohne »den Sozialismus auf deutschem Boden« zur Disposition zu stellen. »Wir lassen uns von der festen Überzeugung leiten«, hatte der neue Generalsekretär in seiner Antrittsrede versprochen, »daß alle Probleme in unserer Gesellschaft politisch lösbar sind.«[31] Mit dieser politischen Vorgabe wurde die offene Gewaltanwendung des Staatssicherheitsapparates ausgesetzt und seine Tätigkeit darauf beschränkt, die Ereignisse zu beobachten und zu dokumentieren.

Auf einer Dienstbesprechung des erweiterten Führungskreises des MfS am 21. Oktober ließ Mielke wenig Zweifel daran, dass er von der Lösung politischer Probleme ausschließlich mit politischen Mitteln nicht viel hielt. Sie bedeute, ließ Mielke wissen, auf die »antisozialistischen Sammlungsbewegungen«, als die die Gruppen der Bürgerbewegung immer noch angesehen wurden, nicht so zu reagieren, »wie es diese Kräfte eigentlich verdienen«.[32] Entscheidend jedoch war, dass Mielke trotz seines Unbehagens jede eigenständige Politik des MfS an der Partei vorbei kategorisch ausschloss. »Bei allem, was wir tun«, schärfte er seinen Leitungskadern ein, »ist bis zur letzten Konsequenz davon auszugehen: Alle Maßnahmen des Ministeriums für Staatssicherheit, jeder Diensteinheit, haben sich in die Generallinie, in die Beschlüsse des Zentralkomitees und seines Politbüros einzuordnen, müssen auf ihre strikte Durchsetzung gerichtet sein.«[33] Gewalt, so befahl der Stasi-Chef, dürfe nur eingesetzt werden, »wenn eine unmittelbare Gefährdung von Personen, Objekten und Sachen vorliegt und anders nicht abzuwenden ist«.[34]

Armeegeneral Erich Mielke, Minister für Staatssicherheit, auf einer MfS-Dienstbesprechung, Ost-Berlin, 21. 10. 1989:

»Ohne Sowjetunion gab und gibt es keine DDR«

»Der Einsatz von Ordnungs- und Sicherheitskräften ist so zu organisieren, daß gewaltsame Mittel nur dann angewandt werden, wenn eine unmittelbare Gefährdung von Personen, Objekten und Sachen vorliegt und anders nicht abzuwenden ist. (...)

Bei allem, was wir tun, ist bis zur letzten Konsequenz davon auszugehen: Alle Maßnahmen des Ministeriums für Staatssicherheit, jeder Diensteinheit, haben sich in die Generallinie, in die Beschlüsse und politischen Entscheidungen des Zentralkomitees und seines Politbüros einzuordnen, müssen auf ihre strikte Durchsetzung gerichtet sein. (...)

Auf der 9. Tagung des Zentralkomitees wurde von der realen Lage ausgegangen – auch wenn das nicht so klar ausgesprochen wurde –, daß die DDR sich in einer Welt entwickelt, wie sie heute ist, und nicht, wie wir sie uns wünschen. Alles, was wir tun und was wir vorhaben, muß sich unter Beachtung der Entwicklungen sowohl in den anderen sozialistischen Ländern, besonders der Sowjetunion, wie der kommunistischen Bewegung insgesamt als auch im imperialistischen System und der Nichtpaktgebundenen-Bewegung vollziehen. Davon können wir uns nicht abkapseln. Und schon gar nicht können wir uns leisten, auf Distanz zur Sowjetunion zu gehen. Ohne Sowjetunion gab und gibt es keine DDR. Deshalb hat das Zentralkomitee nochmals in voller Einmütigkeit bekräftigt, daß vom Erfolg der Umgestaltung in der Sowjetunion die Zukunft der DDR und die Zukunft des Sozialismus überhaupt abhängen.«
Rede von Stasi-Minister Erich Mielke auf einer Dienstbesprechung des MfS, Ost-Berlin, 21. Oktober 1989, BStU, ZA, MfS-ZAIG 4885, Bl. 1–79 (Auszüge)

Armeegeneral Friedrich Dickel, Innenminister, auf einer MdI-Dienstbesprechung, Ost-Berlin, 21. 10. 1989
»Ich würde am liebsten hingehen und diese Halunken zusammenschlagen, daß ihnen keine Jacke mehr paßt«
»Die jetzige Situation, insbesondere die durch die Parteiführung erklärte Dialogbereitschaft mit den Bürgern, erfordert von uns: Handlungen der Deutschen Volkspolizei gegen Demonstranten und Kundgebungen erfolgen nur dann, selbst wenn sie ungesetzlich sind, wenn Gewalttaten begangen werden oder durch Teilnehmer Schutz- und Sicherheitskräfte bzw. Objekte angegriffen werden.
Was sollen wir machen? Ich stelle mal diese rhetorische Frage. Sollen wir dazwischengehen bei 20 000, 30 000, 40 000 Bürgern? Wissen Sie, was das bedeutet? Da können wir gleich SPW (Schützenpanzerwagen, d. Vf.) oder Panzer einsetzen. Aber jeder wird verstehen, dass das in der gegenwärtigen Situation und bei der weiteren Entwicklung unmöglich ist. Grundsätzlich gilt: Lage beurteilen, Entschlüsse fassen und Aufgaben stellen, die in der gegebenen Situation zweckmäßig und erfüllbar sind. Man kann bei einer solchen Massendemonstration auch nicht die Einsatzkräfte einfach dort hineinschicken, man gefährdet die Leute selbst, unsere Kräfte. (...)
Natürlich ist das in dem Augenblick ein Zurückweichen, aber ich sage Euch noch einmal, bei Größenordnungen von 20, 30, 80 oder gar 100 000 ist gar nichts anderes möglich. Am Montag ist das gleiche wieder in Leipzig, das geht jetzt schon wochenlang, und wir schlagen uns hier die Nächte um die Ohren.

Soll ich Ihnen sagen, daß ich im Schnitt vier Stunden schlafe, nicht mehr. (...) Ich würde am liebsten hingehen und diese Halunken zusammenschlagen, daß ihnen keine Jacke mehr paßt. Ich war 1953 verantwortlich hier in Berlin. Mir braucht keiner zu sagen, was die weiße Brut veranlaßt. Ich bin als Jungkommunist nach Spanien und habe gegen diese Halunken, gegen dieses faschistische Kroppzeug gekämpft. Ich habe in der Sowjetarmee gedient, von 1939 – 1946, als ich nach Deutschland zurückkam, als Aufklärer bei der Roten Armee, im Westen und im Fernen Osten. Mir braucht keiner zu sagen, wie man mit dem Klassenfeind umgeht. Ich hoffe bloß, dass Ihr das genau wißt. Umzugehen, Schießen, liebe Genossen, und daß die Panzer dann vor der Bezirksleitung und vor dem ZK stehen, das wäre noch die einfachste Sache. Aber solch eine komplizierte Situation nach 40 Jahren DDR? Deswegen habe ich hier so nachdrücklich auf die politische Situation aufmerksam gemacht. Das hat doch nichts mit Zurückhaltung im Sinne von Kapitulation zu tun, sondern mit klugem und überlegtem Einschätzen der Lage.«

Rede von DDR-Innenminister Friedrich Dickel vor den Chefs der Bezirksbehörden der Deutschen Volkspolizei, Ost-Berlin, 21. Oktober 1989, BStU, ZA, MfS-HA VII 1195, Bl. 8–74 (Auszüge), zit. nach: Tobias Hollitzer/Sven Sachenbacher (Hg.), Die friedliche Revolution in Leipzig, Bd. 2, Leipzig 2012, S. 454

Innerhalb einer Woche breitete sich die Protestbewegung über das ganze Land aus und erreichte auch die Klein- und Mittelstädte.[35] Hatte das MfS in der Woche vom 16. bis 22. Oktober insgesamt 140 000 Teilnehmer auf 24 Demonstrationen registriert, so beteiligten sich zwischen dem 23. und 30. Oktober 540 000 Teilnehmer an 145 Demonstrationen.[36] Gefordert wurden vor allem freie Wahlen und die Zulassung der Oppositionsgruppen sowie Reisefreiheit.

Auf den Kundgebungen und Bürgerforen spitzte sich die Lage für die SED immer weiter zu. Leitende Parteifunktionäre aller Ebenen, jahrzehntelang politischer Diskussionen in freier Rede und Gegenrede entwöhnt, zeigten sich dem Dialog nicht gewachsen. Wo immer sie auftraten und über »Wende« und »Erneuerung« sprachen, heizten sie die Stimmung der Bevölkerung gegen sich und die SED zusätzlich an. Entnervt konstatierte der Erste Sekretär der SED-Bezirksleitung Potsdam, Günther Jahn, am 31. Oktober in einem Fernschreiben an die SED-Kreisleitungen seines Bezirks das Scheitern der

Dialog-Strategie der SED: »Mit solchen Massendialogen, die der Gegner von vornherein beherrscht und bei denen unsere Funktionäre durch emotionsgeladene Massen aufgerieben werden, ist Schluß zu machen.«[37]

Weil sich die SED längst noch nicht aufgegeben hatte, wurde am 31. Oktober im Politbüro trotz des unbefriedigenden Erfolgs des polnischen Beispiels auch eine militärische Lösung der Krise in Betracht gezogen: »Wenn es nicht gelingt, den Masseneinfluß mit politischen Mitteln zurückzudrängen, ist ein möglicher Ausnahmezustand nicht auszuschließen«, hieß es in einer Vorlage, die jedoch nicht entschieden, sondern zugunsten einer Weiterführung der Diskussion vertagt wurde.[38]

Um den Druck im Innern zu verringern, wurde der SED eine Änderung der Politik am dringendsten in der Frage des Reisens abverlangt. Nach der Grenzschließung zur ČSSR am 3. Oktober nahmen die offenen Konflikte in den Dienststellen des Pass- und Meldewesens erheblich zu. Mit »Unverständnis und Empörung« reagierten die Bürger auf die Einschränkung ihrer ohnehin begrenzten Reisemöglichkeiten; sie würfen den Mitarbeitern des Pass- und Meldewesens »Betondenken« vor, klagte das MdI. Zahlreiche Bürger drohten offen Konsequenzen an: »Die Gespräche mit Bürgern eskalieren zum Teil in harte Auseinandersetzungen, die bis zu Beschimpfungen der Angehörigen reichen. (Man fühle sich bestraft, weil man in der DDR bleiben wolle; die VP mache willkürlich wieder einmal, was sie wolle; die Maßnahmen stellen einen Vertrauensbruch dar; man fühle sich eingesperrt und müsse wohl Konsequenzen bezüglich der eigenen Aktivität bis hin zur Beantragung der eigenen Ausreise ziehen.)«[39] Die Bürger, so das MdI, fragten zudem verstärkt nach den rechtlichen Grundlagen für die Einschränkung des Reiseverkehrs nach Ungarn, Bulgarien und Rumänien; nur »unter Aufbietung aller physischen und psychischen Kräfte« gelinge den »Genossinnen und Genossen des Paß- und Meldewesens« noch die Lösung ihrer Aufgaben.[40] Immer lauter wurde auf der Straße Reisefreiheit verlangt, während gleichzeitig die Zahl der Ausreiseanträge im Oktober täglich um rund eintausend zunahm; die Gesamtzahl war am 29. Oktober auf 188 180 angewachsen.[41]

Bereits bei seiner Machtübernahme hatte Egon Krenz am 18. Oktober versprochen, »einen Gesetzentwurf über Reisen von DDR-Bürgern ins Ausland vorzubereiten. Wir gehen davon aus, daß dieser Entwurf nach öffentlicher Aussprache in der Volkskammer behandelt und beschlossen werden sollte. Im Zusammenhang damit könnten ebenfalls die zeitweilig getroffenen einschränkenden Maßnahmen zum Reiseverkehr in sozialistische Bruderländer aufgehoben beziehungsweise modifiziert werden.«[42]

Am 24. Oktober fasste das Politbüro zu »Reisen von Bürgern der DDR in das Ausland« folgenden Beschluss: »1. Der Entwurf des Gesetzes zu Reisen von Bürgern der DDR in das Ausland und Varianten für die Finanzierung der Reisen sind dem Politbüro kurzfristig vorzulegen. (...) 2. Zur breiten Diskussion des Gesetzentwurfes ist eine Argumentation auszuarbeiten.«[43] Ein Bericht des »Neuen Deutschland« über diese Sitzung schraubte die Erwartungen in die Höhe. Das Politbüro habe eine Erweiterung der Reisemöglichkeiten beraten, hieß es im Parteiorgan; vorgesehen sei, dass »jeder Bürger das Recht hat, einen Reisepaß zu erwerben und mit einem Visum – ohne Vorliegen verwandtschaftlicher Verhältnisse und bisher geforderter Reisegründe – nach allen Staaten und nach Berlin (West) zu reisen«.[44]

Eine Woche später, am 31. Oktober, lagen erste Entwürfe auf dem Tisch des Politbüros.[45] Friedrich Dickel, der als Berichterstatter zur Sitzung eingeladen war, erinnerte sich, dass das als Stoph-Vorlage eingereichte Papier gegenüber dem unter seiner Federführung erarbeiteten Gesetzentwurf um einiges restriktiver ausgefallen war; Stoph habe ihn im Alleingang verändert. Schon in dem ersten Entwurf der Durchführungsverordnung wurde der Gesamtreisezeitraum auf dreißig Tage festgelegt mit der Begründung, dass sich »die Befristung an der Länge eines durchschnittlichen Urlaubs (orientiert) und (...) damit volkswirtschaftlichen Notwendigkeiten (Planung der Arbeitskräfte, Sicherung der Produktion usw.)« entspräche.[46] Ein Ausflug am Wochenende schien der Phantasie der SED-Bürokraten vollkommen suspekt. Die beschränkte Zahl der Reisetage korrespondierte in verdächtiger Weise mit der Länge des Paragraphen, der die Versagungsgründe für Reiseanträge enthielt. Zum »Schutz der nationalen Sicherheit« wie zum »Schutz der öffentlichen Ordnung, der Gesundheit oder der Moral oder der Rechte und Freiheiten anderer« könnten Reisen versagt werden, hieß es in Paragraph 6. Und für den Fall, dass diese allumfassenden Versagungsgründe immer noch nicht ausreichen sollten, wurde der Ministerrat mit einer Generalklausel (§ 14) ermächtigt, »bei Vorliegen außergewöhnlicher gesellschaftlicher Erfordernisse zeitweilig einschränkende Festlegungen zur Erteilung von Genehmigungen zu treffen«.

Bezeugten diese Einschränkungen das anhaltend tiefsitzende Misstrauen der SED-Führung gegenüber »ihrem« Volk, so war zu befürchten, dass umgekehrt das Misstrauen des Volkes weiter wachsen würde, wenn es Kenntnis von den im Politbüro diskutierten Finanzierungsvarianten erhielt. Sie waren in ihrem Ergebnis so deprimierend ausgefallen, dass es für ratsam gehalten wurde, sie nicht einmal der leitenden SED-Nomenklatura bekannt zu machen. Vergleichsrechnungen zu den Regelungen in Ungarn und der ČSSR schlossen deren Übernahme von vornherein aus – und das, obwohl die DDR seit je beanspruchte, das ökonomisch stärkste Land im RGW zu sein. Die ungarische Lösung – jedem Bürger einmal in drei Jahren konvertierbare Devisen in Höhe des Gegenwertes von 30 000 Forint zur Verfügung zu stellen – addierte sich für die DDR auf einen jährlichen Devisenbedarf von 3,9 Milliarden Valutamark und war ebenso unbezahlbar wie die Regelung der ČSSR, Reisenden in das NSW pro Tag und Person alle drei Jahre einen Höchstbetrag von 10 000 Kronen in Devisen umzutauschen; sie hätte der DDR die Bereitstellung von 4,7 Milliarden Valutamark abverlangt. Zwei weitere Varianten schieden ebenfalls aus: Den Reisenden alle drei bis vier Jahre in Anlehnung an die Ausstattung bei Dienstreisen 200 Valutamark zu geben, summierte sich bei nur drei Millionen Reisenden pro Jahr auf 7,1 Milliarden Valutamark; der verhältnismäßig bescheidenere Ansatz, allen Bürgern zwischen 18 und 75 Jahren alle drei Jahre einmalig 100 Valutamark im Verhältnis 1 : 1 einzutauschen, wurde mit 1,1 Milliarden Valutamark ebenfalls außerhalb der Möglichkeiten gesehen. So votierte das Politbüro für die billigste Lösung: den Bürgern einmalig im Jahr 15 DM gegen 15 Mark der DDR einzutauschen; ein Betrag, der für die Reisenden lächerlich gering war, in den Staatshaushalt jedoch – zusammen mit den zu erwartenden Ausgleichszahlungen an die Deutsche Bundesbahn – ein zusätzliches Loch von rund 400 Millionen Valutamark reißen würde.

Während Paragraph 14 des Entwurfs – der Ministerrats-Ermächtigungs-

Artikel zur beliebigen Einschränkung und Aussetzung des Reiserechts – nach neuerlichen Beratungen auf der folgenden Politbüro-Sitzung am 3. November ersatzlos gestrichen und ein Passus eingebaut wurde, demzufolge die Versagung einer Reise Ausnahmecharakter tragen solle, blieb es bei der Festlegung, die Reisenden mit lediglich 15 DM auszustatten und generell die Genehmigung einer Reise vom Anspruch auf den Erwerb von Reisezahlungsmitteln abzukoppeln.[47] In welchem prekären Zustand aber musste sich die Wirtschaft der DDR befinden, wenn es die Devisenlage des Landes nur erlaubte, Reisende als Bittsteller in den Westen fahren zu lassen?

Tauschideen: Mauer gegen West-Kredite

In der ersten von Krenz geleiteten Politbüro-Sitzung am 24. Oktober 1989 war dem Vorsitzenden der Staatlichen Plankommission aufgetragen worden, im Rahmen einer Arbeitsgruppe, der der Außenhandelsminister, Gerhard Beil, der Leiter des Bereichs Kommerzielle Koordinierung und Stasi-Obrist, Alexander Schalck, der Leiter der Staatlichen Zentralverwaltung für Statistik, Arno Donda, sowie der Finanzminister, Ernst Höfner, angehörten, »eine Analyse der tatsächlichen volkswirtschaftlichen Situation« auszuarbeiten. Daneben sollte Schürer für die 10. Tagung des Zentralkomitees der SED, die für den 8. bis 10. November 1989 anberaumt war, einen Beschlussentwurf über notwendige Wirtschaftsreformen in der DDR ausarbeiten.[48] Mit ihrer »Analyse der ökonomischen Lage der DDR mit Schlußfolgerungen«, die dem Politbüro am 31. Oktober vorlag, konfrontierten Schürer, Schalck, Beil, Donda und Höfner das Führungszentrum mit einer niederschmetternden Bilanz der DDR-Wirtschaft insgesamt wie in allen relevanten Einzelbereichen und -funktionen.[49]

Unter dem Aspekt kurzfristiger Handlungszwänge dominierte die Verschuldung gegenüber dem westlichen Ausland alle anderen Probleme. Der springende Punkt der Analyse bestand darin, dass alle ins Auge gefassten Maßnahmen zur Reformierung und Stärkung der DDR-Wirtschaft schon vom Ansatz her ungeeignet waren, die zur kurzfristigen Sicherung der Zahlungsfähigkeit notwendigen Exportüberschüsse herbeizuschaffen. »1985«, so die Autoren, »wäre das noch mit großen Anstrengungen möglich gewesen, heute besteht diese Chance nicht mehr. Allein ein Stoppen der Verschuldung würde im Jahre 1990 eine Senkung des Lebensstandards um 25 bis 30 Prozent erfordern und die DDR unregierbar machen.«

Um die Zahlungsfähigkeit der DDR zu erhalten, sei es unerlässlich, »mit der Regierung der BRD über Finanzkredite in Höhe von zwei bis drei Milliarden Valutamark über bisherige Kreditlinien hinaus zu verhandeln« und dafür notfalls die Einnahmen aus der Transitpauschale der Jahre 1996 bis 1999 als Sicherheit einzusetzen. Damit würde zwar die Verschuldung erhöht, aber zumindest Zeit gewonnen und ein eventuelles Diktat des Internationalen Währungsfonds vermieden.

Um die konservativ-liberale Bundesregierung für diesen Kredit zu erwärmen, solle ihr gegenüber – aber ausdrücklich unter Ausschluss jeder Idee von Wiedervereinigung und der Schaffung einer Konföderation – erklärt werden, »daß durch diese und weitergehende Maßnahmen der ökonomischen und wissenschaftlich-technischen Zusammenarbeit DDR – BRD noch in diesem Jahrhundert solche Bedingungen geschaffen werden könnten, die heute existierende Form der Grenze zwischen beiden deutschen Staaten überflüssig zu machen«. Dafür wurde die Forderung gestellt: »Dies müßte jedoch verbunden werden mit eigenen politischen und ökonomischen Vorschlägen der BRD zur Entspannung und zur ökonomischen Unterstützung der DDR, wobei die Tatsache zu berücksichtigen ist, dass unserem Land in der Zeit der offenen Staatsgrenze laut Einschätzung eines Wirtschaftsinstitutes der BRD ein Schaden von ca. 100 Milliarden Mark entstanden ist.«

Plankommissions-Chef Gerhard Schürer:

»Die Mauer zur Disposition stellen«

»Wir haben gemeint, daß die Idee einer Konföderation für die BRD zu diesem Zeitpunkt nicht mehr annehmbar war, und waren uns darüber im klaren, daß die BRD innere Veränderungen in der DDR gefordert hätte, ehe sie mit uns überhaupt in eine Diskussion über einen Weg zur Zusammenarbeit getreten wäre. (...)

Wir hatten die Idee, die Mauer zur Disposition zu stellen. Das ist das erste

offizielle Dokument der ehemaligen DDR, das nach meinem Überblick existiert, das sich erlaubt, die Mauer zur Disposition zu stellen. Bis zu diesem Zeitpunkt galt noch die Aussage von Erich Honecker: Die Mauer steht noch hundert Jahre!«
Interview mit Gerhard Schürer, 21. Februar 1992

Es bedurfte wenig Phantasie, die Wirkungen vorauszusehen, die eine Veröffentlichung der in der Analyse der führenden Wirtschaftsfunktionäre dargelegten Fakten zur Lage der DDR-Wirtschaft zu diesem Zeitpunkt in der Bevölkerung, aber auch im Zentralkomitee hervorgerufen hätten. So beschloss das Politbüro am 31. Oktober 1989, nach Auskunft Schürers ohne längere Aussprache, den Schlussfolgerungen der Analyse zwar als »Arbeitsgrundlage« zuzustimmen, sie jedoch, um die Mitglieder des Zentralkomitees der SED nicht zu schockieren, der 10. ZK-Tagung nur wohldosiert, nämlich in »ausgewogener Form«, in der Rede von Egon Krenz vorzustellen. Sollte es die ursprüngliche Intention Schürers und seiner Mitautoren gewesen sein, sich angesichts des drohenden Bankrotts vorsichtig einer Konföderationsdiskussion oder noch weitergehenderen Formen der Zusammenarbeit mit der Bundesrepublik zu öffnen, so wurde ihr Vorstoß verschleiert. Aus Rücksichtnahme auf die zuvörderst an der Sowjetunion orientierten Politbüromitglieder hatte Krenz Schürer nicht nur gedrängt, den Ausschluss jedes Gedankens an Wiedervereinigung und Konföderation in die Vorlage aufzunehmen und dadurch jeder diesbezüglichen Diskussion nach Möglichkeit aus dem Weg zu gehen. Im Reinschriftenprotokoll wurde zudem jener Passus aus der Vorlage gestrichen, in dem »die heute existierende Form der Grenze«, mithin die Mauer, zur Disposition gestellt wurde.[50] Die Ausradierung allein konnte jedoch nicht aus der Welt schaffen, dass die führenden Ökonomen den Vorschlag, die Mauer gegenüber der Bundesregierung als Tauschmittel für neue Kredite einzusetzen, als letzte Möglichkeit in Betracht zogen, das politische und ökonomische Überleben der DDR zu sichern. In der Begründung seiner Vorlage im Politbüro hatte Schürer seine Tauschüberlegungen ausdrücklich hervorgehoben: »Auf der letzten Seite sind wir bis zur großen Politik der Form der Staatsgrenze gegangen. Wir wollen deutlich machen, wie weit Überlegungen angestellt werden sollen. Diese Gedanken sollen aufmerksam machen, daß wir jetzt vielleicht für solche Ideen noch ökonomisches Entgegenkommen der BRD erreichen können.« Und warnend fuhr er fort: »Wenn die Forderungen erst von der Straße oder gar aus Betrieben gestellt werden, wäre die Möglichkeit einer Initiative von uns wieder aus der Hand genommen.«[51]

Mit der Perspektive eines drohenden ökonomischen Bankrotts im Gepäck flog Krenz im unmittelbaren Anschluss an die Politbüro-Sitzung am späten Nachmittag nach Moskau, um Rat und Hilfe bei der sowjetischen Vormacht einzuholen. Der Niederschrift des Vier-Augen-Gesprächs am 1. November 1989 zufolge berichtete Krenz, dass im Politbüro am Vortage eine ungeschminkte Analyse der wirtschaftlichen Lage der DDR behandelt worden sei. Lege er diese Analyse dem Zentralkomitee der SED vor, so Krenz, »könne dies einen Schock mit schlimmen Folgen auslösen«.[52] Weil die ökonomische Situation der Führung der SED bei den anstehenden politischen Entscheidungen die Hände binde, trug Krenz die Rahmendaten des ökonomischen Desasters der DDR in Moskau vor: den Rückgang der Akkumulationsrate für produktive Investitionen, das Sinken des Wirtschaftswachstums, die Nichterfüllung des Planes, schleichende Inflation, Stützung der Mikroelektronik mit jährlich drei Milliarden Mark, Auslandsschulden in Höhe von 49 Milliarden Valutamark und ein Defizit in der Bilanz konvertierbarer Devisen von 12,1 Milliarden US-Dollar zum Ende des Jahres 1989. Allein für die schon laufenden Zinszahlungen in Höhe von 4,5 Milliarden Dollar müsse die DDR 62 Prozent des jährlichen in Devisen eingehenden Exporterlöses aufbringen. Gorbatschow tat erstaunt und fragte, »ob diese Zahlen exakt seien. So prekär habe er sich die Lage nicht vorgestellt.« Krenz schob nach: »Wenn man real vorgehen und das Lebensniveau ausschließlich auf die eigene Leistung gründen wollte, müsse man es sofort um 30 Prozent senken. Dies sei jedoch politisch nicht zu verantworten.«

Welche Hilfe erhoffte sich Krenz von Gorbatschow? An eine wirtschaftliche Unterstützung war angesichts der eigenen Nöte der Sowjetunion nicht zu denken. Mehr als das Versprechen, dass die Sowjetunion alles daran setzen werde, die bereits eingegangenen Verpflichtungen an Rohstofflieferungen gegenüber der DDR zu erfüllen, konnte Krenz Gorbatschow nicht abringen. Ob er dieses Versprechen allerdings einlösen könne, zog Gorbatschow selbst in Zweifel: Viele Republiken der Sowjetunion, »die vorwiegend Rohstoffe lieferten, (stellten) die Frage der Neuaufteilung des Nationaleinkommens mit den Republiken, wo die Finalproduktion konzentriert sei. Sie drohten, wenn diese Proportionen nicht verändert würden, könne es zu einer Einstellung der Rohstofflieferungen kommen. Darüber werde im Obersten Sowjet beraten.«

Ein zweites Thema lag Krenz am Herzen: Er ersuchte Gorbatschow, »klarer darzulegen, welchen Platz die SU der BRD und der DDR im gesamteuropäischen Haus einräumt. Dies sei für die Gestaltung der Beziehungen zwischen der DDR und der BRD von großer Bedeutung. Er erläuterte weiter, daß zwischen der DDR und anderen sozialistischen Ländern ein wichtiger Unterschied bestehe. Die DDR sei in gewisser Weise das Kind der Sowjetunion, und die Vaterschaft über seine Kinder müsse man anerkennen.« Gorbatschow stimmte Krenz zu und berichtete, dass in seinen jüngsten Gesprächen mit Margaret Thatcher und François Mitterrand, mit Wojciech Jaruzelski und Giulio Andreotti alle von der Bewahrung der Realitäten der Nachkriegszeit, einschließlich der Existenz zweier deutscher Staaten, ausgegangen seien. Im Wesentlichen stimmten dem auch die Amerikaner zu. »Nach seiner Meinung«, so Gorbatschow laut Krenz, »bestehe in der Gegenwart die beste Politik darin, die bisherige Linie weiterzuführen.« Die menschlichen Kontakte zwischen beiden deutschen Staaten solle man nicht verhindern, man müsse sie jedoch »unter Kontrolle halten und steuern. Dazu sei es notwendig, einige Korrekturen an der Politik anzubringen, um das Verständnis des Volkes zu erlangen.« Im Übrigen strebe die Sowjetunion eine engere partnerschaftliche Bindung zur BRD an; davon werde dann auch die DDR profitieren, hob Gorbatschow als richtige Reihenfolge hervor. Die Bundesrepublik sei zu einer breiteren Zusammenarbeit bereit, »erwarte jedoch, daß die Sowjetunion bei der Wiedervereinigung Hilfestellung leiste«. Für die DDR, so Gorbatschow, sei es wichtig, »ihre Beziehungen zur BRD zu erhalten und kontinuierlich weiter zu entwickeln. Dabei sei Vorsicht geboten, damit der ideologische Gegner keine Positionen erhalte, die er ausnutzen könne. Es werde also dabei bleiben, daß die DDR die Rohstoffe aus der Sowjetunion erhalte und gleichzeitig ihre Beziehungen zur BRD vorsichtig weiterentwickle, um andererseits zu vermeiden, in die Umarmung der BRD zu geraten.«

Zusammenfassend machte Gorbatschow in Bezug auf zukünftige Gestaltungsmöglichkeiten der deutsch-deutschen Beziehungen deutlich, dass die deutsche Frage nicht auf der Tagesordnung stehe. Es gebe auch keinen Grund, »Vermutungen anzustellen, wie sich die deutsche Frage einmal lösen wird«.

An dieser Stelle brachte Krenz vorsichtig den Einwand, dass das in der sowjetischen Außenpolitik eingeführte Schlagwort von der »Entideologisierung der Beziehungen« zwischen den Staaten und die Betonung »allgemein menschlicher Werte«, auf das Verhältnis BRD – DDR angewandt, den Verzicht auf die Verteidigung des Sozialismus bedeute. Beides führe dazu, dass »Fragen wie die Mauer und das Grenzregime zur BRD (...) neu aufgeworfen (würden). Die DDR befinde sich in der komplizierten Situation, diese nicht mehr recht in die heutige Zeit passenden, aber weiterhin notwendigen Dinge zu verteidigen.« Gorbatschow äußerte dazu die Meinung, »daß dies alles neu durchdacht werden müsse. Die Zeit dafür sei reif. Wenn die DDR nicht die Formel dafür finde, die es ermögliche, dass die Menschen ihre Verwandten besuchen könnten, dann wäre das für die Gesellschaft der DDR ein sehr unbefriedigender Zustand. Die DDR werde erneut Ultimaten gestellt bekommen. Sie müsse jedoch die Initiative selbst in die Hand nehmen. In der Sowjetunion sei man bereit, über solche Maßnahmen zu beraten. Die DDR spüre jedoch besser, was zu tun sei. Es sei sicher notwendig, einige konkrete Schritte zu tun, die man aber stets mit bestimmten Verpflichtungen und Aktionen der anderen Seite verknüpfen müsse. Es sei an der Zeit, auf Kanzler Kohl, der nun Kontakt zu Genossen Gorbatschow und Genossen Krenz hergestellt habe, stärkeren Druck auszuüben.« Zwar sei Kohl, schätzte Gorbatschow ein, »keine intellektuelle Leuchte, sondern ein Kleinbürger. Von diesen Schichten werde er auch am besten verstanden. Aber er sei trotz allem ein geschickter und hartnäckiger Politiker. Schließlich sei auch Reagan populär gewesen und habe sich relativ lange gehalten. Dies treffe auch auf Kohl zu.«

Krenz erläuterte daraufhin, dass die DDR beabsichtige, den Schusswaffengebrauch an der Grenze zur Bundesrepublik zu vermeiden, und noch vor Weihnachten die Verabschiedung eines Reisegesetzes anvisiere, demzufolge jeder DDR-Bürger die Möglichkeit erhalte, einen Pass und ein Ausreisevisum für Reisen in alle Länder zu erwerben. Man könne allerdings die Reisenden nicht mit genügend Valutamitteln ausstatten und werde öffentlich darlegen müssen, dass die Devisen aus dem Zwangsumtausch dafür nicht ausreichten. Als denkbare Lösung schlug Gorbatschow vor, hinzuzufügen, »daß ein Weg die allmähliche Konvertierbarkeit der Mark der DDR wäre. Dies wäre ein Anreiz für die Werktätigen, besser zu arbeiten, eine höhere Arbeitsproduktivität und Qualität anzustreben, wodurch solche Ziele erreichbar würden.«

Welche Schlussfolgerungen sollte Krenz aus seiner Begegnung mit Gorbatschow ziehen? Die atmosphärische Seite des Besuches hatte er mit Bravour gemeistert: Die Zeit der politischen Distanz Ost-Berlins zum Umgestaltungsprozess in der Sowjetunion war beendet, der Gleichklang wiederhergestellt: In allen besprochenen Fragen, so Krenz stolz vor der Presse in Moskau, bestünde Einmütigkeit.[53] Was die strategische Seite des Verhältnisses zur Bundesrepublik betraf, hatte Krenz nicht den Mut aufgebracht, die weiterreichenden Pläne seiner Ökonomen für eine neue Stufe der Kooperation mit der Bundesrepublik auf den Tisch zu legen. Sie standen zu deutlich mit den sowjetischen Interessen im Konflikt, denn entgegen seiner Äußerungen war die deutsche Frage für Gorbatschow natürlich eine Frage der aktuellen, allerdings sowjetischen Politik. Die staatliche Existenz der DDR mit ihrer gesicherten Grenze und der Anwesenheit eines Besatzungskontingents von rund 350 000 Soldaten der Roten Armee wirkte sich aus sowjetischer Sicht ausgesprochen förderlich auf die Bereitschaft der Bundesregierung aus, nicht nur wie viele ihrer westlichen Verbündeten kostenneutrale Sympathie für den Erfolg der Umgestaltungspolitik Gorbatschows zu bekunden, sondern sich mit ökonomischen und finanziellen Unterstützungsleistungen zu engagieren. Nicht im Geringsten dachte Gorbatschow daran, sich durch eine zu weit gehende Annäherung der DDR an die Bundesrepublik, geschweige denn durch ihre Preisgabe, die Grundlage für diese Nutzen verheißende Beziehung zwischen Moskau und Bonn selbst zu entziehen oder gar vom eigenen Ost-Berliner Geschöpf zerstören zu lassen.

Das Dilemma für Krenz und seine Ökonomen war komplett: Den Staatsbankrott unmittelbar vor Augen und mit den Forderungen einer immer ungeduldiger werdenden Bevölkerung konfrontiert, sahen sie sich auf eine Bündnisraison verpflichtet, die ihnen genau dort einen Riegel vorschob, wo ihre Diagnose allein noch Handlungsspielraum ergeben hatte. Gorbatschows Vorschläge liefen darauf hinaus, einer Bevölkerung, die aus Unzufriedenheit bereits jetzt zu Zehntausenden davonlief, schonend beizubringen, dass sie bislang über ihre Verhältnisse gelebt hatte und sich in Zukunft auf bescheidenere Verhältnisse einstellen müsse. Wollte sich Krenz dieser Logik mit ihren unkalkulierbaren Folgen für die inneren Verhältnisse in der DDR nicht beugen, dann blieb nur der Versuch, es unter der Hand möglichst schnell mit einer kalkulierten Erweiterung der deutsch-deutschen Kooperationsspielräume zu versuchen und sich dabei unter keinen Umständen von der Entwicklung der Beziehungen zwischen Moskau und Bonn abhängig zu machen. Der DDR-Spezialist für die Beziehungen zu Bonn war Alexander Schalck. Nach dem Moskauer Spitzentreffen hing das Schicksal der DDR mehr denn je von der Bundesrepublik ab und damit zuvörderst von Schalcks Verhandlungsgeschick – aber noch mehr von seinen Verhandlungstrümpfen.

Als enger Vertrauter von Krenz war Schalck bereits Tage vor dem Sturz Honeckers damit befasst, konzeptionelle Vorläufe für den künftigen Generalsekretär zu schaffen und Strategiepapiere zu entwerfen. Unter seiner Regie wurden Materialien zum Stand der inneren und äußeren Verschuldung aktualisiert und Vorschläge ausgearbeitet, wie wenigstens der Auftakt der Ära Krenz mit einem kurzfristig verbesserten Konsumgüterangebot glanzvoll gestaltet werden könnte. Daneben schlug er Krenz am 13. Oktober die Einrichtung einer Arbeitsgruppe vor, »die Ziele und Möglichkeiten einer für die DDR nützlichen Zusammenarbeit mit der BRD und anderen NSW-Staaten einschätzt und Vorschläge unterbreitet«.[54] Er dachte vor allem an industrielle Projekte, die nach dem Prinzip der Gestattungsproduktion oder als gemischte Unternehmen vornehmlich mit bundesdeutschen Partnern in Angriff genommen werden sollten. Dem Verhalten der Bundesregierung und der westdeutschen Wirtschaft maß Schalck eine Signalfunktion für die Kooperationsbereitschaft der übrigen westlichen Industriestaaten bei.

Schalck initiierte aber nicht nur, was Schürer Mitte Oktober als »Geheimkonzept für die BRD« notierte.[55] Frühzeitig befasste er sich zusammen mit der stellvertretenden Finanzministerin, Herta König, und dem Außenhandelsbankpräsidenten, Werner Polze, mit der Finanzierung der anvisierten Reiseregelung. Zehn Millionen Reisende, ausgestattet mit 15 DM pro Person und Jahr, verursachten nach seiner Berechnung im Jahr 1990 Mehrbelastungen für die DDR in Höhe von 300 Millionen DM, für die es im Devisenhaushalt der DDR keine Deckung gab. »Ich würde es deshalb unbedingt für zweckmäßig halten«, teilte Schalck Krenz in einem weiteren Schreiben ebenfalls am 13. Oktober mit, »unmittelbar nach Beschlußfassung und noch vor Veröffentlichung der Regelungen auf informellem Wege in Gesprächen mit der BRD-Regierung einen angemessenen finanziellen Beitrag zur Ermöglichung dieser seit langem von der BRD angestrebten Regelung zu erhalten. Mit den Bundesministern der BRD Schäuble und Seiters sollten, gegebenenfalls durch mich, Varianten zur Reduzierung der finanziellen Mehrbelastungen der DDR erörtert werden.«[56] Reisefonds-Vorschläge, wie sie von westdeutschen Politikern in die Diskussion gebracht worden waren, lehnte Schalck jedoch zunächst ab; sie schränkten die alleinige Verfügungsgewalt der DDR über diese Mittel ein. Stattdessen solle die BRD entweder einen Pauschalbetrag zwischen 300 und 500 Millionen bezahlen oder das Minussaldo der Deutschen Reichsbahn, ganz oder in weiten Teilen, übernehmen. Krenz bedankte sich für diese Ideen und gab Schalck auf der Grundlage einer von ihm vorgelegten Direktive am 19. Oktober grünes Licht für Verhandlungen mit der Bundesregierung.[57]

Das informelle Gespräch zwischen Schalck, Seiters und Schäuble am 24. Oktober im Bundeskanzleramt geriet zu einem ersten Abtasten der deutsch-deutschen Möglichkeiten nach der Wende. Schalck bekräftigte die Absicht der SED-Führung unter Krenz, innenpolitisch weitgehende Reformen durchzusetzen, und kündigte weitere Maßnahmen zur »Realisierung einer demokratischen Mitbestimmung« sowie den »Ausbau der Rechtsstaatlichkeit« an. Die sozialistische Ordnung der DDR und die führende Rolle der SED stehe dabei jedoch nicht zur Disposition. Mit allen Bevölkerungskreisen werde der Dialog geführt; ein Bedarf an neuen Organisationen wie dem Neuen Forum und der Sozialdemokratischen Partei (SDP), erklärte Schalck auf Nachfrage, bestehe nicht. Die DDR sei bereit, »auf der Basis der Gleichberechtigung und zum gegenseitigen Vorteil auf vielen Gebieten weitergehende Schritte der Zusammenarbeit zu sondieren und zu verhandeln«.[58] Dieses umfassende Kooperationsangebot betreffe die politischen und ökonomischen, wissenschaftlichen und kulturellen Beziehungen. Eine Verständigung auf eine »neue Stufe« der Beziehungen bis hin zur Einführung von Formen der Zusammenarbeit, wie sie mit sozialistischen Staaten erprobt würden, sei denkbar.

Bei der Ausarbeitung des Reisegesetzes, so verwies Schalck auf sein schwerwiegendstes Problem, betrachte die DDR »die völkerrechtswidrigen Praktiken der BRD hinsichtlich der DDR-Staatsbürgerschaft als ein ernstes Hindernis«. Wenn schon nicht die Anerkennung selbst, so erwarte die DDR doch die Beseitigung zumindest einiger »der wesentlichen praktischen Unzuträglichkeiten der Nichtanerkennung der Personalhoheit der DDR« wie die Ausstellung von vorläufigen Reiseausweisen und Pässen für Bürger der DDR und die Aufnahme von DDR-Bürgern in bundesrepublikanischen Botschaften. Der unbegrenzte Reiseverkehr, wie ihn die DDR zu gestatten beabsichtige, gehöre einerseits zum langjährigen Forderungskatalog aller führenden westdeutschen Politiker, komme andererseits die DDR aber teuer zu stehen. »Im Interesse einer schnellen Einführung dieser Regelungen, im Interesse der Entwicklung der Gesamtbeziehungen und im Interesse der Menschen sollten deshalb für einen Ausgleich der zusätzlichen ökonomischen Belastungen gemeinsame Lösungen gefunden werden«, appellierte Schalck an seine westdeutschen Gesprächspartner.

Die Darlegungen Schalcks mussten einen zwiespältigen Eindruck vermitteln: So weitreichend seine Kooperationsangebote waren, so deutlich ließen sie die wirtschaftlichen Nöte der DDR erkennen. Insbesondere auf die Vorschläge zur wirtschaftlichen Kooperation reagierten Seiters und Schäuble reserviert; sie äußerten Sorge über die mangelnde Effektivität der

Wirtschaft und die Höhe der Verschuldung der DDR. Eine Intensivierung der wirtschaftlichen Zusammenarbeit, die Bildung gemischter Unternehmen sowie die erforderliche Übernahme von Kreditbürgschaften und erst recht die Ausreichung neuer Kredite erforderten eine Umstellung der Ökonomie auf eine größere Effektivität; Subventionen beispielsweise müssten abgebaut und die internationale Konkurrenzfähigkeit der DDR-Betriebe gesichert werden, hielten sie Schalck vor.

Demgegenüber begrüßten sie das vorgesehene Reisegesetz und erklärten ihre Bereitschaft, über finanzielle Zuschüsse nachzudenken. Wie Schalck festhielt, fiel seinen Gesprächspartnern sinnigerweise als erster Gedanke ein, »ob bei allen Reisen von DDR-Bürgern in die BRD die Kosten für die Rückfahrt von der BRD übernommen werden könnten«. Eine Änderung ihrer Position in der Staatsbürgerschaftsfrage schlossen beide kategorisch aus. In der für die DDR entscheidenden Frage, »Klarheit darüber zu erhalten, inwieweit die Regierung der BRD zu einem konstruktiven Dialog und zum Ausbau der Zusammenarbeit auf allen Gebieten gleichberechtigt und zum gegenseitigen Vorteil bereit ist«, wie es Schalck in seiner Gesprächsdirektive aufgetragen war, vertröstete ihn Seiters auf ein zweites informelles Gespräch nach der Unterrichtung des Kanzlers.

Einen Zwischenbescheid erhielt Krenz am 26. Oktober in einem Telefongespräch mit Kanzler Kohl. Von Krenz darauf angesprochen, dass seitens der Bundesrepublik im Zusammenhang mit dem neuen DDR-Reisegesetz darüber nachgedacht werden müsse, »ob nicht zumindest einige praktische Fragen zukünftig so gehandhabt werden, daß die Respektierung der Staatsbürgerschaft der DDR deutlicher wird«, reagierte Kohl mit der Belehrung, dass man in dieser Frage prinzipiell zu keinem gemeinsamen Ergebnis kommen könne: »Herr Staatsratsvorsitzender! Ich will jetzt in dem Zusammenhang einfach mal wiederholen, was ich damals Ihrem Vorgänger gesagt habe, und das war, glaube ich, eine ganz wichtige Arbeitsgrundlage. Es gibt in unseren Beziehungen eine Reihe von Grundfragen, wo wir aus prinzipiellen Gründen nicht einig sind und nie einig werden. Wir haben da zwei Möglichkeiten. Das eine, daß wir uns über diese Themen unterhalten und zu keinem Ergebnis kommen, das ist relativ fruchtlos. Oder aber – und das schätze ich sehr viel mehr, und das, glaube ich, ist auch der richtige Weg, daß man eben die gegenseitigen Ansichten respektiert und in allen Feldern, wo man vernünftig zusammenarbeiten kann, die Zusammenarbeit zum Wohle und im Interesse der Menschen sucht.«[59] Während Krenz drängte, »möglichst bald auch Ergebnisse zu erreichen, die darauf hinweisen, daß beide Seiten bestrebt sind, die Beziehungen auf eine – ich darf das wohl so sagen – neue Stufe zu heben«[60], hielt sich der Kanzler bedeckt und mahnte kleine Schritte an: Die Neuregelung der Reisefreiheit sowie eine Amnestie für die wegen Republikflucht Verurteilten und die bei den Oktober-Demonstrationen Verhafteten zu erreichen, lag ihm ebenso am Herzen, wie den rechtlichen Status der Botschaftsflüchtlinge zu klären.[61] Für Schalck war dieses Telefonat »die Schlüsselsituation«, wie er im Rückblick schrieb: »Seit diesem Moment regierte die Bundesregierung die DDR mit.«[62]

Die Bundesregierung konnte sich dabei in der kompromisslosen Haltung, die sie in grundsätzlichen Fragen gegenüber den politischen Forderungen der SED einnahm, in der letzten Oktoberwoche durch die tagtägliche Veränderung der innenpolitischen Lage der DDR zunehmend bestätigt fühlen. Im selben Umfang, in dem der innenpolitische Druck auf die SED wuchs, konnte sie entweder ihre Bereitschaft zu politischen und finanziellen Konzessionen zurücknehmen oder ihren Preis dafür in die Höhe treiben.

4.11.1989: Angst vor Mauerdurchbrüchen

Mit der großen Demonstration am 4. November in Berlin und der Kundgebung auf dem Alexanderplatz ging die Initiative des politischen Handelns endgültig von der Volksbewegung auf der Straße aus.[63] So umfassend wie möglich hatte der SED-Machtapparat durch die ihm eigene Verschränkung von Partei und bewaffneten Organen versucht, auf diese Demonstration Einfluss zu nehmen, die auf Veranlassung des Politbüros als eine durch »die zuständigen Staatsorgane genehmigte Veranstaltung« durchgeführt wurde.[64] Dazu zählten einerseits defensive militärische und polizeiliche Maßnahmen: Staatssicherheitsminister Mielke, der Minister für Nationale

Verteidigung, Keßler, und Innenminister Dickel wurden vom Politbüro für die Koordination »der erforderlichen Sicherheitsmaßnahmen« verantwortlich gemacht, und der Sekretär des Nationalen Verteidigungsrates, Streletz, wurde beauftragt, »alle notwendigen Maßnahmen einzuleiten, um den Schutz der Arbeiter-und-Bauern-Macht der DDR zu gewährleisten«[65].

Wieder geisterte die Angst durch die SED-Spitze, die Demonstration könnte zu einem Sturm auf die Mauer führen. Auf diese Möglichkeit und die für diesen Fall geplanten Maßnahmen hatte Krenz am 1. November bereits vorsorglich Gorbatschow hingewiesen: Zwar sei er entschlossen, am 4. November keine Polizei gegen die Demonstranten einzusetzen. Wenn jedoch »ein Massendurchbruch durch die Mauer versucht werde, müßte die Polizei eingesetzt und müßten gewisse Elemente eines Ausnahmezustandes eingeführt werden«.[66]

Am Morgen des 4. November befand sich das Kommando der Landstreitkräfte in einem gedeckten Alarmzustand. Um die befürchteten Grenzdurchbrüche zu verhindern, erfolgte eine demonstrativ sichtbare Staffelung militärisch ausgerüsteter Kräfte vor allem im Umkreis des Brandenburger Tores, während die sonstigen Einsatzkräfte in deutlicher Distanz zum Demonstrationsort im Hintergrund gehalten wurden.

Daneben waren andererseits abgestufte Maßnahmen zur politischen Einflussnahme getroffen worden. Um eine republikweite Beteiligung zu verhindern, wurden die SED-Bezirksleitungen angewiesen, »Maßnahmen einzuleiten, damit die Teilnehmerzahlen von Bürgern ihrer Bezirke zur Teilnahme an der Demonstration in Berlin möglichst eingeschränkt werden«.[67] Die SED-Bezirksleitung Berlin und das MfS hatten Informanten im Vorbereitungskomitee der Veranstaltung, die sie auf dem Laufenden hielten und den organisatorischen und inhaltlichen Ablauf der Veranstaltung nach Möglichkeit beeinflussen sollten. Zu den weiteren Maßnahmen gehörten die Aufbietung sogenannter »gesellschaftlicher Kräfte« im Demonstrationszug seitens des MfS und der Berliner SED-Parteiorganisation sowie die Bereithaltung einer ideologischen Eingreifreserve von Parteimitgliedern im Palast der Republik. Schließlich war es der SED-Spitze gelungen, Politbüro-Mitglied Günter Schabowski auf die Rednerliste der Abschlusskundgebung zu setzen.

Auf einer Sondersitzung veranlasste das Politbüro am Nachmittag des 3. November letzte organisatorische Maßnahmen: Krenz und Stoph sowie die für die bewaffneten Organe zuständigen Politbüro-Mitglieder und Minister übernahmen die militärische und polizeiliche Einsatzleitung im MdI, die Führungsstelle der Berliner Parteiorganisation wurde ins Präsidium der Volkspolizei verlegt, das Rest-Politbüro sowie alle Mitarbeiter des Zentralkomitees wurden zur Anwesenheit im ZK-Gebäude verpflichtet[68] und für alle Ministerien Dienstbereitschaft angeordnet.[69] Danach versicherte Egon Krenz am Vorabend der Demonstration in einer Fernseh- und Rundfunkansprache den Erneuerungswillen der SED (»Ein Zurück gibt es nicht«), versprach unter anderem die baldige Veröffentlichung des Reisegesetz-Entwurfes, kündigte den Rücktritt der fünf Politbüro-Veteranen Hermann Axen, Kurt Hager, Erich Mielke, Erich Mückenberger und Alfred Neumann an und wies auf einige Punkte des in Vorbereitung befindlichen Aktionsprogrammes der SED hin. Krenz rief die Ausreisewilligen auf, im Land zu bleiben, und appellierte an alle »Mitbürgerinnen und Mitbürger, zusammenzustehen, um das zu erhalten, was wir in Jahrzehnten an Werten geschaffen haben. Gemeinsam wollen wir auch das Neue in Angriff nehmen. Nur so wird es möglich sein, Schritt für Schritt unsere Gesellschaft neu zu ordnen. Lassen Sie uns in diesem Sinne entschlossen und vor allem besonnen ans Werk gehen und in harter Arbeit die vielen Probleme lösen, die vor uns stehen. Wünschen wir uns dabei Erfolg, Schaffenskraft und Gesundheit.«[70]

MfS-Information, 3. 11. 1989

»Reformen oder Massaker«

»Gegnerische Kräfte aus dem politischen Bereich charakterisieren die aktuelle Lage in der DDR als ›revolutionär‹ bzw. ›bürgerkriegsähnlich‹. In diesem Sinne äußerten sich beispielsweise der Vorsitzende der Fraktion Die Grünen im hessischen Landtag, Fischer, und der Parlamentarische Staatssekretär im BMB, Hennig. Nach Einschätzung von Fischer gäbe es für die DDR gegenwärtig nur zwei Alternativen, ›völlige Reformen oder Massaker, einen ungarischen oder einen chinesischen Weg‹.«

MfS-HA III, Lageübersicht für den Berichtszeitraum 2./3. 11. 1989, Berlin, 3. 11. 1989, BStU, ZA, MfS-HA III 858, Bl. 22 (Auszug)

4. November 1989: Protestdemonstration auf dem Berliner Alexanderplatz, wo unter Buh-Rufen und Pfiffen auch Günter Schabowski zu sprechen versuchte.

Von den Fenstern des ZK-Gebäudes mussten Politbüro-Mitglieder und ZK-Mitarbeiter am nächsten Morgen den wenige Hundert Meter entfernten Vorbeimarsch der Demonstranten wie aus einem Versteck beobachten, statt wie gewohnt den defilierenden Massen von der Ehrentribüne aus zuwinken zu können. Demonstration und Kundgebung wurden live im DDR-Fernsehen übertragen. Einige Politbüro-Mitglieder ergriff nackte Furcht: Rings um den Alexanderplatz versammelten sich bis 10 Uhr mehrere Hunderttausend Menschen, die Presse- und Meinungsfreiheit, Parteienvielfalt, freie Wahlen und die Abschaffung aller Privilegien der SED-Nomenklatura forderten sowie Reisefreiheit (»Pässe für alle«, »Visafrei bis Hawaii«).[71] Die von Krenz am Vorabend angekündigten Reformvorschläge des SED-Aktionsprogramms blieben damit bereits im Denkansatz weit hinter den Forderungen der Demonstranten zurück. Einer von neun Sprechchören, der an diesem Tag nur von den Mitarbeitern der Staatssicherheit registriert wurde, lautete: »Deutschland – einig Vaterland«.

Als Schalck am 6. November erneut mit Seiters und Schäuble zusammentraf, hatte sich seine Verhandlungsposition weiter verschlechtert. Schon bei der Vereinbarung des Termins hatte ihm Seiters signalisiert, dass sich die Bundesregierung erst ab 14. November, nämlich nach der Polenreise des Kanzlers, zu verbindlichen Angeboten bezüglich des Reisekomplexes imstande sehe. Die Führung unter Krenz stand jedoch unter Zeitdruck. Schalck blieb nur noch die Flucht nach vorne: Die Zurückhaltung seiner Verhandlungspartner ignorierend, trug er vor, was sich die DDR konkret unter wirtschaftlicher Zusammenarbeit vorstellte: »Die DDR wäre bereit, in den nächsten zwei Jahren objektgebunden langfristige Kredite, die aus den neu zu schaffenden Kapazitäten zu refinanzieren sind, bis zur Höhe von zehn Milliarden VE (Verrechnungseinheiten – d. Vf.) aufzunehmen.«[72] Daneben – also zusätzlich – werde es als erforderlich angesehen, »die Bereitstellung zusätzlicher Kreditlinien in freien Devisen, die – beginnend im Jahre 1991 – jährlich zwei bis drei Milliarden DM betragen könnten, zu erörtern.« Seiters und Schäuble waren die Augen für den desolaten Zustand der DDR-Wirtschaft geöffnet. Mit einmaligen Milliarden-Krediten wie in den Jahren 1983 und 1984 war der DDR nicht mehr zu helfen. Der Vorschlag Schalcks lief auf nicht weniger als eine dauerhafte Beteiligung der Bundesregierung an der Regulierung des Schuldendienstes der DDR hinaus – und mit seinem Vorschlag hatte er dezent die Frage nach dem politischen Preis der Bundesregierung in den Raum gestellt. Seiters und Schäuble waren überfordert; sie taktierten hinhaltend: Zu dieser Frage »seien noch weitere Überlegungen durch die Bundesregierung erforderlich. Derzeit sei man noch nicht in der Lage, konkrete Vorschläge für verbindlich zu treffende Absprachen zu unterbreiten«, lautete die für Schalck wenig befriedigende Antwort. Doch zumindest in der Frage der Reisefinanzierung, die der KoKo-Chef wiederum als aktuell dringlichsten Schwerpunkt ansprach, schien sich die Bundesregierung zu bewegen. Zu Schalcks Vorstellung, den Reisenden einmal jährlich 300 DM zum Kurs von 1 : 4,4 umzutauschen, unterbreitete Seiters erste Konturen einer Lösung, die er allerdings, wie er hervorhob, »freibleibend« äußerte. Unter der Voraussetzung, dass der Zwangsumtausch aufgehoben werde und das Begrüßungsgeld entfalle, »könnte ein valutaseitiger Reisezahlungsfonds mit Mitteln der BRD eingerichtet werden (bei 12,5 Millionen Reisenden wäre das eine Größenordnung von rd. 3,8 Mrd. DM)«. Über die Verwendung des aus dem Umtausch entstehenden Ostmark-Fonds beanspruche die Bundesrepublik ein Mitbestimmungsrecht. Um diese Regelung innenpolitisch durchsetzen zu können, müsse die DDR jedoch einigen politischen Erfordernissen Rechnung tragen. Diese teilte Seiters seinem Ost-Berliner Gesprächspartner am folgenden Tag nach Rücksprache mit dem Bundeskanzler als generelle, an den Vorsitzenden des Staatsrates der DDR gestellte Bedingungen telefonisch mit. Wenn die DDR materielle und finanzielle Unterstützungsleistungen der Bundesrepublik in Anspruch nehmen wolle, sollte sie willens sein, »öffentlich durch den Staatsratsvorsitzenden zu erklären, daß die DDR bereit ist, die Zulassung von oppositionellen Gruppen und die Zusage zu freien Wahlen in zu erklärenden Zeiträumen zu gewährleisten. Dabei ist zu beachten, daß dieser Weg nur möglich ist, wenn die SED auf ihren absoluten Führungsanspruch verzichtet.« Erfülle die DDR diese Bedingungen, halte der Bundeskanzler »vieles für machbar und alles für denkbar«.[73] Am Morgen des 8. November machte der Bundeskanzler in der Debatte des Bundestages zur Lage der Nation seinen Forderungskatalog öffentlich: Wenn die SED auf ihr Machtmonopol verzichte, unabhängige Parteien zulasse und freie Wahlen verbindlich zusichere, sei er bereit, »über eine völlig neue Dimension unserer wirtschaftlichen Hilfe zu sprechen«.[74]

Die drei Forderungen des Bundeskanzlers signalisierten Schalck und Krenz erneut, dass die langjährige Arbeitsgrundlage der deutsch-deutschen Beziehungen mit der Entwicklung des Bürgerprotests zu einer Volksbewegung gegen die Diktatur und mit den immer sichtbareren Zerfallserscheinungen der SED brüchig geworden war. »Diplomatisch gesehen war das eine Ungeheuerlichkeit«, erinnerte sich Schalck, aber: »Historisch gesehen war es konsequent. Für die Bundesregierung gab es keine inneren Angelegenheiten der DDR mehr« – sie waren zu innerdeutschen geworden.[75] Noch bestand im Kanzleramt Verhandlungsbereitschaft[76] – aber die Zeit drängte.

6.11.1989: Empörung über den Reisegesetz-Entwurf

Nachdem die Demonstranten am Nachmittag des 4. November ihre Schilder und Transparente auf dem Alexanderplatz niedergelegt hatten, war in Berlin eine auch über den Sonntag andauernde Ruhe eingekehrt. Mit Spannung erwarteten die Bürger in der DDR die angekündigte Veröffentlichung des Reisegesetz-Entwurfs in den Montagszeitungen; die SED-Spitze sah demgegenüber bereits mit Bangen der siebten Leipziger Montagsdemonstration entgegen.

Am Morgen des 6. November 1989 war im Zentralorgan »Neues Deutschland« und in den Bezirks-Zeitungen der SED zu lesen: »Der Ministerrat hat in seiner Sitzung vom 2. November 1989 die Entwürfe des Gesetzes über Reisen von Bürgern der DDR in das Ausland und der Durchführungsverordnung beraten und für die öffentliche Diskussion bestätigt, heißt es in einer dem ADN übermittelten Pressemitteilung. (...) Es wird, der Mitteilung zufolge, um Verständnis dafür gebeten, daß die vom Ministerrat in Auftrag gegebenen komplizierten Untersuchungen zur Art und Weise der Bereitstellung von Finanzmitteln in anderen Währungen für Auslandsreisen noch nicht abgeschlossen werden konnten. Eine Information für die Öffentlichkeit werde zum frühestmöglichen Zeitpunkt erfolgen.«[77]

Wann je zuvor hatte eine DDR-Regierung das Volk schon einmal um Verständnis gebeten? Musste nicht allein die Tatsache dieser Bitte die Untertanen stutzig, wenn nicht misstrauisch machen? Prompt stieß der Gesetzentwurf statt auf das erbetene Verständnis auf Empörung: Die Kritik war unisono vernichtend und fundamental ablehnend – und das bis hinein in die Reihen der SED.

Den ganzen Tag über ließen Protestanrufe von Mitgliedern und Funktionären die Telefone im Apparat des ZK der SED heiß laufen. In einer Fernsehdiskussion am Abend des 6. November wies Gregor Gysi, der Vorsitzende des Rates der Kollegien der Rechtsanwälte der DDR, den Gesetzentwurf als halbherzig und völlig unzulänglich zurück. »Ich hätte mir schon vorgestellt«, kritisierte Gysi, »daß wir eine Regelung finden, wonach jeder Bürger einen Paß mit Visum für alle Staaten und West-Berlin bekommt, und wir das weder zunächst zeitlich limitieren, auf 30 Tage, noch für jede Reise ein gesonderter Antrag gestellt werden muß, was ja auch einen ungeheuren Aufwand an Verwaltungsarbeit nach sich zieht.«[78]

Auf den Demonstrationen, die am Montag und in den darauffolgenden Tagen in allen Bezirken stattfanden und jetzt auch die Marktplätze der kleineren Städte der DDR füllten, rückte das Thema Reisen in den Vordergrund. Auf der mit mehreren Hunderttausend Teilnehmern bis dahin größten Montagsdemonstration in Leipzig am Abend des 6. November wurde nicht nur »Schluß mit dem Ende des Führungsanspruchs der SED – Verfassungsänderung Artikel 1« gefordert. Ein Sprecher nannte das geplante Reisegesetz unter starkem Beifall »Verdummung schwarz auf weiß«; ein anderer kommentierte es mit den Worten: »Nun sollen dieselben, die uns immer gedemütigt haben, wieder über unser Schicksal entscheiden.« Auf Transparenten war zu lesen: »§ – Wir bleiben Bittsteller«. Die Demonstranten skandierten: »Kaputte Wälder, Städte, Seen – SED, wir danken schön!« Dann hieß es erst höhnisch: »In dreißig Tagen um die Welt – ohne Geld«, anschließend fordernd: »Wir brauchen keine Gesetze, die Mauer muß weg«, und schließlich radikal: »Die SED muß weg!« Weitere machtvolle Demonstrationen, auf denen wie in Leipzig ein »Reisegesetz ohne Einschränkungen« und »365 Tage Reisefreiheit und nicht 30 Tage Gnade« gefordert wurden, fanden ebenfalls noch am Montag in Halle (60 000 Teilnehmer), Karl-Marx-Stadt (über 50 000), Zwickau (14 000), Cottbus (über 10 000), Schwerin (25 000), Erfurt, Magdeburg und Dresden (70 000) statt.[79]

Statt politischen Druck wegzunehmen, heizte die Vorlage des Reisegesetz-Entwurfs die kritische Stimmung zusätzlich an. Hinzu kam, dass das kleine Reiseventil, das die SED-Führung mit der Wiederinkraftsetzung des pass- und visafreien Grenzverkehrs mit der ČSSR am 1. November geöffnet hatte, zu platzen drohte. In Heerscharen und mit der Absicht, ihr Land für immer zu verlassen, zog es die DDR-Bürger erneut in die Botschaft der Bundesrepublik in Prag.

SED-Hausmitteilung an Genossen Krenz, 2. 11. 1989:

Volksrepublik China: Bereit zu solidarischer Hilfe für die DDR

»Es wurde (im DDR-Ministerrat, HHH) eine Mitteilung der chinesischen Regierung verlesen, wonach sie sofort bereit sei, der DDR solidarisch Hilfe zu leisten und Arbeitskräfte in der gewünschten Anzahl und Qualifikation zur Verfügung zu stellen. Die Bezahlung könne durch Warenlieferungen erfolgen. Devisen würden nicht verlangt.
Genosse Beyreuther erhielt den Auftrag, im Namen der Regierung der DDR sofort Verhandlungen aufzunehmen.«

SED-Hausmitteilung an Genossen Krenz: Information über die Sitzung des Ministerrates am 2. 11. 1989, SAPMO-BArch, ZPA-SED, 30/IV 2/2.039/214, Bl. 310 (Auszug)

Am Mittag des 3. November wurde DDR-Botschafter Helmut Ziebart im tschechoslowakischen Außenministerium mitgeteilt, daß die ČSSR keine Flüchtlingslager für politische Flüchtlinge aus der DDR einzurichten gedenke. Wie Ziebart unverzüglich Außenminister Oskar Fischer, Wolfgang Herger und Erich Mielke meldete, fordere die ČSSR von der DDR, »solche Maßnahmen einzuleiten, die entweder a) den Zustrom an ›politischen Flüchtlingen‹ beenden, oder b) eine solche Abfertigungspraxis vorzunehmen, daß ›jeden Tag so viele ehemalige DDR-Bürger aus der ČSSR in die BRD ausreisen können, wie täglich in die BRD-Botschaft neu hinzukommen‹«.[80]

Die tschechoslowakischen Genossen fragten sich zudem, so Ziebart, warum die DDR ihre Ausreisewelle über die BRD-Botschaft in Prag und nicht über die Ständige Vertretung der Bundesrepublik in Ost-Berlin abwickle.

Um den Fehler Honeckers nicht zu wiederholen, stimmte das Politbüro noch am frühen Abend des 3. November dem tschechoslowakischen Vorschlag zu, die sich erneut auf dem Gelände der Prager Botschaft der Bundesrepublik aufhaltenden 6000 DDR-Bürger »direkt aus der ČSSR in die BRD ausreisen zu lassen, ohne dabei DDR-Territorium zu berühren«.[81] Am nächsten Morgen erteilte die Prager DDR-Botschaft das dazu erforderliche Visum mit der Zusicherung in den Personalausweis, dass davon die Staatsbürgerschaftsfrage nicht berührt sei; jeder ausgereiste DDR-Bürger könne in die DDR zurückkehren. Bis 17.00 Uhr desselben Tages hatten alle 6000 DDR-Bürger die bundesdeutsche Botschaft in Prag verlassen und befanden sich teils mit Sonderzügen, teils mit ihren Autos auf dem Weg in die Bundesrepublik. Am Abend gab der stellvertretende Innenminister, Generalmajor Dieter Winderlich, in der »Aktuellen Kamera« bekannt, dass nunmehr auch Anträge auf ständige Ausreise in der DDR selbst »unbürokratisch und schnell« entschieden und »nur in ausgesprochenen Ausnahmefällen, bei denen es um legitime staatliche Interessen gehe«, abgelehnt würden[82] – doch kaum jemand glaubte ihm. Statt des als normal empfohlenen Weges der Antragstellung in der DDR bevorzugten die Ausreisewilligen weiterhin den Umweg über die ČSSR, und dies erst recht, nachdem selbst dem »Neuen Deutschland« zu entnehmen war, dass die Prager DDR-Botschaft die Ausreise in die Bundesrepublik nunmehr problemlos ermögliche.[83] Über das Wochenende reisten insgesamt 23200 DDR-Bürger über die ČSSR in die Bundesrepublik aus. Bis zu dreihundert Personen passierten stündlich mit ihren Fahrzeugen allein den oberfränkischen Grenzübergang Schirnding, statt monatelange Bearbeitungsfristen der »Organe« in der DDR und deren ungewisses Ergebnis länger abzuwarten oder anderslautenden Zusagen Glauben zu schenken. Und der Strom der Übersiedler riss auch am Montag und Dienstag nicht ab. »Die Mauer ist gefallen«, kommentierte Klaus Hartung die Grenzöffnung für DDR-Bürger von der ČSSR in die Bundesrepublik, »seit 3. November kann sich ein DDR-Bürger aus Karl-Marx-Stadt in seinen

Trabi setzen und bis nach München fahren.«[84] In Berlin und anderswo werde seit dieser Freitagnacht »nur noch Mauer gespielt, mit Beton, Stacheldraht, Flutlicht und Patrouille«.

7.11.1989: Suche nach einer Ausreiseregelung

Am Morgen des 7. November 1989 trat das Politbüro um 9 Uhr zu einer fünfstündigen Sitzung zusammen. Das alles beherrschende Thema dieser Zusammenkunft war die 10. Tagung des Zentralkomitees. Sie sollte am nächsten Tag mit dem geschlossenen Rücktritt des Politbüros beginnen, und deshalb befasste man sich mit den Vorschlägen von Krenz für die Neubesetzung des SED-Führungsgremiums. Daneben stand sein mehrstündiges Referat ebenso zur Abstimmung wie der Rücktritt der Regierung Stoph, der noch am gleichen Nachmittag bekannt gegeben werden sollte. Wolfgang Herger hatte einen Vorschlag ausgearbeitet, der ZK-Tagung nun doch die Zulassung des Neuen Forums vorzuschlagen; Krenz berichtete über seinen Besuch bei Gorbatschow, während er die Gespräche Schalcks in Bonn geheim hielt. Eingekeilt in 14 andere Tagesordnungspunkte von größter Bedeutung, nahm das Politbüro aus aktuellem Anlass eine Information von Außenminister Fischer über »die Situation bei der Ausreise von DDR-Bürgern über die ČSSR« entgegen.

Den Anstoß zur Behandlung dieses Themas, von Krenz erst während der Sitzung auf die Tagesordnung genommen, gaben die anhaltenden Beschwerden der tschechoslowakischen Partei- und Staatsführung über die neue, massenhafte Praxis der Ausreise von DDR-Bürgern durch ihr Land, von der die ČSSR-Regierung ein Übergreifen der Unruhe befürchtete. Deshalb forderte sie von der SED-Spitze, den Ausreisestrom zu stoppen; andernfalls sähe sie sich gezwungen, eigene Maßnahmen zur Grenzkontrolle – bis hin zu einer Schließung der Grenze – zu ergreifen.

Das Politbüro fasste daraufhin folgenden Beschluss:

»1. Genosse O. Fischer unterbreitet in Abstimmung mit den Genossen F. Dickel und E. Mielke einen Vorschlag für das ZK der SED, wonach *der Teil des Reisegesetzes,* der sich *mit der ständigen Ausreise* befasst, durch eine Durchführungsbestimmung sofort in Kraft gesetzt wird.

2. Genosse O. Fischer informiert den Außerordentlichen und Bevollmächtigten Botschafter der UdSSR in der DDR, Genossen W. Kotschemassow, und die tschechoslowakische Seite über den Vorschlag und den Standpunkt des Politbüros. Gleichzeitig sind Konsultationen mit der BRD zu führen.
3. In den Massenmedien ist darauf hinzuwirken, dass die Bürger der DDR ihr Land nicht verlassen. Über Rückkehrer ist zu informieren. Verantwortlich: Genosse G. Schabowski.
4. Genosse G. Schabowski wird beauftragt, diese Problematik mit den Vertretern der Blockparteien zu besprechen, um einen gemeinsamen Standpunkt herbeizuführen.«[85]

Mit der Teil-Lösung, angesichts des Übersiedlerstroms über die ČSSR in die Bundesrepublik nur die Regelung der ständigen Ausreise aus dem gerade erst veröffentlichten Reisegesetz-Entwurf vorzuziehen, um sich das »ČSSR-Problem« vom Hals zu schaffen, einigte sich das SED-Führungsgremium wiederum lediglich auf den kleinsten gemeinsamen Nenner.

Weil der Beschluss vorsah, dass die »Durchführungsbestimmung« zur ständigen Ausreise dem ZK-Plenum vorzulegen war, bevor sie »sofort« in Kraft gesetzt werden sollte, war große Eile geboten. Oskar Fischer hatte die außenpolitische Flanke abzusichern. Unmittelbar nach der Behandlung des Tagesordnungspunktes im Politbüro eilte er in die sowjetische Botschaft und informierte Wjatscheslaw Kotschemassow über die Absicht des Politbüros, die ständige Ausreise vorzeitig zu regeln, ohne ihm freilich schon nähere Einzelheiten mitteilen zu können. Mit der ČSSR solle beraten werden, so Fischer, »ob es ihr Entlastung bringen würde, ihre Grenzübergangsstelle zu Bayern in die Ausreise einzubeziehen«.[86] Man werde die ČSSR zudem fragen, »ob sie die Grenze zur DDR schließen kann«. Die DDR wage dies nicht: »Würde die DDR schließen, gäbe es eine Machtprobe.« Begleitend werde die Kampagne gegen die »Anmaßung der Obhutspflicht« durch die Bundesregierung sowie die Dableib-Kampagne in den DDR-Medien verstärkt und versucht, »auch andere bestimmte Leute dafür zu gewinnen«.

Krenz sei die Meinung Gorbatschows zu all dem sehr wichtig; die DDR bitte die sowjetische Führung um Unterstützung. Kotschemassow sicherte eine schnelle Rückantwort zu.

Ebenfalls noch am 7. November setzte der Gesandte der Ständigen Vertretung der DDR in Bonn, Lothar Glienke, das Bundeskanzleramt über die Absicht des Politbüros in Kenntnis. Der Leiter des Arbeitsstabes Deutschlandpolitik im Kanzleramt, Claus-Jürgen Duisberg, bat um kurzfristige Information über den Zeitpunkt des Inkrafttretens der Ausreiseregelung.[87]

Mit diesen Gesprächen und der Unterrichtung der ČSSR war Fischers Auftrag fürs Erste erledigt, denn die Federführung in allen Ausreise- und Reisefragen oblag nicht dem Außenministerium, sondern dem Ministerium für Staatssicherheit, das in diesen Fragen das formal zuständige Innenministerium steuerte. Im Arbeitsbereich von Generalleutnant Gerhard Neiber im MfS entstand noch am gleichen Tag ein erster Entwurf der vom Politbüro gewünschten Durchführungsbestimmung, der mit dem Innen- und Außenministerium abgestimmt wurde. Das Neiber-Papier sah vor, dass die Abteilungen Pass- und Meldewesen der Volkspolizeikreisämter Visa zur ständigen Ausreise über alle Grenzübergangsstellen der DDR zur BRD bzw. West-Berlin unverzüglich erteilen sollten. Das bisherige Antrags- und Genehmigungsverfahren bei den Abteilungen Inneres der Räte einschließlich der Abstimmung mit der für die Bearbeitung nicht der Anträge, sondern der Antragsteller zuständigen Zentralen Koordinierungsgruppe (ZKG) des MfS war damit zwar praktisch abgeschafft.[88] Von einem gemeinsamen Willen zur schnellen Einführung einer generellen Reisefreiheit konnte aber noch am 7. November keine Rede sein. Absicht schien vielmehr zu sein, sich zunächst einmal aller Ausreisewilligen insgesamt mit einem Schlag zu entledigen.

8. 11. 1989: Das Ultimatum der ČSSR

Am Mittwoch, dem 8. November, nahm der Druck der ČSSR auf die DDR ultimative Formen an. DDR-Botschafter Ziebart wurde in Prag zur Entgegennahme eines Ersuchens in das tschechoslowakische Außenministerium einbestellt. Bei der Regierung der ČSSR und im ZK der Kommunistischen Partei, hielt ihm der stellvertretende ČSSR-Außenminister Sadovsky vor, stapelten sich Anfragen und Eingaben der Bevölkerung aus Nord- und Westböhmen, in denen Unverständnis darüber geäußert werde, dass die Ausreise von DDR-Bürgern in die BRD seit dem 3. November über ČSSR-Territorium abgewickelt werde. Ziebart telegraphierte nach Berlin: »›Ausgehend von diesem Druck‹ in den beiden genannten, aber auch anderen Bezirken der ČSSR, bat Genosse Sadovsky ›im Auftrag der Regierung der ČSSR und der Abteilung Internationale Politik des ZK‹ das Ersuchen zu übermitteln, die Ausreise von DDR-Bürgern in die BRD ›direkt und nicht über das Territorium der ČSSR‹ abzuwickeln.«[89] Der Hinweis Ziebarts, dass in der DDR bereits seit dem Vortage erwogen werde, »Ausreiseregelungen vor Annahme des Reisegesetzes zu treffen«, genügte dem ČSSR-Diplomaten nicht.[90] Das MfAA leitete diese diplomatisch-höflich formulierte, im Unterton aber unmissverständlich scharfe Aufforderung unverzüglich an die mit der Ausreiseregelung befassten Stellen weiter.

Die SED-Führung war an diesem Mittwoch zunächst mit wichtigeren Dingen befasst. Entgegen ihrer Hoffnung nahm der erste Tag der ZK-Tagung an diesem 8. November nicht den ersehnten Verlauf.[91] Anstatt des beabsichtigten Signals für die Reformbereitschaft und Erneuerungsfähigkeit der SED bot sie ein Spiegelbild der landesweiten Zerfallserscheinungen der Einheitspartei.

Üblicherweise wurden Kaderfragen am Schluss von ZK-Sitzungen behandelt. Der taktische Schachzug, nach dem Rücktritt des Ministerrates vom Vortage den geschlossenen Rücktritt des Politbüros an den Beginn des ZK-Plenums zu stellen, mit der Wahl neuer Politbüro-Mitglieder personellen Veränderungswillen zu demonstrieren und damit die anstehende konzeptionelle und programmatische Diskussion frei von Kaderquerelen zu halten, ging nicht auf. Drei der von Krenz vorgeschlagenen Kandidaten – Horst Dohlus, Günther Kleiber und Gerhard Müller – versagte das Plenum die erforderliche Stimmenzahl; vier der am Morgen gewählten Politbüro-Mitglieder – Hans-Joachim Böhme, Johannes Chemnitzer, Inge Lange, Werner Walde – wurde noch am gleichen Abend das Vertrauen ihrer Bezirksorganisationen bzw. der Mitarbeiter ihres Zuständigkeitsbereiches entzogen, teilweise nach Streikandrohungen aus den Kombinaten. Zustande kam ein 14-köpfiges Rumpf-Politbüro, dessen von Honecker über die Jahre aufgebaute Repräsentanzfunktion zerstört war.

Selbst die von Krenz vorgenommene Ehrung der ausgeschiedenen Politbüro-Mitglieder Axen, Hager, Krolikowski, Mielke, Mückenberger, Neumann, Sindermann, Stoph und Tisch blieb nicht unwidersprochen; über die Frage, ob ihre Tätigkeit nicht statt Dank eher harte Kritik verdiene, entbrannte ein heftiger Streit, der erst mit einer Abstimmung zugunsten der Danksagung entschieden wurde.[92] Während Krenz im Plenum zu seinem mehrstündigen Referat anhob, versammelten sich vor dem ZK-Gebäude, von der Parteiorganisation der Akademie der Wissenschaften angeführt, mehr als 10 000 Mitglieder der Berliner SED zu einer Demonstration gegen die eigene Parteispitze. Die Einheitspartei begann sich zu spalten. Irgendwann an diesem für sie chaotischen Tag, bekundeten Egon Krenz und Wolfgang Herger im Nachhinein, stimmten sie sich noch einmal ab, die Regierung zu drängen, dem Zentralkomitee die Reiseregelung bis zum Mittag des 9. November vorzulegen.

Am Vorabend des 9. November richtete Christa Wolf im Namen prominenter Schriftstellerkollegen und von Repräsentanten aller Gruppen der Bürgerbewegungen in der »Aktuellen Kamera« einen eindringlichen Appell an alle Ausreisewilligen, ihre Entscheidung zu überdenken und in der DDR zu bleiben: »Wir bitten Sie, bleiben Sie doch in Ihrer Heimat, bleiben Sie bei uns! Was können wir Ihnen versprechen? Kein leichtes, aber ein nützliches und interessantes Leben. Keinen schnellen Wohlstand, aber Mitwirkung an großen Veränderungen. Wir wollen einstehen für Demokratisierung, freie Wahlen, Rechtssicherheit und Freizügigkeit. Unübersehbar ist: Jahrzehntealte Verkrustungen sind in Wochen aufgebrochen worden. Wir stehen erst am Anfang des grundlegenden Wandels in unserem Land. Helfen Sie uns, eine wahrhaft demokratische Gesellschaft zu gestalten, die auch die Vision eines demokratischen Sozialismus bewahrt. Kein Traum, wenn Sie mit uns verhindern, daß er wieder im Keim erstickt wird. Fassen Sie zu sich und zu uns, die wir hierbleiben wollen, Vertrauen.«[93]

*Die Nacht des Mauerfalls am Brandenburger Tor:
Ost- und West-Berliner haben sich auf dem Pariser Platz vereinigt,
Grenzsoldaten versuchen, Herr der Lage zu werden.*

9. November 1989: Der Fall der Mauer

Der 9. November 1989 war der zweite der drei Sitzungstage des SED-Zentralkomitees. Ursprünglich war vorgesehen, die Sitzung um 18.00 Uhr zu beenden. Das Bedürfnis zu sprechen war jedoch groß und die Liste der Redner dementsprechend lang, sodass Krenz kurz nach 18.00 Uhr vorschlug, die Diskussion nach einer halbstündigen Pause noch zwei Stunden fortzuführen. Gegenstand der Debatte war die hohe Westverschuldung der DDR, die Krenz am Vortag in seinem Referat auf 20 Milliarden Dollar beziffert hatte. Ab 20.00 Uhr erstattete der Leiter der ZK-Abteilung Planung und Finanzen, Günter Ehrensperger, Bericht und verwies darauf, »daß wir mindestens seit 1973 Jahr für Jahr über unsere Verhältnisse gelebt haben und uns etwas vorgemacht haben. (...) Und wenn wir aus dieser Situation herauskommen wollen, müssen wir 15 Jahre mindestens hart arbeiten und weniger verbrauchen, als wir produzieren«.[1] Entsetzte Zwischenrufe begleiteten seinen Vortrag, sodass Krenz vorschlug, »die Sache jetzt nicht weiter zu diskutieren und morgen noch den Genossen Schürer zu hören«. Aus dem Saal erscholl die Forderung, den Diskussionsbeitrag von Ehrensperger unter keinen Umständen zu veröffentlichen, denn »dann laufen uns die letzten Leute weg!« – »Nein, um Gottes willen«, pflichtete Krenz dem Zurufer bei, »wir schockieren die ganze Republik!«[2]

Als letzter Redner dieses Tages konfrontierte gegen 20.30 Uhr Generalstaatsanwalt Günter Wendlandt die ZK-Mitglieder, darunter auch die Spitzenvertreter der Ministerien der bewaffneten Organe, mit den Untersuchungsergebnissen zu den Übergriffen der Sicherheitsorgane gegen

Demonstranten an den Tagen um den 7. Oktober. In einer Reihe von Fällen habe sich der Verdacht strafbarer Handlungen durch Angehörige der Schutz- und Sicherheitsorgane bestätigt, weshalb gründlich ermittelt werde. »Das Strafrecht«, so Wendlandts Schlussfolgerung, »darf nicht tiefgreifende soziale Prozesse kriminalisieren, das sage ich heute. Ich habe es aber vorher geschehen lassen«, räumte er selbstkritisch ein und fuhr fort: »Das bedaure ich. Dafür trage ich die Verantwortung.«[3] Das Plenum reagierte mit betretenem Schweigen. »Wir müssen wirklich einen Neuanfang wagen und nicht einfach weitermachen. Wir müssen neu anfangen und das Vertrauen gewinnen«, beendete Krenz schließlich gegen 20.45 Uhr die Sitzung.[4]

Vom Gebäude des Zentralkomitees am Werderschen Markt machten sich die auswärtigen ZK-Mitglieder auf den Weg zum nahe gelegenen Gästehaus der SED an der Spree, in dem sie üblicherweise während der Tagungen des höchsten Beschlussgremiums der Einheitspartei untergebracht waren. Der Schock über die trostlose ökonomische Lage saß tief, doch viel Zeit, um die letzten Debattenbeiträge zu verdauen, blieb ihnen nicht. Gerade wurde ein verspätetes Abendessen serviert, als sich von Tisch zu Tisch Informationen über Schabowskis Pressekonferenz verbreiteten, in deren Folge angeblich Menschen an die Grenzübergänge strömten. Ein wildes Durcheinander brach aus. Was Schabowski da verkündet habe, seien eigenwillige Interpretationen und am Nachmittag nicht von ihnen beschlossen worden, zumindest nicht in dieser Weise, war die durchgängige Meinung.[5] Doch keiner hatte schriftlich, was am Nachmittag zu diesem Punkt behandelt worden war, und so war nicht einmal eine Überprüfung des Gesagten möglich. Für viele ZK-Mitglieder schien mit dieser Nachricht der Zug endgültig abgefahren. Ohnmacht und Resignation breiteten sich aus.

Was aber hatte Schabowski auf seiner Pressekonferenz überhaupt mitgeteilt? Welchen Beschluss hatte das Zentralkomitee zuvor wirklich gefasst? Und wer schließlich hatte diesen Beschluss mit welchen Absichten vorbereitet?

9.00 Uhr: MfS und MdI planen Reiseregelung

Um 9.00 Uhr trat im Ministerium des Innern in der Mauerstraße eine Arbeitsgruppe mit dem Ziel zusammen, eine Ausreiseregelung als Beschlussentwurf für den Ministerrat zu verfassen. Oberst Gerhard Lauter und Generalmajor Gotthard Hubrich, den beiden Leitern der Hauptabteilungen Pass- und Meldewesen bzw. Innere Angelegenheiten des MdI, war im Laufe des 8. November ein entsprechender Auftrag vom Politbüro bzw. von der MdI-Führung erteilt worden, um das »ČSSR-Problem« mit einem Vorschlag zur Regelung der ständigen Ausreise aus der DDR zu lösen. Dieser sollte nunmehr nicht mehr als »Durchführungsbestimmung«, sondern als Ministerrats-Beschluss gefasst, doppelgleisig dem Politbüro und dem Ministerrat bis zum Mittag des 9. November vorgelegt und mit Wirkung vom 10. November in Kraft gesetzt werden. Mit dem gleichen Auftrag waren Oberst Hans-Joachim Krüger, stellvertretender Leiter der Hauptabteilung VII des MfS, sowie Oberst Udo Lemme, Leiter der Rechtsstelle des MfS, am frühen Morgen des 9. November in das MdI geschickt worden: Krüger hatte ihn von Generalleutnant Werner Irmler[6], dem Leiter der ZAIG, Lemme direkt von Erich Mielke erhalten. Andere Absichten im Hinblick auf eine weitergehende Reiseregelung, die nicht nur die ständige Ausreise umfasste, wie sie Herger, Krenz und Schabowski im Nachhinein geltend machten, blieben den Beteiligten fremd.[7]

Die vier beauftragten Mitarbeiter des MfS und MdI kannten sich aus zum Teil langjähriger dienstlicher Zusammenarbeit und waren mit der Materie bestens vertraut; alle vier hatten an der Ausarbeitung des Reisegesetz-Entwurfs mitgewirkt. Den Dienstzweigen Innere Angelegenheiten, die den Räten der Städte, Kreise und Bezirke zugeordnet waren, sowie Pass- und Meldewesen, die bei den Bezirksbehörden der Volkspolizei und den Volkspolizeikreisämtern angesiedelt waren, galt zudem das besondere Augenmerk der Staatssicherheit. Die leitenden Mitarbeiter beider Linien waren auf allen Ebenen häufig als inoffizielle Mitarbeiter, auf bezirklicher Ebene gelegentlich auch als Offiziere im besonderen Einsatz (OibE), für das MfS tätig. Und so waren auch Hubrich und Lauter als Leiter beider Hauptabteilungen langjährige inoffizielle Mitarbeiter jener Hauptabteilung VII des MfS, an deren Spitze Krüger als stellvertretender Leiter stand.

Die Sitzung im MdI begann mit einem gegenseitigen Abtasten, wer welchen Auftrag hatte. Es stellte sich heraus, dass alle die gleiche Weisung hatten, das »ČSSR-Problem« zu lösen. Schnell war sich der Kreis nach Angaben der Beteiligten darüber einig, dass zukünftig alle Einschränkungen bei Anträgen auf eine ständige Ausreise aus der DDR wegfallen sollten, wie es das Neiber-Papier vom 7. November bereits vorsah.

Aus dieser Einhelligkeit entwickelte sich in der weiteren Diskussion die Frage, ob es nicht impraktikabel wäre und zudem innenpolitisch fatale Konsequenzen haben würde, jeden, der das Land auf Dauer verlassen wollte, sofort fahren zu lassen; denjenigen aber, die nur eine kurze Privatreise zu einer Tante in die Bundesrepublik planten und nach wenigen Tagen Aufenthalt zurückkehren wollten, dies zu verbieten.[8] In der Praxis war diese Frage im Übrigen schon entschieden. Am 7. November lagen im Verantwortungsbereich Neibers Fernschreiben aus Sachsen und Thüringen vor, aus denen hervorging, dass über einhundert Personen, die zuvor über die ČSSR in die Bundesrepublik ausgereist waren, über die Kontrollstelle Hirschberg wieder in die DDR zurückgekommen waren. Als Motiv gaben die Reisenden gegenüber den verdutzten DDR-Passkontrolleuren »Abenteurertum, die Durchführung von Kaffeereisen sowie Testen der Glaubwürdigkeit der DDR-Medien« an.[9] Sie wurden nicht zurückgewiesen.

Aus der Lagekenntnis dessen, was sich in den Pass- und Meldestellen und den Abteilungen Innere Angelegenheiten in den Räten der Stadtbezirke und der Bezirke tagtäglich abspielte, den Reise- und Ausreisewünschen, den heftigen Konfrontationen zwischen Polizei und Bürgern, so Gerhard Lauter, war ihm und Hubrich zudem klar, dass eine wortwörtliche Erfüllung ihres Auftrages keine Lösung bringen konnte. Auch während ihrer Beratung, erinnern sich die drei Obristen, liefen im MdI Telefonate und Meldungen über den zunehmenden Druck reisewilliger Bürger auf die Volkspolizeikreisämter ein. »Im Interesse der Erhaltung der DDR«, sagt Gerhard Lauter, habe er damals darauf hingewiesen, dass es »politisch unverantwortlich wäre, eine so einseitige Regelung zu erarbeiten; das wäre aus meiner Sicht auf totales

Unverständnis gestoßen und hätte zu einer wirklichen Schizophrenie auf diesem Gebiet geführt und dazu, daß die Welle der Anträge auf ständige Ausreise enorm angestiegen wäre«. Das befürchtete offenbar auch Hubrich. Unter vier Augen, berichtet Krüger, habe Hubrich ihn gefragt, wie lange sie in dieser Situation denn noch Kasperletheater spielen sollten, anstatt aufzuschreiben, wovon sie überzeugt seien.

Die Diskussion der Obristen führte in die Richtung, die Reisewilligen nicht staatlicherseits in den Status von Ausreisenden zu zwingen und deshalb eine Besserstellung der ständig Ausreisenden im Verhältnis zu Besuchsreisen auszuschließen. Immerhin war ihr Auftrag so allgemein gehalten, dass er eine Teilregelung für Privatreisen als Zwischenlösung nicht ausdrücklich ausschloss. Und schließlich sollte die generelle Reisefreiheit – trotz aller Einschränkungen in dem veröffentlichten Gesetzentwurf – ohnehin noch 1989 eingeführt werden. Würde dagegen angesichts der unruhigen Situation im Lande, fragten sich die Obristen, ein weiterer Fehltritt in der Reisefrage nicht endgültig den Druck im Kessel zur Explosion bringen? Und war umgekehrt nicht mit einer innenpolitischen Beruhigung zu rechnen, wenn erst einmal alle Ausreisewilligen das Land verlassen und zumindest schon einmal ein Teil der Reisewilligen fahren durften, wohin sie wollten?

So entschied der Kreis, »Nägel mit Köpfen« (Krüger) zu machen und beide Fragen – die der ständigen Ausreise und die der Privatreisen – in einem Wurf zu regeln. Der uneingeschränkten Ausgabe von Visa für Ausreisen wurde deshalb als erster Satz vorangestellt: »Privatreisen nach dem Ausland können ohne Vorliegen von Voraussetzungen (Reiseanlässe und Verwandtschaftsverhältnisse) beantragt werden. Die Genehmigungen werden kurzfristig erteilt. Versagungsgründe werden nur in besonderen Ausnahmefällen angewandt«.

Im Unterschied zu einer generellen Reisefreiheit verbanden die Obristen mit dieser Regelung der Privatreisen die Absicht, ausschließlich DDR-Bürgern mit Reisepass und einem Visum eine Besuchsreise zu gestatten. Einen Reisepass besaßen etwa vier Millionen Bürger; alle anderen, so das Kalkül, hätten zunächst einen Pass beantragen und die bis zur Ausstellung üblichen Wartezeiten von mindestens vier bis sechs Wochen erdulden müssen.

Einem sofortigen Aufbruch aller DDR-Bürger schien somit ein wirksamer Riegel vorgeschoben. Die Formulierungen »können beantragt werden« und »werden kurzfristig genehmigt« sicherten beiden »Organen« zudem ausreichend Spielraum für Auslegungen in ihrem Sinne.

Die Überschrift des Papiers – »Beschlußvorschlag zur Veränderung der Situation der ständigen Ausreise von DDR-Bürgern nach der BRD über die ČSSR« – blieb erhalten. Sie entsprach ihrem ursprünglichen Auftrag und bezeichnete weiterhin nur eine Seite der erarbeiteten Regelung. Würde der darüber hinausgehende Teil in der Sicherheitsabteilung des Zentralkomitees, im MfS, im Politbüro oder Ministerrat auf Missfallen stoßen, hätten sie ihren Beschlussentwurf – dessen konnten sich die Obristen gewiss sein – binnen kürzester Zeit zur Überarbeitung wieder auf dem Tisch gehabt.

Lemme und Krüger stimmten den Vorentwurf ihres Beschlussvorschlages im MfS mit Irmler ab, der nicht widersprach. »Es hat zu diesem Zeitpunkt keiner entscheidend dagegen opponiert, weil sie im Grunde einverstanden sein mußten«, bietet Krüger als Erklärung für die Reaktion des Leiters der ZAIG an, »die, die mit der Materie vertraut waren, wußten, daß es keine Alternative gab. Alles andere war doch unehrlich.«

Über seinen für das MdI zuständigen Sektorenleiter in der Sicherheitsabteilung des Zentralkomitees hielt Wolfgang Herger ständige Verbindung mit der Arbeitsgruppe. Da Aktennotizen des MfS und MdI belegen, dass Herger selbst der erste Entwurf einer fast wortgleichen Presseerklärung von den Obristen zur Bestätigung vorgelegt wurde, ist mit Sicherheit davon auszugehen, dass er erst recht den Beschlussentwurf für Politbüro und Ministerrat vor seiner endgültigen Ausfertigung bestätigte.[10] Innenminister Dickel holte parallel dazu vom amtierenden Minister für Staatssicherheit, Neiber, dessen Zustimmung zum Text der Presseerklärung ein, bevor er ihn mit Außenminister Fischer abstimmte und von Willi Stoph die Bestätigung einholte – was einmal mehr zeigt, wie MfS-abhängig Dickel und das MdI in dieser Frage operierten.[11]

Generalmajor Gerhard Niebling, Leiter der Zentralen Koordinierungsgruppe (ZKG) des MfS

»Hier geht es nicht um den Wegfall der Grenze«

»Auf jeden Fall war es so, daß ich spätnachmittags noch einmal mit dem Inhalt dieses Papiers konfrontiert wurde und ich eigentlich die gleiche Reaktion wie mittags zeigte und gesagt habe: »Wenn es gewollt ist, daß alle Besuchsreisen genehmigt werden, und wenn es gewollt ist, daß jeder, der einen Ausreiseantrag stellt, ausreisen kann, dann bin ich auch einverstanden. Dann soll man das so machen.« Also kam die Gegenfrage: »Bist du einverstanden?« – »Jawohl, ich bin einverstanden!« – Sicher war ich nicht der einzige von den Leitern der Diensteinheiten des MfS, die gefragt wurden. Das ist ja immer so üblich gewesen, wenn etwas neu gemacht wurde, ging es in die Abstimmungsrunde bei diesen und jenen Fachleuten. Und offensichtlich haben alle dem zugestimmt. (...)

Als wir über dieses Papier nachdachten, wurde gesagt: Hier geht es nicht um den Wegfall der Grenze, nicht um den Abriß der Mauer. Hier geht es um eine wesentliche Erleichterung der Besucherregelungen, und zwar natürlich noch mit Genehmigungen. Die DDR war eben ein Staat, der mit Genehmigungen arbeitete.«

Gespräch mit Gerhard Niebling, 14.9. und 11.11.1998

Um die Dienststellen des MdI und MfS in die neuen Bestimmungen einweisen und die Mitarbeiter des Pass- und Meldewesens auf den zu erwartenden Massenansturm vorbereiten zu können, legten die Obristen als Sperrfrist für die Bekanntgabe des Beschlusses durch den ADN den 10. November, 4.00 Uhr früh, fest. Diesen Termin schriftlich im Text der Presseerklärung zu fixieren, widersprach den üblichen Gepflogenheiten und erschien deshalb überflüssig. Angesichts der Monopolstellung des ADN reichte es völlig aus, den Generaldirektor der SED-Nachrichtenagentur nach der Beschlussfassung im Ministerrat bei der Aushändigung der Pressemitteilung auf die Sperrfrist zu verpflichten.

Den mit Herger und dem MfS abgestimmten Beschlussvorschlag samt der geringfügig veränderten Pressemitteilung leiteten die vier Obristen über Kurier erneut Herger in das nur wenige Hundert Meter entfernte ZK-Gebäude zu. Parallel dazu fand ein weiteres Exemplar über das Sekretariat von

Dickel und dessen Stellvertreter Winderlich den Weg zum ebenfalls nahe gelegenen Sitz des Ministerrates in der Klosterstraße, wo es dem Leiter des Sekretariats des Büros des Ministerrates, Harry Möbis[12], übergeben wurde. Der Auftrag der Arbeitsgruppe war damit erfüllt; ehe Lemme, Krüger, Lauter und Hubrich auseinandergingen, verabredeten sie, sich für den Fall möglicher Veränderungswünsche telefonisch erreichbar in ihren Ministerien aufzuhalten. Die innerdienstlichen Weisungen über die Durchführung des Beschlusses wurden in beiden Ministerien getrennt vorbereitet. Bevor die entsprechenden Fernschreiben an die nachgeordneten Dienststellen herausgegeben werden konnten, musste in den Ministerien die Zustimmung des Politbüros und des Ministerrates abgewartet werden.

12.00 Uhr: Politbüro beschließt neue Verordnung

Während der Sitzung des Zentralkomitees gab Herger den Beschlussentwurf gegen 12.00 Uhr an Egon Krenz weiter, der zwei Plätze weiter neben ihm saß und die ZK-Tagung leitete. Genau besehen, zog das Papier nun doch den Regelungsinhalt des gesamten Reisegesetzes vor. Genau darum sei es ihm auch gegangen, sagt Wolfgang Herger – doch im Politbüro hatte es dafür zwei Tage zuvor noch keine Mehrheit gegeben. Im frisch gewählten Politbüro waren die Bremser der vorhergehenden Sitzung jedoch nicht mehr vertreten, und den neuen Mitgliedern waren mit Ausnahme Hergers die Details der Vorgeschichte einer Reiseregelung nicht bekannt.

In der seit langer Zeit üblichen halbstündigen Raucherpause der Plenarsitzung zwischen 12.00 Uhr und 12.30 Uhr informierte Krenz die Politbüro-Mitglieder in einem Nebenraum noch einmal über den Druck der ČSSR. Herger schätzt, dass vielleicht die Hälfte der elf Vollmitglieder und sechs Kandidaten des neu gewählten Politbüros anwesend war. Mit Sicherheit nicht dabei war Günter Schabowski. Krenz las den Inhalt des Papiers vor und berichtete, dass es sich um einen Vorgang handele, der noch von der amtierenden Regierung abgewickelt werde.[13] Auf Nachfrage erklärte er, dass das Vorhaben mit der sowjetischen Seite abgestimmt sei.

Igor F. Maximytschew, Gesandter in der sowjetischen Botschaft in Ost-Berlin:
Grünes Licht aus Moskau
»Am Morgen des 9. November läuteten die Telefone der Botschaft wegen der ausbleibenden Antwort aus Moskau pausenlos. (...) In den Vormittagsstunden versuchte Botschafter Kotschemassow verzweifelt, Außenminister Eduard Schewardnadse oder Georgi Schachnasarow, Gorbatschows Chefberater für die sozialistischen Länder, zu erreichen – doch vergeblich. Alle waren in wichtigen Sitzungen und durften nicht abgelenkt werden.
Gegen Mittag entschloß sich der stellvertretende Außenminister, Iwan Aboimow, dem der gesamte Bereich der sozialistischen Länder Europas unterstand, Kotschemassow grünes Licht für eine positive Antwort an Krenz zu geben. Das war formell ein klarer Fall der Überschreitung seiner Kompetenzen; eine negative Antwort jedoch wäre einfach undenkbar gewesen, wenn auch hie und da Zweifel entstanden sein mögen. Und nicht zu vergessen ist: Beide, Kotschemassow und Aboimow, gingen davon aus, daß damit die ursprüngliche ›Loch-Variante‹ von Fischer abgesegnet worden war.«
Gespräch mit Igor F. Maximytschew, 18.11.1998

Hans Modrow, im Begriff, die Regierungsverantwortung zu übernehmen, war gedanklich schon mit seiner nach der Pause anstehenden programmatischen ZK-Rede beschäftigt. Dass es um Ausreisen und Reisen ging, erinnert sich Modrow, habe er schon verstanden. Allerdings sei er davon ausgegangen, »daß es sich um einen Vorgang handelt, der einen geregelten Ablauf hat und nicht eine spontane Situation erzeugt«. Die Anwesenden stimmten dem Text, von kleineren stilistischen Bemerkungen abgesehen, im Kern zu. Anschließend vereinbarte Herger mit Willi Stoph, die Vorlage noch am Nachmittag im Umlaufverfahren vom Ministerrat bestätigen zu lassen.

12.30 Uhr: Ministerratsbeschluss im Umlaufverfahren

Die erforderlichen Vorarbeiten für das Beschlussverfahren waren im Apparat des Ministerrates bereits routinemäßig angelaufen. Nachdem Harry Möbis das MdI/MfS-Papier erhalten hatte, das nun die Weihe des Politbüros hatte, leitete er es an die Vorlagenabteilung weiter, in deren Zuständigkeit die technische Ausfertigung der Beschlussvorlagen des Ministerrates fiel. Der Leiter der Vorlagenabteilung schaltete die Rechtsabteilung ein. Deren Leiter wiederum, Dr. Klaus Mehnert, war bereits »eingetaktet«, denn er war am Vormittag ins MdI beordert worden, nachdem die Arbeitsgruppe ihre Beratungen beendet hatte.[14]

Mehnert erhielt den fertig vorbereiteten Beschlussentwurf als Information zur Kenntnis und wurde über das beabsichtigte doppelgleisige Umlauf-Beschlussverfahren unterrichtet. Lag dem Politbüro der Beschluss gleichzeitig vor, bestand für den Ministerrat keinerlei Änderungsspielraum, da er die Politbüro-Beschlüsse stets wortgetreu übernahm und es in der Vergangenheit zumeist nicht einmal gewagt hatte, offensichtliche Schreibfehler in den Beschlüssen zu korrigieren. Mehnert war somit im Bilde und beauftragte seinen Stellvertreter, Wolfgang Petter, mit der Anfertigung der Umlaufvorlage, und zwar parallel sowohl für den Ministerrat als auch für das Politbüro.

Petters Aufgabe bestand darin, den Titel der Vorlage und den Beschlussvorschlag für den Ministerrat zu formulieren. Neben der Vorlage las er auch den Begleitbrief von Dickel an Stoph aufmerksam durch.[15] So blieb ihm nicht verborgen, dass der Inhalt der Regelung weit über das hinausging, was Dickel Stoph im ersten Satz als »Veränderung der Situation der ständigen Ausreisen von DDR-Bürgern nach der BRD über die ČSSR« angekündigt hatte. Der Regelungstext selbst nebst Überschrift war für ihn tabu, aber für den Text des Beschlussvorschlages auf dem Deckblatt der Vorlage wählte Petter eine Formulierung, die ihren Inhalt korrekt bezeichnete: »Der beiliegende Beschluß zur zeitweiligen Übergangsregelung für Reisen und ständige Ausreise aus der DDR wird bestätigt.«[16]

Spätestens gegen 14.30 Uhr, schätzt Wolfgang Petter, waren der Umlauf fertig und die technischen Arbeiten abgeschlossen. Über die Vorlagen-Abteilung ging das Papier zurück zum Leiter des Sekretariats des Ministerrates. Die Unterschrift von Stoph, der auf dem Deckblatt als Einreicher der Vorlage stand, wurde nicht eingeholt. Dem fertigen Ministerrats-Umlauf fügte Harry Möbis ein Anschreiben bei, in dem die Mitglieder des Ministerrates gebeten wurden, die angeheftete Beschlussvorlage »bis heute, Donnerstag, den 9. November 1989, 18.00 Uhr, im Umlaufverfahren zu bestätigen«.[17]

Gemäß der Geschäftsordnung des Ministerrates und der Anordnung zum Schutz der Staatsgeheimnisse wurde die Vorlage, da es sich um eine »Vertrauliche Verschlußsache« handelte, über den Zentralen Kurierdienst für Staatsgeheimnisse (ZKDS) des Ministeriums des Innern in die Ministerien gebracht. Wollten die Minister zustimmen, brauchten sie nichts zu tun, denn im Umlaufverfahren bedeutete Schweigen Einverständnis; erfolgte kein Widerspruch, galt die Zustimmung als erteilt, wenn die Einspruchsfrist abgelaufen war. Machte jedoch nur ein Minister bis 18.00 Uhr Einwände geltend, mussten diese, bevor der Beschluss ausgefertigt werden konnte, ausgeräumt werden, denn im Umlaufverfahren herrschte das Einstimmigkeitsprinzip.

Das Problem an diesem Nachmittag war, dass 29 der 44 Minister nicht in ihren Ministerien zu erreichen waren, sondern als Mitglieder bzw. Kandidaten des ZK an dessen Beratung teilnahmen. Das traf zum Beispiel auf Dr. Herbert Weiz, den Minister für Wissenschaft und Technik, zu. Der Kurier des ZKDS gab die Umlaufvorlage gegen 15.00 Uhr im Sekretariat des Ministeriums in der Wuhlheide ab. Die Sekretärin des Ministers reichte sie an seinen persönlichen Mitarbeiter, Manfred Heinrich, weiter. Heinrich prüfte, inwieweit die Beschlussvorlage die Arbeit bzw. Verantwortung des Ministeriums betraf. Da es so gut wie unmöglich war, während einer ZK-Sitzung an den Minister heranzukommen, legte Heinrich die Vorlage dem Staatssekretär vor. Heinrich: »Es gab keine abweichende oder gegensätzliche Stellungnahme. Zu diesem Zeitpunkt war nicht bekannt und auch aus der Vorlage nicht ersichtlich, ob und wie diese Reise-Verordnung bereits im ZK-Plenum behandelt worden war. Die Vorlage wurde deshalb dem Minister auf den Schreibtisch gelegt, so daß er sie als erstes zur Kenntnis nehmen mußte, wenn er eventuell erst nach Dienstschluß noch vom ZK in sein Büro fahren mußte.«[18] So wenig wie der Wissenschaftsminister und der Kulturminister wusste auch Chemieminister Günther Wyschofsky[19] und mit ihnen 25 weitere Minister, dass sie alle, während sie im ZK saßen, im Begriff waren, einen Ministerratsbeschluss zu fassen.

15.00 Uhr: Feinarbeiten an den Durchführungsbestimmungen

Im MfS und MdI dauerte am Nachmittag die Feinarbeit an den Durchführungsbestimmungen der neuen Reiseregelung für die nachgeordneten Dienststellen des MdI an. Mehrere Entwürfe eines Fernschreibens des Innenministers an die Chefs der BDVP, die Stellvertreter der Oberbürgermeister und die Stellvertreter der Vorsitzenden für Inneres der Räte der Bezirke pendelten zwischen dem MdI in der Mauerstraße und dem MfS in der Normannenstraße hin und her.[20]

Aus dem Reisegesetz-Entwurf hatten die Mitarbeiter des MfS und MdI den Grundgedanken übernommen, Privatreisen auch weiterhin an die Erteilung eines Visums zu binden. Dieses Verfahren sollte Lauter zufolge einen wichtigen Nebeneffekt gewährleisten: »Wir hätten also erst einmal den unmittelbaren Druck von der Grenze weggenommen und auf die Dienststellen der Volkspolizei gezogen.« Zur Beantragung der Privatreisen, so stellten sich die beiden Ministerien den ordnungsgemäßen Ablauf am folgenden Tag vor, »sind vom Bürger nur zwei (sic!) Anträge und eine Zählkarte entgegenzunehmen. Das Gespräch mit den Bürgern reduziert sich auf die Prüfung der ordnungsgemäßen Ausfüllung dieser Unterlagen.« Die zuvor übliche Übergabe der »Zählkarte« an das MfS sollte entfallen. Visa zur ein- oder mehrmaligen Reise könnten, hieß es in den Festlegungen, »für maximal 30 Reisetage mit einer Gültigkeit bis höchstens sechs Monate erteilt werden«. Die Bearbeitungszeit sollte sich nach den Reisewünschen der Bürger richten; ausdrücklich wurde angewiesen: »Das schließt Sofortreisen ein.«[21]

Die »besonderen Ausnahmefälle«, in denen Versagungsgründe zur Anwendung kommen sollten, waren auf nur noch drei aus der langen Liste der Versagungsgründe in der alten Reiseverordnung vom 30. 11. 1988 beschränkt:

– § 13, Abs. 1: »Genehmigungen sind zu versagen, wenn das zum Schutz der nationalen Sicherheit oder der Landesverteidigung notwendig ist«. Dieser Versagungsgrund beließ den Sicherheitsorganen nach wie vor so lange Spielraum für die Abweisung politisch unliebsamer

Antragsteller, wie diese rechtsstaatlich genormter Überprüfungsverfahren beraubt waren;

- § 13, Abs. 2, eingeschränkt auf Antragsteller mit aktiver Zugehörigkeit zu bewaffneten Organen: »Genehmigungen können versagt werden, wenn der Antragsteller ... zur Zeit Dienst in den Schutz- oder Sicherheitsorganen leistet«;
- § 14, Abs. 1, b: »Genehmigungen können auch versagt werden ..., wenn Prüfungen über Anzeigen gegen den Antragsteller noch nicht abgeschlossen sind, ein Ermittlungsverfahren gegen ihn eingeleitet wurde, er in ein Strafverfahren einbezogen ist oder Maßnahmen der strafrechtlichen Verantwortlichkeit zu verwirklichen sind«.

Die Anwendung des Versagungsgrundes nach § 13, Abs. 2, der RVO ausschließlich auf aktive Angehörige der »bewaffneten Organe« stimmte Gerhard Lauter für die Zollverwaltung mit dem ersten Stellvertreter des Leiters, für die DVP mit der Hauptabteilung Bereitschaften des MdI und für die NVA mit dem Leiter der Rechtsabteilung des Ministeriums für Nationale Verteidigung telefonisch ab. Alle erklärten ihr Einverständnis.[22]

Am späten Nachmittag lag das Fernschreiben versandfertig auf dem Schreibtisch von Lauter; um es herausgeben zu können, wartete man auf Nachrichten aus dem Politbüro und Ministerrat.

15.30 Uhr: Zentralkomitee erörtert neue Reiseregelungen

In der regulären Mittagspause der ZK-Tagung zwischen 14.30 Uhr und 15.30 Uhr hatte Egon Krenz den nordrhein-westfälischen Ministerpräsidenten, Johannes Rau, im Staatsratsgebäude empfangen. Als er nach diesem Gespräch ins ZK-Gebäude zurückkehrte, berichtet Krenz, gab ihm Willi Stoph »kurz vor Beginn der Sitzung den Entwurf für eine neue Reiseverordnung in die Hand«.[23] Um 15.30 Uhr wurde die Diskussion des Zentralkomitees fortgesetzt. Krenz erteilte Rudi Winter, dem Generaldirektor des Werkzeugmaschinenkombinats »Fritz Heckert«, das Wort. Während dieser die strenge Bestrafung der Genossen verlangte, »die wider besseren Wissens die Meinung der Partei und des Volkes ignorierten und Machtmißbrauch zum Schaden unseres Landes und unseres Volkes begingen«, eine schnelle Wirtschaftsreform forderte und vorschlug, mit einer Reduzierung der Mitarbeiter des Partei- und Staatsapparates und aller gesellschaftlichen Organisationen um die Hälfte zu beginnen, studierte Krenz den Entwurf Stophs. Wie vom Politbüro am 7. November beschlossen, stellte er ihn nach der mit wenig Begeisterung aufgenommenen Rede Winters im Zentralkomitee zur Diskussion und verlas gegen 16.00 Uhr die Stoph-Vorlage für den Ministerrat, die er korrekt als »Vorschlag« des amtierenden Vorsitzenden des Ministerrates bezeichnete. Dass das Beschlussverfahren über den Wortlaut der ihm übergebenen Vorlage im Ministerrat bereits lief, hinderte ihn nicht daran, Änderungsvorschläge durch das Zentralkomitee entgegenzunehmen und die veränderte Vorlage abstimmen zu lassen:

»Vors. Egon Krenz: Genossinnen und Genossen! Bevor Günther[24] das Wort nimmt, muß ich noch einmal von der Tagesordnung abweichen. Euch ist ja bekannt, daß es ein Problem gibt, das uns alle belastet: die Frage der Ausreisen. Die tschechoslowakischen Genossen empfinden das allmählich für sich als eine Belastung wie ja früher auch die ungarischen. Und: Was wir auch machen in dieser Situation, wir machen einen falschen Schritt. Schließen wir die Grenzen zur ČSSR, bestrafen wir im Grunde genommen die anständigen Bürger der DDR, die dann nicht reisen können und auf diese Art und Weise ihren Einfluß auf uns ausüben. Selbst das hätte aber auch nicht – würde nicht dazu führen, daß wir das Problem in die Hand bekommen, denn die Ständige Vertretung der BRD hat schon mitgeteilt, daß sie ihre Renovierungsarbeiten abgeschlossen hat. Das heißt, sie wird öffnen, und wir würden auch dann wieder vor diesem Problem stehen.[25]

Und der Genosse Willi Stoph hat als amtierender Vorsitzender des Ministerrates eine Verordnung vorgeschlagen, die ich jetzt hier doch verlesen möchte, weil sie vom Politbüro bestätigt worden ist, aber doch solche Wirkung hat, daß ich das Zentralkomitee nicht ohne Konsultation lassen möchte.

›Beschluß zur Veränderung der Situation der ständigen Ausreise von DDR-Bürgern nach der BRD über die ČSSR.

Es wird festgelegt:

1. Die Verordnung vom 30. November 1988 über Reisen von Bürgern der DDR in das Ausland findet bis zur Inkraftsetzung des neuen Reisegesetzes keine Anwendung mehr.
2. Ab sofort treten folgende zeitweilige Übergangsregelungen für Reisen und ständige Ausreisen aus der DDR in das Ausland in Kraft:
   a) Privatreisen nach dem Ausland können ohne Vorliegen von Voraussetzungen (Reiseanlässe und Verwandtschaftsverhältnisse) beantragt werden. Die Genehmigungen werden kurzfristig erteilt. Versagungsgründe werden nur in besonderen Ausnahmefällen angewandt.
   b) Die zuständigen Abteilungen Paß- und Meldewesen der Volkspolizeikreisämter in der DDR sind angewiesen, Visa zur ständigen Ausreise unverzüglich zu erteilen, ohne daß dafür noch geltende Voraussetzungen für eine ständige Ausreise vorliegen müssen. Die Antragstellung auf ständige Ausreise ist wie bisher auch bei den Abteilungen Innere Angelegenheiten möglich.
   c) Ständige Ausreisen können über alle Grenzübergangsstellen der DDR zur BRD bzw. zu Berlin (West) erfolgen.
   d) Damit entfällt die vorübergehend ermöglichte Erteilung von entsprechenden Genehmigungen in Auslandsvertretungen der DDR bzw. die ständige Ausreise mit dem Personalausweis der DDR über Drittstaaten.
3. Über die zeitweiligen Übergangsregelungen ist die beigefügte Pressemitteilung am 10. November zu veröffentlichen.‹

Diese Mitteilung hat folgenden Wortlaut:

›Wie die Presseabteilung des Ministeriums des Innern mitteilt, hat der Ministerrat der DDR beschlossen, daß bis zum Inkrafttreten einer entsprechenden gesetzlichen Regelung durch die Volkskammer folgende zeitweilige Übergangsregelung für Reisen und ständige Ausreisen aus der DDR ins Ausland in Kraft gesetzt wird.‹

Und dann kommen faktisch die vier Punkte, die ich nicht noch einmal vorzulesen brauche.

Ich sagte: Wie wir's machen, machen wir's verkehrt. Aber das ist die einzige Lösung, die uns die Probleme erspart, alles über Drittstaaten zu machen, was dem internationalen Ansehen der DDR nicht förderlich ist. Genosse Hoffmann?

Hans-Joachim Hoffmann[26]: Genosse Krenz, könnten wir nicht dieses Wort ›zeitweilig‹ vermeiden? Das erzeugt andauernd den Druck, als hätten die Leute keine Zeit und müßten sofort und so schnell wie möglich. Könnten wir nicht – ich kenn den Gesamttext jetzt nicht –, können wir das nicht vermeiden oder umschreiben?

Vors. Egon Krenz: Ja, man muß schreiben: ›Entsprechend der gesetzlichen Regelung durch die Volkskammer folgende Übergangsregelung‹ und einfach ›zeitweilig‹ streichen dann. Übergangsregelung ist ja eine zeitweilige.

Fritz Dickel[27]: Bis zum Inkrafttreten des Reisegesetzes.

Vors. Egon Krenz: Also bis zum Inkrafttreten des Reisegesetzes geltende folgende Dinge, ja? (Unruhe) Einverstanden, ja? (Unruhe) Genosse Dickel, siehst du da eine Schwierigkeit? Ist richtig so, ja? (Unruhe, Klingel des Vorsitzenden)

Fritz Dickel: Was die Veröffentlichung angeht ...

Zurufe: Lauter

Was die Veröffentlichung angeht, vielleicht wäre doch zweckmäßig nicht das Ministerium des Innern, obwohl wir die faktische Durchführung machen, daß das Presseamt des Ministerrates das veröffentlicht. Denn das ist ja eine Verordnung des Vorsitzenden des Ministerrates.

Vors. Egon Krenz: Ich würde sagen, daß der Regierungssprecher das gleich macht, ja. *(Unverständlicher Zuruf)* Bitte?

(Gemurmel)

Manfred Banaschak[28]: Ja besteht nicht überhaupt die Gefahr, wenn wir einen solchen Passus aufnehmen, »zeitweilig« ...

Zurufe: Lauter!

Wenn wir einen solchen Passus aufnehmen, der besagt ›zeitweilig‹ oder ›Übergangslösung‹, könnte das nicht eher die Wirkung haben, daß man meint, wer weiß, was kommt ... *(Unruhe)*

Zuruf: Das wurde gerade gesagt! *(Unruhe, weitere Zurufe)*

Vors. Egon Krenz: Deshalb wird gesagt, daß wir sowohl ›zeitweilig‹ wie auch ›Übergangsregelung‹ vermeiden und sagen: Bis zum Inkrafttreten des Reisegesetzes, das von der Volkskammer zu beschließen ist, wird das und das und das angeordnet. – Einverstanden, Genossen?

Zurufe: Ja!

Gut. Danke schön. Das Wort hat Günther Jahn.

(Egon Krenz leise, bei abgeschaltetem Saalmikrophon, nur zu seinen Nachbarn am Präsidiumstisch: Das ist doch immer gut, so was zu machen.)

(Laut, über Saalmikrophon): Nach Günther Jahn folgt Günter Sieber.«[29]

Unmittelbar nach dieser Unterbrechung der Tagesordnung wurde die allgemeine Debatte fortgesetzt. Keiner der nachfolgenden Redner kam an diesem Tag auf die neue Reiseregelung zurück. »Das Plenum hatte die ganze Tragweite des Beschlusses nicht erkannt«, registrierte Siegfried Lorenz, der neben Krenz im Präsidium saß, die Reaktionen im Saal. Während die einleitenden Worte von Krenz und auch die Überschrift des Ministerrat-Beschlussentwurfs den ZK-Mitgliedern nahelegen mochten, dass allein eine Lösung des Problems der ständigen Ausreisen beabsichtigt war, war im Verordnungstext wie in der Pressemitteilung von »Übergangsregelungen für Reisen und ständige Ausreisen« die Rede. Privatreisen sollten ohne Vorliegen von Voraussetzungen beantragt werden können und kurzfristig genehmigt werden, Visa zur ständigen Ausreise ebenfalls ohne Voraussetzungen und sogar unverzüglich erteilt werden. Der Einwand von Kulturminister Hoffmann zeigt, dass der verlesene Text durchaus im Saal verstanden wurde.

Die aufgrund seines Vorschlages vorgenommene Änderung einer Ministerrats-Vorlage durch das SED-Zentralkomitee veranschaulicht dessen jahrzehntelang eingespieltes Selbstverständnis, die Regierung als nachgeordnetes Durchführungsorgan der SED zu behandeln. Weder Hoffmann selbst (»Ich kenn den Gesamttext jetzt nicht«) noch einer der anderen Minister im ZK stießen sich offenbar daran, dass ihnen als Mitgliedern des Zentralkomitees ein Beschlussentwurf des Ministerrates vorgetragen wurde, den sie als Mitglieder der Regierung noch gar nicht kannten, aber als ZK-Mitglieder schon einmal wie selbstverständlich veränderten.

Als noch folgenreicher sollte sich der in die Durchführungskompetenz der Regierung eingreifende Vorschlag von Krenz erweisen, dass der Regierungssprecher die Regelung »gleich« – und nicht erst, wie vorgesehen, am 10. November – veröffentlichen sollte, denn damit hob er beiläufig die Sperrfrist für die Pressemitteilung auf. Der SED-Generalsekretär missachtete dabei die jahrelang praktizierte Technik der Ministerial-Bürokratie, die Inkraftsetzung nicht durch die Fixierung eines Zeitpunktes in der Verordnung selbst, sondern stattdessen durch ihre Bekanntgabe (»ab sofort«, »unverzüglich«) zu bewerkstelligen.

Werner Eberlein, SED-Politbüromitglied:

»Niemand im Saal kam auf die Idee …«

»Die Situation bestand doch darin, daß die Regelung, so, wie sie von der ZK-Tagung abgesegnet wurde, immer noch von allen Teilnehmern der ZK-Tagung als eine gesetzliche Regelung aufgefaßt wurde, nach der Menschen mit ihrem Personalausweis zur Polizei oder einer anderen Dienststelle gehen und sich dort eine Genehmigung holen, einen Stempel holen, um dann ordnungsgemäß ausreisen zu können. Mit diesem Gedanken hat man sich sozusagen abgefunden, das wird so sein. Wie das laufen wird, wird man sehen. Ob man dann noch weitere Regelungen treffen muß, das wird die Praxis zeigen. Niemand im Saal, und ich habe ja nun mit Dutzenden gesprochen, niemand von denen, mit denen ich gesprochen habe, kam auf die Idee, daß sich der Ablauf dann so vollziehen wird, wie er sich in der Praxis vollzogen hat.«

Gespräch mit Werner Eberlein, 15.12.1992

Nach der Behandlung der Verordnung im ZK trat der Parteiapparat in Funktion. Die Korrekturen wurden Harry Möbis telefonisch ins Sekretariat des Ministerrates durchgestellt. An der Einspruchsfrist der Minister, die die Ausfertigung des Ministerrats-Beschlusses frühestens ab 18.00 Uhr erlaubte, störten sich die Mitarbeiter des Parteiapparates nicht weiter; für sie war der Beschluss des Ministerrates mit der Zustimmung des Zentralkomitees gefasst. Mit dem einleitenden Hinweis, das Politbüro habe »folgendem Beschluß des Ministerrates zugestimmt«, versandte der stellvertretende Leiter des Büros des Politbüros um 16.55 Uhr den vom Zentralkomitee verabschiedeten Text der Reiseverordnung per Fernschreiben an die Ersten Sekretäre der Bezirks- und Kreisleitungen der SED.[30] Ein nicht unwesentlicher Teil dieser Adressaten – darunter alle Ersten Sekretäre der Bezirksleitungen – befand sich jedoch zu diesem Zeitpunkt nicht in den Bezirken, sondern an dem Ort, an dem das Fernschreiben chiffriert abgesetzt wurde: im Zentralkomitee der SED in Berlin.

17.30 Uhr: Vorbereitung der Pressekonferenz

Als Krenz den Entwurf des Reiseverordnungstextes im Zentralkomitee vortrug, hielt sich Günter Schabowski nicht im Tagungssaal auf. Am Vortag war er im Politbüro in die Nachfolge Joachim Herrmanns eingetreten und amtierte nun als für die Medien zuständiger Sekretär des ZK; deshalb war er »bei den Beratungen abwechselnd drin und draußen, weil ich viel mit den Journalisten zu regeln hatte«.[31] Drei Diskussionsredner waren nach Krenz im Plenum zu Wort gekommen, gut sechzig Minuten vergangen, als sich Schabowski zwischen 17.00 und 17.30 Uhr bei Krenz zu seiner Pressekonferenz über Verlauf und Ergebnisse des ZK-Plenums abmeldete, die für 18.00 Uhr im Internationalen Pressezentrum in der Mohrenstraße angesetzt war. Dem Zeitpunkt der Pressekonferenz lag noch die Planung zugrunde, dass die ZK-Tagung zu dieser Uhrzeit beendet sein würde. Schabowski erkundigte sich vor seinem Abgang nach mitteilenswerten Neuigkeiten für seinen Pressetermin und erhielt von Krenz dessen Exemplar der Ministerrats-Vorlage über die Reiseregelung[32], deren Bekanntgabe er eigentlich kurz zuvor dem Regierungssprecher angetragen hatte.

Welchen Rat gab Krenz Schabowski bezüglich der Präsentation dieser Neuigkeit mit auf den Weg? »Was wir auch machen, wir machen einen falschen Schritt« und »Wie wir's machen, machen wir's verkehrt«, hatte er den Verordnungstext eine gute Stunde zuvor im Plenum kommentiert. Lag es nicht in der Logik dieser Einschätzung, Schabowski zu instruieren, die Nachricht möglichst unauffällig abzusetzen? Sollte man etwa die Weltpresse noch selbst darauf stoßen, dass die SED-Führung wieder einmal gezwungen worden war, äußerem Druck – in diesem Fall seitens der ČSSR-Regierung –

nachzugeben und den Zeitplan für die Beratung des erst drei Tage zuvor veröffentlichten Reisegesetz-Entwurfs stillschweigend zu makulieren?

Krenz und Schabowski wollen im Nachhinein eine andere Version glauben machen. Die Übergabe des Papiers an Schabowski, erinnerte sich Krenz später, habe er mit dem Hinweis verbunden, das sei »die Weltnachricht«.[33]

Egon Krenz, SED-Generalsekretär:

»... kleiner Fehler mit großen Folgen«

»Das Entscheidende war, daß in der Pressemitteilung stand, ab morgen, also ab 10. November, tritt das in Kraft. Und man hätte, und das wäre nun schon die Aufgabe derer gewesen, die sich damit konkret beschäftigt hatten, man hätte einfach in dieser Pressemitteilung sagen können, die Verordnung tritt ab morgen in Kraft. Das ist der einzige, was heißt der einzige, das ist ein kleiner Fehler oder ein kleines Mißverständnis mit schwerwiegenden und großen Folgen gewesen. (...)

Ich habe ja auch dann, als Schabowski sich bei mir abmeldete, daß er zur Pressekonferenz gehen wolle, ihm mein Exemplar der Verordnung, das ich vorgelesen hatte, gegeben und gesagt, du, das wird doch die Weltnachricht! Also ich gehe natürlich davon aus, daß einer, der zu einer solchen Pressekonferenz geht, sich dann auch das, was wir beschlossen haben, durchliest.«

Gespräch von Gunther Scholz mit Egon Krenz, 4.12.1998, zit. nach Hertle/Elsner 2009, S. 39

Und Schabowskis Gedächtnis zeigte sich in dieser Hinsicht exakt auf die Erinnerungsarbeit des Generalsekretärs justiert. Er meinte, von Krenz im Ohr behalten zu haben: »Gib das bekannt. Das wird ein Knüller für uns!«[34]

Was Krenz dazu bewogen haben könnte, Schabowski einen »falschen Schritt« als Weltnachricht anzubieten, gab er bislang nicht preis. Und Schabowski hielt das innerhalb einer Stunde zu einem angeblichen »Knüller« mutierte Papier für so bedeutend, dass er es zunächst unbesehen in seine Unterlagen mischte. Nahm er sich vor Beginn der Pressekonferenz überhaupt noch die Zeit, einen Blick auf »die Weltnachricht« zu werfen?[35] »Ich bin ins Pressezentrum gefahren und habe mir das Papier nicht mehr durchgelesen«, sagte Schabowski im April 1990.[36] Und acht Monate später bestätigte er: »Tatsächlich las ich den Text erstmals, als die TV-Kameras schon liefen.«[37]

Arm an sonstigen Erfolgsmeldungen und gewieft im Umgang mit den Medien, hätte es sich der langjährige Chefredakteur des »Neuen Deutschland« wohl kaum nehmen lassen, eine »Weltnachricht« – so er sie tatsächlich als »Knüller« empfunden hätte – akzentuiert und gut platziert zu präsentieren. Doch alles spricht dafür, dass Schabowski in völliger Unkenntnis über den genauen Inhalt der Zeitbombe war, die in seinen Unterlagen tickte.[38] Als Strategie für den Ablauf seines Presseauftrittes legte er in seinem handschriftlichen Fahrplan fest, den Text der Reiseregelung erst »kurz vor Schluß am Ende der Debatte« zu verlesen und dabei zu betonen, dass es sich um kein Politbüro-Papier, sondern eine echte Ministerratsentscheidung handle.[39] Und warum gab er die Regelung nicht gleich zu Beginn bekannt? Sein taktisches Empfinden und seine Bewertung damals seien gewesen: Er werde doch nicht die Korrektur des Reisegesetz-Entwurfs von vor drei Tagen an den Anfang stellen und damit der versammelten Weltpresse zeigen, die neue SED-Führung sei so verworren und so wenig überlegt und sicher in ihren Entscheidungen, dass sie sich schon wieder korrigieren müsse. Deshalb habe er das Wichtige zuerst ansprechen wollen, also zum Beispiel, wie sie ihre Kaderentscheidungen getroffen hätten. Und dann zum Schluss die Reiseregelung verlesen – und zwar ohne große Debatte deshalb, um nicht erklären zu müssen, es habe so viel negative Resonanz auf den Reisegesetz-Entwurf gegeben, dass sie sich zu einer Korrektur genötigt gesehen hätten. Stattdessen habe er mit dieser Präsentation am Ende der Pressekonferenz deutlich machen wollen, so Schabowski, sie hätten noch ein Ding in petto.[40]

17.45 Uhr: Einspruch des Justizministeriums

Im Ministerium der Justiz führte an diesem Nachmittag Staatssekretär Dr. Siegfried Wittenbeck als 1. Stellvertreter des Ministers die Geschäfte, da Justizminister Hans-Joachim Heusinger an einer Fraktionssitzung der LDPD im Palast der Republik, dem Gebäude der Volkskammer, teilnahm.[41] Als Wittenbeck der Ministerrats-Umlauf vorgelegt wurde, zog er den Leiter der Hauptabteilung Verwaltungsrecht, Dr. Karl-Heinz Christoph, zu Rate. Christoph galt als ausgezeichneter Kenner der Materie, denn er hatte für das Justizministerium in der interministeriellen Arbeitsgruppe an der Ausarbeitung des Reisegesetz-Entwurfs mitgewirkt. Über die im MdI erarbeiteten internen Ausführungsbestimmungen in Unkenntnis gelassen, sprangen den beiden Juristen in der beabsichtigten Reiseregelung die gleichen Probleme ins Auge, für deren rechtlich einwandfreie, mit den KSZE-Verpflichtungen übereinstimmende Lösung sie sich in der vorhergehenden Diskussion über den Reisegesetz-Entwurf immer wieder eingesetzt hatten. Wittenbeck und Christoph waren sich schnell einig, diese überstürzte Beschlussvorlage, die sie als destruktiv und rückschrittlich einstuften, durch einen Widerspruch aufzuhalten und auf diese Weise Zeit für eine verbesserte Lösung zu gewinnen.[42]

In ihrer schriftlichen Stellungnahme verweigerten sie die Zustimmung des Justizministers zum Beschlussvorschlag Stophs einschließlich der beigefügten Pressemitteilung und nannten dafür vier – aus rechtsstaatlicher Sicht – triftige Gründe:

- Die Beschlussvorlage enthalte weder die Möglichkeit einer Beschwerde noch einer gerichtlichen Nachprüfung im Versagungsfall.
- Feste Bearbeitungsfristen für Reiseanträge seien nicht vorgegeben; die Formulierung, dass die Genehmigungen »kurzfristig« erteilt werden sollten, bemängelten sie als zu auslegungsfähig.
- Die Versagungsgründe, die »nur in besonderen Ausnahmefällen« angewandt werden sollten, seien nicht definiert.
- Schließlich sei die Festlegung, die Reiseverordnung vom 30. November 1988 »nicht mehr anzuwenden«, juristisch nicht möglich. Eine Verordnung müsse förmlich aufgehoben werden.[43]

Unter dem Gesichtspunkt, es werde eine Reiseverordnung gemacht – und keine Grenzöffnung –, so Wittenbeck, habe er diese Einwände als juristische Feinheiten und Ergänzungen im Interesse des Bürgers betrachtet: »An eine Grenzöffnung haben wir an diesem Tag nicht gedacht – und ich glaube, niemand weit und breit.« Wittenbeck und Christoph waren zeitlich unter Druck geraten; als ihre Stellungnahme fertig war, ging es bereits auf

18.00 Uhr zu. Um sicherzugehen, dass er den Termin einhielt, beförderte Wittenbeck das Schreiben selbst zum Ministerrat und gab es persönlich in der dortigen Verschlusssachen-Stelle ab. Damit der Minister unterrichtet war, wenn schon keine Zeit für eine Rücksprache blieb, ließ er Heusinger den MR-Umlauf und eine Kopie seiner Stellungnahme über Kurier in die Volkskammer zustellen.[44] Der Justizminister war mit dem Vorstoß seiner Mitarbeiter zufrieden.[45]

Im Sekretariat des Ministerrates verursachte der Widerspruch dagegen Aufregung. Versuchte hier nicht das Justizministerium in völliger Unkenntnis dessen, was politisch gefordert war, die gesamte Diskussion über das Reisegesetz wieder hochzuziehen, obwohl es doch nur um eine Übergangsregelung für wenige Wochen ging? Besonders mit dem Hinweis auf die Frage der Nicht-Anwendung oder Aufhebung der RVO vom 30. November 1988 hatte das Justizministerium in rechtlicher Hinsicht den wunden Punkt getroffen. Auf die gefundene Lösung war man im MfS und MdI gerade deshalb stolz, weil sie den Sicherheitsorganen ein »flexibles« Handeln ermöglichte: Einerseits war die RVO damit weg und brauchte nicht mehr angewandt zu werden; sollte es jedoch andererseits erforderlich werden, sie wieder hervorzuholen, weil die Übergangsregelung ihren Inhalt tatsächlich nicht komplett abdeckte, so war auch dies möglich – gerade weil sie nicht aufgehoben war. Schließlich schloss man sich im MdI in dieser Hinsicht doch den rechtlichen Bedenken des Justizministeriums an und nahm den entsprechenden Punkt ganz aus dem Beschluss des Ministerrates heraus.[46] Als man im Sekretariat des Ministerrates noch über der Frage brütete, ob der Widerspruch nach dieser Änderung auch deshalb als erledigt betrachtet werden könnte, weil er sich nicht gegen die politische Absicht der Reiseregelung generell aussprach, erübrigte die Bekanntgabe des Textes auf der Pressekonferenz Schabowskis die weitere Bearbeitung der Stellungnahme des Justizministers. Sie landete in der Ablage des Ministerrates. Die in seiner Kompetenz liegende Arbeit hatte der Apparat des Ministerrates damit erledigt. Von den Folgemaßnahmen war er nicht berührt, alles Weitere war dienstliche Angelegenheit der Sicherheitsministerien. Am Sitz des Ministerrates in der Klosterstraße gingen die Lichter aus.

Nach seiner Rückkehr ins Ministerium für Staatssicherheit hatte Udo Lemme dem Leiter der ZAIG, Generalleutnant Werner Irmler, ein Exemplar des von der Vierer-Arbeitsgruppe erarbeiteten Beschlussentwurfs übergeben.[47] Aufgabe der ZAIG war es, die Dienststellen auf die neuen Regelungen einzustellen. Da die bis dahin übliche Überprüfung der Reise-Antragsteller durch das MfS entfallen sollte, die VPKÄ die Visa zu erteilen hatten und die Visum-Stempel die alten blieben, hatte das von der ZAIG vorbereitete Fernschreiben an die Leiter der MfS-Bezirksverwaltungen weniger einen anweisenden als vielmehr einen informierenden Charakter:

»Um die gegenwärtige Praxis der ständigen Ausreise mit PA (Personalausweis – d. Vf.) der DDR über das Territorium der ČSSR zu verändern, beschloss der Ministerrat der DDR bis zum Inkrafttreten des neuen Reisegesetzes die Verordnung vom 30. 11. 1988 nicht mehr anzuwenden. Dazu erfolgt eine Information an die Öffentlichkeit.

Genehmigungen für Privatreisen oder ständige Ausreisen können für jeden Bürger der DDR ohne Vorliegen von Voraussetzungen unverzüglich erteilt werden, es sei denn, es handelt sich um Angehörige der Schutz- und Sicherheitsorgane bzw. bei Privatreisen darüber hinaus, wenn Gründe im Sinne der §§ 13 Abs. 1 und 14 Abs. 1 Buchstabe b) der o.g. Verordnung vorliegen.

Ständige Ausreisen können bei den VPKÄ-Pass-Meldewesen oder bei den Abteilungen Inneres beantragt werden.

Vom Ministerium für Außenhandel wird veranlasst, dass PKW ohne besondere Genehmigung ausgeführt werden können.

Ständige Ausreisen können über alle GÜSt nach der BRD bzw. nach Westberlin erfolgen.

Detaillierte Festlegungen zur Verfahrensweise und die Notwendigkeit des engen Zusammenwirkens mit den Diensteinheiten des MfS sind in einer Weisung des Ministers des Innern enthalten.

Im Rahmen des engen politisch-operativen Zusammenwirkens sind die erforderlichen sicherheitspolitischen Maßnahmen durchzuführen.

gez. Neiber

Generalleutnant.«[48]

Was sich der Logik des Justizministers verschlossen hatte, entfaltete in diesem MfS-Telegramm noch seine schizophrene Wirkung: Die im zweiten Satz angeführten Versagungsgründe bezogen sich auf die Verordnung, die dem ersten Satz zufolge nicht mehr angewandt werden sollte.[49] Die Weisung des Ministers des Innern, die die Festlegungen zur Verfahrensweise und zum Zusammenwirken zwischen MfS und MdI enthielt, sandte die ZAIG den Bezirkschefs des MfS nicht zu. Wichtige Fernschreiben des MdI an die BdVP und die VPKÄ gingen den Leitern der BVfS und KDfS ohnehin über die Mitarbeiter der Linie VII des MfS entweder sofort, spätestens aber in Verbindung mit den Lagefilmen des Operativ Diensthabenden (ODH) zu, die die Bezirksbehörden der Volkspolizei und die Volkspolizeikreisämter jeden Tag frühmorgens dem MfS zur Auswertung übergeben mussten.

Vergeblich habe er am Nachmittag auf Informationen über die Reaktion des Politbüros gewartet, berichtet Oberst Lemme. Er habe mehrfach mit Oberst Lauter vom MdI telefoniert – doch nichts in Erfahrung bringen können. Um 18.00 Uhr herum habe er seine Dienststelle dann verlassen. Während Lemme die Pressekonferenz Schabowskis bereits zu Hause sah, hatte Oberst Krüger den Fernseher in seinem Dienstzimmer im MfS eingeschaltet und verfolgte dort den Auftritt des Politbüro-Mitglieds. Im Anschluss an die Übertragung versuchte Krüger, Generalleutnant Irmler telefonisch zu erreichen – ohne Erfolg. Auch in der ZK-Abteilung Sicherheitsfragen fand er keinen Ansprechpartner. Für ihn sei damit klar gewesen, so Krüger: »Es ist ein Beschluß, mich brauchen sie jetzt nicht mehr.« Er fuhr zunächst nach Hause, doch dort hielt es ihn nicht lange. Gegen 21.30 Uhr erkundete er die Lage im MdI, wo er den Chef des Stabes, Generaloberst Karl-Heinz Wagner, als ranghöchsten Diensthabenden antraf.

Im Stab des MdI waren die gesamte operative Planung des Innenministeriums und insbesondere auch die Einsatzplanung zentralisiert. Wie die ZAIG im MfS funktionierte der Stab mit seiner Hauptnachrichtenzentrale, dem Informations-Zentralspeicher, dem mobilen Zentralen Operativen Fernsehen sowie dem Datenverarbeitungs- und Rechenzentrum als »Gehirn« des MdI. Alle aus den Bezirksbehörden der Volkspolizei und den Räten der

Bezirke auflaufenden Informationen, die in den Zuständigkeitsbereich des MdI fielen, wurden hier gesammelt und ausgewertet. Sie bildeten sowohl das Ausgangsmaterial für die operative Arbeit der nachgeordneten Dienststellen und Linien als auch für zentrale Informationen an die Spitze des MdI, des MfS, des Ministerrates und der Parteiführung. Alle Informationen, die im Stab aufliefen oder von ihm abgesetzt wurden – einschließlich aller Befehle und Fernschreiben –, wurden zugleich dem MfS übergeben. Generaloberst Karl-Heinz Wagner unterstand mit dem Stab der wichtigste und größte Verantwortungsbereich im MdI.[50] Er war der ranghöchste der fünf Stellvertreter des Ministers. Doch in der Partei und im Ministerium wurde nicht Wagner, sondern der zehn Jahre jüngere stellvertretende Innenminister und rangniedere Generalleutnant Lothar Ahrendt, zuständig nicht nur für die Kriminal-, Schutz- und Transportpolizei, sondern auch für die Hauptabteilung Pass- und Meldewesen, als Anwärter auf die Nachfolge des Ministers betrachtet. Ahrendt war zudem Kandidat des Zentralkomitees, was an diesem Tag bedeutete, dass er gemeinsam mit Minister Dickel und dem Chef der Politischen Verwaltung des MdI, Generalleutnant Reuther, an der ZK-Tagung teilnahm.

Wegen seiner Abwesenheit hatte Ahrendt seinen Kollegen, den stellvertretenden Minister Winderlich, dem neben Feuerwehr und Strafvollzug auch die für Ausreisen zuständige Hauptabteilung Innere Angelegenheiten unterstand, beauftragt, den Entwurf der Umlaufvorlage für den Ministerrat auf den Weg zu bringen und das Fernschreiben zu unterzeichnen, das die Bezirksbehörden der Volkspolizei und die Volkspolizeikreisämter in die Anwendung der Reiseregelung einweisen sollte. Den ersten Teil dieses Auftrages hatte Winderlich kurz vor Mittag erfüllt.[51] Weil er aber nachmittags außer Haus musste und das Fernschreiben noch nicht erarbeitet war, hatte er Wagner beim Mittagessen in groben Zügen mit dem Vorgang vertraut gemacht und ihn darum gebeten, die Unterzeichnung an seiner Stelle zu übernehmen.

Gegen 15.00 Uhr erreichte Wagner ein Anruf des Potsdamer Bezirkspolizeichefs, Erich Griebsch. Der 1. Sekretär der Potsdamer SED-Bezirksleitung hatte Griebsch über eine für den nächsten Tag anstehende Neuregelung des Reiseverkehrs vorinformiert. Der Potsdamer BDVP-Chef wollte von Wagner erfahren, womit genau zu rechnen war und welche Vorbereitungen einzuleiten waren. Doch der Chef des Stabes war noch nicht auskunftsfähig. Generaloberst Wagner erkundigte sich bei Oberst Lauter, wann mit dem Dokument zu rechnen sei, und erfuhr, dass sich die Reise-Vorlage noch im Umlaufverfahren des Ministerrates befände und ihm das Fernschreiben unmittelbar nach dessen Zustimmung vorgelegt werden würde. Die Zeit verrann. Weitere Chefs von Bezirksbehörden riefen Wagner an; er konnte ihnen nur mitteilen, dass mit dem Fernschreiben noch in den Abendstunden zu rechnen sei. Der Chef der BdVP Frankfurt/Oder veranlasste um 18.45 Uhr eine Information an die VP-Kreisämter seines Bezirks, dass sich alle Leiter der Abteilungen Pass- und Meldewesen ab 22.00 Uhr abrufbereit in ihrer Wohnung aufzuhalten hätten. Nähere Angaben, so sein Rundspruch weiter, »ergehen per Fernschreiben«.[52]

18.00 Uhr: Schabowskis Auftritt

Die Pressekonferenzen, die Schabowski an den Sitzungstagen des Zentralkomitees zwischen 18.00 und 19.00 Uhr im Internationalen Pressezentrum in der Mohrenstraße abhielt, wurden vom DDR-Fernsehen live übertragen. Sie waren zeitlich so angesetzt, dass die Neuigkeiten in den Abendnachrichten der Fernsehanstalten, an erster Stelle natürlich der »Aktuellen Kamera« des DDR-Fernsehens, gesendet werden konnten. Allein ihr Stattfinden war eine kleine Sensation: Ein Mitglied des Politbüros ließ ungefiltert Fragen an sich herankommen und stand Journalisten aus aller Welt Rede und Antwort. Das hatte es in der DDR noch nicht gegeben.

Als Schabowski am Vortag über den Rücktritt des Politbüros und dessen Neuwahl berichtet hatte, knisterte es im Saal vor Spannung. Doch am 9. November lief alles anders.[53] Schabowski, in Begleitung der ZK-Mitglieder Helga Labs, Vorsitzende der Gewerkschaft Unterricht und Erziehung, Außenhandelsminister Gerhard Beil sowie Manfred Banaschak, spulte seinen Fahrplan ab. Langatmig und inhaltsarm referierte er über die Diskussion auf dem ZK-Plenum sowie über den Wahlmodus und die Zielsetzung einer für

Dezember anstatt eines Parteitages einberufenen Parteikonferenz, bevor er Allgemeines über das SED-Aktionsprogramm und den möglichen Inhalt eines neuen Wahlgesetzes und dessen Folgen verbreitete. Als wollte er die Langeweile, die die Journalisten erfasste, mit einer Dosis Betäubungsmittel vertreiben, ließ Schabowski im Beiprogramm auch noch den Chefredakteur des SED-Theorieorgans »Einheit«, Manfred Banaschak, der kurz zuvor schon im Zentralkomitee durch einen Tiefschlaf aufgefallen war, langweilende Worthülsen verstreuen.

Tom Brokaw, Anchorman der NBC:

»Signal aus dem Weltall«

»Die Pressekonferenz lief, und irgendwann waren wir alle gelangweilt von dem typischen Monolog eines kommunistischen Politikers, dessen Antworten nach unserer Meinung keiner Überprüfung standgehalten hätten. Und dann begann er diesen Zettel vorzulesen. Ich hatte eine deutsche Kamera-Crew, die ihr Leben lang mit der DDR gelebt hatte, und die waren plötzlich alle hellwach. Auch der AP-Korrespondent neben mir, der die ganze Zeit gedöst hatte, war plötzlich hellwach. Ich habe das später in der ›New York Times‹ beschrieben: Es war, als hätte ein Signal aus dem Weltall den Raum elektrisiert. Die Reporter sahen sich alle an und fragten sich: ›Habe ich das richtig gehört? Stimmt die Übersetzung?‹«

Gespräch mit Tom Brokaw, 4.11.1998

Doch um sieben Minuten vor sieben bekam Riccardo Ehrman, der Chefkorrespondent der italienischen Nachrichtenagentur ANSA, das Mikrophon. Schon seit einiger Zeit hatte er sich vergeblich zu Wort gemeldet. Seine Frage nach dem Reisegesetz erfolgte nicht zufällig, wie er 20 Jahre danach entgegen früherer Äußerungen selbst offenbarte. Günter Pötschke, ADN-Generaldirektor und zugleich ZK-Mitglied, habe ihn kurz vor der Pressekonferenz »gebrieft«, sie zu stellen, und hinzugefügt, das »sei sehr, sehr wichtig«.[54] Wie die meisten im Zentralkomitee war Pötschke überzeugt, dass die Reiseregelung der SED Luft verschaffen und durch die Visaerteilung zugleich alles unter Kontrolle verlaufen würde.[55]

Günter Schabowski wies entschieden zurück, an dieser Absprache beteiligt gewesen zu sein. Doch um Ehrman das Wort zu erteilen, würgte er die

Frage eines anderen Journalisten ab. Und so erhielt Schabowski »kurz vor Schluss« der Pressekonferenz, wie auf seinem handschriftlichen Fahrplan vorgesehen, von Ehrman das passende Stichwort zur rechten Zeit. Die Antwort Schabowskis verfolgte Pötschke mit zunehmendem Entsetzen:

(18:52:40 Uhr)
»**Daniel Johnson, Journalist, Daily Telegraph:** Herr Schabowski, Johnson, ...

Günter Schabowski: ... entschuldigen Sie! Jetzt Sie, jetzt erst mal der italienische Kollege!

Ein anderer Journalist: *(leise)* Ich war eigentlich viel früher dran!

Riccardo Ehrman, Journalist, ANSA: Ich heiße Riccardo Ehrman, ich vertrete die italienische Nachrichtenagentur ANSA. Herr Schabowski, Sie haben von Fehler gesprochen. Glauben Sie nicht, daß es war ein großer Fehler, diesen Reisegesetzentwurf, das Sie haben jetzt vorgestellt vor wenigen Tagen?

Günter Schabowski: Nein, das glaube ich nicht (äh). Wir wissen um diese Tendenz in der Bevölkerung, um dieses Bedürfnis der Bevölkerung, zu reisen oder die DDR zu verlassen. Und (äh) wir haben die Überlegung, daß wir alle die Dinge, die ich hier vorhin beantwortet habe oder zu beantworten versucht habe auf die Frage des TASS-Korrespondenten, nämlich eine komplexe Erneuerung der Gesellschaft (äh) zu bewirken und dadurch letztlich durch viele dieser Elemente (äh) zu erreichen, daß Menschen sich nicht genötigt sehen, in dieser Weise ihre persönlichen Probleme zu bewältigen.

Das sind aber, wie gesagt, viele Schritte, und (äh) man kann sie nicht alle zur gleichen Zeit einleiten. Es gibt eine Abfolge von Schritten, und die Chance, also durch Erweiterung von Reisemöglichkeiten, die Chance also, durch die Legalisierung und Vereinfachung der Ausreise, die Menschen aus einer (äh), sagen wir mal, psychologischen Drucksituation zu befreien, – viele dieser Schritte sind ja im Grunde unüberlegt erfolgt. Das wissen wir, ja, durch Gespräche, durch Bedürfnisse, jetzt wieder zurückzukommen (äh), durch Gespräche mit Menschen, die sich in der BRD jetzt in einer ungemein komplizierten Lage befinden, weil die BRD große Schwierigkeiten hat, diese Flüchtlinge unterzubringen. Also, die Aufnahmekapazität der BRD ist im Grunde erschöpft. Es sind schon mehr als, oder weniger als Provisorien (äh), mit denen diese Menschen zu rechnen haben, wenn sie dort untergebracht werden. (Äh) Die Unterbringung ist aber das Geringste für den Aufbau einer Existenz. Entscheidend, wesentlich ist das Finden von Arbeit ...

Gerhard Beil: *(leise)* ... die Integration ...

Günter Schabowski: ... ja, und die notwendige Integration in diese Gesellschaft, die weder dann gegeben ist, wenn man in einem Zelt haust oder in einer Notunterkunft oder als Arbeitsloser dort rumhängt.

Also, wir wollen durch eine Reihe von Umständen, dazu gehört auch das Reisegesetz, die Chance also der souveränen Entscheidung des Bürgers zu reisen, wohin er will. (Äh) Wir sind natürlich (äh) besorgt, daß also die Möglichkeit dieses Reisegesetzes, – es ist ja immer noch nicht in Kraft, es ist ja ein Entwurf.

Allerdings ist heute, soviel ich weiß *(blickt bei diesen Worten zustimmungsheischend in Richtung Labs und Banaschak),* eine Entscheidung getroffen worden. Es ist eine Empfehlung des Politbüros aufgegriffen worden, daß man aus dem Entwurf des Reisegesetzes den Passus herausnimmt und in Kraft treten lässt, der stän... – wie man so schön sagt oder so unschön sagt – die ständige Ausreise regelt, also das Verlassen der Republik. Weil wir es (äh) für einen unmöglichen Zustand halten, daß sich diese Bewegung vollzieht (äh) über einen befreundeten Staat (äh), was ja auch für diesen Staat nicht ganz einfach ist. Und deshalb (äh) haben wir uns dazu entschlossen, heute (äh) eine Regelung zu treffen, die es jedem Bürger der DDR möglich macht (äh), über Grenzübergangspunkte der DDR (äh) auszureisen.

Frage: *(Stimmengewirr)* Das gilt ...?

Riccardo Ehrman, Journalist, ANSA: Ohne Paß? Ohne Paß? – (Nein, nein!)

Krzysztof Janowski, Journalist, Voice of America: Ab wann tritt das ...? *(...Stimmengewirr...)* Ab wann tritt das in Kraft?

Günter Schabowski: Bitte?

Peter Brinkmann, Journalist, Bild-Zeitung: Ab sofort? Ab ...?

Günter Schabowski: ... *(kratzt sich am Kopf)* Also, Genossen, mir ist das hier also mitgeteilt worden *(setzt sich, während er weiterspricht, seine Brille auf)*, daß eine solche Mitteilung heute schon (äh) verbreitet worden ist. Sie müßte eigentlich in Ihrem Besitz sein. Also *(liest sehr schnell vom Blatt)*: »Privatreisen nach dem Ausland können ohne Vorliegen von Voraussetzungen – Reiseanlässe und Verwandtschaftsverhältnisse – beantragt werden. Die Genehmigungen werden kurzfristig erteilt. Die zuständigen Abteilungen Paß- und Meldewesen der VP – der Volkspolizeikreisämter – in der DDR sind angewiesen, Visa zur ständigen Ausreise unverzüglich zu erteilen, ohne daß dafür noch geltende Voraussetzungen für eine ständige Ausreise vorliegen müssen.

Riccardo Ehrman, Journalist, ANSA: Mit Paß?

Günter Schabowski: (Äh) *(liest)* »Ständige Ausreisen können über alle Grenzübergangsstellen der DDR zur BRD erfolgen.[56] Damit entfällt die vorübergehend ermöglichte Erteilung von entsprechenden Genehmigungen in Auslandsvertretungen der DDR bzw. die ständige Ausreise mit dem Personalausweis der DDR über Drittstaaten.« *(Blickt nach rechts in Richtung Fragesteller)* (Äh) Die Paßfrage kann ich jetzt nicht beantworten *(blickt fragend in Richtung Labs und Banaschak)*. Das ist auch eine technische Frage. Ich weiß ja nicht, die Pässe müssen ja, ... also damit jeder im Besitz eines Passes ist, überhaupt erst mal ausgegeben werden. Wir wollten aber ...

Manfred Banaschak: Entscheidend ist ja die inhaltliche Aussage ...

Internationale Pressekonferenz von Günter Schabowski über den Verlauf der ZK-Tagung, 9. November 1989 Schabowski verkündet eine neue Reiseverordnung, die eigentlich erst am nächsten Tag bekanntgegeben werden sollte.

Günter Schabowski: ... ist die ...

Ralph T. Niemeyer, Journalist, DAPA[57]: Wann tritt das in Kraft?

Günter Schabowski: *(blickt nach links in Richtung Fragesteller, blättert in seinen Papieren)* Das tritt, nach meiner Kenntnis ist das sofort, *(leiser Zuruf: unverzüglich),* unverzüglich *(blättert weiter in seinen Unterlagen)* ...

Helga Labs: *(leise)* ... unverzüglich.

Gerhard Beil: *(leise)* Das muß der Ministerrat beschließen.

Krzysztof Janowski, Journalist, Voice of America: Auch in Berlin? *(... Stimmengewirr ...)*

Peter Brinkmann, Journalist, Bild-Zeitung: Sie haben nur BRD gesagt, gilt das auch für West-Berlin?

Günter Schabowski: *(liest schnell vor)* »Wie die Presseabteilung des Ministeriums ..., hat der Ministerrat beschlossen, daß bis zum Inkrafttreten einer entsprechenden gesetzlichen Regelung durch die Volkskammer diese Übergangsregelung in Kraft gesetzt wird.«

Peter Brinkmann, Journalist, Bild-Zeitung: Gilt das auch für Berlin-West? Sie hatten nur BRD gesagt.

Günter Schabowski: *(blickt nach rechts Richtung Fragesteller, zuckt mit den Schultern, verzieht dazu die Mundwinkel nach unten, schaut in seine Papiere.)* Also *(Pause),* doch, doch *(liest vor):* »Die ständige Ausreise kann über alle Grenzübergangsstellen der DDR zur BRD bzw. zu Berlin-West erfolgen.«

Krzysztof Janowski, Journalist, Voice of America: *(Stimmengewirr)* Und eine Frage, auch: Heißt das, daß, daß ab sofort die DDR-Bürger ... *(stellt sich* *vor:)* Krzysztof Janowski, Voice of America – heißt das, daß ab sofort die DDR-Bürger durch die Tschechoslowakei oder Polen nicht ausreisen dürfen?

Günter Schabowski: Nein, das ist darin überhaupt nicht formuliert. Sondern wir hoffen, daß sich auf diese Weise (äh) diese Bewegung selbst reguliert in dem Sinne, wie wir das erstreben.

Frage: *(Stimmengewirr, unverständliche Frage).*

Günter Schabowski: Ich habe nichts Gegenteiliges gehört.

Frage: *(Stimmengewirr, unverständlich).*

Günter Schabowski: Ich habe nichts Gegenteiliges gehört.

Frage: *(Stimmengewirr, unverständlich).*

Günter Schabowski: Ja, ich habe nichts Gegenteiliges gehört. Ich drücke mich nur so vorsichtig aus, weil ich nun in dieser Frage nicht, also, ständig auf dem Laufenden bin, sondern kurz, bevor ich rüberkam, diese Information in die Hand gedrückt bekam.

(Einige Journalisten verlassen eilig den Raum.)

Daniel Johnson, Journalist, Daily Telegraph: Herr Schabowski, was wird mit der Berliner Mauer jetzt geschehen?

Günter Schabowski: Ich werde darauf aufmerksam gemacht, daß es 19.00 Uhr ist. Es ist die letzte Frage, ja! Haben Sie Verständnis dafür.

(Äh) Was wird mit der Berliner Mauer? Es sind dazu schon Auskünfte gegeben worden im Zusammenhang mit der Reisetätigkeit. (Äh) Die Frage des Reisens, (äh) die Durchlässigkeit also der Mauer von unserer Seite, beantwortet noch nicht und ausschließlich die Frage nach dem Sinn, also dieser, ich sag's mal so, befestigten Staatsgrenze der DDR. (Äh) Wir haben immer gesagt, daß dafür noch einige andere Faktoren (äh) mit in Betracht gezogen werden müssen. Und die betreffen den Komplex von Fragen, den Genosse Krenz in seinem Referat in der – in Hinsicht auf die Beziehungen zwischen der DDR und der BRD geäußert hat, in Hinsicht auf (äh) die Notwendigkeit, den Friedenssicherungsprozeß mit neuen Initiativen fortzusetzen. Und (äh) sicherlich wird die Debatte über diese Frage (äh) positiv beeinflußt werden können, wenn sich auch die BRD und wenn sich die NATO zu Abrüstungsschritten entschließt und sie durchsetzt, so oder ähnlich, wie die DDR das und andere sozialistische Staaten schon mit bestimmten Vorleistungen getan haben.

Herzlichen Dank!«

(Ende der Pressekonferenz: 19:00:54 Uhr)[58]

Schabowski erhob sich. Ein Reporterteam von RIAS-TV stürzte hinter ihm her, als er den Saal verließ. »Herr Schabowski, ein kurzes Statement zur Ausreiseregelung für RIAS-TV«, bat der Journalist auf dem Flur. Schabowski antwortete im Gehen: »Aber ich habe alles, was dazu zu sagen ist, bereits geäußert. Ich kann nur den Inhalt dieser Regelung mitteilen und kann hoffen, daß das einen besänftigenden Einfluß auf die ganze Situation hat.« RIAS-TV hakte nach: »Erwarten Sie jetzt eine größere Fluchtwelle?« – Schabowski erwiderte: »Ich hoffe nicht, daß es dazu kommt.«[59]

Ohne eine Vorahnung dieser Ereignisse war es dem Chefreporter des amerikanischen Fernsehsenders NBC, Tom Brokaw, gelungen, ein Exklusiv-Interview mit Schabowski direkt im Anschluss an die Pressekonferenz zu vereinbaren.[60] Brokaw glaubte, dass die abgehackten Satzstücke, die der Dolmetscher der Pressekonferenz ins Englische übermittelt hatte, so zu verstehen waren, dass die Grenze geöffnet würde.[61] Im zweiten Stock des Pressezentrums hoffte er nun, Schabowski auf eine klare, unmissverständliche Auskunft festlegen zu können. Umso mehr wunderten sich Brokaw und sein Reporter-Team über dessen improvisierten und unsicheren Antworten, die dem Interview nach ihrem Eindruck einen surrealistischen Einschlag gaben.[62] Brokaw und seinem Kollegen Marc Kusnetz zufolge ließ sich

Schabowski während des in englischer Sprache geführten Gesprächs von seinen Mitarbeitern noch einmal den Zettel reichen, um den Text erneut zu studieren.[63]

»**Tom Brokaw:** Herr Schabowski, verstehe ich es richtig: Bürger der DDR können an irgendeinem Grenzübergang ihrer Wahl die DDR verlassen, aus persönlichen Gründen? Sie müssen nicht mehr durch ein drittes Land gehen?

Günter Schabowski: Sie sind nicht mehr gezwungen, die DDR per Transit durch ein anderes Land zu verlassen.

Tom Brokaw: Sie können an irgendeinem beliebigen Punkt die Mauer durchqueren ...

Günter Schabowski: Sie können über die Grenze gehen.

Tom Brokaw: Reisefreiheit?

Günter Schabowski: Ja, natürlich. Es geht nicht um Tourismus. Es ist eine Erlaubnis, die DDR zu verlassen.«[64]

Trotz der nochmaligen Lektüre seines »Zettels« hätte die Konfusion Schabowskis größer nicht sein können. Einerseits bejahte er, dass die neue Regelung Reisefreiheit bedeute; andererseits betonte er im nächsten Satz, es gehe nicht um Tourismus, sondern lediglich um die Erlaubnis, die DDR zu verlassen, also um die ständige Ausreise. »Als ich ihn interviewte«, schickte Brokaw deshalb der Ausstrahlung des Gesprächs voraus, »war er noch damit beschäftigt, die neue Politik zu begreifen.«[65]

Tom Brokaw, Anchorman der NBC:
»Ich dachte aber, daß es noch 24 Stunden dauern würde«
»Nach dem Interview mit Schabowski rannte ich die Treppe runter und traf unten alle meine amerikanischen Kollegen wieder, die zum hundertsten Mal die Ankündigung durchgingen. Ich sagte zu ihnen: ›Es ist wahr, so haben sie entschieden. Ich weiß nicht, ob ihnen die Konsequenzen klar sind, aber die Grenzübergänge werden geöffnet werden.‹
Ich dachte aber, daß es noch 24 Stunden dauern würde, bevor das passiert.«
Gespräch mit Tom Brokaw, 4.11.1998

Dass seine Mitteilungen keinesfalls besänftigend wirkten, sondern den Stein zur Auflösung der DDR ins Rollen brachten, lag außerhalb von Schabowskis Vorstellungskraft. »Daß es in Berlin zu diesem euphorischen Ansturm kommen würde«, so Schabowski wenige Monate später, »habe ich nicht geahnt.«[66] Wie die meisten anderen Mitglieder der SED-Führung seit Tagen fast ohne Schlaf, kehrte er nach seinem Gespräch mit NBC nicht mehr ins Zentralkomitee zurück, sondern begab sich völlig übermüdet auf den Heimweg nach Wandlitz. Die unmittelbare Resonanz der Medien erreichte ihn nicht mehr.

Nur kurze Zeit nach seinem Exklusiv-Interview stand Brokaw vor der Mauer am Brandenburger Tor. Dort hatte NBC bereits am Vortag eine Direktleitung nach New York aufgebaut. Von der fast menschenleeren historischen Kulisse berichtete Brokaw live nach Amerika: »Tom Brokaw an der Berliner Mauer. Dies ist eine historische Nacht. Die ostdeutsche Regierung hat soeben erklärt, daß die ostdeutschen Bürger von morgen früh an die Mauer durchqueren können – ohne Einschränkungen.«[67] Brokaw hatte die widersprüchlichen Ausführungen Schabowskis auf die kürzest mögliche – und zudem korrekte – Aussage verdichtet. Er hatte den Zeitpunkt des Inkrafttretens (»von morgen früh an«) richtig erfasst und ließ die Frage offen, ob das Durchqueren der Mauer auch die Möglichkeit der Rückreise einschloss.

19.00–20.15 Uhr: Fiktionen der Medien

Bei den meisten Journalisten hatte die Pressekonferenz ein großes Rätselraten über die schwer verständlichen Informationen hinterlassen. Hatte Schabowski nicht vor der Presse – wie wenige Stunden zuvor Krenz vor dem Zentralkomitee – in seinen einleitenden Worten hervorgehoben, dass man aus dem Entwurf des Reisegesetzes lediglich »den Passus herausnimmt und in Kraft treten läßt, der (…) die ständige Ausreise regelt«, und ausdrücklich den Zusammenhang hergestellt, auf diese Weise das Problem der Ausreisen über die ČSSR zu lösen? Die neue Regelung mache es jedem Bürger möglich, so Schabowski, »über Grenzübergangspunkte der DDR auszureisen«.

AP-236 2 PL 49 APD9566

DDR/GRENZE EIL

E I L

DDR ÖFFNET GRENZEN =

OST-BERLIN. (AP) DIE DDR ÖFFNET NACH ANGABEN VON
SED-POLITBÜROMITGLIED GÜNTER SCHABOWSKI IHRE GRENZEN. DIES SEI EINE
ÜBERGANGSREGELUNG BIS ZUM ERLAß EINES REISEGESETZES, SAGTE
SCHABOWSKI.
MEHR
AP/RH/PZ

091905 NOV 89

»DDR öffnet Grenzen«: AP-Meldung, 9. November 1989, 19.05 Uhr.

Die ersten Meldungen, die die Korrespondenten der Nachrichtenagentur Reuters um 19.03 Uhr, gefolgt von DPA um 19.04, über den Ticker verbreiteten, hoben auf diesen klaren Satz ab.[68] Während viele Journalisten noch debattierend im Pressezentrum standen oder sich in der Mokkabar den Kopf zerbrachen, wie es sich mit den Privatreisen verhielt, preschte Associated Press um 19.05 Uhr vor und interpretierte die Reiseregelung als »Grenzöffnung«: »Die DDR öffnet nach Angaben von SED-Politbüromitglied Günter Schabowski ihre Grenzen. Dies sei eine Übergangsregelung bis zum Erlaß eines Reisegesetzes, sagte Schabowski.«[69]

Das war zwar nicht unbedingt falsch, aber auch nicht gerade präzise. Die AP-Meldung macht jedoch deutlich, dass die Schabowski-Mitteilung einen Interpretationsspielraum enthielt, den die Journalisten in Ermangelung einer präzisen Information zu füllen begannen, womit sie auf ihre Weise das Heft des Handelns in die Hand nahmen. Die Pressemitteilung über den Ministerrats-Beschluss, von der Schabowski annahm, sie sei bereits verteilt worden, hatte noch immer niemand in der Hand.

Regierungssprecher Wolfgang Meyer allerdings lag sie vor.[70] Meyer, zuvor als Pressesprecher im Außenministerium tätig, war erst am 7. November vom Parteiapparat in diese Funktion delegiert worden[71], die zugleich die Leitung des Presseamtes des Ministerrates einschloss. Seine erste Aufgabe hatte am 7. November darin bestanden, den Rücktritt der Regierung bekannt zu geben. Als Regierungssprecher ohne Regierung saß der neue Mann zwischen Baum und Borke. Die Pressemitteilung, die am späten Nachmittag auf seinen Schreibtisch gekommen war, trug für ihn unübersehbar den handschriftlichen Sperrvermerk: 10. 11., 4.00 Uhr. Für Meyer war damit eindeutig und klar, dass die Meldung erst für die Frühsendungen des Rundfunks und die Zeitungen des nächsten Tages bestimmt war. Gegen 17.00 Uhr ließ er ein Exemplar per Kurier zum ADN befördern, denn die Monopol-Nachrichtenagentur der SED musste es rechtzeitig vor Redaktionsschluss an die DDR-Zeitungen übermitteln. Niemand informierte ihn über den Einfall von Krenz, der Regierungssprecher möge die Pressemitteilung »gleich« verkünden. Entsprechend fiel Meyer aus allen Wolken, als er Schabowski im Fernsehen »sofort« und »unverzüglich« sagen hörte.

Auch der Generaldirektor des ADN, Günter Pötschke[72], zugleich Mitglied des Zentralkomitees, hatte die Fernsehübertragung der Pressekonferenz verfolgt. »Ich dachte, ich höre und sehe nicht richtig!« war seine erste Reaktion. Schabowskis Worte klangen noch im Raum, als Pötschke bereits mit Meyer telefonierte. »Haste gesehen?« fragte er fassungslos den Regierungssprecher. »Der muß total verrückt sein«, antwortete Meyer konsterniert. »Was machen wir denn nun?« wollte Pötschke wissen. »Jetzt haben wir hier die Sperrfrist-Meldung, und an und für sich ist schon alles raus! Wir können doch jetzt nicht noch die Sperrfrist halten. Rundfunk und Fernsehen müssen doch jetzt auch berichten!«[73] Pötschke und Meyer entschieden in Windeseile, die Sperrfrist aufzuheben. Um 19.04 Uhr gab ADN die Pressemitteilung des Ministerrates an alle seine Kunden weiter – auch an seine West-Abnehmer[74]; in der folgenden halben Stunde wurde sie von den westlichen Nachrichtenagenturen verbreitet.[75] Der ADN-Meldung aber auch nur den klärenden Halbsatz voranzustellen, dass die Reiseregelung erst ab dem kommenden Tag in Kraft treten sollte – und damit Schabowskis Malheur zu korrigieren

pl 157 1259 26Zl ADN4040

DDR: Reisen

DDR-Regierungssprecher zu neuen Reiseregelungen -

Berlin (ADN). Wie der Regierungssprecher dem ADN mitteilte, hat der Ministerrat der DDR beschlossen, daß bis zum Inkrafttreten einer entsprechenden gesetzlichen Regelung der Volkskammer folgende Bestimmungen für Privatreisen und ständige Ausreisen aus der DDR ins Ausland mit sofortiger Wirkung in Kraft gesetzt werden:

1. Privatreisen nach dem Ausland können ohne Vorliegen von Voraussetzungen (Reiseanlässe und Verwandtschaftsverhältnisse) beantragt werden. Die Genehmigungen werden kurzfristig erteilt. Versagungsgründe werden nur in besonderen Ausnahmefällen angewandt.

2. Die zuständigen Abteilungen Paß- und Meldewesen der Volkspolizei-Kreisämter in der DDR sind angewiesen, Visa zur ständigen Ausreise unverzüglich zu erteilen, ohne daß dafür noch geltende Voraussetzungen für eine ständige Ausreise vorliegen müssen. Die Antragstellung auf ständige Ausreise ist wie bisher auch bei den Abteilungen Innere Angelegenheiten möglich.

3. Ständige Ausreisen können über alle Grenzübergangsstellen der DDR zur BRD bzw. zu Berlin (West) erfolgen.

4. Damit entfällt die vorübergehende Erteilung von Genehmigungen in Auslandsvertretungen der DDR bzw. die ständige Ausreise mit dem Personalausweis der DDR über Drittstaaten.

091904 nov 89

»Mit sofortiger Wirkung in Kraft gesetzt« – ADN-Meldung, 9. November 1989, 19.04 Uhr.

und eine Schadensbegrenzung zumindest zu versuchen –, lag so vollkommen außerhalb der Routine und der Praxis der erfahrenen Parteijournalisten, dass sie auf diesen Gedanken gar nicht kamen.

Der ADN, der Kompass aller DDR-Medien, fiel zu diesem Thema danach völlig aus. Zunächst brachte er keine Meldungen, weil er dazu keine Anweisung erhielt. Und als er schließlich zwischen 22.00 und 23.00 Uhr Anweisungen erhielt, besagten sie, das zu machen, was er ohnehin schon tat: nämlich nichts. Zunächst hätte ihn Schabowski, später dessen Beauftragte instruiert, sagt Günter Pötschke, keinerlei korrigierende oder gar aktuelle Meldungen zu bringen, und begründend hinzugefügt: »Das heizt alles nur noch mehr an!« Ohne ADN aber fehlte den DDR-Medien die Orientierung der Partei – und ADN verfiel den ganzen Abend in ein tickerloses Schweigen, und zwar bis 2.06 Uhr am Morgen des 10. November. Einzige Ausnahme war eine Ergänzung zur Meldung von 19.04 Uhr. Hatte ADN zu diesem Zeitpunkt wortgetreu übermittelt: »Die Genehmigungen (von Privatreisen – d. Vf.) werden kurzfristig erteilt«, so lieferte er um 22.55 Uhr nach, an wen sich die Bürger korrekterweise richten sollten: »Die Genehmigungen werden von den zuständigen Abteilungen Paß- und Meldewesen der Volkspolizeikreisämter kurzfristig erteilt.«[76] Für diese Ergänzung war es um diese Zeit jedoch zu spät. Zu viele Ost-Berliner hatten sich zu diesem Zeitpunkt die Genehmigungen ersatzweise kurzfristig und unverzüglich selbst erteilt.

Wer an diesem feuchtkalten, diesigen Novemberabend, an dem die Temperaturen in Berlin fast auf die Frostgrenze absanken, zu Hause war, konnte ein ungewöhnliches Fernsehprogramm erleben. Den Kampf um höchste Einschaltquoten hatten in jener Zeit längst die Nachrichtensendungen für sich entschieden. Nach dem Ende der Live-Übertragung der Pressekonferenz im DDR-Fernsehen eröffnete das ZDF den Reigen der Abendnachrichten. In der »Heute«-Sendung flimmerte der Schabowski-Auftritt um 19.17 Uhr als sechste Meldung über den Bildschirm. Die ZDF-Redakteure folgten den zurückhaltenden ersten Agenturmeldungen und beschränkten sich darauf, allein die Möglichkeit der Ausreise hervorzuheben.

Bereits zu dieser Zeit wurden die Schalterbeamten der Deutschen Reichsbahn im Leipziger und Altenburger Bahnhof unruhig, denn kurz nach 19 Uhr stand vor den fassungslosen Reichsbahnern in den Fahrkartenschaltern eine rasch anwachsende Zahl von Kunden, die ohne Nachweis des erforderlichen Sichtvermerks in ihrem Reisepass, mithin unberechtigt, Fahrkarten in die Bundesrepublik verlangten. Seit Jahrzehnten war dies ein zutiefst verdächtiger, weil staatsfeindlicher Wunsch, für dessen Bearbeitung nicht die Reichsbahn, sondern Volkspolizei und Staatssicherheitsdienst zuständig waren. Folgerichtig erstattete die Transportpolizei, die die Bahnhöfe kontrollierte, unverzüglich Meldung an die vorgesetzte Bezirksbehörde der Deutschen Volkspolizei (BDVP) in Leipzig, die ihrerseits den unerhörten Vorgang sogleich dem Ministerium des Innern anzeigte.

Wären die Reichsbahnkunden noch wenige Tage zuvor für die Äußerung ihres republikfluchtverdächtigen Ansinnens umgehend und dauerhaft polizeilich bearbeitet worden, erteilte das Ministerium an diesem Abend seiner Leipziger Bezirksbehörde nur den Befehl, nicht einzugreifen und ein klärendes Fernschreiben des MdI abzuwarten.[77] Das war um 19.20 Uhr. Um 20.00 Uhr trug der Operativ-Diensthabende der BDVP Leipzig eine Meldung seines Stabschefs in den Lagebericht ein, derzufolge die Führungsgruppe des MdI abermals mitgeteilt hatte, dass noch in der Nacht ein Fernschreiben des Minister-Stellvertreters Generaloberst Wagner über »Ausreisen gemäß Ausführungen von Gen. Schabowski« zu erwarten sei.[78]

Erst nach Schabowskis Pressekonferenz hatte Generaloberst Wagner das vorbereitete Fernschreiben von Oberst Joachim Gerbitz, dem stellvertretenden Leiter der Hauptabteilung Pass- und Meldewesen, auf den Tisch bekommen. Wagners erster Stellvertreter, Generalmajor Grüning, der in die Erarbeitung des Reisegesetz-Entwurfs einbezogen war, hatte es bereits geprüft und unterschrieben. Wagner zeichnete das Papier ebenfalls ab. Um 19.30 Uhr wurde der Text in der Fernschreibstelle in Empfang genommen und anschließend in die Chiffrierstelle gegeben. In allen Bezirksbehörden der Volkspolizei einschließlich des Berliner Polizeipräsidiums ging das Fernschreiben um 21.19 Uhr ein.[79] Froh, seinen Auftrag endlich erledigt zu haben, ließ sich Wagner kurze Zeit nach der Unterzeichnung von seinem Fahrer nach Hause bringen. Die Leitung des MdI ging ab diesem Zeitpunkt auf die Führungsgruppe des Ministeriums über.[80]

In der Zwischenzeit – fast zweieinhalb Stunden nach dem Ende der Pressekonferenz – waren die für Reisen verantwortlichen Stellen der vierzehn Bezirksbehörden und des Ost-Berliner Präsidiums der Volkspolizei sowie der Räte der Bezirke und Kreise von ihrem Ministerium nicht besser informiert als die Fernsehzuschauer in beiden deutschen Teilstaaten.[81]

Wer sein Fernsehgerät auf DDR I umgeschaltet hatte, wurde um 19.30 Uhr in der »Aktuellen Kamera« – im Anschluss an die Spitzenmeldung über die Einberufung einer Parteikonferenz der SED – an zweiter Stelle über die Reiseregelung informiert. »Privatreisen nach dem Ausland«, verknüpfte die Nachrichtensprecherin initiativreich die Äußerungen Schabowskis mit der ADN-Meldung, könnten »ab sofort ohne besondere Anlässe beantragt werden«.[82]

Um 19.35 traf der Regierende Bürgermeister von Berlin, Walter Momper, im Fernsehstudio der »Abendschau«, der politischen Regionalschau des Senders Freies Berlin, ein. Walter Momper war über Schabowskis Mitteilungen und die neue Reiseverordnung, deren Text ihm als DPA-Mitteilung vorlag, einerseits erfreut, andererseits zugleich tief besorgt. Die gesamte Planung der West-Berliner Senatsverwaltungen – soweit sie insbesondere die Bereitstellung der erforderlichen Verkehrs- und Transportkapazitäten betraf – ging davon aus, dass der Ansturm aus der DDR erst im Dezember, nach der Verabschiedung des Reisegesetzes, einsetzen würde. So war Walter Momper am 29. Oktober von Günter Schabowski informiert worden[83], und so war es nach der Veröffentlichung des Reisegesetz-Entwurfs im »Neuen Deutschland« am 6. November allgemein bekannt und zu erwarten. Die zu erwartenden erheblichen Mehrkosten für den von Bonn unterhaltenen Westteil der Stadt vor Augen, hatte der Regierende Bürgermeister Bundeskanzler Helmut Kohl noch am 6. November mitgeteilt, der Senat gehe davon aus, »daß voraussichtlich im Dezember 1989 für die Einwohner Ost-Berlins und der DDR eine weitgehende Reisefreiheit hergestellt wird« und »nahezu alle Einwohner der DDR« bald reisen könnten.[84] Zur Vorbereitung auf den verstärkten Besucher- und Reiseverkehr habe der Senat am 31. Oktober eine Projektgruppe unter Leitung des Wirtschaftssenators und seines Staatssekretärs Jörg Rommerskirchen eingerichtet, die am 21. November ihren Bericht vorlegen werde.[85] Am 3. November habe der Senat in Abstimmung mit der Alliierten Kommandantur Sondierungsgespräche mit dem DDR-Außenministerium insbesondere für die Öffnung von elf neuen Grenzübergängen und die Verbreiterung der bestehenden geführt.[86] West-Berlin hing finanziell am Tropf von Bonn, und so endete der Brief damit, den Bundeskanzler an die Verpflichtung der Bundesregierung über Hilfeleistungen für Berlin zu erinnern. Der Senat erwarte für die Wochenenden im Dezember bis zu 300 000 Besucher aus dem Umland.

Über Jörg Rommerskirchen, den Wirtschafts-Staatsekretär, hatte Walter Momper im Laufe des 9. November die Information eines Journalisten erreicht, dass es im SED-Zentralkomitee möglicherweise noch am gleichen Tage eine neue Reiseregelung geben könnte.[87]

Nun sah sich der Senat von einer Minute auf die andere mit der Aufgabe konfrontiert, so verstand Momper die Meldungen, mit dem Reise- und Besucherandrang bereits am nächsten Tag fertig zu werden. Mit sorgenvoller Miene bezog der Regierende Bürgermeister Stellung: »Nun«, sagte er im SFB-Fernsehen, »ich glaube, man darf für alle Berlinerinnen und Berliner sagen, es ist ein Tag, den wir uns lange ersehnt haben, seit 28 Jahren. Die Grenze wird uns nicht mehr trennen.«[88] Momper appellierte an die West-Berliner, trotz der auf sie zukommenden Belastungen alle Besucher aus der DDR mit offenen Armen zu empfangen: »Praktisch ab morgen geht es los!«, kündigte er an. Die Ost-Berliner und alle DDR-Bürger bat Momper, mit öffentlichen Verkehrsmitteln in die Stadt zu kommen.

Auch der Chef der Senatskanzlei, Dieter Schröder, interpretierte die Reiseregelung angesichts solcher Einschränkungen wie Visapflicht und Besitz eines Reisepasses noch nicht als Öffnung der Mauer[89]; im Hinblick auf die am Wochenende zu erwartende Besucherzahl war Schröder die Situation jedoch dramatisch genug, um für 22.00 Uhr eine Sondersitzung des Senats einzuberufen, auf der vor allem die zu erwartenden Verkehrsprobleme mit dem Direktor der Berliner Verkehrsbetriebe und dem Polizeipräsidenten besprochen werden sollten. Daneben hielt es der Chef der Senatskanzlei für ratsam, die westlichen Alliierten über die aktuelle Entwicklung zu informieren, was sich als komplizierter und zeitraubender als gedacht erwies. Den amerikanischen Gesandten Harry Gilmore und dessen Stellvertreter erreichte er ebenso wenig wie den britischen Gesandten Michael Burton; schließlich bat er dessen Stellvertreter Lamond, die alliierte Kommandantur über die politische Einschätzung des Senats in Kenntnis zu setzen.

Auch in das Ost-Berliner Präsidium der Deutschen Volkspolizei (PdVP) in der Keibelstraße kam in dieser Zeit Bewegung. Um 19.40 Uhr läutete dort das Telefon. Ein Bürger beschwerte sich, weil ihm auf einem Revier der Volkspolizei ein sofortiges Visum verweigert worden war, was – seiner Meinung nach – in krassem Gegensatz zu den Ausführungen Schabowskis stünde, denen zufolge die neuen Reiseregelungen doch »ab sofort« in Kraft träten. Der Anrufer bestand auf unverzüglicher Erteilung der Reiseerlaubnis und zeigte sich dem Vorschlag des Volkspolizisten, die Angelegenheit am nächsten Tag zu erledigen, unzugänglich. Ein Rückruf des Diensthabenden Offiziers des Ost-Berliner Polizeipräsidiums im MdI führte fünf Minuten später zur Klärung: Über das Visum, so der Diensthabende des MdI kurz und bündig, werde erst am 10. November entschieden.[90] In einem Rundspruch machte der Stellvertreter des Präsidenten der Ost-Berliner Volkspolizei[91] anschließend – es war 19.50 Uhr –, ohne dass ihm die Reiseregelung vorlag, folgende Befehlslage für alle elf Berliner Volkspolizei-Inspektionen Berlin[92] verbindlich:

> »1. Bei Nachfragen von Bürgern zur Umsetzung der Veröffentlichung über die Reiseregelungen ist den Bürgern mitzuteilen, daß ihre Anträge zu den Öffnungszeiten des Paß- und Meldewesens ab 10. 11. entgegengenommen werden.
> 2. Entsprechend der Entwicklung der Lage ist zur Erhöhung der Sicherheit in der Tiefe der GÜSt der Einsatz der Schutzpolizei durch Verstärkung des Streifeneinzeldienstes bzw. FStW (Funkstreifenwagen – d. Vf.) zu erhöhen. Die Genossen haben höflich und zuvorkommend auf die Bürger Einfluß zu nehmen und sie an die Öffnungszeiten des Paß- und Meldewesens zu verweisen.
> 3. Die Leiter PM haben bereit zu sein, an einer Einsatzbesprechung im Präsidium im Laufe des Abends bzw. der Nacht teilzunehmen. Die VPI haben zu sichern, daß sie zum Präsidium gebracht werden.«[93]

Während die Volkspolizei in Ost-Berlin völlig ahnungslos und unvorbereitet in den Abend stolperte und noch der Ansicht war, die Lage mit einer Verstärkung des Streifeneinzeldienstes im Vorfeld der Grenzübergänge beherrschen zu können, steuerte die Verbreitung der Nachricht über das Fernsehen auf einen ersten Höhepunkt zu: Die »Tagesschau« der ARD platzierte die Reiseregelung um 20.00 Uhr als Top-Meldung an erster Stelle und blendete dazu als Schlagzeile »DDR öffnet Grenze« ein.[94] Die Hamburger Redaktion konnte sich dabei auf Meldungen der Deutschen Presseagentur stützen, die um 19.41 Uhr AP übertrumpfte und die Schlagzeile verbreitet hatte: »Die sensationelle Mitteilung: Die DDR-Grenze zur Bundesrepublik

»DDR öffnet Grenze«: ARD-Tagesschau (Sprecher: Jo Brauner), 9. November 1989, 20.00 Uhr.

und nach West-Berlin ist offen!«[95] Vier Minuten vor Beginn der »Tagesschau« titelte DPA noch kürzer: »Sensation: DDR öffnet Grenzen zur Bundesrepublik und West-Berlin.«[96] Den anschließenden Filmbericht der »Tagesschau« über die Pressekonferenz krönte der Reporter mit dem Kommentar: »Also auch die Mauer soll über Nacht durchlässig werden«[97]. Im Bezirk Potsdam standen danach die Telefone der Bezirksbehörde der Volkspolizei und der Volkspolizeikreisämter nicht mehr still: Zwischen 20.00 Uhr und 1.00 Uhr wurden 1100 Anrufer gezählt, die Auskunft verlangten, wie die neuen Reiseregelungen zu verstehen waren.[98] Genau diese Frage aber stellten sich die Volkspolizisten selbst.

80 Ost-Berliner, so verzeichnet es der Lagebericht der Volkspolizei, hatten sich um 20.15 Uhr erst an den Grenzübergängen Sonnenallee (acht bis zehn), Invalidenstraße (20) und Bornholmer Straße (50) zur Ausreise eingefunden,[99] aber zum Zeitpunkt des Eintrags war diese Zahl schon überholt.

Und die »Tagesschau« verstärkte die Neugier und den Zustrom weiter. Die neue Höflichkeit und Zuvorkommenheit der Volkspolizisten im Vorfeld der Grenze wussten die Reiselustigen sicher zu schätzen. Zu überreden, wieder nach Hause zu gehen und auf den nächsten Tag zu warten, waren sie nicht. Sie blieben an der Grenze, und von Minute zu Minute schwoll der Strom derjenigen an, die sich von zu Hause oder aus der Kneipe, zu Fuß, mit der Straßenbahn oder per Auto, zum nächstgelegenen Grenzübergang bewegten, um die neue Reiseregelung spontan zu testen, zumindest aber sich von ihrer Handhabung unmittelbar vor Ort ein eigenes Bild zu verschaffen.

Inzwischen war Generaloberst Wagner zu Hause angekommen. Doch kaum hatte er sein Haus im Berliner Stadtteil Grünau betreten, begannen seine Telefone – installiert waren ein abhörsicherer W-Tsch-Apparat und die Regierungsleitung – zu läuten. Der Operativ Diensthabende des MdI informierte ihn über die ersten Reaktionen der Bevölkerung auf die Schabowski-Pressekonferenz, mit denen er aufgrund der einlaufenden Meldungen und Anfragen aus den Bezirken und dem Berliner Polizeipräsidium konfrontiert war. Um 20.45 Uhr, so ist dem Lagefilm der Magdeburger Bezirksbehörde der Volkspolizei zu entnehmen, entschloss sich Wagner zu einem folgenreichen Schritt: »Sollten an den KP (Kontrollpunkten – d. Vf.) vor den GÜSt Bürger der DDR mit PA (Personalausweis – d. Vf.) erscheinen und wollen in die BRD ausreisen, sind diese passieren zu lassen«, legte Wagner fest. »Alle weiteren Maßnahmen werden in der GÜSt getroffen.«[100] Mit dieser Festlegung zog Wagner die Volkspolizei quasi vorbeugend aus der sich unter Umständen anbahnenden Konfrontation zwischen ausreisewilligen Bürgern und der Staatsmacht heraus und verlagerte den erwarteten Handlungs- und Entscheidungsdruck an die auf den Grenzübergangsstellen tätigen Mitarbeiter insbesondere der Passkontrolle, also des MfS. Dann rief Neiber an und schlug Wagner zufolge vor, die Menschen in Berlin aufzuhalten und nicht an die Grenze heranzulassen. Wie aber sollte die Volkspolizei aus dem Stand heraus in kürzester Zeit alle Straßen und Wege, die zu Grenzübergängen führten, für Kraftfahrzeuge und Fußgänger sperren können? Wagner hielt Neibers Überlegung für schlechterdings undurchführbar und lehnte es ab, entsprechend tätig zu werden.

Von den pausenlosen Telefonaten entnervt und den Lageberichten des ODH seines Ministeriums beunruhigt, entschloss sich Wagner, in seine Dienststelle zurückzukehren. Mit wem er vom MdI aus in dieser Nacht auch immer telefonierte und Informationen austauschte: Von einem angeblichen Befehl zur Öffnung der Grenze erfuhr er nichts. Wagner zufolge wurde diese Frage nicht zentral entschieden, sondern erfolgte unter dem Druck der Massen.[101] »Für mich war in der Nacht eins klar«, so Wagner: »Das war der Untergang der DDR.«[102]

20.30 – 24.00 Uhr: Der Mauerdurchbruch

Bornholmer Straße: »Wir fluten jetzt!«

Um 20.30 Uhr waren es bereits mehr als hundert Menschen, die sich am Schlagbaum des Grenzübergangs Bornholmer Straße eingefunden hatten. Die Passkontrolleure verloren allmählich den Überblick: »Wir konnten nicht mehr überblicken, wie weit die Massen zurückstanden«, berichtete später Oberstleutnant Harald Jäger, der an diesem Abend diensthabender Chef war.

Der Ansturm ausgerechnet auf den Übergang in der Bornholmer Straße war kein Zufall. Während sich im Umkreis der Übergänge in der Stadtmitte überwiegend Ministerien, Büros und Wohnungen der Staatsfunktionäre und Diplomaten befanden, war der dicht besiedelte Prenzlauer Berg die Hochburg der Literaten- und Künstlerszene, in deren Kneipen, Cafés und anderen Treffs Abend für Abend allerlei »feindlich-negative und dekadente Elemente«, wie die Staatssicherheit misstrauisch registrierte, zusammenzukommen pflegten. Den Kern der Einwohnerschaft stellte jedoch die offiziell in der DDR herrschende Klasse, die Arbeiterschaft. Deren Mietwohnungen reichten wie die der Szeneangehörigen direkt bis an den Grenzübergang heran. Die ersten, die – von den Fernsehnachrichten und von Neugier getrieben – nur »mal gucken gehen« wollten, regten durch ihre Bewegung auf der Straße die Bereitschaft derer an, sich selbst an Ort und Stelle ein eigenes Bild zu verschaffen, die bis dahin noch unsicher und rätselnd vor dem Fernseher

Grenzübergang Bornholmer Straße (Aufnahme März 1989)

saßen. So kam eine sich langsam, aber stetig selbst verstärkende Bewegung in Richtung Kontrollpunkt in Gang.

Grenzübergangsstellen waren sicherheitspolitisch hochkompliziert organisierte Territorien, auf denen die Verantwortung zwischen Grenztruppen, Staatssicherheit und Zoll dreigeteilt war. Für ihre militärische Sicherung, im Besonderen die Verhinderung von Grenzdurchbrüchen, waren die Grenztruppen zuständig. Sie stellten jedoch nur nominal den »Kommandanten« der GÜSt[103], denn der grenzüberschreitende Verkehr war dem SED-Regime zu wichtig, um ihn den Grenztruppen mit ihren ständig wechselnden Unterstellungsverhältnissen zu überlassen.[104] Deshalb oblag die Sicherung, Kontrolle und Überwachung des gesamten Reiseverkehrs einschließlich der Fahndung sowie der Realisierung von Festnahmen den Passkontrolleinheiten des MfS, die als tschekistische Verkleidung die Uniform der Grenztruppen trugen.[105] Die reine Sach- und Personenkontrolle schließlich führte die Zollverwaltung durch. Die Volkspolizei war nicht direkt auf der GÜSt präsent; sie hatte aber deren unmittelbares Vorfeld, das sogenannte »freundwärtige Hinterland«, von Störungen des Reiseverkehrs freizuhalten.

Diensthabender Offizier der Grenztruppen und Stellvertreter des Kommandanten der GÜSt Bornholmer Straße war am Abend des 9. November Major Manfred Sens. Sens unterstand dem Grenzregiment-35 in Niederschönhausen, das eines der sieben Grenzregimenter des für die 156,4 Kilometer lange Berliner Mauer zuständigen Grenzkommandos Mitte mit Sitz in Berlin-Karlshorst war. Drei dieser Grenzregimenter waren in Berlin, vier im Bezirk Potsdam untergebracht. Daneben gehörten zwei am Rand von Berlin, in Oranienburg und Wilhelmshagen, stationierte Grenzausbildungsregimenter zum Grenzkommando Mitte. Alle neun Regimenter waren mit je 1000 bis 1400 Mann aufgefüllt.

In normalen Zeiten erfolgte die Bewachung der Grenze nach den Grundsätzen der Regimentssicherung;[106] in einem sechs- bis zehnstündigen Dienst kamen die fünf Kompanien eines Grenzregiments aufeinanderfolgend zum Einsatz. Die Grenzübergänge wurden nach einem ähnlichen Dienstplan zusätzlich von einer Sicherungskompanie bzw. Sicherungszügen geschützt, die jedem Grenzregiment beigestellt waren. Im normalen Dienst wurden die zwischen 12,7 km (GR-35) und 29,8 km (GR-38) langen Grenzabschnitte der Grenzregimenter von nicht mehr als rund 100 Mann, zuzüglich der Sicherungszüge an den Grenzübergängen, bewacht. In der verstärkten Grenzsicherung, die seit dem 40. Jahrestag an als besonders gefährdet betrachteten Abschnitten ohne Unterbrechung befohlen war, waren diese Kräfte um etwa ein Viertel aufgestockt.[107]

Soweit es Major Manfred Sens am Grenzübergang Bornholmer Straße betraf, hatte er die vier wachhabenden Grenzposten seines Sicherungszuges[108] wie an jedem Tag auch am 9. November dazu »vergattert«, »Grenzdurchbrüche nicht zuzulassen, die Ruhe und Ordnung im Grenzgebiet aufrechtzuerhalten, die Ausdehnung von Provokationen auf das Hoheitsgebiet der DDR zu unterbinden, Grenzverletzer festzunehmen bzw. zu vernichten«.[109] »Schabowski, kannst du das überhaupt verantworten, was du jetzt angerichtet hast?« schoss es ihm durch den Kopf, als er dessen Pressekonferenz verfolgte.[110] Er verließ sein Dienstzimmer und eilte in den Bereich der Vorkontrolle, um den dortigen Posten zu informieren, dass unter Umständen in Kürze mit »Personenzulauf« zu rechnen sei. Als er dort eintraf, standen die ersten Menschen schon am Schlagbaum und fragten, ob sie ausreisen dürften. Einige kannte Sens vom Sehen, denn er wohnte in unmittelbarer Nähe des Übergangs. Die jetzt vor ihm auf der anderen Seite des Schlagbaumes standen und in den Westen wollten, waren zu einem nicht geringen Teil seine Nachbarn.

Zu Sens trat gegen 19.30 Uhr der stellvertretende Leiter der Passkontrolleinheit, Oberstleutnant Harald Jäger, an den Schlagbaum. Fünfundzwanzig Jahre schon versah er am Grenzübergang Bornholmer Straße seinen Dienst. Seit der Öffnung der ungarisch-österreichischen Grenze hatten die Kontroll- und Sicherungsmaßnahmen für ihn und Sens an Sinn verloren. Beide rechneten nach der Vorlage des Reisegesetz-Entwurfs mit grundlegenden Veränderungen des Reiseverkehrs und auch des Grenzregimes noch im laufenden Jahr. Der Bissen war Jäger jedoch förmlich im Hals stecken geblieben, als er beim Abendbrot in seinem Dienstzimmer von Schabowskis Mitteilung überrascht worden war, die neuen Reiseregelungen gälten »ab sofort«. Jäger über seine erste Reaktion:

»Ich dachte: Das ist doch Quatsch. Ab sofort? Das geht doch gar nicht. Was heißt denn hier ›ab sofort‹? Das ist doch gar nicht möglich. Und zu meinen Mitarbeitern habe ich laut gesagt: ›Das ist doch absoluter geistiger Dünnschiß!‹ Ich habe das Essen stehen lassen – die Truppe fragte, was ist denn los? – und bin raus. Aus dem Nebenzimmer habe ich Oberst Rudi Ziegenhorn angerufen, der in der Hauptabteilung VI des MfS – Passkontrolle – für uns zuständig war.

›Hast du den Quatsch von Schabowski auch gehört‹, fragt er mich.

›Ja eben, deshalb rufe ich Sie ja an‹, sage ich. ›Was ist denn jetzt los?‹

›Ja nichts‹, sagt er, ›was soll denn sein?‹

Ich sage: ›Na ja, Sie haben es doch selber gehört!‹

›Na eben‹, sagt er, ›das geht ja gar nicht. Sind denn schon welche bei euch an der GÜSt?‹

›Im Moment noch nicht‹, sage ich, ›aber ich rufe mal unten im Bereich Vorkontrolle an.‹

Ich habe dann im Bereich Vorkontrolle anrufen lassen. ›Posten VII‹ nannte man das damals, und dort befand sich auch der Schlagbaum. Der Diensthabende meldete, daß die ersten zehn oder zwanzig Personen schon da seien und fragen, ob sie reisen dürfen.

Ich sage zu Ziegenhorn: ›So zehn oder zwanzig Mann stehen vor der GÜSt.‹

›Na ja‹, sagt er, ›dann warte erst einmal ab. Laß die mal stehen und schick sie zurück.‹«

Nach diesem Telefonat hatte sich Jäger selbst auf den Weg zum Schlagbaum gemacht, wo er nun mit Sens feststellen musste, dass sich in der Zwischenzeit schon 50 bis 100 Mann angesammelt hatten. »Wir machten den Bürgern die Mitteilung«, berichtet Jäger, »daß wir keine Weisung erhalten hatten, ihnen die Ausreise zu gestatten, und vertrösteten sie auf den nächsten Tag.«

Die Passkontrolleinheiten (PKE) der Berliner Grenzübergänge unterstanden nicht der Berliner Bezirksverwaltung des MfS, sondern direkt der Hauptabteilung VI in der MfS-Zentrale.[111] Die HA VI war im gesamten Staatsgebiet der DDR für die Passkontrolle, den Reise- und Transitverkehr sowie den Fahndungsprozess zuständig und gehörte zum Verantwortungsbereich des stellvertretenden Staatssicherheitsministers Generalleutnant Gerhard Neiber. Sie hatte ihren Sitz in der Schnellerstraße in Berlin-Treptow – und von dort hatte Jäger, wie sein Bericht zeigt, keinerlei Vorinformation erhalten.

In den Dienstvorschriften der Grenztruppen und des MfS waren die spe-

9. November 1989, gegen 23.30 Uhr: Nach der Flutung des Grenzübergangs Bornholmer Straße strömen Tausende Ost-Berliner unkontrolliert in den Westteil der Stadt.

zifischen Aufgaben von Sens und Jäger einerseits klar getrennt, andererseits aber auch ihr Zusammenwirken in übergreifenden Fragen geregelt.[112] Allein in Fragen der äußeren Sicherheit hatte der Kommandant der GÜSt gegenüber den Mitarbeitern der Pass- und Zollkontrolle, die strukturmäßig mit Makarow-Pistolen und 14 Schuss Munition ausgerüstet waren, Weisungsbefugnis. Umgekehrt hatte der Leiter der PKE die alleinige Entscheidungsbefugnis über alle Aspekte des Reiseverkehrs. Die jetzt eingetretene Situation jedoch war eine Grenzsituation und in den Dienstvorschriften nicht vorgesehen. Waren Schabowskis Worte so zu verstehen, dass sich noch in der Nacht ein staatlich erlaubter, freier Reiseverkehr anbahnte? Oder entwickelte sich vor den Augen von Sens und Jäger eine erhöhte Aktivität gegnerischer Kräfte, die einen gewaltsamen Grenzdurchbruch befürchten ließ? Im letzteren Fall war sofort Alarm auszulösen, der grenzüberschreitende Verkehr zu unterbrechen, die Kontrollen waren einzustellen, die pioniertechnischen Sperranlagen zu verriegeln und »taktische Handlungen zur Festnahme oder Vernichtung des Gegners« einzuleiten.[113] Der Befehl jedoch, zu einer höheren Sicherungsstufe, der »verstärkten« oder gar »gefechtsmäßigen Sicherung« der GÜSt, überzugehen, hätte in jedem Fall der Bestätigung der nächsthöheren Kommandoebene der Grenztruppen bedurft. Im Übrigen vermittelten die friedfertigen Bürger am Schlagbaum nicht den Eindruck gefährlicher »gegnerischer Kräfte«, wenn ihr Begehren auch außergewöhnlich war. »Der Kommandant«, hieß es zudem in den Dienstvorschriften der Grenztruppen, erfüllt »die ihm gestellten Aufgaben auf der Grundlage der Beschlüsse der Partei der Arbeiterklasse«.[114] Den aktuellen Stand der Beschlusslage der Partei aber hatte Schabowski soeben verkündet – und genau darauf beriefen sich die Bürger. Die Lage war kompliziert, ihre Beurteilung nicht leicht. Bevor sie etwas Falsches unternahmen, hielten es Sens und Jäger für ratsam, zunächst einmal ihre Vorgesetzten weiter zu informieren und die Befehlslage zu erkunden.[115]

Major Sens erstattete Meldung im Grenzregiment-35. Doch auch der dort diensthabende Offizier, ein Stellvertreter des Kommandeurs, wusste von nichts und hatte noch keinerlei Instruktionen. »Paß auf, daß sie euch nicht die Waffen klauen«, riet er Sens besorgt und gab ihm noch den Tipp: »Laßt die Waffen stecken, damit nichts passiert!«[116]

Jäger rief erneut seinen Vorgesetzten, Oberst Ziegenhorn, an und meldete den weiteren Zulauf:

»›Wie ist denn die Stimmung?‹ wollte Ziegenhorn wissen.

Jäger antwortete: ›Noch fragen die Bürger bloß, ob sie ausreisen dürfen.‹

›Na ja, ist gut‹, sagte Ziegenhorn, ›vertröste sie weiter und informier mich wieder.‹«[117]

Kurze Zeit später wurde der inzwischen von Jäger alarmierte Leiter der PKE zu einer zentralen Lageberatung aller Berliner PKE-Chefs in die Schnellerstraße einbestellt. Den zweiten stellvertretenden Leiter der Passkontrolleinheit, Oberstleutnant Edwin Görlitz, hatte es an seinem dienstfreien Abend nach der Pressekonferenz nicht mehr zu Hause gehalten. Achtundzwanzig Jahre stand er im Passkontroll-Dienst an der Bornholmer Straße. Nachdem er die Pressekonferenz im Fernsehen gesehen hatte, verriet ihm seine politische Erfahrung instinktiv, dass dort noch in der Nacht einschneidende Veränderungen bevorstanden.[118]

Sens, Jäger und Görlitz schlitterten in die schwierigste Entscheidungssituation ihres Lebens, denn der Versuch, die Menschen zurückzuschicken und sie auf den nächsten Tag zu vertrösten, schlug fehl. Stattdessen kamen ständig neue hinzu, und die Menge schwoll weiter an.

Kurz nach 20.30 Uhr traf endlich die Volkspolizei mit einem Funkstreifenwagen und zwei Mann Besatzung im freundwärtigen Hinterland ein. Über Lautsprecher appellierte ein Oberleutnant der Volkspolizei an die Menschen, »im Interesse von Ordnung und Sicherheit« den Vorraum des Grenzübergangs zu verlassen und sich am nächsten Morgen an die Meldestellen zu wenden: »Es ist nicht möglich, Ihnen hier und heute die Ausreise zu gewähren.«[119] Doch aus der Menge wurde mit der ADN-Meldung geantwortet, die ein junger Mann aus der Tasche zog und laut verlas. Und hatte nicht ein Mitglied des Politbüros »ab sofort« gesagt? Autorität und Ansehen der Volkspolizei waren nicht so bedeutend, dass ihre Anweisung gegen den

Beschluss der Regierung und die Worte des Politbüros eine ernste Chance gehabt hätte. Und lagen zwischen sofort und morgen nicht die Unwägbarkeiten einer ganzen Nacht?

21.00 Uhr: Stiller Alarm

Als die Menschenmenge gegen 21.00 Uhr lautstark die Öffnung des Schlagbaumes forderte, der Rückstau der Autos über einen Kilometer bis zur Schönhauser Allee reichte und die Seitenstraßen verstopfte, sah sich Jäger nicht länger in der Lage, mit seinen 14 Mitarbeitern sowie fünf Grenzsoldaten und 16 bis 18 Zollkontrolleuren den Übergang zu halten. Die Informationen, die Major Sens ins Grenzregiment-35 weitergab, hatten keinerlei Befehle zur Folge. Die technische Ausstattung der GÜSt und die Bewaffnung ihres Personals waren nicht darauf ausgelegt, den Übergang aus dem Stand heraus erfolgreich gegen einen Massenansturm zu verteidigen. Pass- und Zollkontrolleure verfügten neben ihren Pistolen über je vier Maschinenpistolen, für die jeweils drei Magazine à 40 Schuss bereitlagen. Hinzu kamen die Waffen der Grenztruppen. Neben seiner Aussichtslosigkeit stand ein Schusswaffeneinsatz für die Verantwortlichen aus reinem Selbsterhaltungstrieb außer Frage. »Wenn die Masse ins Rennen kommt und wir schießen, dann hängen wir da vorne am Fahnenmast«, war Manfred Sens an diesem Abend klar. Nicht einmal an eine Selbstverteidigung war unter diesen Bedingungen zu denken, ergänzt Harald Jäger: »Die Leute hätten uns überrollt und mit unseren eigenen Gummiknüppeln verhauen!«[120]

Jäger löste schließlich einen »stillen« Alarm aus und holte alle erreichbaren PKE-Mitarbeiter, insgesamt rund 50 bis 60 Mann, zur Verstärkung heran, um die Gebäude, Einrichtungen und die Fahndungskartei zu schützen.

21.20 Uhr: »Ventillösung« Ausbürgerung

Kurz nach 21.00 Uhr nahm Jäger erneut Kontakt mit MfS-Oberst Ziegenhorn auf, schilderte ihm die sich weiter verschärfende Situation und bat darum, die Bürger ausreisen lassen zu dürfen, weil die Passkontrolleure dem Druck nicht länger standhalten könnten.[121] Jäger über Ziegenhorns Reaktion:

»Ziegenhorn sagte zu mir: ›Warte mal, ich schalte dich mal durch. Aber sei still.‹ Ziegenhorn sprach mit Generalleutnant Neiber, dem stellvertretenden Minister, der wiederum auch noch jemand direkt mit in der Strippe hatte. Das kann damals eigentlich nur jemand von der Sicherheitsabteilung des Zentralkomitees gewesen sein; ich vermutete, dass es Wolfgang Herger oder sein Stellvertreter war. Ziegenhorn berichtete Neiber, was ich ihm gemeldet hatte. Da fragte Neiber: ›Ja, ist denn der Jäger in der Lage, die Situation real einzuschätzen, oder hat er einfach nur Angst?‹ Er wollte praktisch die Situation, die ich geschildert hatte, anzweifeln. Ziegenhorn teilte ihm mit: ›Wenn Jäger die Lage so meldet, ist sie so. Da können Sie sicher sein.‹ Dann haben sie mich aus der Leitung rausgeschmissen; ich sollte wohl nicht hören, wie es weiterging. Kurze Zeit später rief Ziegenhorn zurück.

Er sagt: ›Wir verfahren folgendermaßen: Die am aufsässigsten sind – so nannte man das damals – und die provokativ in Erscheinung treten, die laß raus. Denen macht ihr im Ausweis einen Stempel halb über das Lichtbild – und die kommen nicht wieder rein.‹

Ich frage zurück: ›Geht das überhaupt so?‹

Da meint er nur: ›Mach dir darüber keinen Kopf!‹ – Diese Antwort zeigt, daß selbst Ziegenhorn das ganze Verfahren zu diesem Zeitpunkt bereits als zweifelhaft empfand. – ›Und was die anderen betrifft‹, sagt er noch, ›von allen, die du rausläßt, schreibt ihr euch die Personalien auf. Und bei denen, die den Stempel draufhaben, macht ihr euch ein Zeichen dahinter, damit wir wissen, wer draußen geblieben ist und wer wieder rein durfte.‹

Wir haben grundsätzlich jeden, den wir auf diese Weise rausgelassen haben, aufgeschrieben. Und diejenigen, die wir nicht mehr reinlassen wollten – das mußten praktisch wir entscheiden, das heißt ich oder der Zugführer –, kriegten den Stempel auf das Lichtbild. Und das hieß, die kommen nicht mehr zurück.

Generalmajor Gerhard Niebling, Leiter der Zentralen Koordinierungsgruppe (ZKG) des MfS

Die »Ventillösung«: »...ein kleines Stück Souveränität«

»Ich glaube, daß das eine Maßnahme war, um einen kleinen leichten Schritt zu tun, um die Ordnung wiederherzustellen. Es war ja bekanntlich so, daß die

Leute, die ihre ständige Ausreise erhielten, zunächst einmal nicht wieder in die DDR reisen durften. Das stand sicherlich in diesem Moment nicht mehr zur Debatte. Aber zur Debatte stand, deutlich zu machen, wer will ständig rüber und wer geht nur zu Besuch nach drüben. Das war zum zweiten sicherlich auch eine Maßnahme – sie hielt übrigens nicht lange –, die getroffen wurde, um wenigstens ein kleines Stück Souveränität zu demonstrieren: Wir sind auch noch da. Es geht nicht nur darum, daß auf einer Pressekonferenz etwas gesagt wird – und alles rennt los.«
Gespräch mit Gerhard Niebling, 14.9. und 11.11.1998

Nicht allen, die zu diesem Zeitpunkt ausreisen durften, wurde jedoch ein Passkontrollstempel über das Lichtbild verpasst. Einzelne wurden herausgelassen, »um ein Ventil zu öffnen«, wie Jäger sagt. Besonders denjenigen, die nach dem Verständnis der Passkontrolleure »provokativ« in Erscheinung getreten waren, wurde die Ausreise erlaubt. Jäger: »Damit wir sie los sind, auf deutsch gesagt. Und die sollten nicht mehr reinkommen. Wir hatten drei Schalter aufgemacht, und unser Zugführer, der stellvertretende Zugführer und der Parteisekretär blieben dann stehen und sagten bei der Abfertigung: ›Das ist einer von den Provokativen, mach den Stempel drauf.‹ Der Abfertigungseingang vorne wurde kurz geöffnet, einige Bürger hereingelassen, und dann wieder geschlossen. Dann wurde erst einmal abgefertigt, bevor der nächste Schub wieder hereingelassen wurde. Und während wir abfertigten, stieg vor der GÜSt der Druck, und die Forderung, aufzumachen, wurde lauter.«

Diese »Ventillösung«, so merkten die Passkontrolleure schnell, war von ihren Vorgesetzten unklug gedacht. Jäger: »Das Ventil zu öffnen bedeutete doch, daß die anderen sahen, daß einige rausdurften – bloß sie nicht. Also wurde von den anderen um so energischer verlangt: ›Tor auf!‹«[122]

Jubelnd liefen die ersten Ost-Berliner über die Bornholmer Brücke nach West-Berlin – und ahnten nicht, dass ihre Personalausweise mit einem Visum, das das Lichtbild halb bedeckte, ungültig gestempelt worden waren.

Oberstleutnant Harald Jäger, diensthabender Chef der Passkontrolleinheit am Grenzübergang Bornholmer Straße

»Da sind wir wieder, wir kommen zurück!«

»Die zu diesem Zeitpunkt rüber wollten, wollten eigentlich nur testen, ob es stimmte, was Schabowski gesagt hatte, mehr war das ja nicht. Und da Schabowski gesagt hatte, sie dürften, haben sie uns das lauthals verkündet. Und wir haben das damals zunächst als Provokation empfunden.

Und die ersten, die zurückkamen, freuten sich riesig. So nach dem Motto: ›Friede-Freude-Eierkuchen, ist das schön drüben!‹ Sie kamen bei uns an und sagten ganz emotional: ›Da sind wir wieder, wir kommen zurück!‹ Und unser Posten unten hielt ihnen entgegen: ›Sie dürfen nicht wieder zurück!‹ Und sie fragten fassungslos: ›Wieso denn das nicht?‹ Und er teilte ihnen mit: ›Nein, Ihre Einreise wird nicht wieder gestattet.‹ Das war die offizielle, von Ziegenhorn vorgegebene Formulierung – ohne Angabe von Gründen, nichts weiter. Die Rückkehrer fingen dann an zu zetern, ist ja logisch, einige brachen in Tränen aus, denn sie hatten ihre Kinder zu Hause gelassen. Und da rief der Zugführer mich an und sagte: ›Komm' mal runter und klär das mal!‹ Ich bin runter und habe mir die Situation schildern lassen. Dann habe ich gesagt: ›Gut, Sie können einreisen, ausnahmsweise.‹ Da haben die mich gefragt: ›Wieso durften wir denn zuerst *nicht* einreisen?‹ Dann habe ich ihnen das erklärt und sinngemäß gesagt: ›Sie sind im Zusammenhang mit Ihrer erzwungenen Ausreise hier bei uns an der GÜSt Bornholmer Straße negativ in Erscheinung getreten. Und deshalb habe ich den Befehl, Sie nicht wieder einreisen zu lassen. Aber bei Ihnen mache ich eine Ausnahme.‹ – Aber das habe ich dann für mich behalten.«

Gespräch mit Harald Jäger, 7.8.1995

23.30 Uhr: »Wir fluten jetzt! Wir machen alles auf!«

Die Absicht, die Ausreisenden heimlich auszubürgern, ging nicht auf. Während die ersten Rückkehrer auf der Westseite des Kontrollübergangs auf ihre Wiedereinreise drängten und sich nicht einfach nach West-Berlin zurückverweisen ließen – manche Ehepaare waren »nur mal gucken« gegangen und wollten zu ihren schlafenden Kindern zurück –, wuchs die Menschenmenge auf der Ostseite immer mehr an. Die Lage wurde allmählich für die Kontrolleure bedrohlich. Lautstark forderte die Menge immer energischer im Chor: »Tor auf! Tor auf!«, und kurze Zeit später erschallten die Rufe: »Wir kommen wieder, wir kommen wieder!« Als schließlich der Drahtgitterzaun im Vorraum des Grenzübergangs beiseitegedrückt wurde, bangte Jäger um das Leben seiner Mitarbeiter.

Telefonisch teilte er Ziegenhorn gegen 23.30 Uhr mit: »Es ist nicht mehr zu halten, wir müssen die GÜSt aufmachen. Ich stelle die Kontrollen ein und lasse die Leute raus.«[123] Görlitz benachrichtigte Sens: »Wir fluten jetzt! Wir machen alles auf!«[124] Die Mitarbeiter der Passkontrolle lösten die Sicherung des Schlagbaumes in der Vorkontrolle, Sens öffnete den Schlagbaum auf der Bornholmer Brücke. Tausende von Menschen strömten unkontrolliert in die Grenzanlage, überrannten die Kontrolleinrichtungen, liefen über die Brücke und wurden auf der West-Berliner Seite begeistert begrüßt; ob mit oder ohne Personalausweis spielte beim Grenzübertritt in der Bornholmer Straße ab diesem Zeitpunkt keine Rolle mehr. Eine Lagemeldung der West-Berliner Polizei hält für 23.37 Uhr fest: »Übergang Bornholmer Straße praktisch offen. Von Ost nach West Menschenstrom ›wie die Ameisen‹. Grenzer haben sich zurückgezogen«.[125] Am nächsten Tag gab der diensthabende Leiter der GÜSt an, dass allein zwischen 23.30 Uhr und 0.15 Uhr schätzungsweise 20 000 Menschen den Übergang passiert hatten: »Wir wurden davon völlig überrollt.«[126]

Sonnenallee: »Alles aufmachen!«

»Gegen 19.45 Uhr, nach der Mitteilung in den Massenmedien, erschien(en) im Bereich 7 (unmittelbar vor dem Grenzübergang, d. Vf.) die ersten Bürger der DDR zur Ausreise.« Der Zustrom, so hält es der Lagebericht der Passkontrolleinheit am Grenzübergang Sonnenallee fest, »verstärkte sich ständig«.[127] Die Diensthabenden am Grenzübergang informierten darüber ihre Vorgesetzten im Operativen Leitzentrum der HA VI in der Schnellerstraße in Treptow – und den Leiter ihrer Diensteinheit.

Bis 20.30 Uhr hatten sich am Grenzübergang etwa 15 Jugendliche eingefunden, die ihre sofortige Ausreise verlangten und sich davon auch nicht durch den Einsatz eines »Ansprechoffiziers« des zuständigen Volkspolizei-Reviers abbringen ließen.[128] Zu diesem Zeitpunkt – um 20.30 Uhr – erhielten die Passkontrolleure vom stellvertretenden Leiter Oberst Rudi Zie-

Grenzübergang Sonnenallee (Aufnahme März 1989).

genhorn die Weisung, die ausreisenden DDR-Bürger zu registrieren und ihre Personalien festzuhalten. Es sollte bei den Ausreisen unterschieden werden, ob sie a) mit oder b) ohne Genehmigung erfolgten, und jeweils die Zahl der Männer, Frauen und Kinder notiert werden. Die Weisung sah weiter vor, den Ausreisenden bei der Abfertigung einen Passkontrollstempel neben das Passbild (rechte Seite) zu drücken. Der Beginn dieser Ausreiseaktivitäten ist im Lagebericht auf 21.35 Uhr datiert.

Zehn Minuten später wurden die Vorgesetzten in der Schnellerstraße darüber informiert. Zu diesem Zeitpunkt wurde der Leiter der Diensteinheit an der Sonnenallee zu einer Beratung ins Operative Leitzentrum befohlen. Im Grenzübergang Sonnenallee teilten die Passkontrolleure Ausreiseformulare an die Wartenden aus und begannen kurz darauf mit der Abfertigung. Der Bildjournalist Frank Durré gehörte zu jenen, die passieren durften, und er-

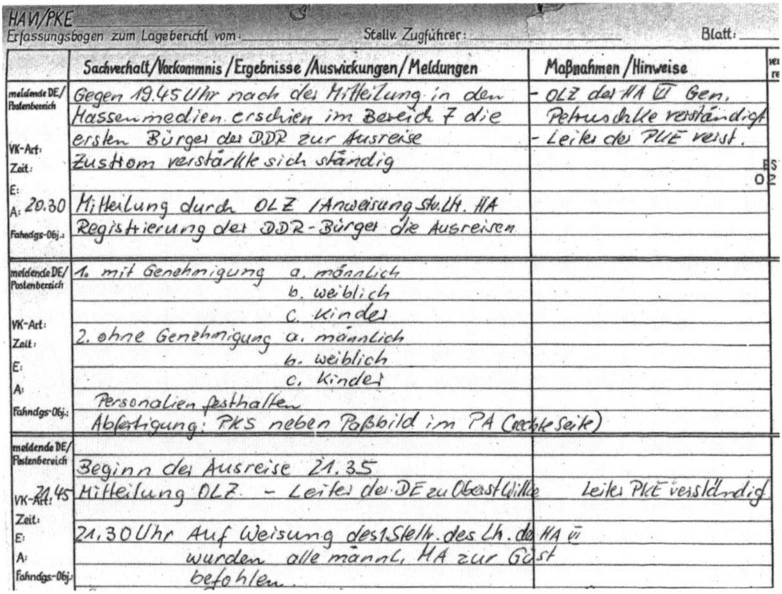

HA VI/PKE
Erfassungsbogen zum Lagebericht vom: Stellv. Zugführer: Blatt:

	Sachverhalt/Vorkommnis/Ergebnisse/Auswirkungen/Meldungen	Maßnahmen/Hinweise
meldende DE/Postenbereich	Gegen 19.45 Uhr nach der Mitteilung in den Massenmedien erschien im Bereich 7 die ersten Bürger der DDR zur Ausreise	- OLZ der HA VI Gen. Petruschke verständigt
VK-Art:		- Leiter der PKE verst.
Zeit:	Zustrom verstärkte sich ständig	
E:		
A: 20.30	Mitteilung durch OLZ / Anweisung Stv. Lt. HA	
Fahndgs-Obj.:	Registrierung der DDR-Bürger die Ausreisen	
meldende DE/Postenbereich	1. mit Genehmigung a. männlich	
	b. weiblich	
VK-Art:	c. Kinder	
Zeit:	2. ohne Genehmigung a. männlich	
E:	b. weiblich	
A:	c. Kinder	
Fahndgs-Obj.:	Personalien festhalten	
	Abfertigung: PKS neben Paßbild im PA (rechte Seite)	
meldende DE/Postenbereich	Beginn der Ausreise 21.35	
VK-Art: 21.45	Mitteilung OLZ - Leiter der DE zu Oberst Willé	Leiter PKE verständigt
Zeit:		
E:	21.30 Uhr Auf Weisung des 1. Stellv. des Lt. der HA VI	
A:	wurden alle männl. MA zur GÜST	
Fahndgs-Obj.:	befohlen.	

21.35 Uhr: Beginn der »Ventillösung« am Grenzübergang Sonnenallee (Lagebericht der PKE Sonnenallee, in: BStU, ZA, MfS-HA VI 15689).

lebte die Verwirrung mit, die beim Zoll über das Verfahren herrschte. Durré: »Zu den ersten, die von einer Passkontrolle zum Zoll vorgelassen wurden, zählten eine Mutter mit einer 18-jährigen Tochter. Ein Zollbeamter teilte den beiden mit: ›Sie können rüber, müssen dann aber drüben bleiben.‹ Die Mutter wollte unter dieser Bedingung wieder zurück, die Tochter trotzdem nach West-Berlin ausreisen. Es kam zu einem heftigen Familienstreit. Schließlich korrigierte ein zweiter Zollbeamter die Auskunft seines Kollegen und teilte den beiden Frauen mit, sie dürften wieder zurückkommen.«[129]

Auch am Grenzübergang Sonnenallee war ein »stiller Alarm« für die Passkontrolleinheit ausgelöst und waren um 21.30 Uhr alle männlichen Mitarbeiter zum Grenzübergang befohlen worden.[130] Der Druck der Reisewilligen hielt sich hier zunächst jedoch noch in Grenzen. Auf der West-Berliner Seite ist um 22.02 Uhr von 15 bis 20 Personen die Rede, die bis dahin

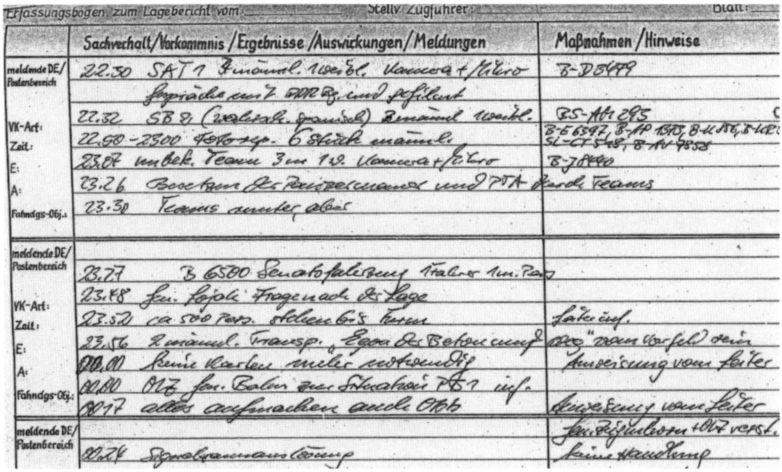

00.17 Uhr: »Alles aufmachen«
(Lagebericht der PKE Sonnenallee, in: BStU, ZA, MfS-HA VI 15689).

dort angekommen waren. Sie hätten berichtet, hält eine Lagemeldung der West-Berliner Polizei fest, dass circa 100 Menschen auf der östlichen Seite auf ihre Abfertigung warteten.[131] Gegen 23.00 Uhr war der Übergang allerdings von Trabis verstopft – und von der Westseite kamen Fernsehreporter und Fotografen herein, die eine halbe Stunde später auf die Mauer kletterten und erst durch Megaphonansprachen verwiesen werden konnten. Um Mitternacht reichte der Pkw-Stau über einen Kilometer durch die Baumschulenstraße bis zur Köpenicker Landstraße zurück[132], und eine unüberschaubare Menschenmenge schob sich durch den Übergang.

Mittendrin trugen zwei Männer ein Transparent: »Egon, der Beton muß weg!«[133] Irgendwann habe jemand aus dem Fenster eines benachbarten Wohnhauses gerufen: »Kommt mal hoch, fernsehen! Die Bornholmer Straße ist schon offen«, erinnert sich Steffi Badel, die auf die Öffnung des Übergangs wartete.[134] Die Grenzer hätten wie wild in ihren Häuschen telefoniert. Ab 0.00 Uhr wurde dem PKE-Lagebericht zufolge auf die Ausgabe von Ausreisekarten verzichtet – wahrscheinlich, weil sie ausgegangen waren. »Kurz danach«, so Steffi Badel, »ging der Schlagbaum hoch.« Ihre

Schilderung deckt sich mit dem Lagebericht, der festhält, dass um 0.17 Uhr vom Leiter der Passkontrolleinheit die Anweisung erteilt worden sei: »Alles aufmachen!«[135] Die Passkontrolleure zogen sich zurück – und selbst eine Auslösung des elektrischen Signalzaunes, nach der früher Menschen an der Grenze im Extremfall erschossen worden waren, hatte in dieser Nacht keine Handlung mehr zur Folge.[136]

Knapp 10 000 DDR-Bürger seien über den Grenzübergang Sonnenallee nach West-Berlin (aus-)gereist, heißt es in dem zusammenfassenden Stasi-Bericht über die Ereignisse der Nacht. 3000 von ihnen seien mit Stand vom 10. 11., 4.00 Uhr, wieder zurückgekommen: »Der Schwerpunkt der Ausreisen lag in der Zeit von 23.30 Uhr bis 1.30 Uhr. Das Anbringen von Passkontrollstempeln war nur zeitweilig möglich. Es kam zu keinen provokativen Handlungen.«[137]

Invalidenstraße: »Zieht euch zurück, laßt sie laufen!«

Am Grenzübergang Invalidenstraße nahm Oberstleutnant S. W. am 9. November die Leitungsfunktion wahr; seit 1964 war er im Bereich Passkontrolle des Ministeriums für Staatssicherheit tätig, seit 1973 in der Passkontrolleinheit Invalidenstraße.[138] Gegen 17.30 Uhr fuhr er nach Hause; den Leitungsdienst am Grenzübergang übernahm der ihm unterstellte Stellvertreter Operativ. Die Äußerungen von Günter Schabowski, dessen Pressekonferenz er am heimischen Fernseher verfolgte, hatte er zunächst nicht weiter ernst genommen. Gegen 19.30 Uhr klingelte ein Offizier an seiner Wohnungstür und teilte ihm mit, dass für die gesamte Hauptabteilung VI Alarm ausgelöst sei und er sich um 21.00 Uhr beim Leiter der Hauptabteilung in der Schnellerstraße einfinden möge. Dort, so S. W., seien alle Leiter der Passkontrolleinheiten in Berlin sowie die gesamten Abteilungsleiter der HA VI, der Leiter der Hauptabteilung, Generalmajor Fiedler, und seine Stellvertreter versammelt gewesen, nach seiner Schätzung gut 30 Personen: »Der General eröffnete dann diese Dienstberatung und gab eine Einschätzung zur Lage, also was der Genosse Schabowski dort verkündet hat und was das eventuell für Konsequenzen für uns haben könnte. Zu diesem Zeitpunkt«, so S.W., »war mit

Grenzübergang Invalidenstraße vor und in der »Nacht der Nächte« am 9./10. November 1989. Ost-Berliner in Trabis auf dem Weg in den Westen (unten links), West-Berliner drängen nach Ost-Berlin vor (unten rechts).

den Folgeerscheinungen überhaupt nicht zu rechnen.« Um 20.15 Uhr hatte die Ost-Berliner Volkspolizei am Grenzübergang Invalidenstraße nicht mehr als 20 Personen gezählt. S. W. weiter: »Fiedler wurde mehrmals abberufen; General Neiber, der Stellvertreter des Ministers für Staatssicherheit, rief öfters an. Er gab zwar keine Details weiter, aber er sagte: ›Genosse Neiber hat angerufen, und wir werden die Lage in den Griff bekommen.‹ Auch Mielke hat sich dann mal gemeldet. Es kamen Fernschreiben mit widersprüchlichen Meldungen und Maßnahmen. Aber der Grundtenor war, so sagte Fiedler, und das ist mir heute noch wörtlich im Gedächtnis: ›Wie ich meine Berliner kenne, gehen die um 23.00 Uhr ins Bett.‹ Nach eineinhalb Stunden sind wir wieder entlassen worden; wir sollten zu unseren Grenzübergangsstellen fahren.«

Als S. W. gegen 23.00 Uhr in der Invalidenstraße eintraf, standen auf der Ostseite nach seinem Eindruck nicht mehr als 60 bis 70 Personen, auf der Westseite dagegen schon mehrere Hundert. Kurz zuvor hatte ARD-Reporter Robin Lautenbach in den »Tagesthemen« live von der Westseite des Übergangs berichtet, dass sich dort im Unterschied zur Bornholmer Straße, zur Sonnenallee und zum Checkpoint Charlie »noch nichts getan« habe. Viele Schaulustige warteten immer noch auf die ersten Ost-Berliner, »die hier zu einem ersten kurzen Besuch herüberkommen«.[139]

Die Live-Fernsehberichterstattung verstärkte den Zustrom von Menschen auch in die Invalidenstraße. War es die Anwesenheit von Fernsehkameras, war es Neugier, war es Abenteuerlust: Immer mehr West-Berliner drängten sich vor dem Grenzübergang – und schoben sich allmählich Richtung Osten hinein. »Von westlicher Seite hatten die West-Berliner den Strich schon überschritten, sie waren schon an unserer vordersten Grenzmauer«, erinnert sich S. W. »In die Zufahrt trauten sie sich erst einmal nicht, weil sie nicht wußten, was sie dahinter erwartet. Aber die, die ganz vorne an der Mauer standen, wurden von den Massen hinter ihnen gedrückt. Und so ging das im Schneckentempo Millimeter um Millimeter voran.«[140]

Da Anweisungen von oben und auch der Befehl zur Schließung des Übergangs ausblieben, ließen der Leiter der Passkontrolle und der diensthabende Kommandant der Grenztruppen die Tore offen und fertigten den normalen

Reiseverkehr weiterhin ab: »Wenn kein Befehl kommt, dreht sich kein Rad und rollt kein Panzer.«[141]

Nach der Alarmierung der Mitarbeiter verfügte die Passkontrolle über 60 bewaffnete Kräfte; zur Sicherung des Übergangs und um ein Chaos zu verhindern, orderte auch der Kommandant der Grenztruppen Verstärkung. 45 Soldaten mit Maschinenpistolen wurden herangefahren.

Um 23.50 Uhr herum begrüßte Robin Lautenbach im SFB-Fernsehen die ersten Ost-Berliner auf der Westseite des Übergangs Invalidenstraße. Und kurz nach Mitternacht berichtete er wiederum live: »Hier am Grenzübergang Invalidenstraße spielen sich im Moment unbeschreibliche Szenen ab. Eine lange Schlange von DDR-Autos fährt herüber, jetzt kommt ein West-Berliner zurück. Die West-Berliner haben sich mehrere hundert Meter über den Kontrollpunkt in Richtung Osten hineinbewegt. Die DDR-Posten sind offenbar machtlos und können hier nichts mehr unternehmen. Die Situation an dem Kontrollpunkt scheint bereits unkontrollierbar zu sein; die Grenzsperren sind überwunden und jeder herausfahrende Trabi oder andere DDR-Wagen wird mit Sekt und Jubel und Blumen begrüßt.«[142]

Aus Sorge vor einer Konfrontation brachen Walter Momper, der Regierende Bürgermeister von Berlin, Dieter Schröder, der Chef der Senatskanzlei, sowie Polizeipräsident Georg Schertz zum Übergang Invalidenstraße auf. Und diese Sorge schien mehr als berechtigt: Auf der Ostseite trafen um Mitternacht herum die angeforderten Grenzsoldaten zur Sicherung des Grenzübergangs ein: »Die Soldaten kamen mit langer Waffe und voll aufmunitioniert«, sagt Oberstleutnant S. W. »Ich hatte eigentlich im Hinterkopf, es nicht zuzulassen, daß die Grenzübergangsstelle unkontrolliert von irgendwelchen Leuten passiert wird, und es auch nicht zuzulassen, daß Bürger West-Berlins in das Territorium der DDR eindringen. Aber die Lage eskalierte, und es wurden immer mehr Menschen. Ich habe die Situation dann mit dem Kommandanten beraten. Ich sage: ›Paß auf, wir lassen die Soldaten erst gar nicht aus dem Bus aussteigen. Was soll's. Auf Unbewaffnete schießen – das machen wir nicht!‹«[143] Und so mussten die frisch angeforderten Grenzsoldaten wieder abrücken.

In der Zwischenzeit standen auf der Westseite schon Tausende, die Schritt für Schritt in das Kontrollterritorium auf Ost-Berliner Seite einsickerten. Auch auf der Ostseite seien es immer mehr und mehr Menschen geworden, »und schließlich«, so S. W., »versuchten sie auch, über den Zaun zu klettern, und das gelang dann auch einigen, und dann habe ich (zu meinen Posten, d. Vf.) gesagt: ›Zieht euch zurück, laßt sie laufen!‹«[144]

Im Unterschied zur Bornholmer Straße waren es in der Invalidenstraße West-Berliner, die den Übergang fluteten: 1500 befanden sich nach Schätzung von Robin Lautenbach hinter der Mauer auf Ost-Berliner Gebiet. Als Walter Momper am Übergang eintraf, ging ihm durch den Kopf: »Wenn die vorne die Rolltore zufallen lassen und von hinten dann mit der Volkspolizei reindrücken, dann kann das alles furchtbar werden. Deshalb bin ich auf diesen Tisch geklettert, auf dem die Rentner immer ihre Sachen auspacken mußten, und habe eine Ansprache gehalten. Diese ging jedoch in dem Freudenlärm unter. Viele Leute hatten schon eine ganze Menge getrunken. Und was auch immer ich sagte, sie haben die ganze Zeit gejubelt, gelacht, geklatscht, sich gefreut und sich in den Armen gelegen.«[145]

S. W., Oberstleutnant, Stellvertreter Passkontrolle der Passkontrolleinheit am Grenzübergang Invalidenstraße

»Soll ich Momper in den Keller sperren?«

»Momper stand mitten auf unserer Paßkontrollinie, also unter der Überdachung. Dort hatten wir einen Tisch stehen für Bürger, die bei der Einreise eventuell noch Dokumente ausfüllen mußten. Momper hat sich auf diesen Tisch gestellt, hat ein Megaphon bekommen und dann eine Rede ans Volk gehalten. Mein Dienstzimmer war Luftlinie vielleicht 50 Meter von ihm entfernt. Ich habe das Fenster aufgehabt und habe dann Generalmajor Fiedler angerufen und ihm mitgeteilt, daß der Regierende Bürgermeister Momper jetzt auf der Grenzübergangsstelle ist und über ein Megaphon zu den Bürgern spricht, sie beruhigt, und was er da so sagte: Große Freude, macht Platz und dies und das.

Jedenfalls habe ich ihm dann durchs Telefon die Rede von Momper simultan Wort für Wort durchgesagt, und er konnte das gar nicht fassen. Ich sagte zu ihm: »Na, was wollen wir denn machen? Soll ich ihn in den Keller sperren? Das ist kein Problem.« Wir hatten eine schöne Zelle, und es wäre kein Pro-

blem gewesen, den Regierenden darin standesgemäß unterzubringen. Na gut, darauf hat er dann nicht so freudig erregt geantwortet. Ich muß sagen, ich habe mich da eigentlich die ganze Zeit weder erregt noch aufgeregt.«
Gespräch von Hans-Hermann Hertle, Kathrin Elsner und Gunther Scholz mit S. W., 14.5.1998

Walter Momper und Dieter Schröder telefonierten dann mit den alliierten Gesandten und Stadtkommandanten und erhielten die Erlaubnis, mit der West-Berliner Polizei über die weiße Linie, die die Sektorengrenze markierte und einige Meter vor der Mauer verlief, gehen zu dürfen, damit diese den Verkehr regeln und die öffentliche Sicherheit und Ordnung aufrechterhalten konnte. Als sich dann noch britische Militärpolizei hinzugesellte, gelang es nach einiger Zeit, den Verkehr zu ordnen und die Lage zu beruhigen.

Für Oberstleutnant S. W. war die Schlussfolgerung aus diesem Abend klar: »Ich war in erster Linie Soldat, meine ganze Familie waren Soldaten. Daß wir in der Partei waren, gehörte dazu; aber vordergründig waren wir Offiziere und Soldaten. Und in dem Moment habe ich gedacht: Das ist die Kapitulation. Wenn ein Staat nicht in der Lage ist, seine Grenze zu sichern, dann kann er einpacken.«[146]

Checkpoint Charlie: »Laßt uns rein!« – »Laßt uns raus!«

Der Öffnung aller innerstädtischen Übergänge war eine dramatische Entwicklung an dem für die Blockkonfrontation weltweit berühmtesten Schauplatz der geteilten Stadt vorausgegangen, der im Ostteil »GÜSt Friedrich-/Zimmerstraße«, im Westteil »Checkpoint Charlie« hieß. Hier hatten sich nach dem Mauerbau im Oktober 1961 amerikanische und sowjetische Panzer drohend und scheinbar kampfbereit gegenübergestanden, und die Todesschüsse auf Peter Fechter unweit des Übergangs stießen weltweit auf Empörung.

Im Januar 1974 hatte der Volkspolizist Burkhard Niering, mit einer Maschinenpistole bewaffnet, den ersten Posten der Passkontrolle an der GÜSt Friedrich-/Zimmerstraße als Geisel genommen. Sein Versuch, mit dem Posten den Kontrollpunkt zu überrennen, wurde mit tödlichen Schüssen

Grenzübergang Friedrich-/Zimmerstraße (»Checkpoint Charlie«), März 1989.

gestoppt.[147] Nur zwei Monate später hätte um ein Haar ein amerikanischer Soldat einen Weltkonflikt ausgelöst. Am 2. März 1974 walzte er mit einem Panzer alles nieder, was ihm auf West-Berliner Seite die Zufahrt zur Kontrollstelle versperrte, drang bis zur Mauer vor – und fuhr wieder nach West-Berlin zurück.[148] Wenn es auch in den 1980er Jahren ruhiger geworden war, so besaß der Kontrollpunkt in der Friedrichstraße für alle Seiten nach wie vor die höchste Symbolkraft für die Machtverhältnisse in der geteilten Stadt. Und nicht zuletzt war er immer noch der zentrale Übergang für die Alliierten.

Am Abend des 9. November 1989 erlebten die Passkontrolleure schon kurz nach 19.00 Uhr ihre erste Überraschung. Unmittelbar nach Schabowskis Pressekonferenz versuchte der Pressesprecher der Ständigen Vertretung, Eberhard Grasshoff, die Befehlslage am Übergang zu erkunden, und fragte bei seiner Überfahrt einen ihm seit Jahren bekannten Posten, ob er bereits neue Anweisungen für den Reiseverkehr habe. Als Antwort erhielt er ein irritiertes Nein.[149]

Chefdienst für die Passkontrolle hatte an diesem Tag als Stellvertreter des Leiters Oberstleutnant Manfred Gruß, der seit 1966 seinen Dienst in der »Paßkontrolleinheit Friedrich-/Zimmerstraße«, wie sie offiziell hieß, versah.[150] Einer seiner Untergebenen hatte die Pressekonferenz verfolgt und informierte Gruß umgehend, Schabowski habe gesagt, dass die Grenzen offen seien und die DDR-Bürger reisen könnten. »Da mußt du was Falsches gehört haben, denn das müßte ich ja wissen«, belehrte Gruß ihn. Doch der Leiter vom Zoll und der diensthabende Kommandant der Grenztruppen hatten es auch gehört. Manfred Gruß: »Dann ging die Rückruferei los. Keiner unserer Vorgesetzten konnte es uns bestätigen.« Kurze Zeit danach sei die Rückmeldung gekommen, die DDR-Bürger zur Volkspolizei-Meldestelle zu schicken, wo sie sich eine Genehmigung holen sollten.

Um 20.10 Uhr steuerte der Pächter Albrecht Rau aus dem nur hundert Schritt entfernten Café Adler in Begleitung mehrerer Kaffeehaus-Gäste, darunter mit Georgia Tornow, Bascha Mika und Arno Widmann, bekannte Journalisten der alternativen »Die Tageszeitung«, mit einem Tablett voller Sektgläsern und frisch gebrühtem Kaffee auf die erste Linie der DDR-Kontrolleure zu, um mit den Posten auf die Öffnung der Grenze anzustoßen. Die Posten, an dieser Frontlinie des Kalten Krieges von West-Berliner Seite eher an feindselige Handlungen und Beschimpfungen gewöhnt, wussten nicht, was ihnen warum widerfuhr. Sie verweigerten freundlich, aber bestimmt die Annahme jedweden Getränkes (»im Dienst wird nicht getrunken«), schickten die »Provokateure« über den weißen Strich nach West-Berlin zurück und gaben ihnen noch den Hinweis: Sie hätten keine Weisung oder Aufgabe, irgendetwas durchzuführen.

Während in der Bornholmer Straße und in der Sonnenallee Ost-Berliner auf den Übergang drückten und auf der Westseite weitgehend Ruhe herrschte, schien am Checkpoint Charlie wie in der Invalidenstraße zumindest vordergründig das Feindbild zu stimmen: Die östliche Seite blieb anfangs menschenleer; stattdessen versammelten sich auf der Westseite, mithin feindwärts, rund um die amerikanische Kontrollstelle immer mehr Menschen, darunter mehrere Fernseh-Teams. Entsprechende Meldungen gab der Diensthabende der PKE an das Operative Leit-Zentrum der HA VI weiter. Um 21.33 Uhr kam von dort die Weisung, alle PKE-Mitarbeiter zu alarmieren und an der GÜSt zusammenzuziehen.[151] Zwischen 110 und 120 Passkontrolleure seien sie dann gewesen, schätzt Manfred Gruß.

Der Kommandant der GÜSt hatte um 17.00 Uhr Dienstschluss und war nach Hause gefahren. Die »Sekt-und-Kaffee-Meldung«, die ihn dort erreichte, hatte ihn schon beunruhigt. Gegen 21.30 Uhr unterrichtete ihn sein Diensthabender Offizier, dass sich auf der Westseite mittlerweile schon mehrere Hundert Personen versammelt hätten, aber nun auch auf der DDR-Seite vor dem Schlagbaum die ersten Bürger stünden, die sich nach den neuen Ausreisemöglichkeiten erkundigten. Als der Kommandant gegen 22.00 Uhr am Grenzübergang eintraf und sich selbst einen Überblick über die Lage verschaffte, schlug ihm zu seiner Überraschung von West-Berliner Seite keine aggressive, sondern eine ausgesprochen freundliche und friedliche Stimmung entgegen. Auch er beorderte zunächst alle verfügbaren Kräfte seiner Sicherungskompanie heran. Zusätzlich bekam er auf Anforderung zwei Züge der als Reserve in Berlin gehaltenen Offiziershochschüler zur Verstärkung. Von seiner übergeordneten Dienststelle, dem Grenzregiment-36 in Rummelsburg, erhielt er auf Anfrage lediglich die allgemeine Orientierung, Ruhe zu bewahren. Auf einen Befehl – gleich welcher Art – wartete er vergebens.[152] Gut 200 bewaffnete Kräfte waren auf dem Übergang jetzt im Einsatz,

Zwischen 22.00 und 23.00 Uhr spitzte sich die Lage am Grenzübergang dramatisch zu. Um 22.05 Uhr spazierten 60 bis 70 West-Berliner über die weiße Grenzlinie auf das Territorium der DDR, kamen aber dann der Aufforderung nach, sich auf das West-Berliner Gebiet zurückzubegeben. Eine halbe Stunde später waren es bereits 120 Personen, die von den Sicherungskräften der Grenztruppen auf die West-Berliner Seite zurückgedrängt wurden.[153]

Manfred Gruß, Oberstleutnant, Stellvertreter Operativ der Passkontrolleinheit am Grenzübergang Friedrich-/Zimmerstraße (»Checkpoint Charlie«)

»... daß nicht einer versucht, über die Mauer zu springen«

»Wir hatten nur Bedenken – weil es dann Massen waren und so viele wurden –, daß sie die Mauer überspringen. Und wenn das passiert wäre: Es gab ja keinen Schießbefehl, aber nach der damaligen Ordnung, die herrschte, hieß es, wenn jemand die Grenzübergangsstelle, also das Militärgebiet, betritt, wird von der Schußwaffe Gebrauch gemacht. Und das war von uns Leitern das größte Bedenken: daß nicht einer versucht, über die Mauer zu springen, oder daß dann jemand die Schußwaffe anwendet.«

Gespräch von Hans-Hermann Hertle und Kathrin Elsner mit Manfred Gruß, 1.4.1998

Danach ließ der Kommandant seine Grenzer eine Sperrkette bilden, die fünf bis sechs Meter hinter der Grenzmarkierung, aber noch vor der Mauer stand. Ihre Maschinenpistolen hatten die Soldaten zuvor in der Waffenkammer deponiert. Noch immer wurde der grenzüberschreitende Verkehr regulär abgewickelt, doch die Spannung wuchs: »Die Situation an der Grenzübergangsstelle spitzt sich zu«, notierte der Diensthabende Offizier der PKE um 22.45 Uhr in seinem Rapport. »Im Vorfeld der Grenzübergangsstelle, bis unmittelbar zur Postensteinmauer, circa 3000 Bürger aus Westberlin. Im Hinterland der Grenzübergangsstelle mehrere 100 DDR-Bürger zu Fuß und Kfz.«[154] Verzweifelte Anrufe des GÜSt-Kommandanten bei seinen Vorgesetzten folgten. Seine Meldungen wurden ordnungsgemäß bis hinauf ins Kommando der Grenztruppen weitergegeben und »als Verletzung der Staatsgrenze der DDR vom Hoheitsgebiet Berlin (West)« registriert.[155] Als Maßnahme erfolgte von dort die Unterrichtung der für die Grenztruppen zuständigen Hauptabteilung I des MfS. Befehle oder Weisungen nach unten aber blieben weiterhin aus.

Gegen 23.00 Uhr traf der Leiter der Passkontrolleinheit, Oberstleutnant Horst Scholz, am Grenzübergang ein. Er war wie sein Kollege in der Invalidenstraße am frühen Abend zu einer Beratung der PKE-Chefs aller Berliner Grenzübergänge in die Zentrale zu Generalmajor Fiedler und seinem ersten Stellvertreter, Oberstleutnant Ziegenhorn, einbestellt worden.[156] 40 bis 50 Chefs und Leiter schätzungsweise hätten dort zwei Stunden zusammengesessen und im Prinzip gewartet, ohne dass Wesentliches beraten worden wäre. Fiedler und Ziegenhorn seien die meiste Zeit am Telefon gewesen. Normal sei, dass ein Soldat Gesetze und Befehle habe – und eine »Lage«. Je nach Lagebeurteilung handele er dann. An diesem Abend aber habe es keine »Lage« gegeben, sondern nur Fragezeichen: Was wolle man denn machen, wenn ein Politbüro-Mitglied die Grenze aufmache? Was solle ein Passkontrolleur da noch tun? Die Teilnehmer der Beratung hätten gewissermaßen unter Schock gestanden. Der eingetretene Zustand sei dem vergleichbar, wenn eine Kaufhalle geöffnet und allen Verkäuferinnen vorher die Kasse weggenommen werde. Bei ihrer Abfahrt hätten sie gewusst, dass es in der Bornholmer Straße schon eine »Ost-West-Bewegung« gegeben habe. Generalmajor Fiedler habe ihnen die Weisung mit auf den Weg gegeben, sie sollten zusehen, dass sie die Lage an ihren jeweiligen Grenzübergängen wieder in Ordnung brächten.

Nach seiner Rückkehr an den Checkpoint Charlie – um 23.00 Uhr herum – habe Ziegenhorn ihn telefonisch angewiesen, die Ausreiseabfertigung der DDR-Bürger mit einem Stempel im Personalausweis zu beginnen. Schubweise seien danach DDR-Bürger in das Kontrollterritorium hineingelassen und wiederum schubweise durch ein kleines Tor in den Westen förmlich herausgedrückt worden: der Beginn der »Ventillösung« auch am Checkpoint Charlie. »Das war ein Unsinn«, sagt Manfred Gruß, die Führung habe offenbar kein realistisches Bild von der Lage gehabt. Die Bürger hätten ihnen doch mitgeteilt, sie kämen wieder zurück: »Das ist auch so nach oben mitgeteilt worden.« Die Devise bei ihnen sei deshalb gewesen: »Die zurückwollen, kommen auch wieder in die DDR rein. Und danach ist auch gehandelt worden.«

Als dann der Druck von West-Berliner Seite auf die Sperrkette der Grenzsoldaten weiter zunahm, ließ der Kommandant die GÜSt schließen und alle Tore hinten und vorn, freundwärts wie feindwärts, verriegeln. Der Grenzver-

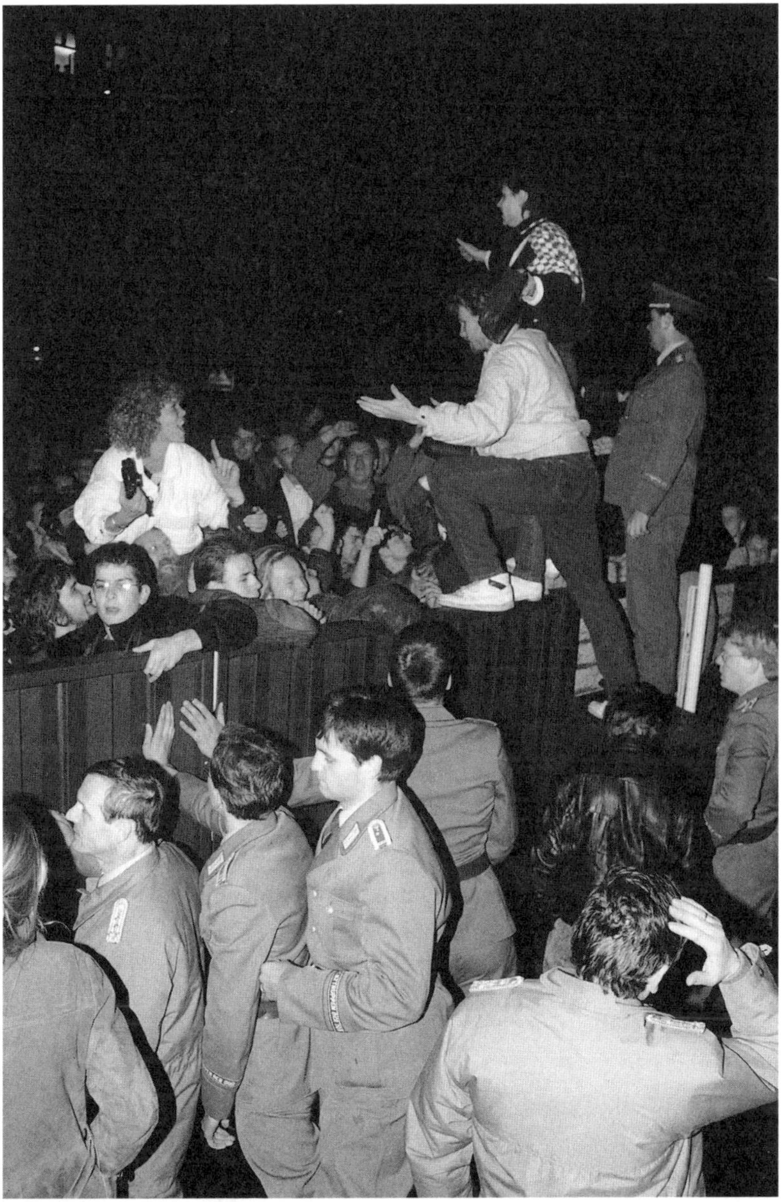

9. November 1989, Checkpoint Charlie: Druck von West und Ost auf den Alliierten Grenzübergang, hier: West-Berliner.

kehr kam zum Erliegen. In dem Bereitschaftsraum, in den sich die Grenzsoldaten zurückgezogen hatten, hörten sie vorn die West-Berliner rufen: »Laßt uns rein!« Und hinten forderten die Ost-Berliner unüberhörbar: »Laßt uns raus!«[157]

Im Operativen Leit-Zentrum der HA VI riefen die laufenden Meldungen der PKE Friedrich-/Zimmerstraße offenbar allergrößte Besorgnis hervor. Störungen und Zwischenfälle an diesem Übergang konnten sich unversehens zu einem ernsten, internationalen Konflikt ausweiten. Neben Diplomaten, ausländischen Dienstreisenden und Touristen wurden dort vor allem die Militärinspektionen der drei West-Alliierten abgefertigt. Deren Militärfahrzeuge galten für die DDR-Sicherheitsorgane im gesamten Ost-Berliner Stadtgebiet als exterritoriale, unantastbare Zonen – und mehrere Fahrzeuge waren an diesem Abend noch auf Inspektionsreise in Ost-Berlin unterwegs. Nicht auszudenken war, was passieren konnte, wenn ihre Rückfahrt nach West-Berlin blockiert war und sowjetische Militärs herangeholt werden mussten.

Ein »leitender Genosse«, so der für die staatliche Sicherheit in Ost-Berlin zuständige Chef der Berliner Bezirksverwaltung des MfS, Generalmajor Siegfried Hähnel, habe ihm um 22.30/23.00 Uhr herum den Auftrag erteilt, die Lage am Übergang Friedrich-/Zimmerstraße zu prüfen und gegebenenfalls zusammen mit der Volkspolizei Maßnahmen »zur Aufrechterhaltung der Ordnung und Sicherheit« einzuleiten.[158] Hähnel fuhr gegen Mitternacht ins Präsidium der Volkspolizei und tauschte sich mit dem Stabschef, Oberst Dr. Dieter Dietze, über die Lage aus. Die von ihm für die GÜSt Friedrich-/Zimmerstraße zu treffenden Maßnahmen hatten sich bis dahin, so Hähnel, »allein schon zeitlich durch die Reihenfolge und den Ablauf der Ereignisse« erledigt.

Mit der Schließung der Rollgittertore hatte der Kommandant der GÜSt sein defensives Handlungsrepertoire ausgereizt. Befehle von seinen Vorgesetzten bis hinauf ins Kommando der Grenztruppen blieben aus. Die Sprechchöre der Ost- und West-Berliner wurden lauter und fordernder. Handelte er nicht, lief er Gefahr, dass der Übergang von beiden Seiten gestürmt würde. Was dann passieren würde, war nicht vorauszusehen. Gegen Mitternacht gab der Kommandant nach seinen Aussagen ohne weitere Absprache mit den Passkontrolleuren dem Druck nach und ließ alle Tore öffnen. Die Chefs der Passkontrolle – Horst Scholz und sein Stellvertreter Manfred Gruß – hätten dagegen opponieren können, denn letzten Endes waren sie für die Abfertigung zuständig. Doch sie waren mit der Entscheidung einverstanden.[159] Und angesichts der Unpassierbarkeit des menschenüberfluteten Übergangs fügten sich die West-Alliierten für einige Stunden und benutzten auf entsprechende Bitten für ihre Grenzpassage den Übergang Rudower Chaussee.

Manfred Gruß, Oberstleutnant, Stellvertreter Operativ der Passkontrolleinheit am Grenzübergang Friedrich-/Zimmerstraße (»Checkpoint Charlie«)

»Keiner wußte mehr, wer woher kam«

»Wir waren uns dann einig, daß auch wir aufmachen mußten, sonst hätten wir dem Druck nicht mehr standhalten können. Dann haben wir zuerst nur eine Schleuse geöffnet, aber die Schleuse war auch nicht lange zu halten, und wir mußten eben doch die Tore aufmachen und dann ging das nüber und rüber. Wir haben versucht, noch Kontrollen durchzuführen, also zumindest die Identitätskontrolle, die Sichtkontrolle, zu machen. Ja, aber dann kamen schon die ersten, die am Brandenburger Tor über die Mauer gestiegen waren, und andere, die von der Westseite durch die Invalidenstraße reingekommen waren – also West-Berliner, die bei uns wieder raus wollten.

Es war dann keine Kontrolle mehr möglich; keiner wußte mehr, wer woher kam und wo er hingelaufen ist. Und so ist das dann die ganze Nacht gegangen.«

Gespräch von Hans-Hermann Hertle und Kathrin Elsner mit Manfred Gruß, 1.4.1998

Zwei Minuten nach Mitternacht, verzeichnet der Lagebericht der Ost-Berliner Volkspolizei, waren alle Grenzübergänge zwischen den beiden Stadthälften geöffnet;[160] um 23.15 Uhr standen die Schlagbäume in der Rudower Chaussee[161], um 23.35 Uhr in der Heinrich-Heine-Straße[162] und um 23.40 Uhr in der Chausseestraße[163] offen – für eine Abfertigung mit Passkontrollstempel in den Personalausweis. Mit dem Abstempeln der Personalausweise bei der Ausreise hatte man am Grenzübergang Oberbaumbrücke schon um

- 3 - VD – ODH – – Blatt

Lfd. Nr.	Datum Uhrzeit	gemeldet angeordnet	Sachverhalt	Folgemaßnahmen
19	00.02	ODH	Lage an den Güst Alle Güst sind geöffnet, Bornholmer Straße, Fahrzeugstau, einspurig bis Wisbyer Straße, Höhe Tulestraße Güst läßt keinen Pkw-Verkehr zu, vor der Güst beide Fahrbahnen bis Höhe Driesener Straße durch Fußgänger voll, alle Übergänge einschließlich Diplomatenübergang geöffnet. Erste telefonische Beschwerden der Anwohner. Güst Sonnenallee: Baumschulenstraße bis Köpenicker Landstraße Pkw-Stau	
20	00.48	Leitungsdienst PdVP	Rundspruch Die Leiter der Grenz-VPI haben sich sofort auf ihre Dienststellen zubegeben und ihre Dienstzimmer zubesetzen.	
21	01.06	Mi	Operative Lage Weisendammer Brücke: 150 Personen blockieren genannte und fordern Beseitigung der Mauer. Kräfte in Mitte reichen zur Beseitigung der Störung nicht aus.	SC, FG 01.10 RUndspruch VPI 1-11 Leitstelle VK K-Dienst
	01.08	ODH	Auf Weisung FG Kennwort Südpunkt. Kö 5, Li 5, Mz 3, Ws 2, Hs 2, Hd 2, Otto-Grotewohl-Straße von Leipziger Straße bis Pariser Platz der VPI Mitte unterstellt die dort mit Offizieren übernimmt.	
	01.09	SC	Einsatzalarm für die Formationen Schutzpolizei der VPI 1-11 (ohne Urlauber) Alalrmierung Teilkräfte VK (maximal 20 Mann) Herstellung voller Arbeitsbereitschaft Kriminalpolizei des Hauses	

00.02 Uhr: »Alle GÜst geöffnet« (Rapport des Präsidiums der Volkspolizei Berlin, 9./10.11.1989, in: PHS des PPr in Berlin).

22.25 Uhr auf Weisung von Oberst Ziegenhorn begonnen, um 23.40/24.00 Uhr wurde das Stempeln dort wegen »der enorm anwachsenden Personenzahl« eingestellt.[164] In der Invalidenstraße wurde der erste Trabi-Fahrer in der SFB-Sondersendung »DDR öffnet Grenzen« wenige Minuten vor 24.00 Uhr live von Robin Lautenbach auf West-Berliner Seite begrüßt.

Auch die Grenzkontrollpunkte in das Berliner Umland und zwischen der DDR und der Bundesrepublik waren noch in der Nacht passierbar. Über Dreilinden (Drewitz) kamen die ersten DDR-Bürger um 0.35 Uhr, über die Heerstraße (Staaken) um 0.41 Uhr und über Heiligensee (Stolpe) um 0.44 Uhr nach West-Berlin.[165] Bereits um 19.50 Uhr war ein Ehepaar am Alliierten- und Diplomatenübergang an der Glienicker Brücke, die Potsdam mit dem West-Berliner Bezirk Zehlendorf verbindet, erschienen und hatte sich nach der Möglichkeit des Passierens erkundigt.[166] Weil der Stellvertreter des Chefs im Grenzkommando Mitte den Diensthabenden der Grenzregimenter die Fernseh-Erklärung Schabowskis durchgegeben und zugleich befohlen hatte, »Maßnahmen zur Sicherung der Flanken an den Grenzübergangsstellen durchzusetzen«, war auch das für Potsdam zuständige Grenzregiment-44 zumindest vorgewarnt. Doch der Mitteleinsatz blieb äußerst bescheiden: Zur Durchsetzung dieses Befehls wurden lediglich zwei Offiziere »zbV«, zur besonderen Verwendung, eingesetzt. Zudem ließ die Potsdamer Volkspolizei das Grenzregiment im Stich: »Ohne Begründung« lehnte sie dessen »Bitten um Unterstützung zur Zurückweisung von Bürgern der DDR an der Glienicker Brücke und an der Autobahnauffahrt Babelsberg« ab.[167] Nachdem die Volkspolizei, die dem ständig steigenden Druck nicht standhalten konnte, insbesondere ihre gesamten Kontrollen im Vorfeld der Autobahn-Grenzübergangsstelle Drewitz eingestellt hatte, spitzte sich die Lage auch dort zu.[168] Seit etwa 21.00 Uhr konnten reisewillige DDR-Bürger mit ihren Kraftfahrzeugen ungehindert den Grenzübergang ansteuern. Wie in der Bornholmer Straße hatten die Passkontrolleinheiten des MfS auch hier zunächst die Absicht, Ausreisewilligen einen Passkontrollstempel auf das Lichtbild ihres Personalausweises zu verpassen und sie auf diese Weise auszubürgern.[169] Gegen 23.30 Uhr jedoch war der Grenzübergang völlig verstopft, und der Transitverkehr kam zum Erliegen.[170] Innerhalb kurzer Zeit bildete sich auf der Autobahn zwischen der Grenzübergangsstelle Drewitz und Babelsberg ein mehrere Kilometer langer Rückstau. »Über diesen zunehmenden Druck«, heißt es in einer Chronik des zuständigen Grenzregimentes-44, »erfolgte laufend Meldung an das Grenzkommando Mitte.«[171] Auch das Operative Leit-Zentrum des MfS wurde offensichtlich von seinen Passkontrolleuren vor Ort über die zunehmend explosiver werdende Lage unterrichtet. Um 0.30 Uhr trafen MfS-Oberst Ziegenhorn[172] und der Arbeitsbereich Passkontrolle Potsdam des MfS[173] die Festlegung, mit der Abfertigung der DDR-Bürger in Drewitz, aber auch an den Übergängen in Staaken und Stolpe zu beginnen.[174] Nur die Glienicker Brücke war in dieser Nacht noch nicht passierbar.

In Zarrentin war der Autobahn-Grenzübergang für Ausreisende in Richtung Hamburg ebenso wie in Marienborn in Richtung Helmstedt, Braunschweig und Hannover bereits um 21.30 Uhr durchlässig geworden; in Herleshausen traf der erste Besucher aus der DDR ohne Visum kurz nach 1.00 Uhr ein.

Brandenburger Tor: Tanz auf der Mauer

Als um Mitternacht alle Übergänge für einen unkontrollierten Reiseverkehr offen standen, rechneten weder Volkspolizei noch Staatssicherheitsdienst oder Grenztruppen damit, dass das Brandenburger Tor eine geradezu magnetische Anziehungskraft auf die Berliner ausüben würde. Seine Wirkung als Symbol für die Teilung der Stadt, die es als bevorzugten Ort für die Überwindung dieser Teilung geradezu prädestinierte, wurde ausgerechnet in dieser Nacht unterschätzt.

Die Bewachung der Mauer am Brandenburger Tor und die Sicherung ihrer beiden Flanken zum Potsdamer Platz im Süden und zum Reichstagsgebäude im Norden galten den Grenztruppen der DDR als ihre heiligste Aufgabe. Erst in der zweiten Hälfte der 1980er Jahre war die dünne Betonplattenwand an dieser Stelle durch einen nur drei Meter hohen, dafür aber fast genauso breiten, abgeflachten Betonwall ersetzt worden. Nach dem Willen der Erbauer symbolisierte diese aus Stahlbetonplatten geschichtete, panzerfeste Mauer die Endgültigkeit der deutschen Teilung.

Das Brandenburger Tor lag im Grenzabschnitt des Grenzregiments-36, doch aufgrund seiner Bedeutung wurde dieser Bereich von einer Sicherungskompanie geschützt, die dem Kommandeur des Grenzkommandos Mitte direkt unterstellt war. Die Führungsstelle der Sicherungskompanie befand sich nicht in einem der Tor-Gebäude, sondern in der gegenüberliegenden Clara-Zetkin-Straße. Zwei Offiziere versahen dort am 9. November ihren Dienst. Wie an den Tagen zuvor war er bis zum frühen Abend ohne besondere Vorkommnisse verlaufen. Auf der östlichen Seite, Unter den Linden, herrschte die gewohnte Betriebsamkeit. Im westlichen Vorfeld, auf der Straße des 17. Juni, bestiegen wie an jedem Tag zumeist Berlin-Besucher die Aussichtspodeste, um einen Blick über die Mauer in den Ostteil der Stadt zu werfen. Wie immer wurden sie von den Grenzsoldaten aufmerksam beobachtet, um die stets befürchteten Störungen und »Provokationen« rechtzeitig zu erkennen. Der Wachsamkeit der Grenzsoldaten war auch nicht entgangen, dass die Post am Vortag Kabel verlegt und einen Sendemast aufgebaut hatte. Nach aller Erfahrung der Grenzer kündigten sich auf diese Weise Filmarbeiten an. Dank der hervorragenden funkelektronischen

Das Brandenburger Tor, mit einer panzerfesten Mauer zum Westen umgeben (Aufnahme Juni 1989).

Aufklärung des MfS war man bald im Bilde, dass der amerikanische Fernsehsender NBC eine Übertragungsstrecke aufbauen ließ, was jedoch keine weitere Besorgnis auslöste.[175]

Die Pressekonferenz Günter Schabowskis dagegen versetzte beide Offiziere in Erstaunen. Weil sie sich auf die Ausführungen des Politbüro-Mitglieds keinen Reim machen konnten, riefen sie den Kommandeur des Grenzkommandos Mitte, Generalmajor Erich Wöllner[176], an und fragten nach, was die Ankündigungen Schabowskis bedeuten sollten und mit welchen Auswirkungen auf ihren Dienst zu rechnen sei.[177] Wöllner hatte noch um 18.00 Uhr mit seinen sechs Stellvertretern und einigen Abteilungsleitern gemeinsam ein Abendessen eingenommen. Danach ging die Führung des Grenzkommandos Mitte auseinander; nur Wöllner selbst und zwei seiner Stellvertreter verblieben im Dienst.[178] Nach der Pressekonferenz klingelten bei Wöllner bzw. dem Diensthabenden Offizier des Grenzkommandos Mitte ununterbrochen die

Telefone. Seine Untergebenen baten um Auskünfte, die der Kommandeur nicht geben konnte, oder erwarteten Befehle, die er nicht hatte. Auch der Kommandeur der Berliner Grenzdivision besaß keinerlei Vorinformation.

Wöllner wandte sich an seine Vorgesetzten im Kommando der Grenztruppen in Pätz. Weil der stellvertretende Verteidigungsminister und Chef der Grenztruppen, Generaloberst Klaus-Dieter Baumgarten, als Kandidat des Zentralkomitees an dessen Plenarsitzung teilnahm, hatte dort der Chef des Stabes, Generalmajor Dieter Teichmann[179], während des ganzen Tages die oberste Befehlsgewalt. Von der Erarbeitung einer neuen Reiseregelung hatte auch er nichts erfahren. »Noch heute bewegt mich die Frage«, äußerte Teichmann Anfang 1990, »warum niemand von uns offiziell unterrichtet wurde. Uns fehlte so jede Möglichkeit, notwendige Vorbereitungen an der Grenze zu treffen. Wir sind von den Entscheidungen der zentralen Stelle völlig überrascht worden. Für mich war das zunächst unfaßbar, übers Fernsehen von der Grenzöffnung zu erfahren.«[180] Um halb sieben hatte Teichmann den Fernseher eingeschaltet und Schabowskis Pressekonferenz gesehen. Danach ging er in aller Ruhe zum Abendessen und machte sich Gedanken, »was auf die Grenztruppen in den kommenden Wochen zukommen« würde.[181] Was immer Teichmann kommen sah, es kam schneller, als er dachte. Zurück vom Abendbrot, erreichte ihn der Anruf Wöllners. Da Teichmann selbst keine Informationen oder Befehle hatte, konnte er auch Wöllner keine Auskünfte erteilen, bevor er nicht seinen Chef und möglicherweise seine offiziellen und inoffiziellen Partner im MfS konsultiert hatte.[182] So vertröstete er Wöllner auf einen späteren Zeitpunkt.

Seit zehn Jahren war Wöllner Chef der Grenztruppen in Berlin, seit 1986 gehörte er der Berliner SED-Bezirksleitung an, der Schabowski vorstand. Zum ersten Mal fühlte er sich von seiner Partei und seinen Vorgesetzten gleichzeitig im Stich gelassen. »Am Abend der Schabowski-Erklärung wußten wir im Grenzkommando Mitte von gar nichts«, klagte Wöllner im Nachhinein. »Wenn die Grenzöffnung ordentlich vor sich gegangen wäre, dann hätten wir vom Politbüro über das Ministerium und den Chef Grenztruppen vorher erfahren müssen: ›Paßt auf, da kommt in nächster Zeit eine Weisung. Ihr seid vorn an der Grenze die zuerst Betroffenen.‹ Aber es kam überhaupt nichts. Wir waren völlig auf uns allein gestellt. Und meine ersten Gedanken waren: Wenn die dir vorher nichts sagen, dann sollen sie auch sehen, wie sie zurechtkommen, du machst jetzt gar nichts.«[183] Was hätte Wöllner in den ersten Stunden auch anderes tun sollen? Sollte er der Bevölkerung mit seiner Division eine blutige Schlacht liefern – ohne Rückendeckung von oben und gegen einen Beschluss der politischen Führung, also auf eigenes Risiko? »Sollen doch andere das auslöffeln. Soll doch das MfS, sollen Ziegenhorn und Neiber entscheiden, was zu tun ist – ich entscheide nichts«, gibt einer seiner Stellvertreter die Trotzhaltung des Kommandeurs an diesem Abend wieder.[184] »Aber lange«, so Wöllner selbst, »konnte ich das natürlich nicht durchhalten.«[185]

Während der Druck der Ost-Berliner auf die Grenzübergänge zunahm, blieb die Lage am Brandenburger Tor zunächst ruhig. Eine einzelne Person, die um 21.03 Uhr von der Westseite auf die Panzermauer geklettert war, kam der Aufforderung der DDR-Grenzer widerspruchslos nach, in den Westteil zurückzuspringen. Dieser Vorgang wiederholte sich mit dem gleichen Ergebnis noch einmal um 21.49 Uhr. Noch gegen 22.00 Uhr galt die Lage am Brandenburger Tor als so stabil, dass ein Zug der seit dem 40. Jahrestag zusätzlich zur Sicherungskompanie am Brandenburger Tor eingesetzten Offiziershochschüler zur Verstärkung der Kräfte des Kommandanten des benachbarten Grenzübergangs Friedrich-/Zimmerstraße abkommandiert wurde.

Eine halbe Stunde später wurde die Mauerkrone erneut bestiegen; dieses Mal gleich von einer ganzen Personengruppe. Jetzt war es die West-Berliner Polizei, die auf Räumung drängte und die Ordnung wiederherstellte. Um 22.44 Uhr meldeten Polizeibeamte auf der Westseite ihrem Lagezentrum in Tempelhof, dass die Menschenansammlung am Brandenburger Tor auf 400 bis 500 Personen angewachsen sei, von denen einige begonnen hätten, die Mauer mit Hämmern zu beschädigen.[186] Exakt zur gleichen Zeit erstatteten Volkspolizisten der Inspektion Mitte ihrem Präsidium am Alexanderplatz die Meldung, dass sich auf der östlichen Seite 50 bis 60 Personen am Sperrzaun vor dem Brandenburger Tor eingefunden hätten. Sie brächten ihre Freude über die neue Reiseregelung zum Ausdruck. Gegenüber den Angehörigen der Volkspolizei herrsche eine entspannte Atmosphäre.[187]

Wenige Minuten vor Mitternacht wurde die Mauerkrone erneut bestiegen. Die Aufforderungen, die Mauer zu verlassen, blieben jetzt unbeachtet, und selbst der Versuch der Grenzer, die Menschen mit einer eilig an einen Hydranten angeschlossenen Wasserspritze zu vertreiben, zeigte nur vorübergehenden, aber keinen dauerhaften Erfolg. Auf der West-Berliner Seite hatten sich mittlerweile mehrere Tausend, auf der Ost-Berliner Seite unmittelbar an den Rollgittertoren zum Pariser Platz mehrere Hundert Menschen angesammelt, und der Zustrom auf beiden Seiten hielt an.

Ohnmächtig musste die Volkspolizei mit ansehen, wie um 1.06 Uhr 150 Menschen – überwiegend West-Berliner, die über die Invalidenstraße in den Osten eingedrungen waren – die Weidendammer Brücke in der Nähe des S-Bahnhofs Friedrichstraße blockierten und die Beseitigung der Mauer forderten: »Kräfte in Mitte reichen zur Beseitigung der Störung nicht aus«, hielt der Lagebericht lapidar fest.[188] Innerhalb der nächsten fünf Minuten wurden der Volkspolizeiinspektion Mitte vom Präsidium 19 Funkstreifenwagen aus Inspektionen ohne eigenes Grenzgebiet als Sofortverstärkung zugewiesen, Einsatzalarm für die Schutzpolizei aller elf Inspektionen gegeben und volle Arbeitsbereitschaft für die Kriminalpolizei des Präsidiums hergestellt. Die Maßnahmen kamen zu spät, um 300 Personen zu stoppen, die sich um 1.10 Uhr Unter den Linden in Richtung Brandenburger Tor bewegten. Als der Gruppenführer der Sicherungskompanie aus seinem Postenhäuschen an der Ecke Unter den Linden-/Grotewohlstraße die Information über die herannahende Menge an die Diensthabenden Offiziere in der Führungsstelle weitergab, konnten diese bereits aus dem Fenster beobachten, wie die Menschen den Sperrzaun am Pariser Platz einfach überstiegen, die Sicherungsketten der Grenzsoldaten durchbrachen und über den Platz zum Brandenburger Tor flanierten. Soweit sie es nicht von sich aus vorgezogen hatten, sich zurückzuziehen, wurde den Grenzsoldaten befohlen, zur Seite zu treten, sich neben dem Brandenburger Tor in Sicherheit zu bringen und auf keinen Fall von ihren Maschinenpistolen Gebrauch zu machen.

Während zahlreiche Menschen von der Mauer in den Ostteil heruntersprangen und sich Ost und West unter dem Brandenburger Tor vereinigte, bildeten andere auf der östlichen Seite Räuberleitern, um auf die Panzermauer zu gelangen, oder nutzten den noch herumliegenden Wasserschlauch als Tau, um sich auf die Mauerkrone ziehen zu lassen.[189]

Der Journalist Jürgen Petschull, der ebenfalls über den schmiedeeisernen Zaun am Pariser Platz gestiegen war, beschreibt den Augenblick, als er das Brandenburger Tor erreicht: »Wir stehen unter den turmhohen Säulen. (...) 28 Jahre war das Brandenburger Tor von der Mauer und von Männern mit Maschinenpistolen versperrt. Auch wer nicht zu Emotionen neigt – dies ist ein unvergeßlicher Moment. Wildfremde Menschen umarmen sich. Viele weinen. Wir spazieren durch die Durchgänge zwischen den Säulen, vor und zurück. Immer wieder. Durch dieses kolossale Monument großdeutschen Imponiergehabes? Es ist ein sinnliches Erlebnis wie eine Erstbesteigung. Mancher streichelt den kalten Stein.«[190]

Bis gegen 23.00 Uhr hatte der Kommandeur des Grenzkommandos Mitte vergeblich auf Befehle oder klare Anweisungen aus dem Kommando der Grenztruppen in Pätz gewartet. Nachdem die GÜSt Bornholmer Straße gefallen war, befahl Generalmajor Wöllner die Herstellung der vollen Arbeitsbereitschaft für den Stab des GKM; Führung und Stabsoffiziere wurden alarmiert. Einige Stellvertreter des Kommandeurs wurden nach ihrem Eintreffen in Karlshorst zur Unterstützung in nachgeordnete Truppenteile befohlen, vor allem in die Führung des Grenzregiments-36 in Rummelsburg und die Führungsstelle der Sicherungskompanie Brandenburger Tor. Oberst Heinz Geschke zufolge hatte Wöllner gegen 23.30 Uhr als Order ausgegeben: »Ruhe bewahren, Lage stabilisieren, keine Unfälle zulassen, in ruhige Bahnen lenken.«[191]

Heinz Geschke, Oberst, Stellvertreter Grenzsicherung im Grenzkommando Mitte

»Doppelt wichtig: Keine Anwendung der Schußwaffe«

»Und gegen 23.30 Uhr hat der Kommandeur dann befohlen – das habe ich fast wörtlich als seine Befehlserteilung mitgeschrieben:

›1. Heranführung von Reserven und Bereitstellung an den Grenzübergangsstellen mit der Besonderheit Brandenburger Tor. Der Einsatz von Offizieren des Stabes und der Grenzausbildungsregimenter, auch deren Einheiten, ist vorzubereiten.

2. Die Stellvertreter und Kommandeure der Truppenteile haben durchzusetzen: Die Menschen und Fahrzeugströme in geordnete Bahnen zu lenken, Unfälle zu verhindern, jegliche Konfrontation mit der Bevölkerung zu vermeiden, taktische Handlungen zu unterlassen, mögliche Verletzte im Gedränge zügig bergen (Abtransport ins VP-Krankenhaus). Doppelt wichtig: Keine Anwendung der Schußwaffe, Konzentration auf den Schutz der wichtigsten Objekte (Waffen, Munition, Kampftechnik) sowie des Lebens der eingesetzten Grenzsicherungskräfte. Auffahren und Formieren von Marschkolonnen (SPW, Artillerie oder Kampftechnik) bzw. ein Verlassen der Objekte ist streng verboten. Aktive Handlungen nur auf Weisung des Kommandeurs des Grenzkommandos Mitte.‹

Das Ziel war – so hatte ich das damals verstanden und verstehe ich es auch heute noch –, die Lage zu stabilisieren, die Führung wieder zu gewährleisten – denn sie war vom Prinzip her abgerissen – und das Vertrauen der Untergeordneten zum vorgesetzten Stab zu festigen.«

Gespräch mit Heinz Geschke, 5.8.1998

Um 0.20 Uhr erhielt Wöllner vom Kommando der Grenztruppen den Befehl, das GKM in »erhöhte Gefechtsbereitschaft« zu versetzen. Dieser Befehl wurde telefonisch über die Linie der Operativ Diensthabenden in Pätz und Karlshorst direkt in die Grenzregimenter übermittelt.[192] Im Schneeballsystem erfolgte die Alarmierung des Offiziersbestandes. Da die Offiziere zum Teil auf die um diese nächtliche Zeit nur in großen Abständen verkehrenden öffentlichen Nahverkehrsmittel angewiesen waren, verzögerte sich ihre Ankunft in den Dienstobjekten. So wurde es 1.30 Uhr, bis die ersten Reservekräfte aus den in Oranienburg und Wilhelmshagen stationierten Grenzausbildungsregimentern sowie der am Hölzernen See untergebrachten Offiziershochschülerkompanien zur Verstärkung in Richtung Brandenburger Tor überhaupt erst einmal in Marsch gesetzt werden konnten.[193]

Erst jetzt mobilisierte auch das Präsidium der Volkspolizei in enger Abstimmung mit der Berliner Bezirksverwaltung für Staatssicherheit und dem GKM zusätzlich zur Schutzpolizei seine in Basdorf kasernierte Elitetruppe der Bereitschaftspolizei. Um 1.39 Uhr gab der Stabschef des PdVP Berlin,

Oberst Dieter Dietze, den Befehl an die 17.–19. Volkspolizei-Bereitschaft weiter, »alle vereidigten Kräfte zu formieren, Marschbereitschaft herzustellen und sich zum Präsidium in Marsch zu setzen«.[194] Um 2.00 Uhr schließlich befahl der Leiter der BVfS Berlin die Mitarbeiter aller Diensteinheiten in ihre Dienststellen.[195]

In der Zwischenzeit waren die telefonisch per Kennwort geweckten Stabsoffiziere des Grenzkommandos Mitte, teils mit ihren Autos, teils mit der Straßenbahn, nacheinander in ihrer Dienststelle in Karlshorst eingetroffen. Der Offizier vom Dienst wies sie an, in ihre Felddienstuniformen zu steigen, ihre persönliche Waffe in Empfang zu nehmen und sich ins Lage-Zimmer zu begeben. Dort wartete bereits der General auf sie. »Genossen«, sagte er, »alle raus ans Brandenburger Tor. Nehmt euch was zu essen mit, ein paar Kekse, und zieht euch Handschuhe an. Die Waffe habt ihr alle empfangen. Fahrt hintenrum durch die Seitenstraßen. Vorne am Brandenburger Tor ist alles zu, da ist kein Durchkommen. Fahrt in die Zetkin-Straße. Dort werdet ihr eingewiesen.«[196]

Mit Geländewagen wurden die Stabsoffiziere in Gruppen von acht bis zehn Mann zum Brandenburger Tor gebracht. Schon während der Fahrt vermittelte sich ihnen die Stimmung dieser Nacht: Menschen bewegten sich mit Sektflaschen auf die Grenze zu, und die Euphorie auf der Straße stieg, je näher sie ans Brandenburger Tor kamen.[197] In der Führungsstelle der Sicherungskompanie hatten Oberst Hans Haase[198] und Oberst Walter Halbich[199], beide Stellvertreter des Kommandeurs, die Leitung des Einsatzes übernommen. Die Offiziere wurden eingewiesen, die Massen ruhig und friedlich, ohne Anwendung der Schusswaffe, über die Mauer zurückzuschicken bzw. aus dem Vorfeld hinter die Sperrgitter auf der Ostseite zurückzuholen.[200]

Das Bild, das sich den Offizieren rund um das Brandenburger Tor darbot, stellte den Sinn ihres ganzen Berufslebens in Frage. »Der Platz war schwarz von Menschen«, beschreibt einer der aus Karlshorst herangeführten Stabsoffiziere die vorgefundene Szenerie, »und um den Platz herum standen Offiziersschüler aus Suhl, ihre Offiziere waren nicht zu sehen, die Jungs waren sich im Grunde selbst überlassen, waren völlig hilflos, so daß wir vorrangig erst mal mit denen gesprochen haben. Wir wußten selber nicht, was passiert. Mir war nur eins klar, daß alles vorbei ist. Die Mauer war von Tausenden West-Berlinern besetzt, die skandierten, die Mauer muß weg. Irgendwann versuchten zwei Männer mit einem Vorschlaghammer und einer Kreuzhacke, die Mauer einzureißen, da habe ich mich noch dagegengestellt und den Mann mit der Kreuzhacke am Zuschlagen gehindert. Der hat die Hacke abgesetzt und mich gefragt: Was wird nun? Da habe ich ihm die Hacke weggenommen und gesagt, nu kannste wieder rübergehen, der war über die Mauer geklettert zu uns rüber und runtergesprungen und ist dann wieder zurückgegangen.«[201]

40 bis 50 Offiziere bemühten sich, teils durch persönliche Ansprache, teils mit Hilfe eines Lautsprecherwagens, die Berliner friedlich »dahin oder dorthin zu schicken – je nachdem, wohin sie wollten« – mit bescheidenem Erfolg. »Dann habe ich nach einigen vergeblichen Versuchen gemerkt: Es geht nicht. Mit mir waren drei Mann zusammen. Wir haben es dann erneut versucht und gesagt: ›Bitte gehen Sie da zurück und dort zurück!‹ Doch der Versuch der Leute, nur einmal das Brandenburger Tor anzufassen, nur einmal durchzugehen, war nicht zu bremsen. Es waren keine Randalierer wie später, das war die ›echte‹ Bevölkerung Berlins, die wollte nur mal durchs Brandenburger Tor gehen. Ich habe das nicht verstanden, ich habe es nicht begriffen. Aber es waren keine Jugendlichen, es waren wirklich Leute im mittleren Alter, in unserem eigenen Alter, die kannten das von früher, die wollten da mal durch und einmal anfassen. Ich habe selbst eine Frau im Rollstuhl einmal durch das Tor geschoben und dann wieder zurückgebracht. Es war für mich als völlig außenstehenden Militär, der konsequent bis zuletzt war, echt bewegend. Das hat mich geprägt.«[202]

Bis alle in Marsch gesetzten Reservekräfte aus dem Oranienburger und Wilhelmshagener Grenzausbildungsregiment sowie der Offiziershochschule herangeführt waren, vergingen drei Stunden. Gegen 3.00 Uhr waren schließlich 447 Grenzoffiziere und -soldaten zusätzlich am Brandenburger Tor im Einsatz, unterstützt von einhundert Volkspolizisten. Hatten sich die vorhandenen Kräfte bis dahin darauf beschränken müssen, die Flankenbereiche des Tores zu sichern, so wurden nun Ketten gebildet und erste Versuche zu

Nachdem Ost- und West-Berliner durch das Brandenburger Tor bis zur Mauer vorgedrungen sind, erklimmen sie mit Hilfe von Wasserschläuchen die Mauerkrone, die bereits von West-Berlinern erobert wurde.

einer gewaltlosen Zurückdrängung der Menschen unternommen. Auf diese Weise gelang es, zunächst den Bereich zwischen dem Tor und den Sperrgittern zu räumen.[203] Um 3.30 Uhr gab das Präsidium der Volkspolizei für die überwiegend einsatzbereit im Hintergrund gehaltenen Kräfte erstmals Entwarnung; der Stabschef befahl, den Schutzpolizisten die »Entschärfung der

Situation zu verdeutlichen« und sie, soweit sie nicht unmittelbar gebraucht würden, wieder zu entlassen.[204] Zwischen 4.30 Uhr und 5.00 Uhr war dem Lagebericht des MfS zufolge der gesamte Bereich zwischen Panzermauer und Rollgittern auf östlicher Seite geräumt.

Die Menschenmenge auf der westlichen Seite wurde am frühen Morgen auf zwei- bis dreitausend Personen geschätzt. Unverändert hielten noch immer mehrere Hundert Menschen die Panzermauer besetzt, und der ganze Platz hallte von dem Klopfen der Mauerspechte wider, die den Schutzwall auf der Westseite mit Hämmern und Meißeln bearbeiteten. Das hell klingende Geräusch, gelegentlich von kräftigen, dumpfen Vorhammerschlägen übertönt, ging den Grenzern durch Mark und Bein. »Als die Offiziere, die unmittelbar dort (am Brandenburger Tor – d. Vf.) standen, zurückkamen (nach Karlshorst – d. Vf.)«, erinnerte sich der Stabschef und 1. Stellvertreter des Kommandeurs des Grenzkommandos Mitte, Oberst Günter Leo[205], »waren die total konfus, die fühlten sich betrogen, hinters Licht geführt. Mit denen war nicht mehr zu reden. Für sie war der Sinn ihres Berufslebens, ihre Ehre, ihre Würde zerstört.«[206]

Nach Mitternacht unternahmen auch Oberst Krüger vom MfS und Generaloberst Wagner vom MdI in einem zivilen Fahrzeug eine gemeinsame Erkundungsfahrt zur Grenze, um sich einen persönlichen Eindruck von der entstandenen Lage zu verschaffen. Danach habe sich nach den Erinnerungen von Hans-Joachim Krüger zwischen ihnen sinngemäß folgender Dialog abgespielt:

»Krüger: Karl-Heinz, das sieht schlimm aus!

Wagner: Es sieht schlimm aus. Soll ich dir mal was sagen?

Krüger: Na sag's!

Wagner: Der Sozialismus ist verloren. Sieh in die Augen der Menschen. Wir haben kein Hinterland mehr!«[207]

Während die gesamte politische und militärische Führungsspitze der DDR in dieser Nacht öffentlich nicht in Erscheinung trat, erfuhr Radio DDR 1 auf Anfrage aus dem Innenministerium, dass die Grenzübergangsstellen nach West-Berlin und der BRD »als Übergangsregelung« bis zum Morgen des 10. November, 8 Uhr, allein unter Vorlage des Personalausweises passiert werden könnten.[208] Ab 2.00 Uhr wurde diese Information in den Nachrichten gesendet. Krenz und Schabowski, Mielke, Keßler und Dickel hüllten sich in Schweigen. Vom Zentralkomitee der SED, der Führung seines Ministeriums und dem dort sonst allgegenwärtigen Ministerium für Staatssicherheit alleingelassen, war es der Leiter der Hauptabteilung Pass- und Meldewesen im MdI, Oberst Gerhard Lauter, der um vier Uhr im Rundfunk einräumte, dass die eingetretene Situation nicht den Festlegungen des Ministerrates entsprach. Er äußerte die Hoffnung, dass es in den folgenden Tagen, wenn Vertrauen in die Reiseregelung entstanden sei, zur Anwendung der festgelegten Ordnung des Ministerrates kommen werde.[209] Doch in Lauters Worten klang unüberhörbar Verunsicherung mit, denn die aktuelle Lage in der Stadt bot wenig Anlass für diesen Optimismus.

Wegen der Ankündigung, dass Ost-Berliner ab 8.00 Uhr nur mit einem Visum passieren dürften, fuhr der amerikanische Stadtkommandant, General Raymond E. Haddock, in Begleitung seiner Frau am Morgen des 10. November um 7.30 Uhr zum Grenzübergang Heinrich-Heine-Straße, um sich selbst ein Bild zu machen. Haddock: »Aber es wurde 8.00 Uhr und nichts veränderte sich; noch immer kamen Massen über die Grenze. Ich ging zu einem Grenzpolizisten und fragte ihn: ›Die Leute brauchen doch ab 8.00 Uhr heute ein Visum, wenn sie die Grenze überqueren wollen?‹ Und er antwortete: ›Visum – kein Visum, macht nichts! Die Mauer ist weg! Die Mauer ist gefallen, es ist vorbei!‹«[210]

Mit unbeschreiblicher Freude und Begeisterung feierten die Berliner den Fall der Mauer bis in die frühen Morgenstunden als Volksfest auf dem Kurfürstendamm. Dann brachen die Ost-Berliner auf und machten ihre Drohung »Wir kommen wieder!« wahr. Doch die DDR, in die sie zurückkehrten, war nicht mehr die, die sie wenige Stunden zuvor verlassen hatten. Die 28-jährige Geiselnahme der DDR-Bevölkerung mit ihren willkürlichen Freilassungen und Freigangsregeln hatte ein unblutiges Ende genommen, die Fesseln waren gesprengt, die Einsperrung beendet.

Exkurs: Konfusion in der militärischen Führung

»Schwere und uns alle bewegende Stunden liegen hinter uns«, meldete sich der Chef des Grenzkommandos Mitte am Mittag des 10. November bei den für die politische Arbeit zuständigen Kommandeuren der Berliner und Potsdamer Grenzregimenter zu Wort. »Ohne Gewaltanwendung war nicht zu verhindern, daß Tausende DDR-Bürger unkontrolliert nach Berlin (West) gelangten und teilweise zurückkehrten. Zugleich passierte eine große Anzahl von Westberlinern die Staatsgrenze zur DDR. Eine größere Menschenmenge besetzte zeitweilig das Gebiet um das Brandenburger Tor. Dem entschlossenen Handeln der eingesetzten Kräfte der Grenztruppen ist es zu verdanken, daß an dieser Stelle die Menschenansammlungen abgedrängt wurden.« Es sei ein großes Verdienst der Kommunisten und »überhaupt jedes Grenzers«, dass wir »diesen Anforderungen unter großem Druck standhielten und nicht zurückwichen. Der Klassenauftrag wurde erfüllt.« Für den »Bestand der DDR« sei es vor allem erforderlich, »alles zu unternehmen, daß die Staatsgrenze der DDR nur an den dafür vorgesehenen Grenzübergangsstellen passiert wird«. Auf weitere Lageveränderungen sei »mit Besonnenheit und Entschlossenheit zu reagieren und eine Eskalation, insbesondere die Anwendung der Schußwaffe, zu vermeiden.«[211]

Die Parteigenossen des Grenzregiments-36 erreichte der Kommandeur mit diesem Schreiben nicht mehr. Fassungslos, verwirrt, aber auch voller Wut blickten sie am 10. November auf die Schändung »ihres« Brandenburger Tores, der »heiligen Kuh der Grenztruppen«[212], in der vorangegangenen Nacht zurück. In einer Protestresolution an den Generalsekretär des ZK der SED klagten sie den Verrat ihrer militärischen und politischen Führung an: »Die Ereignisse vom 9. 11. 1989 bzw. 10. 11. 1989 betrachten wir schlichtweg als Verrat und Hohn gegenüber den Leistungen der Schutz- und Sicherheitsorgane, insbesondere der Grenztruppen. Ohne uns in Kenntnis zu setzen, wurden Entscheidungen getroffen, die uns zwangen, alle militärischen und parteilichen Prinzipien aufzugeben. Berechtigt fragen unsere Genossen, warum durch unsere Partei- und Staatsführung, durch unsere militärische Führung, diese Ausreiseregelung nicht ordnungsgemäß abgeklärt und vor-

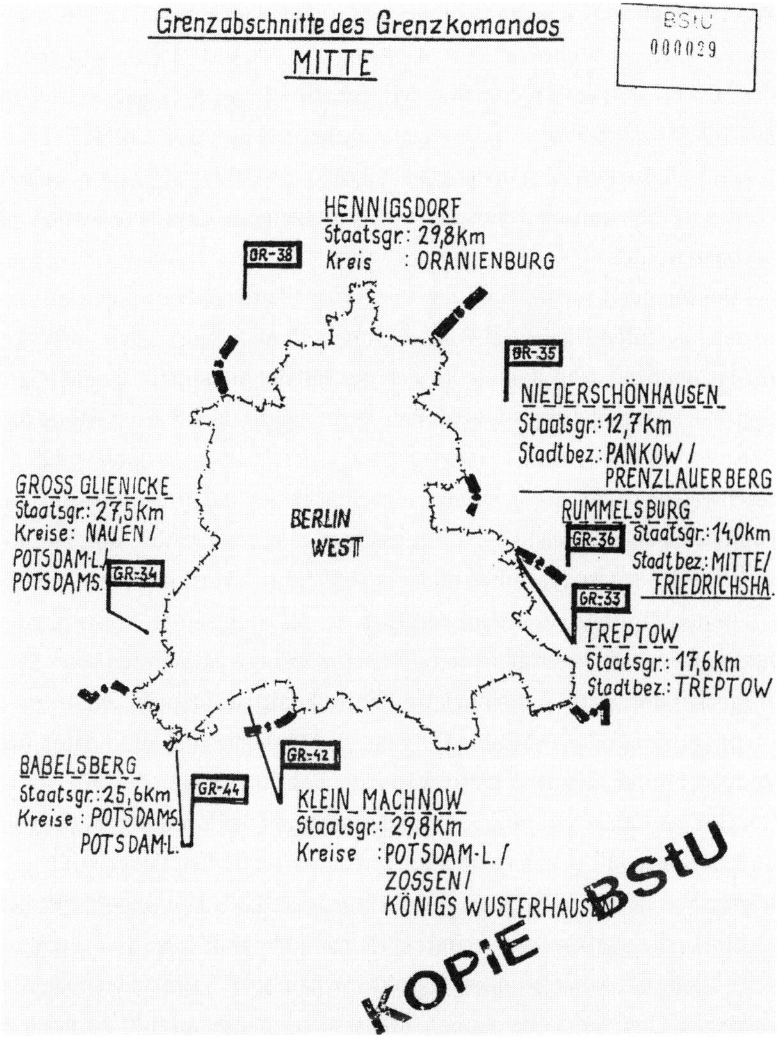

Schematische Darstellung der Verantwortungsbereiche der einzelnen Regimenter an der Berliner Grenze (nach MfS-Unterlagen).

bereitet wurde, sondern dem Gegner und seinen Massenmedien, wie so oft in letzter Zeit, die Initiative übergeben, nicht nur überlassen wurde?«[213] Weil die militärische Führung kopflos und ohne Ziel handle und die Erfüllung der Aufgaben zum Schutz der Staatsgrenze nicht länger gewährleiste, habe man zu ihr – einschließlich des Ministers und der anderen ZK-Mitglieder des MfNV – kein Vertrauen mehr. »Wir fordern«, heißt es in dem Schreiben abschließend, »daß diese Genossen Rechenschaft für ihr Versagen ablegen und durch die Führung unserer Partei die notwendigen Veränderungen vorgenommen und die Genossen, am Statut gemessen, zur Verantwortung gezogen werden.«[214]

Die von den Grenzern geforderten personellen Veränderungen wurden in den folgenden Tagen und Wochen vorgenommen, ihre Fragen hingegen nie beantwortet. Wie aber stellte sich der Fall der Mauer aus der Sicht der Spitze des Ministeriums für Nationale Verteidigung dar? Warum wurde die Reiseregelung in Strausberg nicht »ordnungsgemäß abgeklärt und vorbereitet«? Welche Informationen liefen im Ministerium und im Kommando der Grenztruppen ein, welche Abstimmungsprozesse fanden statt, welche Entscheidungen wurden getroffen und welche Weisungen und Befehle gegeben?

In den Zimmern des Ministers und der meisten seiner Stellvertreter herrschte am 9. November wie bereits am Vortage gähnende Leere. Seit Honecker den Sicherheitsblock im Zentralkomitee verstärkt und immer mehr Vertreter der bewaffneten Organe als Mitglieder und Kandidaten ins Zentralkomitee kooptiert hatte, waren die Führungsetagen des Ministeriums für Nationale Verteidigung an Sitzungstagen des Zentralkomitees wie ausgestorben. Mit sieben Generälen, von denen sechs dem Kollegium angehörten, war das Verteidigungsministerium so stark wie kein anderes Ministerium im Zentralkomitee vertreten. Heinz Keßler und seine Stellvertreter Fritz Streletz[215], Horst Brünner[216], Wolfgang Reinhold[217], Horst Stechbarth[218] sowie der Chef der Grenztruppen, Klaus-Dieter Baumgarten[219], hatten der von Krenz verlesenen Reiseregelung zunächst keine größere Bedeutung für Armee und Grenztruppen beigemessen;[220] eine schnelle Information oder vorbereitende Weisung an die Kommandeure der Grenzkommandos und Grenzregimenter jedenfalls unterblieb. Für die NVA, so Fritz Streletz, ergab sich aus der Reiseverordnung aus damaliger Sicht »so gut wie gar nichts«. Armeeangehörige durften ohnehin nicht ins kapitalistische Ausland reisen. Und »ob der Schlagbaum hochgeht und wer mit welchen Dokumenten die Grenze passieren darf, oblag den Paßkontroll-Einheiten, die dem MfS unterstanden. Darauf hatten die Grenztruppen und der Kommandant der Grenzübergangsstelle keinen Einfluß.«[221] Den eingeschliffenen Zuständigkeiten entsprechend, konnten die Militärs die Umsetzung der Reiseverordnung getrost als interne Angelegenheit des MfS und des MdI betrachten. Wenig spricht dafür, dass am 9. November tatsächlich die Absicht bestand, wie Baumgarten angibt, »im Laufe einer Kollegiums-Sitzung am Abend die entsprechenden Weisungen zu beraten, was die Grenztruppen zu tun haben und welche Maßnahmen erforderlich sind«, und danach die Information des Ministeriums für Nationale Verteidigung an die Truppe immer noch »rechtzeitiger erfolgt (wäre), als es über Rundfunk und Zeitungen vorgesehen war«.[222] Als Voraussetzung dieser Beratung hätte sich das Kollegium in der Nacht zunächst einmal den schriftlichen Text der Reiseverordnung besorgen müssen, denn die ZK-Mitglieder hatten ihn nicht, und im Sekretariat des Ministers in Strausberg war die Umlaufvorlage des Ministerrats wegen der ungünstigen Kurierzeiten nicht angekommen.[223] Nach der Erinnerung des für die inhaltliche und technische Durchführung der Sitzung zuständigen Sekretärs des Kollegiums, Oberst Werner Melzer, war an diesem Abend nur ein einziger Tagesordnungspunkt vorgesehen: die Auswertung des ZK-Plenums durch den Minister. Entsprechend wurde auch der im Ministerium für die interne Umsetzung der Reiseproblematik zuständige Leiter der Rechtsabteilung, Prof. Lothar Krumbiegel, nicht zu der Beratung hinzugezogen.[224]

In der Annahme, die ZK-Tagung werde wie üblich um 18.00 Uhr beendet, hatte Keßler die Kollegiums-Sitzung von Melzer für 19.00 Uhr anberaumen lassen. Doch planwidrig tagte das Zentralkomitee bis 20.45 Uhr, und erst danach brachen die Militärs in ihr Ministerium vor den Toren Berlins auf. Als sie dort ab 21.30 Uhr nacheinander eintrafen – Keßler, Brünner und Streletz kamen noch eine Viertelstunde später als die anderen –, warteten die Nicht-ZK-Mitglieder bereits seit fast drei Stunden vor dem Tagungsraum auf die Rückkehr der ZK-Mitglieder. »Gewöhnlich war ich bei diesen Terminen immer der Erste«, berichtete Admiral Theodor Hoffmann, der Chef der Volksmarine aus Rostock, später nicht ohne Ironie, »da ich den längsten Anfahrtsweg hatte. Es gesellten sich dann auch bald zu mir die Kollegiums-mitglieder, die nicht Mitglieder des Zentralkomitees der SED waren. Am Anfang haben wir uns nur unterhalten, dann wurde uns vorgeschlagen, in den Fernsehraum zu gehen und uns einen Film anzusehen. Wir haben keine aktuelle Sendung gesehen, sondern einen Film – ›Dirty Dancing‹, überhaupt nichts Militärisches.«[225] Genauso wenig wie die ZK-Mitglieder hatten sie deshalb die Pressekonferenz Schabowskis verfolgen können oder davon gehört.

In vollkommener Unkenntnis des Geschehens in der Stadt begannen die höchsten Militärs »eine jener ermüdenden und fruchtlosen Sitzungen«, so Admiral Theodor Hoffmann, als Chef der Volksmarine zugleich einer der Stellvertreter Keßlers, die den Führungsstil im Ministerium kennzeichneten.[226] Doch Keßler hatte bereits an Autorität eingebüßt.

Schon am frühen Morgen des 9. November, als er alle Chefs, Leiter und Parteisekretäre des Ministeriums über die Ergebnisse des ersten Tages des ZK-Plenums unterrichtete, wurde sein Vortrag von Missfallensbekundungen der Anwesenden und kritischen Zwischenrufen selbst einiger seiner Stellvertreter begleitet.[227] »Alle Anwesenden, bis auf wenige Ausnahmen«, so der Bericht eines Konfidenten an das MfS, »waren mit den Darlegungen nicht einverstanden, da er ca. eine dreiviertel Stunde solche Informationen brachte, wie sie bereits in den Nachrichten am 8. 11. 1989 veröffentlicht wurden. Die Anwesenden haben daraufhin ihre Aufzeichnungsbücher geschlossen und die Schreibgeräte weggelegt, da die Meinung vertreten wurde, derartige allgemeine Informationen brauchte man nicht aufzuschreiben.« Keßler habe sich grundsätzlich gegen eine Parteikonferenz bzw. einen Sonderparteitag ausgesprochen, woraufhin Generalleutnant Hans Süß und andere den Minister gebeten hätten, »auf der ZK-Tagung die einstimmige Auffassung zum Ausdruck zu bringen, daß eine Parteikonferenz notwendig ist. Er wurde aufgefordert, die Meinung der Anwesenden dort darzulegen und nicht seine Meinung. Er will sich dieses überlegen.«[228] Die SED-Grundorganisation seines eigenen Führungsbereiches ging am Vormittag noch einen Schritt weiter: Sie befürwortete einen außerordentlichen Parteitag und übermittelte Keßler diese Forderung schriftlich ins Zentralkomitee.[229] Beides waren für disziplinierte Militärs ungewöhnliche Vorgänge, die zeigten, dass es im Ministerium und in der Armee gärte.

So sicher die Einsatzfähigkeit der NVA gegeben war, so einschneidend war ihre Geschlossenheit und damit auch ihre Kampfkraft bereits beeinträchtigt. Aus den Berichten der MfS-Abwehr in der NVA war der engsten militärischen Führung bekannt, dass die »Wende« den politisch-moralischen Zustand der Angehörigen der Nationalen Volksarmee und der Grenztruppen in vielfacher Hinsicht erschüttert hatte.[230] Keßler, dem erzkonservativen, kryptokommunistischen Freundeskreis um Honecker zugehörig, hatte sich als ein unverrückbarer Fels in der Wende-Brandung erwiesen. Voller Misstrauen in die Zuverlässigkeit der gesamten Armee, hatte er am 14. September 1989 über alle Angehörigen der NVA und Grenztruppen einschließlich der Generäle, Offiziere, Unteroffiziere und Soldaten der Zivilverteidigung ein totales Reiseverbot nach Ungarn und durch Ungarn verhängt.[231] Beim Sturz Honeckers betrachteten es die Verschwörer als glückliche Fügung, dass sich sein Verbündeter Keßler mit einer Militärdelegation zu einem Freundschaftsbesuch in Nikaragua aufhielt. Seine persönliche und politische Loyalität zu Honecker und sein gefestigtes Feindbild wie die daraus resultierende Generallinie waren zu tief eingegraben, um schnell gewendet oder erneuert werden zu können. Unmittelbar nach seiner Rückkehr warnte er nach der Ablösung Honeckers im Zentralkomitee vor dem NATO-Programm der »friedlichen Auslöschung des Sozialismus« und rief zur Wachsamkeit gegenüber den Plänen des Klassengegners auf.[232] Tags darauf wehrte er sich im Ministerrat dagegen, alles, was sich bewährt habe, über Bord zu werfen. Für Keßler war klar, dass die Krise nur zum geringsten Teil hausgemacht war, sondern stattdessen der imperialistische Klassenfeind zum letzten Gefecht blies: »Die Bourgeoisie, der Imperialismus, will den Sozialismus weghaben«, rückte er selbstkritische Bemerkungen von Schürer zurecht, der die Ursache der Krise auch in politischen Fehlern der SED suchte.[233] Nach Keßlers Auffassung war deshalb vor allem Standhaftigkeit gefragt: »Das setzt voraus, daß wir die ständige Entlarvung der Feinde des Sozialismus brauchen und darstellen müssen, was er in Wirklichkeit will.«[234]

Weil sich die militärische Führung aus Furcht vor einer »Konterrevolution« der Politik der »Wende« und »Erneuerung« verweigerte, geriet sie unter den politischen Druck der Berufsoffiziere. Sie warfen dem Ministerium in

Strausberg mangelnde Führungs- und Leitungstätigkeit vor; vom Ministerium gingen, so die vorherrschende Meinung, »keine orientierenden oder die Moral stärkenden Impulse« aus.[235] Keßler und Horst Brünner, dem Chef der Politischen Hauptverwaltung, wurden intern Passivität, Unvermögen und Konzeptionslosigkeit vorgeworfen, ja, selbst die Ablösung des Ministers gefordert und seine Wiederwahl in das Politbüro am 8. November scharf kritisiert: »Seine Wahl zum Mitglied des Politbüros wird von der Mehrheit der Berufskader mit der Begründung abgelehnt, er habe in den zurückliegenden vier Wochen keine Aktivitäten im Sinne der Wende unternommen.«[236]

Seit August 1989 nahmen Fahnenfluchten von NVA-Soldaten dramatisch zu. Hinter vorgehaltener Hand wurde in Strausberg frühzeitig Kritik an den als ungerechtfertigt betrachteten Privilegien leitender Militärs und Forderungen nach ihrem Abbau laut.[237] In den Kasernen kritisierten Offiziere und Soldaten, wie die Stimmungsberichte des MfS belegen, von Beginn an die Beteiligung der NVA an Einsätzen im Innern.[238] In Zusammenhang mit der Bildung der NVA-Hundertschaften gegen Demonstrationen kam es zu einer Reihe von Befehlsverweigerungen.[239] Bei nicht wenigen Armeeangehörigen, so die Stasi-Berichte, riefe die Serie von Anzeigen gegen Übergriffe von Volkspolizisten Verunsicherung hervor, wie sie sich unter diesen neuen Bedingungen bei Einsätzen gegenüber Demonstranten verhalten sollten. Bei anderen wüchsen die Vorbehalte, »weil sie gegen Personen eingesetzt werden könnten, deren Forderungen den eigenen Wünschen nahekommen«.[240] Denn in »beachtlichem Maße«, konstatierten die Geheimdienstler vier Tage später, habe das Neue Forum »auch in den Streitkräften Wirkung erreicht. Es verstärken sich die Auffassungen, diese Gruppierung als gesellschaftliche Kraft anzuerkennen und zuzulassen.«[241] Die Fragen nach den gesetzlichen Grundlagen für die innere Funktion der NVA wurden lauter, und die Bereitschaft zur »speziellen Aufgabenerfüllung« gegen Demonstranten nahm auch unter Vorgesetzten in dem Maße ab, wie die SED-Spitze selbst die Priorität des politischen Dialogs betonte und die nicht angemeldeten Demonstrationen stillschweigend hinnahm. Seit Anfang November erklärten immer mehr Soldaten offen, dass sie nicht gegen Demonstranten kämpfen würden. Stattdessen wurde unter Berufung auf Art. 7 der DDR-Verfassung, der den

Einsatz der Nationalen Volksarmee auf Angriffe von außen beschränkte, die Rehabilitierung von Soldaten gefordert, die sich geweigert hatten, an möglichen Einsätzen gegen Demonstrationen teilzunehmen. »Wenn Sie Ihre Politik und Haltung nicht ändern«, gab ein Lagebericht des MfS die Äußerungen eines Hauptmannes gegenüber seinem Regimentskommandeur als charakteristische Stimmung in der Truppe wieder, »müssen Sie eines Tages (...) melden, daß Sie nur noch mit drei Offizieren die letzten Armeeangehörigen im Objekt und die anderen schon über den Zaun abgehauen sind«.[242]

Insbesondere die Grenzsoldaten sahen in ihrem Dienst immer weniger Sinn. Mit dem Widerspruch, dass der »antifaschistische Schutzwall« der Propaganda zufolge der Sicherheit vor dem westlichen imperialistischen Klassenfeind dienen sollte, der tägliche Dienst an der Grenze wie das Grenzregime insgesamt aber darauf ausgerichtet war, die Flucht von DDR-Bürgern in die Bundesrepublik zu verhindern, hatten die meisten zu leben gelernt. Es war ja nicht ausgeschlossen, dass der Flüchtlingsstrom eines Tages die Richtung ändern würde. Seit September litt jedoch die Motivation der Grenzer unter der widersprüchlichen Politik der Partei- und Armeeführung wie nie zuvor: Während sie nach wie vor dazu vergattert wurden, an der deutsch-deutschen Grenze Fluchtversuche zu vereiteln und im Extremfall – allerdings seit April 1989 nur noch bei Bedrohung des eigenen Lebens – auf Menschen zu schießen[243], konnten zur gleichen Zeit Zehntausende über die ungarische oder tschechoslowakische Grenze risikolos und ungehindert ausreisen. Die Diskussionen über notwendige Veränderungen des Grenzregimes nahmen in den Regimentern zu und mit ihnen die Unzufriedenheit, dass die Führung zu diesen Problemen schwieg.[244]

Dass schließlich die Armeeangehörigen auch im Entwurf des Reisegesetzes vom 6. November 1989 als angebliche Geheimnisträger aus Gründen der nationalen Sicherheit jahrelang vom freien Reisen ausgeschlossen werden sollten, führte ebenfalls zu offenen Missfallensäußerungen: »Aus einer Reihe von Meinungsäußerungen ist zu schlußfolgern, daß eine beachtliche Anzahl Berufskader und Zivilbeschäftigte im Falle einer Ausgrenzung aus den Reisemöglichkeiten die Fortsetzung des Dienst- bzw. Arbeitsrechtsverhältnisses und die Übernahme von Verantwortung in Frage stellen könnte.«[245] An den Offiziersschulen der Landstreitkräfte und der Grenztruppen wurden Bestrebungen bekannt, mit Schüler- bzw. Soldatenräten eine wirksamere Interessenvertretung zu erreichen.[246] Unübersehbar hatte die gesellschaftliche Krise auch die Nationale Volksarmee und die Grenztruppen erfasst.

In der Spitze des Ministeriums waren es vor allem die stellvertretenden Minister, Goldbach und Grätz, sowie Hauptinspekteur Süß, die die Impulse der Erneuerungspolitik aufgenommen und Veränderungen in der NVA eingeleitet sehen wollten. Wollte Keßler der Demontage seiner Autorität nicht tatenlos zusehen, konnte er deren Zwischenrufe und Missfallensbekundungen vom Morgen des 9. November nicht auf sich beruhen lassen. Hatte ihm das Zentralkomitee mit seiner fast einstimmigen Wiederwahl in das Politbüro nicht einen überwältigenden Vertrauensbeweis ausgestellt? Deutete nicht alles darauf hin, dass er sein Amt als Verteidigungsminister auch in der Regierung Modrow behalten würde? Was nahmen sich seine Stellvertreter ihm gegenüber eigentlich heraus?

Keßler eröffnete die abendliche Kollegiumssitzung, an der der Vertreter des Oberkommandierenden der Vereinten Streitkräfte nicht teilnahm[247], mit einem Angriff auf seine Kritiker: Das Verhalten von Goldbach, Süß und Grätz am Morgen sei deplatziert gewesen; er erwarte von seinen Stellvertretern, dass sie sich überlegten, wo sie was sagten. Diese Rüge, so Manfred Grätz, sei von den Betroffenen zunächst kommentarlos entgegengenommen worden und der Minister alsdann zur Tagesordnung übergegangen.[248] Ohne den Reisebeschluss auch nur zu erwähnen, referierte Keßler den Ablauf der ZK-Tagung, über den sich ohnehin alle am nächsten Tag in der Zeitung hätten informieren können.[249] Mitten in die Sitzung hinein platzte ein Anruf des Stabschefs der Grenztruppen. Er werde nicht mehr Herr der Lage, vernahm der Sekretär des Kollegiums die aufgeregte Stimme Teichmanns, weshalb er dringend den Chef der Grenztruppen zu sprechen wünsche. Der Stabschef meldete Baumgarten dann, »daß ein Ansturm auf die Grenze eingesetzt habe und daß es angeblich einen Regierungsbeschluß über die Öffnung der Grenzübergänge gebe, von dem er aber nichts wisse. Er bat um Klärung der Sachlage und um Anweisungen.«[250] Doch Baumgarten war über die Meldung sichtbar erschrocken, konnte selbst keinen Beitrag zur Klärung der Sachlage leisten und war zu einer anderen Weisung, als Geduld zu üben, nicht imstande. Dann meldete er die Informationen seines Stabchefs an Keßler weiter. Alle Teilnehmer der Kollegiums-Sitzung, so Hoffmann seemännisch kühl, »zeigten sich überrascht«.[251] Keßler beauftragte Streletz, den Staatssicherheits-Minister anzurufen, um nähere Auskünfte einzuholen, doch Mielke war telefonisch nicht erreichbar.

Währenddessen erhitzte sich die Debatte im Kollegium, allerdings nicht wegen des Reisebeschlusses und der Lage an der Grenze, sondern wegen der Ausführungen des Ministers, die Widerspruch hervorriefen. »Mehrere Kollegiums-Mitglieder, dazu gehörten Grätz, Süß, Goldbach, Hoffmann, Stechbarth und andere, brachten ihren Unwillen zum Ausdruck und sagten, daß es doch jetzt nicht an der Zeit sei, sich in langatmigen Erklärungen und Wiederholungen zu Dingen zu verlieren, die man in der Presse nachlesen kann, sondern daß es vielmehr an der Zeit sei, zu Aktionen überzugehen und die Lage in der NVA zu analysieren, Aufgaben zu formulieren und die NVA zu orientieren, mit anderen Worten: die Sprachlosigkeit zu beenden. Die Männer in der Truppe verlangten Antworten auf die Fragen: Wie soll was passieren? Wer ist wofür verantwortlich? Wer darf was, wer darf was nicht?«[252] So kam es, dass der Fall der Mauer von der Spitze der NVA überhaupt nicht richtig zur Kenntnis genommen, geschweige denn Gegenstand der Beratung geworden ist. »Es ging doch immer noch darum«, sagt Horst Stechbarth, »sich Klarheit über die Lage zu schaffen. Wie sollten wir da was beraten?«[253]

Streletz war es zwischendurch zwar gelungen, Mielkes Stellvertreter Neiber zu sprechen, doch zu einer Klärung der Lage führte das Gespräch nicht, da auch Neiber Mielke noch nicht erreicht hatte: »Er (Neiber – d. Vf.) teilte mir mit, dass er bestrebt sei, mit seinem Minister Verbindung aufzunehmen, da Schabowski bei der Pressekonferenz irgendwelchen Mist verzapft habe und jetzt eine Entscheidung herbeigeführt werden müsse. Von uns wußte immer noch keiner, was Schabowski bei der abendlichen Pressekonferenz veröffentlicht hatte.«[254] Auch eine telefonische Rücksprache mit dem Chef des Stabes des Ministeriums des Innern, Generaloberst Wagner, brachte Streletz keine neuen Anhaltspunkte.

Während sich Streletz vergeblich um exakte Informationen über die Entscheidungslage in der Führung bemühte, gingen aus dem Kommando der Grenztruppen Meldungen über das Anwachsen der Menschenmassen an den einzelnen Grenzübergängen ein. Ohne ihm eine konkrete Weisung mit auf den Weg zu geben, befahl Keßler dem Chef der Grenztruppen etwa um 23.00 Uhr, sich nach Pätz in seine Gefechtsstelle in Marsch zu setzen, persönlich die Führung der Grenztruppen zu übernehmen und ihn laufend über die Lage an der Grenze zu informieren. Als Baumgarten gegen 24.00 Uhr in seiner Führungsstelle eingetroffen war, hatte sich eine Weisung des Verteidigungsministers erübrigt. Baumgarten konnte dem Chef des Hauptstabes nur noch die Meldung nach Strausberg übermitteln, dass in der Zwischenzeit »einige Grenzübergangsstellen auf Entscheidung der vor Ort eingesetzten Kräfte bereits die Schlagbäume geöffnet hatten«.[255] »Schmerz und Scham« hätten ihn befallen, als er die Fernsehbilder von den geöffneten Grenzübergängen zur Kenntnis nehmen musste, so Baumgarten später: »Wir hatten die Grenzer im Stich gelassen. Kein Befehl, keine Weisung, nichts, womit wir ihnen Halt oder Orientierung geboten hätten.«[256] Kurze Zeit danach, so Streletz, habe er von Baumgarten die Information erhalten, »es gebe eine Weisung auf der Linie des MfS, die GÜSt für die Bürger der DDR zu öffnen«.[257]

Die dieser MfS-Weisung zugrunde liegende politische Entscheidung, so meint Streletz, sei Keßler bereits kurz nach der Abfahrt Baumgartens aus Strausberg von Krenz telefonisch übermittelt worden: »Kurz nach 23.00 Uhr wurde Minister Keßler an das Telefon gerufen. Der Vorsitzende des Nationalen Verteidigungsrates, Egon Krenz, informierte ihn darüber, daß er sich mit Minister Mielke beraten habe und der Minister für Staatssicherheit von ihm den Befehl erhalten habe, die Grenzübergangsstellen in Berlin zu öffnen. Gleichzeitig bat Egon Krenz den Verteidigungsminister, alles zu unternehmen, daß es zu keiner Eskalation der Ereignisse komme.«[258] Soweit es die Uhrzeit dieses Telefonats betrifft, hat sich Streletz geirrt. Der Sekretär des Kollegiums, der direkt hinter Keßler am Durchgang zu den Telefonen saß, schließt ein Gespräch zwischen Krenz und Keßler definitiv aus. Weder Hoffmann noch Goldbach, Stechbarth oder Grätz können sich daran erinnern, daß Keßler während der Kollegiums-Sitzung überhaupt das

Beratungszimmer verließ, um einen Anruf entgegenzunehmen. Die Sitzung aber wurde frühestens zwischen 24.00 Uhr und 0.30 Uhr beendet.

Wenn die anderen Kollegiums-Mitglieder das Telefonat mit Krenz nicht mitbekamen, so korrigiert sich Streletz, habe es nach Abschluss der Sitzung in Keßlers Arbeitszimmer stattgefunden, in dem er sich mit Brünner und dem Minister noch kurz beraten habe.[259] Was aber war der Inhalt dieses Telefonats? Was sollte es bedeuten, wenn Krenz, wie er Keßler mitgeteilt haben soll, Mielke den Befehl gegeben hatte, »die Grenzübergangsstellen in Berlin zu öffnen«? »Geöffnet« waren sie in aller Regel immer, zumindest zu den Abfertigungszeiten. Auch Krenz selbst hat sich bezüglich des konkreten Inhalts des »Befehls«, den er Mielke erteilt haben will, stets vage ausgedrückt. Mal will er mit Mielke besprochen haben, »daß die Schlagbäume geöffnet werden sollten, auf einen Tag früher oder später käme es nun auch nicht mehr an«;[260] mal sollen beide entschieden haben, »die für den 10. November beschlossene Grenzöffnung um einige Stunden vorzuziehen«.[261] Kein Mitarbeiter der Passkontrolleinheit auch nur einer einzigen Berliner Grenzübergangsstelle hat jedoch den Empfang eines entsprechenden Befehls bestätigt, der zudem, wäre er denn erteilt worden, auch in den Lagefilmen der Linie VI des MfS schriftlichen Niederschlag gefunden haben müsste.

Gerhard Niebling, Generalmajor, Leiter der Zentralen Koordinierungsgruppe (ZKG) des MfS

»Es gab keinen Befehl zur Öffnung der Grenze«

»Es hat keinen Befehl gegeben zur Öffnung der Grenze. Das bestätigt sowohl Generalleutnant Neiber als stellvertretender Minister, der in dieser Nacht Schwerstarbeit geleistet hat. Und ich kann das auch bestätigen, denn ich hätte ihn mit Sicherheit auch zur Kenntnis bekommen. Es gab keinen Befehl zur Öffnung der Grenze.

Minister Mielke hat mir gegenüber nicht reagiert. Ich weiß jedoch, daß er, natürlich damals noch in seiner Eigenschaft als Minister, gesagt hat, es wird sich schon wieder normalisieren.«

Gespräch mit Gerhard Niebling, 14.9. und 11.11.1998

Das einzige Dokument, das eine »zentrale Weisung« des Generalsekretärs erwähnt, ist eine am frühen Morgen des 10. November von der HA VI zusammengestellte Information zur Lageentwicklung an den Berliner Grenzübergangsstellen. Darin heißt es: »Als aufgrund der unüberschaubaren Menschenmengen vor einigen Grenzübergangsstellen und nach dem Eindringen zahlreicher Personen in die Grenzübergangsstelle Bornholmer Straße abzusehen war, daß die Situation nicht länger zu beherrschen sein werde, wurde etwa gegen 23.30 Uhr auf zentrale Weisung mit der *Abfertigung der Personen zur Grenzpassage nach Westberlin begonnen.*«[262]

Wenn dies die »zentrale Weisung« – in der Sprache der SED ein feststehender Begriff für Entscheidungen des Generalsekretärs – gewesen sein sollte, die Krenz erteilt haben will, und eine andere ist bis heute weder aktenkundig geworden noch mündlich überliefert, so beinhaltete sie nicht den Befehl, »die Grenzübergangsstellen zu öffnen«. Sie hing vielmehr noch der Fiktion an, mit einer geordneten, kontrollierten »Abfertigung« zu einem Zeitpunkt beginnen zu können, zu dem die Passkontrolleure an einigen Grenzübergängen schon gezwungen worden waren, die Kontrollen einzuschränken bzw. ganz einzustellen. Worauf sich Krenz tatsächlich mit Mielke verständigt und was dieser seinem Stellvertreter Neiber als »zentrale Weisung« übermittelt haben könnte, geht aus einem Fernschreiben der HA VI (Passkontrolle) des MfS hervor, das um 23.05 Uhr an die Leiter der MfS-Bezirksverwaltungen und die Leiter der Abteilungen VI in den neun Grenz-Bezirken der DDR versandt wurde. Die Leiter bzw. Operativ-Diensthabenden der PKE der Berliner Übergänge wurden über die Verfahrensweise bzw. den Inhalt des Fernschreibens offenbar telefonisch und teilweise deutlich früher instruiert.[263] Es enthält die Bedingungen, zu denen die Passkontrolleure mit der »Abfertigung der Personen zur Grenzpassage« auch nach West-Berlin beginnen sollten:

»Zur Durchsetzung dieser Maßnahmen (der Reiseregelung des Ministerrates – d. Vf.) an den Grenzübergangsstellen zur BRD und Berlin (West) sind von den Paßkontrolleinheiten unverzüglich folgende Aufgaben zu lösen:

1. Die Personalausweise der betreffenden Bürger sind mit einem Ausreisevermerk/Visum der VPKÄ versehen. Diese berechtigen nach entsprechender Identitätskontrolle zur ständigen Ausreise. Neben dem Lichtbild im Personalausweis – rechts – ist ein *Paßkontrollstempelabdruck* anzubringen, *der zugleich als Entwertungsvermerk gilt.*
2. Der Personalausweis ist den Bürgern zu belassen. (Sic!)
3. Eine zahlenmäßige Erfassung ist zu gewährleisten und zwar differenziert nach Erwachsenen, Kindern und PKW.

Bis auf Widerruf sind die Meldungen darüber ab 10. 11. 89, 6.00 Uhr, im 2-Stundenrhythmus an das OLZ (Operatives Leit-Zentrum, d. Vf.) der HA VI abzusetzen.

Fiedler

Generalmajor.«[264]

Nach der zu diesem Zeitpunkt an der Grenzübergangsstelle Bornholmer Straße schon gescheiterten »Ventillösung« hätte man sich demnach auch im weiteren Verlauf des Abends lediglich auf eine Verfahrensweise für Ausreisewillige, nicht aber für Besuchsreisende verständigt. Eine Ausreise wiederum sollte diesen Weisungen zufolge nur den DDR-Bürgern gestattet werden, die an den Übergängen ein Visum im Personalausweis vorzeigen konnten. Ausreisevisa wurden zu diesem Zeitpunkt in Ost-Berlin tatsächlich schon erteilt. Um »Ersuchen nach sofortiger ständiger Ausreise« bearbeiten zu können, hatte das Präsidium der Volkspolizei um 21.40 Uhr mit sofortiger Wirkung die Öffnung der Ausländermeldestelle im Haus des Reisens am Alexanderplatz angewiesen. Alle Berliner Volkspolizei-Inspektionen wurden darüber unverzüglich in Kenntnis gesetzt.[265] Der Haken dabei war jedoch, dass eine Information an die Öffentlichkeit unterblieb, sodass kaum jemand davon wusste und deshalb Bürger mit Ausreisevisum in dieser Nacht eine absolute Ausnahmeerscheinung blieben.[266]

Ganz offensichtlich lag dem Fernschreiben und den darin enthaltenen Weisungen, soweit sie auch an die Berliner Übergänge ergingen, eine grandiose Fehleinschätzung und Verkennung der Lage zugrunde: Während fast alle Menschen, die sich an den Grenzübergangsstellen eingefunden hatten, Reiselustige aus Ost-Berlin, Potsdam und Umgebung waren, die auf die Schnelle ihre Verwandten und Freunde in West-Berlin besuchen oder auch nur den Kurfürstendamm sehen und dann wieder zurück nach Hause wollten, wurden sie von der politischen Führung und der MfS-Spitze als Massenansammlung von Ausreisewilligen wahrgenommen, die nur ein einziges Ziel verfolgten: die DDR bei erstbester Gelegenheit schnellstmöglich für immer zu verlassen.

Was sollten insbesondere die Berliner und Potsdamer Passkontrolleinheiten mit dieser Weisung, deren Aufgaben »unverzüglich« zu lösen waren, anfangen? Die von ihren Vorgesetzten angenommene und die real existierende Lage konnten konträrer nicht sein: Kaum Ausreisewillige mit Visum, stattdessen aber Tausende von rückkehrwilligen Bürgern ohne Visum standen vor den Schlagbäumen und forderten den sofortigen Beginn eines freien Reiseverkehrs. Als die Passkontrolleinheiten nach und nach dem Druck an den Übergängen nachgaben und mit der visafreien »Abfertigung« begannen, befolgten sie anfangs gleichwohl zumeist den Teil des Befehls, den sie überhaupt umzusetzen imstande waren: Sie versahen die Personalausweise der Reisenden mit einem Passkontrollstempelabdruck und machten sie dadurch ungültig.

Wenn dieses Verfahren konsequent hätte durchgehalten werden können, hätte es vielleicht zu der größten Ausbürgerungsaktion in der Geschichte der DDR geführt.[267] Sie fand im Ergebnis vor allem deshalb nicht statt, weil die Passkontrolleure aufgrund des Massenandrangs vollends den Überblick und die Kontrolle an den Übergängen verloren und fast überall früher oder später das Stempeln der Personalausweise einstellen mussten – wofür sie sich um 4.00 Uhr am frühen Morgen des 10. November in ihrer ersten Meldung an das Operative Leit-Zentrum in der Regel bei ihren Vorgesetzten entschuldigten.[268] Im Unterschied zu ihren Vorgesetzten hatten sie sich zugleich noch so viel Realitätssinn bewahrt, dass sie die Situation erfassten und den Besuchsreisenden die Rückkehr nach Ost-Berlin bzw. in das Berliner Umland auch dann nicht verwehrten, wenn deren Ausweise kurz zuvor ungültig gestempelt worden waren.

Den meisten Mitgliedern des Kollegiums des Ministeriums für Nationale

Verteidigung blieb die Tragweite der Entwicklung an der Grenze während der Sitzung verborgen. Trotz der Telefonate von Streletz und Baumgarten und den sich kreuzenden Informationen aus dem MfS und den Grenztruppen, »die zum Teil bei ihrem Eintreffen schon überholt waren«[269], kam es »nicht einmal zu einem Versuch, die Lage im Kollegium zu erörtern«[270], geschweige denn zu einer gemeinsamen Beurteilung der Lage. Die Handlungslähmung der Partei hatte sich auf die militärische Spitze übertragen. Der Einsatz von Waffengewalt, so Joachim Goldbach, »hätte ja bedeutet, daß die Armee gegen die politische Entscheidung hätte vorgehen müssen, und das wäre im Grunde genommen ein Staatsstreich gewesen. Und dazu hat es nie bei irgend jemandem auch nur den geringsten Gedanken gegeben. Die Grenzöffnung ist eine politische Entscheidung gewesen und nicht die Entscheidung der Grenztruppen oder der NVA.«[271] So fiel die Mauer in der Nacht vom 9. auf den 10. November, und die Spitze des Verteidigungsministeriums ging ohne konkrete Entscheidungen zwischen 0.30 Uhr und 1.00 Uhr auseinander. »Ich kann mich nicht entsinnen, dass ich bis zu meiner Rückfahrt nach Rostock Klarheit über die Lage erlangt hätte«, berichtete Admiral Theodor Hoffmann. »Mein Kraftfahrer hat mich dann informiert, er wusste Bescheid.«[272]

Am nächsten Morgen um 7.00 Uhr sollte ein Krisenstab gebildet werden.

Bestand die Absicht, den Selbstbefreiungsakt dieser Nacht, in der Zehntausende sich ihre Reisefreiheit nahmen, noch einmal rückgängig zu machen?

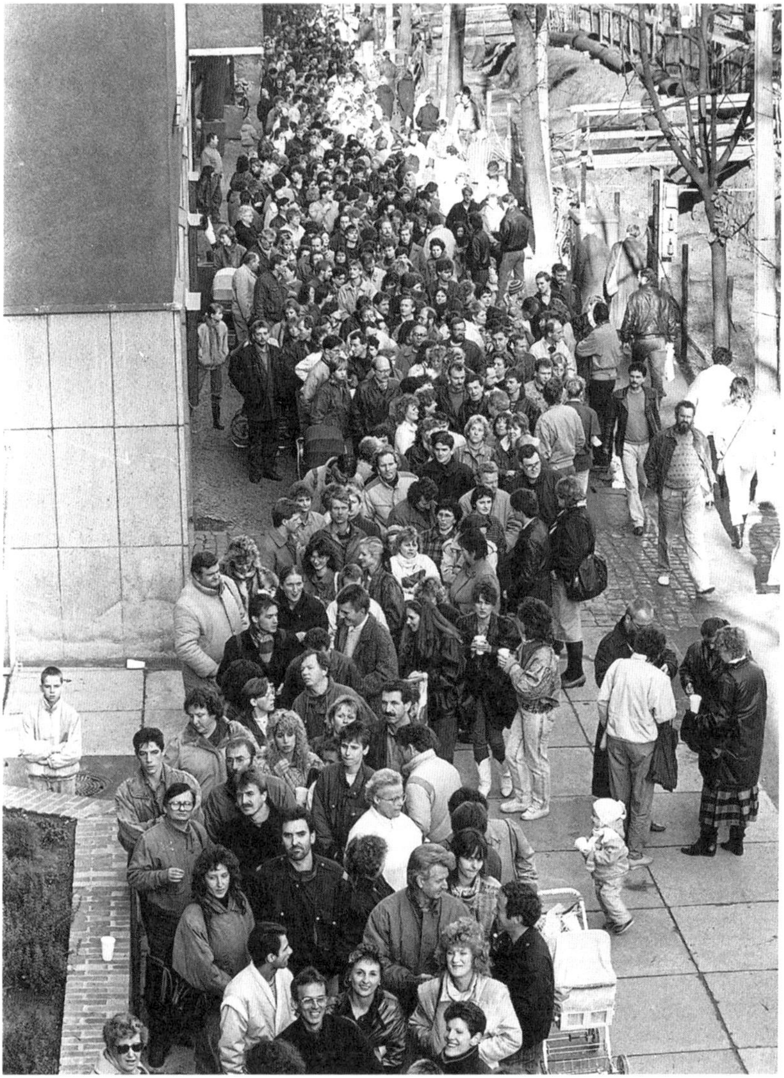

10. November 1989: Vor den Meldestellen der Volkspolizei bilden sich lange Schlangen von Menschen, die nach einem Reisevisum anstehen.

10. November 1989: Reaktionen

Handlungsunfähigkeit des Zentralkomitees

Wie die auswärtigen ZK-Mitglieder in das Gästehaus der SED und die NVA-Generäle nach Strausberg, so hatten sich die meisten Mitglieder des neuen Politbüros am 9. November nach dem Ende der ZK-Sitzung um 20.45 Uhr auf den Heimweg begeben.

Auf der Politbüro-Etage des ZK-Gebäudes blieb nur noch eine kleine Gruppe von ZK-Mitgliedern zurück, zu der auch Professor Helmut Koziolek und Eberhard Heinrich gehörten. Sie befasste sich mit der Endredaktion des SED-Aktionsprogramms. Mit seinem Vorschlag, den Gedanken einer Konföderation mit der Bundesrepublik in das Programm aufzunehmen, löste Alexander Schalck eine stürmische Kontroverse aus. Schließlich entschied die Mehrheit, lieber völlig auf eine Aussage zu den künftigen Beziehungen mit der Bundesrepublik zu verzichten, als eine solche »Verrats«-Forderung in das Programm aufzunehmen. Als die Programmarbeiten abgeschlossen und Koziolek und Heinrich im Begriff waren, das Gebäude zu verlassen – in der Erinnerung Kozioleks zwischen 22.30 Uhr und 23.00 Uhr –, begegneten sie auf dem Flur einem einsam und verstört wirkenden Egon Krenz. »Was soll ich denn nur machen?« habe der Generalsekretär unentschlossen geklagt und die verdutzten ZK-Mitglieder über die komplizierte Lage an der Grenze aufgeklärt. »Es kann doch nicht um eine Grenzschließung gehen! Wir müssen das unter Kontrolle bekommen«, behielt Koziolek die Worte des Generalsekretärs im Gedächtnis.[1]

Nach einem kurzen Fußweg erreichte Günter Sieber seine Wohnung in der Nähe des Alexanderplatzes.[2] Über den Fernseher drang die Kunde von

Schabowskis Pressekonferenz und die Lage an den Grenzübergängen in seine Stube. Sieber, dem als langjährigem Leiter der ZK-Abteilung Internationale Verbindungen vor allem die außenpolitische Dimension der Grenzöffnung vor Augen stand, stürzte ans Telefon, um Krenz zu den Hintergründen zu befragen. Doch der Generalsekretär erwies sich als nicht auskunftsfähig: Er verstünde selbst nicht, was passiert sei, vernahm Sieber nur. Auch ein Telefonat mit Jochen Willerding, ebenfalls seit einem Tag im Politbüro und als Nachfolger Axens ZK-Sekretär für Außenpolitik, brachte ihm keine neuen Erkenntnisse. So blieb Sieber daheim.

Bevor Wolfgang Rauchfuß die Heimfahrt antrat, hatte er sich noch den Leitern der Wirtschaftsabteilungen des Zentralkomitees als neues Mitglied des Politbüros sowie als für Ökonomie, Handel und Versorgung zuständiger ZK-Sekretär vorgestellt. Die Information über Schabowskis Pressekonferenz erreichte ihn schon unterwegs, doch ihre Folgen nahm er erst wahr, als er gegen halb zwölf mit dem Auto in Richtung Pankow nach Hause fuhr und dabei die Bornholmer Straße kreuzte. »Jetzt ist es aus«, schoss es ihm durch den Kopf, als er die Menschenmassen in langen Schlangen Richtung Grenze strömen sah. Doch erwarteten ihn weder ein Anruf noch eine Einladung zu einer Krisensitzung, als er zu Hause eintraf. Auch Wolfgang Rauchfuß blieb in dieser Nacht zu Hause.[3]

Hans Modrow, der designierte Ministerpräsident, wurde auf dem Weg vom Gebäude des Zentralkomitees zum Gästehaus der SED von den Folgen der Pressekonferenz, die auch er nicht mitbekommen hatte, überrascht.[4] Ein junger Mann sprach ihn an und fragte, an welchem Übergang er die DDR am schnellsten verlassen könne. Modrow, der ihn auf den nächsten Morgen verwies, sah sich heftigem Widerspruch ausgesetzt und erfuhr zu seinem Erstaunen, dass die Grenzübergänge – Meldungen in Rundfunk und Fernsehen zufolge – bereits geöffnet seien. »Ohne daß ich diese Wirkung der Pressekonferenz mitgekriegt hatte«, sagt Hans Modrow, »war mir mit einemmal klar: Hier muß irgendetwas schieflaufen.« In seinem Hotelzimmer angekommen, sah er die Bilder der Pressekonferenz im Fernsehen. Anrufe erhielt Modrow nicht – weder von Krenz noch von sonst jemandem. Wie sollte er sich verhalten? Zwar war er bereits als künftiger Ministerpräsident von seiner Partei nominiert und die alte Regierung zurückgetreten, doch noch amtierte Stoph. »Für mich bin ich davon ausgegangen«, schildert Modrow seine Überlegungen, »du kannst in Prozesse, in die du nicht einbezogen bist, auch nicht versuchen einzugreifen. Da kannst du nur Durcheinander schaffen. Als Ministerpräsident bin ich zwar benannt, kann aber nicht so handeln; ich wollte auch niemandem Probleme bringen. Ich bin davon ausgegangen: Es bleibt dir nichts anderes übrig, als am nächsten Morgen zu sehen, was los ist«.

Werner Eberlein, SED-Politbüromitglied:

»… das ist nicht beschlossen worden«

»Wir sind (nach Ende der ZK-Tagung) zum Gästehaus rüber, das war ja voll mit ZK-Mitgliedern. Im Grunde genommen herrschte Sprachlosigkeit, denn keiner wußte was. Zum Teil war eben die Stimmung so, wer hat das beschlossen, das ist doch nicht beschlossen worden. Und damit wurde der Gedanke geäußert, jetzt laufen hier Dinge, die wir nicht mehr steuern können, der Kahn ist aus dem Ruder geraten, und da ist nichts mehr zu steuern, unser Einfluß ist weg. (…) Das war die allgemeine Stimmung, wenn ich das zusammenfassend formulieren soll.

Es ging dann gegen Schabowski, der Dinge verkündet habe, wozu er gar nicht befugt war, oder daß er eigenwillig Dinge formuliert habe, die gar nicht drinstanden in dem Papier. Die allgemeine Stimmung war, das ist nicht beschlossen worden. Abgesehen davon, man hatte den Text nicht zur Hand, und dadurch konnten wir nicht vergleichen, und die Interpretationen waren nun mal unterschiedlich.«

Interview mit Werner Eberlein, 15.12.1992

Als Wolfgang Herger sich gegen halb elf seiner Wohnung in der Wisbyer Straße, einer Verlängerung der Bornholmer Straße, näherte, traute er kaum seinen Augen: Der Rückstau der Trabis von der zwei Kilometer entfernten Brücke nach West-Berlin reichte bis an seine Hausecke. Er eilte in seine Wohnung, schaltete den Fernseher ein und vernahm zu seinem Erstaunen, dass die Tore in der Mauer weit offen stünden. In sein Arbeitsbuch notierte Herger an diesem Abend: »Heute haben wir entweder einen strategischen Fehler gemacht oder eine strategische Flucht nach vorn. Die Wisbyer Straße ist voller Autos – Richtung Westberlin. Die Grenze ist de facto geöffnet. Man fährt und läuft hin und her, obwohl wir heute ganz anderes beschlossen haben. Es sollte wieder über das ›Amt‹ gehen, doch das wurde ignoriert. Die Leute sind mit dem Personalausweis an die Grenze gegangen. Jetzt liegt es an der BRD-Seite, wie überhaupt noch zu stoppen ist. Sie können die Grenze nicht schließen, und wir wollen es nicht.«[5]

Der Gedanke, ohnehin frühmorgens im Politbüro und im Zentralkomitee zusammenzukommen und in den führenden Gremien der Partei erforderliche Maßnahmen einleiten zu können, mochte den Mitgliedern des Politbüros über ihre nächtliche Ohnmacht und Ratlosigkeit hinweghelfen. Um 9.05 Uhr nahm das ZK-Plenum seine Beratungen wieder auf. Regulär sollte es um 18.00 Uhr mit der Verabschiedung des Aktionsprogramms beendet werden, mit dem die SED ihren Willen zu einer politischen Neuorientierung nachdrücklich unterstreichen wollte. Stattdessen war nun jedoch bereits vor Beginn der Sitzung die Lage an der Grenze das beherrschende Thema aller Gespräche in der Frühstücks-Kantine und im Foyer des Plenarsaales geworden. War eine günstigere Gelegenheit denkbar als diese Tagung des Zentralkomitees, in dem die Partei- und Staatselite versammelt war, um sofort die mit dem Fall der Mauer entstandene neue strategische Lage der DDR zu debattieren und unmittelbar erforderliche politische Schritte einzuleiten?

Das zwischen den Parteitagen höchste Beschlussgremium der SED war dazu nicht in der Lage. Es zeigte sich unwillig und unfähig, das Problem überhaupt zur Kenntnis zu nehmen und sich mit der neuen Durchlässigkeit der Staatsgrenze und dem Zusammenbruch des bisherigen Grenzregimes zu befassen. Krenz eröffnete die Sitzung, ohne auch nur ein einziges Wort zum Fall der Mauer oder zur aktuellen Lage an der Grenze zu verlieren – und rief damit keinen Widerspruch hervor. Seine Absicht, die Diskussion dort fortzusetzen, wo sie am Vorabend abgebrochen worden war, und Gerhard Schürer das Wort zu einem Beitrag über die Wirtschaftslage zu erteilen, wurde dann aber aus einem ganz anderen Grund von einem Antrag zur Geschäftsordnung durchkreuzt. Einige der gerade erst gewählten Mitglieder des Politbüros, so hieß es, würden von der Basis nicht akzeptiert, weshalb die Kaderfrage sofort auf die Tagesordnung gehöre. Vornehmlich jüngere ZK-Mitglieder befürchteten den Verlust ihrer eigenen Ämter, wenn nicht zumindest einige der älteren und führenden Genossen, die für den Zustand des Landes verantwortlich wären, freiwillig ihren Rücktritt aus dem Zentralkomitee erklärten. Nur mit Mühe gelang es Krenz, diese Debatte abzubrechen.

Dann entsetzte Schürer das Plenum mit einer neuerlichen, vernichtenden Bilanz der »Einheit von Wirtschafts- und Sozialpolitik«, dem von der Partei als zentral betrachteten Instrument zur Sicherung der Massenloyalität: »Mit dem sozialpolitischen Programm 1971, das – so muß ich sagen – so große und positive Wirkungen hatte, wurde die Weiche, wenn damals auch nur um Zentimeter, in die falsche Richtung gestellt. Von da an fuhr der Zug von den Realitäten weg, und zwar immer schneller.«[6] Werner Jarowinsky ergänzte den Bericht Schürers, der die Verrottung ganzer Industriezweige sowie den gigantischen Anstieg der Subventionen und der Verschuldung anprangerte, mit Informationen zur Kosten- und Ertragslage in der Mikroelektronik-Industrie, der im Mittag'schen Konzept die Rolle eines Zugpferdes der Volkswirtschaft zugedacht war: 12 bis 14 Milliarden Mark seien in den Jahren zuvor mit dem Ergebnis investiert worden, dass der 64-Kilobit-Chip zum reinen Selbstkostenpreis von 40 Mark, der 256-Kilobit-Chip von 534 Mark hergestellt werde. Der Weltmarktpreis für diese Speicherschaltkreise betrage dagegen lediglich 1,– bis 1,50 VM im ersten bzw. 4,– bis 5,– VM im zweiten Fall.[7] Auf Zwischenrufe eingehend, warum die Politbüro-Mitglieder sehenden Auges alle Fehlentscheidungen dieser desaströsen Wirtschaftspolitik mitgetragen hätten, anstatt auf Veränderungen zu drängen, gestand Jarowinsky: »Es war die Angst und die Furcht vor solch rigorosen Eingriffen, die, wie in Polen, eine solche Lage hätten schaffen können des Absinkens des Lebensstandards, und die Angst, vor dem Volk diese Konsequenzen offen darzulegen und das Volk um Mithilfe zu bitten.«[8]

Während die Debatte sofort personalisiert wurde und ein Streit über Jarowinskys Eignung für einen weiteren Verbleib im Politbüro losbrach, erfuhr Krenz durch Streletz vom dritten Anruf des sowjetischen Botschafters in Folge. Kotschemassow teilte Moskaus Verstimmung über den Fall der Mauer mit und verlangte von der SED-Spitze in barschem Ton, sich dazu gegenüber Gorbatschow zu erklären.[9] Erst jetzt, gegen 10.00 Uhr, sah sich Krenz unter dem Druck der Sowjets auch im ZK zu einer Stellungnahme veranlasst: »Genossen, ich bitte um Verständnis. Ich weiß nicht, ob wir alle noch nicht (...) den Ernst der Lage erkannt haben. Der Druck, der bis gestern auf die tschechoslowakische Grenze gerichtet war, ist seit heute Nacht auf unsere Grenze gerichtet. (...) Der Druck war nicht zu halten, es hätte nur eine militärische Lösung gegeben, Genossen, damit wir uns einig sind, durch das besonnene Verhalten unserer Grenzsoldaten, unserer Genossen vom MdI, vom MfS ist die Sache mit großer Ruhe bewältigt worden (...). Aber der Druck nimmt weiter zu.«[10] Im Plenum erzeugte diese Einlassung keinerlei Resonanz. Entsetzen und Empörung der ZK-Mitglieder galten der katastrophalen Wirtschaftslage und verschafften sich erneut in Forderungen nach personellen Konsequenzen Luft. Diese klangen erst ab, nachdem Hans-Joachim Böhme, Johannes Chemnitzer, Werner Walde und Inge Lange ihren Rücktritt aus dem Politbüro bekannt gegeben hatten, Helmut Semmelmann als Sekretär für Landwirtschaft neu hineingewählt worden war und Krenz sich schließlich weiteren Rücktrittsforderungen an Politbüro-Mitglieder mit der Drohung entgegenstellte, in diesem Fall die Vertrauensfrage als Generalsekretär zu stellen.

Die Fortsetzung der Diskussion war gespenstisch: Der stellvertretende Stasi-Chef Rudi Mittig und Kurt Hager verlasen ihre vorbereiteten Beiträge; der eine über die Lage der DDR aus der Sicht des MfS, der andere über seine Verantwortung, die Wende und die Gefahr einer Konterrevolution. Als letzter Diskussionsredner kam schließlich Günter Schabowski zu Wort. Er äußerte sich über die alten Fehler und den zukünftigen Inhalt der Medienpolitik.

Nach einer halbstündigen Pause stellte Siegfried Lorenz als Vorsitzender der entsprechenden Kommission ab 11.35 Uhr die Grundzüge des neuen Aktionsprogramm-Entwurfs vor. Indem die SED darin einräumte, eine »revolutionäre Volksbewegung« habe einen Prozess gravierender Umwälzungen in Gang gesetzt, war dessen Interpretation als Konterrevolution kaum noch möglich. Das Programm kündigte umfassende Reformen an. Dazu gehörten unter anderem:

- freie, allgemeine, demokratische und geheime Wahlen;
- eine demokratische Koalitionsregierung mit den Blockparteien;
- eine »an den Marktbedingungen orientierte sozialistische Planwirtschaft«;
- die Zulassung »neuer politischer Vereinigungen auf dem Boden der Verfassung«;
- innerparteiliche Reformen wie die Zulassung mehrerer Kandidaten bei Wahlen, die zeitliche Begrenzung von Wahlämtern, die Einführung einer Pensionsgrenze für Funktionäre sowie die Vorrangstellung gewählter Organe gegenüber dem Parteiapparat;
- die Entflechtung von Partei und Staat;
- die Nichteinmischung in die Politik der FDJ und die Achtung der Selbständigkeit des FDGB.

Ziel dieser Reformen sei es, »dem Sozialismus in der DDR mit mehr Demokratie eine neue Dynamik zu verleihen«.[11] Doch die neue Dynamik erfasste die ZK-Mitglieder nicht. Die Diskussion blieb bei der einleitenden Formulierung stecken, das Zentralkomitee habe zugelassen, dass ernste Fehler des abgelösten Politbüros Partei und Republik in eine tiefe Krise gestürzt hätten. Während einige Mitglieder des ZK die Übernahme jeglicher Verantwortung ablehnten und geltend machten, dass das Zentralkomitee jahrelang belogen worden sei, warnten andere vor der öffentlichen Resonanz, falls sich das Zentralkomitee von jeder Verantwortung freispreche.

In die immer stürmischer werdende Schulddiskussion platzte Schabowski gegen 12.30 Uhr mit Informationen über die aktuelle Lage in der DDR, die Krenz unverzüglich dem Plenum bekannt gab: Die Lage habe sich »äußerst zugespitzt. Es macht sich Panik und Chaos breit.« Arbeiter in Berlin und Potsdam verließen die Betriebe, um sich an den Meldestellen der Volkspolizei für Visa anzustellen. »Im Parteiaktiv«, so die zentrale Aussage, »herrscht Unverständnis zu den beschlossenen Reisemöglichkeiten. (...) Die Beunruhigung unter den Genossen ist groß, weil niemand die ökonomischen Auswirkungen und Konsequenzen richtig voraussehen kann. Es herrscht die Meinung vor: Wir stehen vor dem Ausverkauf.«[12]

Diese Lage hatte bereits am frühen Morgen bestanden; das wirklich

Neue war einzig und allein, dass sie zum ersten Mal laut ausgesprochen wurde. Panik, Chaos und eine allgemeine Auflösungsstimmung breiteten sich nun im ZK-Plenum aus. Zwar war die Stoph-Regierung zurückgetreten, aber formal amtierte sie noch. Völlig kopflos kündigte Krenz als Initiative an, was Schabowski ihm als Vorschlag zugeflüstert hatte: Modrow und Schabowski würden sofort Kontakt zu den Vorsitzenden der Blockparteien aufnehmen, um »unmittelbar eine Regierung (zu) bilden«. Man müsse den Modus klären, »daß die Regierung handlungsfähig ist, auch wenn sie nicht gewählt ist«.[13] Es wurde beschlossen, die ZK-Tagung schnellstmöglich zu beenden, »damit wir an unsere Kampfplätze gehen können« und um, wie Hermann Axen forderte, »die notwendigen Maßnahmen zur Sicherung des Sozialismus zu ergreifen«.[14] An welche Rettungsmaßnahmen er konkret dachte, verriet Axen nicht. Kurt Hager sprang ihm zur Seite und schlug als wichtigste Maßnahme einen Appell an die Bevölkerung vor, »in dem klar gesagt wird – ich will mich mal noch nicht druckreif ausdrücken –: Jetzt ist Ruhe die erste Bürgerpflicht.«[15] Das Aktionsprogramm wurde ohne weitere Diskussion bestätigt und – wie üblich – der für die Öffentlichkeit bestimmte Entwurf des Abschlusskommuniqués Wort für Wort verlesen und abgestimmt. Den darin enthaltenen Passus, dass das Zentralkomitee der Regierung die Inkraftsetzung der Reiseregelung empfohlen habe, die zum Fall der Mauer führte, ließ Krenz in letzter Minute ohne weitere Begründung einfach streichen.[16] Indem der zurückgetretene Ministerrat nach außen nun als alleiniger Urheber der Reiseverordnung dastand, schuf Krenz in der noch unklaren Situation die Voraussetzung dafür, dass das Zentralkomitee und das Politbüro bei Bedarf jederzeit auf Distanz zu »dessen« Beschluss gehen konnten. Abschließend forderte Krenz die Ersten Sekretäre der Bezirksleitungen – »egal, ob sie noch Verantwortung tragen oder nicht«, schließlich waren sie die Chefs der Bezirkseinsatzleitungen – sowie die Mitglieder des Politbüros und des Sekretariats des ZK auf, zu einer Beratung über das weitere Vorgehen zusammenzukommen, zu der »aufgrund der Lage« (Krenz) auch Stoph, Mielke und Dickel hinzugebeten wurden.[17]

Die 10. Tagung des Zentralkomitees wurde um 13.10 Uhr offiziell geschlossen: Jahrzehntelang auf eine Funktion als Repräsentationsbühne und

Akklamationsmaschine für die Politik des Generalsekretärs und des Politbüros ausgerichtet und selbstbeschränkt, erwies sich das Zentralkomitee in der die Parteiherrschaft akut bedrohenden Situation als strukturell unfähig, durch kollektive Willensbildung und Entscheidungsfindung zu einer neuen Rolle als politikstrukturierendes Gremium zu finden. Seine Auflösung am 3. Dezember 1989 war nur noch der formelle Nachvollzug des politischen Abdankens am Tag des Mauerfalls.

Die politische Bewältigung der größten Existenzkrise der DDR seit dem 17. Juni 1953 und dem Bau der Mauer am 13. August 1961 war damit ausschließlich der operativen Politik des Generalsekretärs, seiner engsten Vertrauten und deren apparativen Stäben überlassen. Die Spurenverwischung von Krenz im Zentralkomitee und seine Scheu vor der Öffentlichkeit machten Sinn. Was der Generalsekretär den Mitgliedern des Zentralkomitees vorenthielt und möglicherweise auch auf der darauffolgenden Spitzenberatung zumindest nicht im Detail verriet[18], war, dass er zur Bewältigung der Lage bereits am frühen Morgen die Einrichtung einer »operativen Führungsgruppe« des Nationalen Verteidigungsrates befohlen hatte. Und seit den Mittagsstunden war eine militärische Aktion zur Wiederherstellung von »Ruhe und Ordnung« an der Berliner Mauer nicht länger ausgeschlossen.

SED-Führung: Politische Maßnahmen und militärische Optionen

Zutiefst darüber beunruhigt, dass der Massenansturm auf die Grenzübergänge ständig zunahm, hatte Wolfgang Herger noch in der Nacht zum 10. November den Diensthabenden seiner Abteilung Sicherheitsfragen angewiesen, alle Mitarbeiter zu alarmieren und in die Abteilung im ZK-Gebäude zu rufen. Gegen 1.00 Uhr morgens traf er selbst dort ein.

Unter den wenigen Anwesenden herrschte heillose Verwirrung. Die Trennlinie zwischen den feindlichen Armeen des Warschauer Paktes und der NATO war faktisch aufgehoben, die bewaffneten Organe überrumpelt und überrollt und das ausgeklügeltste Grenzregime der Welt ausgehebelt. Um das Durcheinander zu beseitigen, nahm sich Herger als dringendster

Aufgabe der Wiederherstellung der zentralen, koordinierten Führungsstruktur und Befehlsgewalt an. In Abstimmung mit Krenz berief er für 8.00 Uhr früh einen Krisenstab in das Arbeitszimmer des Generalsekretärs ein. Einen großen Teil der Nacht verbrachte er mit seinem Stellvertreter, Peter Miethe, im Arbeitszimmer von Günter Schabowski, von wo aus sie die weitere Entwicklung beobachteten. Dort und in der Führungsstelle der Bezirkseinsatzleitung der SED liefen die aktuellen Lagemeldungen der Grenztruppen, der Staatssicherheit und der Volkspolizei ein. Für Eingriffe in die laufenden Ereignisse war es zu spät. Da die Offiziere an den Grenzübergängen »faktisch aus der Situation heraus eigenverantwortlich handeln mußten und gehandelt haben«, so Peter Miethe, sei es mit Erleichterung aufgenommen worden, dass nirgendwo zur Schusswaffe gegriffen wurde. Beruhigend hätten auch die Meldungen von den Übergängen gewirkt, dass die DDR-Bürger wieder zurückkamen und sich schließlich bis zum Morgen hinein relativ komplikationsloser Ausreise- und Wiedereinreise-Verkehr entwickelt habe. Damit konnte man alle Überlegungen darauf konzentrieren, wie die »normale« Ordnung an der Grenze wiederherzustellen war.[19]

Zur »Beherrschung der unter den gegenwärtigen Bedingungen bestehenden komplizierten sicherheitspolitischen Situation in der DDR und dem sich daraus ergebenden Erfordernis, auf jede weitere Zuspitzung der Lage kurzfristig und angemessen zu reagieren«, wurde am Morgen auf Befehl des Vorsitzenden des Nationalen Verteidigungsrates eine »operative Führungsgruppe« gebildet.[20] Misstrauisch registrierte Fritz Streletz, der den Befehl als Sekretär des NVR ausgearbeitet hatte, dass die in der Partei zuständige ZK-Abteilung Sicherheitsfragen der Führungsgruppe fernblieb. Was sollte das bedeuten? Warum nahm die SED in dieser kritischen Situation nicht ihre Zuständigkeit wahr? War die Partei im Begriff, sich aus der Verantwortung zu stehlen und sie allein den bewaffneten Organen zuzuschieben?

Neben dem Chef des Hauptstabes der Armee gehörten der Führungsgruppe sechs weitere Mitglieder an: der stellvertretende, für die bewaffneten Organe zuständige Staatssicherheitsminister, Gerhard Neiber, der stellvertretende Innenminister und Chef des Stabes, Karl-Heinz Wagner, der stellvertretende Außenminister, Kurt Nier, der stellvertretende Verteidigungsminister und Chef der Grenztruppen, Klaus-Dieter Baumgarten, der Leiter der ZK-Abteilung Parteiorgane, Heinz Mirtschin, sowie der Leiter des Sekretariats des Ministerrates, Harry Möbis. Aufgabe der »operativen Führungsgruppe« sollte es sein, »Informationen über die Gesamtlage (...) zu sammeln und zu analysieren, ununterbrochen die Lage des Gegners einzuschätzen sowie Schlußfolgerungen bzw. Vorschläge für gesamtstaatliche Führungsentscheidungen vorzubereiten«.[21] Als Führungsstelle wurde der kriegssichere Bunker im Keller des MdI bestimmt.

Ab 8.00 Uhr wurde in der Führungsgruppe zunächst analysiert. Der im MfS, im Arbeitsbereich Neibers, erstellte Überblick über die sicherheitspolitische Lage mit Stand von 4.00 Uhr früh fasste zusammen, dass bis zu diesem Zeitpunkt insgesamt rund 68 000 DDR-Bürger mit 9700 PKW nach West-Berlin ausgereist wären, von denen etwa 45 000 mit 5200 PKW zurückgekehrt wären. An den Übergangsstellen im Bezirk Potsdam nach West-Berlin (»Westring«) und zur Bundesrepublik (»Staatsgrenze West«) hätte die Ausreise »ohne entsprechende Grenzübertrittsdokumente« in der Regel »erst gegen 0.00 Uhr« begonnen. 2638 DDR-Bürger wären in die Bundesrepublik gefahren, 278 wieder zurückgekommen; aus dem Berliner Umland hätten 2766 Menschen die Grenzübergänge des »Westringes« nach West-Berlin[22] passiert, von denen bis 4.00 Uhr 543 wieder in die DDR zurückgereist wären. Zusammenfassend hielt die Lageinformation nüchtern und sachlich fest: »Trotz der entstandenen komplizierten Lage kam es nicht zu Zwischenfällen oder Provokationen, vereinzelt sogar zu Sympathiebezeugungen gegenüber uniformierten Kräften.«[23]

Welche Maßnahmen sollte der Krisenstab ergreifen? Die Fernsehbilder der Nacht vermitteln den Eindruck, Hunderttausende, wenn nicht Millionen von Berlinern hätten auf dem Kurfürstendamm ein Volksfest gefeiert.

Die Zahlen des MfS, selbst wenn sie auf groben Schätzungen beruhten und vermutlich eher zu niedrig als zu hoch angesetzt waren, belegten zum einen, dass der Reisestrom verhältnismäßig schwach war: Deutlich weniger als einhunderttausend Berliner hatten die Mauer zu Fall gebracht. Zum anderen zeigten sie, dass die überwiegende Mehrheit der Reisenden zurückgekehrt war. War der Verlust von etwa 25 000 Menschen nicht ohne Weiteres zu verkraften? Sollte die SED-Führung den Versuch wagen, die Grenzübergänge wieder zu schließen, am besten gleich einschließlich der polnischen und tschechoslowakischen Grenze? Schon wegen der Erfahrungen der letzten Wochen schied dieses Unterfangen als unmöglich aus. Und neben den Zehntausenden, die zu diesem Zeitpunkt noch oder bereits wieder zwischen den beiden Stadthälften Berlins und an der innerdeutschen Grenze ohne Visum unterwegs waren, standen seit Mitternacht in fast allen Städten und Ortschaften der DDR Tausende von Menschen in langen Schlangen vor den Pass- und Meldestellen der Volkspolizei, um sich ein Reisevisum abzuholen.[24] Dennoch wäre die Reisebewegung zu diesem Zeitpunkt zweifelsohne mit polizeilichen oder militärischen Mitteln, notfalls auch mit Waffengewalt, zu stoppen gewesen. Aber welche Perspektive blieb der SED nach einer militärischen Intervention gegen das eigene Volk? Nach den Entscheidungen vom 9. und 13. Oktober gegen eine »chinesische Lösung« in Leipzig noch unter Honecker hatte Krenz in seiner Funktion als Vorsitzender des Nationalen Verteidigungsrates im Vorfeld der Berliner Demonstration vom 4. November die Anwendung von Schusswaffen, selbst bei einem Eindringen von Demonstranten in das Berliner Grenzgebiet, grundsätzlich untersagt[25] – wodurch die Sicherheitskräfte auch in der Nacht vom 9. auf den 10. November wenn nicht entwaffnet, so aber doch bis zur Verkündung eines anderslautenden Befehls auf einen gewaltlosen Einsatz verpflichtet waren. Diese Befehle zurückzunehmen, konnte einen Bürgerkrieg auslösen – eine für die SED-Führung selbstmörderische Perspektive.

Gleich zu Beginn der Beratungen der operativen Führungsgruppe, so Harry Möbis, sei erörtert worden, ob die Grenzübergänge wieder geschlossen und der alte Zustand wiederhergestellt werden sollte. Dabei sei auch die Frage »Setzen wir die Armee ein – ja oder nein?« aufgeworfen worden. Der Chef der Grenztruppen habe die Auffassung vertreten, dass nichts zu machen sei. Wenn er rückgängig machen solle, was geschehen sei, müsse er aufmarschieren und schießen lassen, wozu er nicht bereit sei. Seinen eigenen Angaben zufolge sprach sich der Grenztruppen-Chef auch gegen einen Einsatz der NVA zur Verstärkung der Grenztruppen aus.[26] In der Führungsgruppe, so Harry Möbis und Wolfgang Herger, sei die Anwendung von Gewalt unisono abgelehnt worden.[27]

Welche Richtungen der Diskussionsprozess im Krisenstab am frühen Morgen im Einzelnen auch immer nahm: Das Ergebnis war ein zweigleisiges Verfahren. In den ersten Stunden wurde der Versuch unternommen, die Kontrolle über den Reisestrom in Richtung Westen mit zivilen Maßnahmen zurückzugewinnen. Weil viele Bürger noch immer nicht – wie vorgesehen – zu den Meldestellen gingen, sondern ohne Visum an die Grenze marschierten, wurde eine Hase-und-Igel-Technik angewandt, um das ungesetzliche Überschreiten der Staatsgrenze zu unterbinden. Die Volkspolizei jagte an den Bürgern vorbei und errichtete eilends direkt an der Grenze Außenstellen, um auf diese Weise zu versuchen, das ungesetzliche Vorhaben in buchstäblich letzter Sekunde mit einem Visumstempel in eine legale Grenzüberschreitung zu verwandeln. Auch auf einigen Hauptbahnhöfen wurden »zeitweilige Arbeitsgruppen« der Volkspolizei eingesetzt, die versuchen sollten, Visa als Voraussetzung für den Kauf von Fahrkarten in die Bundesrepublik zu erteilen.

Um die Souveränität über die Staatsgrenze wiederzuerlangen, wurde es daneben als unvermeidlich erachtet, schnellstens neue Durchlässe einzurichten; nur auf diese Weise schien es möglich, die Reiseströme auseinanderziehen und verhindern zu können, dass die Mauer allerorten einfach überklettert oder in Selbsthilfe durchbrochen wurde. Vorüberlegungen für die kurzfristige Einrichtung neuer Übergänge hatten DDR-Außenministerium und MfS mit dem West-Berliner Senat im Hinblick auf die ursprünglich für Dezember vorgesehene Inkraftsetzung des Reisegesetzes bereits am 3. November ausgetauscht. Senatsdirigent Gerhard Kunze überreichte seinem Ost-Berliner Verhandlungspartner Walter Müller an diesem Tag ein informelles Papier, das zwei U-Bahn- und neun Straßenverbindungen zwischen Ost- und West-Berlin nannte, die sich aus West-Berliner Sicht als mögliche zusätzliche Übergänge eigneten.[28] Daran wurde am Morgen des 10. November angeknüpft. Alexander Schalck, in dessen Zuständigkeit die Verhandlungen über die Neueröffnung von Grenzübergängen fielen, wurde eingeschaltet, die Grenztruppen, die für den pioniertechnischen Ausbau der Straßen durch den Todesstreifen zuständig waren, hinzugezogen, eine Politbüro- und Ministerrats-Beschlussvorlage erarbeitet und die Öffnung neuer Grenzübergänge noch am späten Nachmittag mit dem West-Berliner Senat abgestimmt und schließlich bekannt gegeben.[29] Mit der Öffnung der Berlin und Potsdam verbindenden und bis dahin den Alliierten und ihrem Agentenaustausch vorbehaltenen Glienicker Brücke für den Reiseverkehr um 18.00 Uhr wurde Entlastung für die an der Autobahn gelegene Kontrollstelle Drewitz-Dreilinden geschaffen; Zehntausende von Bürgern aus Potsdam und dem Umland konnten nunmehr die kürzeste Verbindung zwischen den beiden Städten für einen Besuch in West-Berlin nutzen.

Eine beruhigende Wirkung versprach sich die operative Führungsgruppe von einem Aufruf an die Bevölkerung, an dessen Ausarbeitung sich auch Wolfgang Herger beteiligte.[30] Darin sollte sich der Ministerrat erstmals zu der neuen Reiseregelung als seinem Beschluss bekennen: »Die Regierung der DDR steht zu ihrem Wort.« Es handele sich nicht um eine zeitlich befristete Maßnahme; die Bürger könnten sich vielmehr auf ihre Dauerhaftigkeit verlassen und brauchten »keine übereilten Entschlüsse zu treffen«. Die Erklärung hob die Visumpflicht hervor und versprach, dass die Dienststellen des Pass- und Meldewesens auch am bevorstehenden Wochenende geöffnet blieben. Es sei mit der kurzfristigen Öffnung zusätzlicher Grenzübergangsstellen zu rechnen; daneben würden Schritte zur Vereinfachung des Grenzregimes an der Grenze zur Bundesrepublik vorbereitet, die noch im Dezember (sic!) wirksam werden könnten. An die »lieben Bürgerinnen und Bürger« wurde appelliert, durch »besonnenes und verantwortungsbewußtes Verhalten« dazu beizutragen, »daß der grenzüberschreitende Reiseverkehr auf der Grundlage der neuen Regelungen geordnet verläuft, der derzeitige große Andrang bewältigt wird und normale Verhältnisse an den Grenzübergangsstellen eintreten«.[31] Doch der erstmaligen Verlesung dieser Erklärung im DDR-Fernsehen durch Innenminister Dickel um 16.30 Uhr gingen noch dramatische Stunden voraus.[32]

Alle zivilen Maßnahmen kamen zu spät und griffen zu langsam, um zu unmittelbar sichtbaren Ergebnissen zu führen und der SED-Führung die

4

Ministerrat   VVS b2-942/89 | 4

[der DDR,
10.11.1989]

B e s c h l u ß

Festlegungen zu den Bestimmungen für Privatreisen und ständige Ausreisen aus der DDR

1. Zur Durchführung des Beschlusses des Ministerrates über Bestimmungen für Privatreisen und ständige Ausreisen aus der DDR ins Ausland bis zum Inkrafttreten einer entsprechenden gesetzlichen Regelung der Volkskammer der DDR wird in Übereinstimmung mit dem Senat von Berlin (West) durch die amtierende Regierung der DDR entschieden, nachfolgende Grenzübergangsstellen zwischen der DDR und Berlin (West) zu öffnen:

Grenzübergangsstellen	mit Wirkung vom
Glienicker Brücke/Potsdam	10. 11. 89, 18.00 Uhr (für Kfz u. Fußgänger)
Mahlow	10. 11. 89, 18.00 Uhr (nur Kfz)
Eberswalder Straße	11. 11. 89, 08.00 Uhr (Kfz u. Fußgänger)
Puschkinallee	11. 11. 89, 13.00 Uhr (Kfz u. Fußgänger)
Potsdamer Platz	12. 11. 89, 08.00 Uhr (Kfz u. Fußgänger)
Wollankstraße	13. 11. 89, 08.00 Uhr (Kfz u. Fußgänger)
Falkenseer Chaussee	13. 11. 89, 18.00 Uhr (Kfz u. Fußgänger)
U-Bahnhof Jannowitzbrücke (nach Schaffung der bahntechnischen Voraussetzungen)	
Stubenrauchstr./Treptow	14. 11. 89, 08.00 Uhr (Kfz u. Fußgänger)
Phillipp-Müller-Str./Teltow	14. 11. 89, 08.00 Uhr (Kfz u. Fußgänger)

DDR-Ministerrats-Beschluss über die Öffnung neuer Grenzübergänge in Berlin, 10. November 1989 (BArch, C-20, I/3-2867, Bl. 4).

Lage beherrschbar erscheinen zu lassen. Am Brandenburger Tor hatten sich auf westlicher Seite bereits seit dem Morgen wieder Tausende versammelt. Die Panzermauer war erneut besetzt, 200 Menschen waren einfach auf Ost-Berliner Gebiet heruntergesprungen, wo sie einer unbewaffneten Postenkette der Grenztruppen gegenüberstanden, die ihnen den Weg durch das Tor nach Ost-Berlin versperrte. Die Erteilung und Kontrolle der Visa an den Übergängen mussten, nur kurz nachdem sie begonnen hatten, wieder eingestellt werden, um den Reiseverkehr flüssig zu halten und den Druck nicht durch lange Wartezeiten und große Menschenzusammenballungen zur Explosion zu bringen. Gegen Mittag drückten Hunderttausende von Menschen auf die Grenzübergänge nach West-Berlin.

Darauf, dass sich der jahrelang angestaute Reisedrang friedlich entladen und die Stimmung so fröhlich bleiben würde, dass das MfS am Ende dieses Tages nur einen einzigen Zwischenfall zu verzeichnen haben würde – am Bahnhof Friedrichstraße verletzte ein West-Berliner unter Alkoholeinfluss einen Passkontrolleur mit Faustschlägen[33] –, konnte die SED-Spitze nicht vertrauen. Zudem hatten die schroffen, fast schon feindseligen Anrufe des sowjetischen Botschafters tiefe Unsicherheit über die zu erwartende Reaktion Moskaus hinterlassen. Ein Fernschreiben von Krenz an Gorbatschow, das gegen 11.00 Uhr nach Moskau gesandt worden sein soll[34], entsprach in keiner Weise der realen Lage an der Grenze, deren Bilder von zahllosen Fernsehsendern direkt in alle Welt übertragen wurden. Die Verunsicherung der SED-Spitze fand ihren Ausdruck darin, dass sich bis zum Abend des 10. November kein Mitglied der neuen SED-Führung durch einen öffentlichen Auftritt im Glanze jenes welthistorischen Ereignisses zu sonnen wagte, mit dessen angeblich beabsichtigter Herbeiführung sich manche im Nachhinein zu schmücken suchen.

Als Reaktion auf die »Zuspitzung der Lage« verständigten sich Krenz und Verteidigungsminister Keßler gegen 12.45 Uhr, Truppenteile der Nationalen Volksarmee in »Erhöhte Gefechtsbereitschaft« zu versetzen, womit sie auf ein militärisches Eingreifen vorbereitet waren.

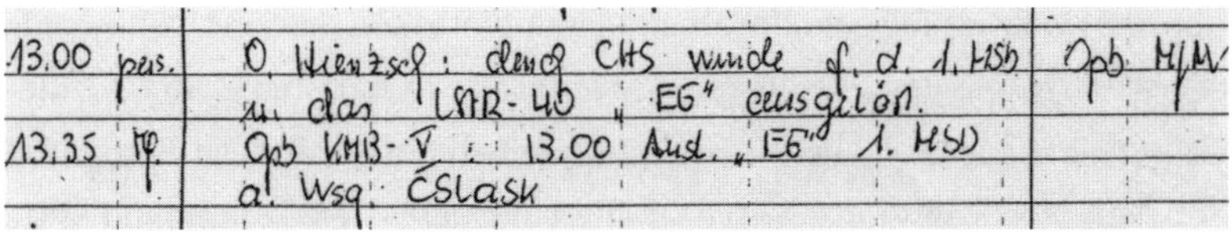

13.00	pers.	O. Wienzek: durch CHS wurde f. d. 1. MSD u. das LStR-40 „EG“ ausgelöst.	OpD M/M
13.35	[illegible]	OpD KMB-V: 13.00 Ausl. „EG“ 1. MSD a. Wsg: ČSLask	

10. November 1989, 13.00 Uhr: »Erhöhte Gefechtsbereitschaft (›EG‹) ausgelöst«, ODH-Dienstbuch des Kommandos der NVA-Landstreitkräfte (BArch/P, MZA, VA-10-25899, Bl. 32).

Verteidigungsminister Keßler ließ den Chef des Hauptstabes in den Nebenraum des ZK-Plenarsaales rufen. Dort gab er Streletz den Befehl, die Erhöhte Gefechtsbereitschaft für die in Potsdam stationierte 1. Motorisierte Schützendivision (1. MSD) und das in Lehnin untergebrachte Luftsturmregiment-40 (LStR-40) auszulösen.

Den militärischen Gepflogenheiten hätte es entsprochen, wenn Streletz den Befehl über das eingespielte System der Operativ Diensthabenden (OpD) und des Operativen Führungszentrums (OFüZ) der NVA in Strausberg an den OpD des Kommandos der Landstreitkräfte in Potsdam hätte übermitteln lassen. Der OpD wäre jedoch verpflichtet gewesen, den Befehl als meldepflichtiges Vorkommnis in die Tagesinformationen des Ministeriums aufzunehmen, die allen Stellvertretern des Ministers vorgelegt wurden.

Der Weg, den Streletz wählte, sicherte dagegen größtmögliche Geheimhaltung: Er bat Generaloberst Stechbarth, den Chef der Landstreitkräfte, in den Vorraum des ZK-Plenarsaales, um ihm die erforderlichen Instruktionen persönlich zu erteilen. Stechbarth wiederum gab die entsprechende Weisung telefonisch dem Stabschef der Landstreitkräfte durch. Beide Truppenteile wurden um 13.00 Uhr über das Diensthabenden-System der Landstreitkräfte alarmiert.[35] Streletz übernahm die Aufgabe, Armeegeneral Boris Snetkow, den Oberkommandierenden der Westgruppe der sowjetischen Streitkräfte in der DDR, über die Maßnahmen der NVA in Kenntnis zu setzen.

Die 1. Motorisierte Schützendivision und das Luftsturmregiment-40, die beide dem Kommando der Landstreitkräfte in Geltow bei Potsdam unterstanden, gehörten zu einer als »Berliner Gruppierung« bezeichneten Formation, die im Kriegsfall gemeinsam mit einer Motorisierten Schützenbrigade der Westgruppe der sowjetischen Streitkräfte in Karlshorst, der Artilleriebrigade-40 der NVA, acht Kampfgruppenbataillonen aus Ost-Berlin und Potsdam, zwei Volkspolizeibereitschaften und dem Grenzkommando Mitte der Grenztruppen im Zusammenwirken mit den Luftstreitkräften der NVA den Auftrag hatten, West-Berlin einzunehmen und vom Imperialismus zu befreien.[36] Die operative Planung der NVA war auf das Ziel ausgerichtet, innerhalb von 24 Stunden

»– die Mauer zu überwinden,
– im schnellsten Vorstoß panzerstark anzugreifen mit dem Ziel Kaiserdammbrücke-Stadtzentrum,
– die Vereinigung der britischen, französischen und amerikanischen Brigaden zu verhindern,
– den Feind getrennt nach Teilen zu zerschlagen und die Stadt vollständig zu besetzen,
– die Flugplätze Tegel und Tempelhof durch taktische LL-Op. (Luftlande-Operationen – d. Vf.) zu nehmen,
– Vorrangobjekte nach besonderer Liste im Handstreich zu besetzen,
– zu schützende Objekte nach besonderer Weisung zu besetzen«.[37]

Auch in der zweiten Hälfte der 1980er Jahre bildete die Eroberung West-Berlins einen Schwerpunkt gemeinsamer Kriegsspiele und Übungen in der Stabsdienstausbildung der genannten Einheiten.[38] Für Übungszwecke stand der 1. MSD und dem LStR-40 auf dem Truppenübungsplatz bei Lehnin die Stadtkampfanlage »Scholzenlust« zur Verfügung, auf dem »alle Merkmale einer Großstadt, vom Kino bis zur Post, vom Bahnhof bis zur Bank, ja, sogar Fußgängerunterführungen und U-Bahn-Eingänge maßstabsgetreu« nachgebaut worden waren.[39] Hier und auf Übungsplätzen wie denen der Grenztruppen in Streganz, auf denen Mauer und Staatsgrenze nachgebildet waren, wurden Verteidigungsgefechte an der Staatsgrenze und Angriffshandlungen zu Beginn eines Krieges bis weit in das Jahr 1989 hinein trainiert.

Zur 1. MSD mit ihren rund 10 000 Mann, von denen 1989 2500 in der Volkswirtschaft eingesetzt waren, zählten unter anderem drei mit Panzern ausgerüstete, hochbewegliche Mot.-Schützenregimenter, ein Artillerieregiment und ein Fla-Raketenregiment. Zum mit Transportflugzeugen ausgestatteten Luftsturmregiment-40 mit einem Kampfbestand von 600 Mann gehörten vier Fallschirmjäger-Kompanien, zwei Luftsturm-Kompanien und eine Schwere Kompanie.[40]

Ihre Ausbildung im Stadtkampf prädestinierte Truppenteile beider Verbände dazu, seit Anfang Oktober von der militärischen Führung in ständiger Verfügbarkeit für Einsätze bei Demonstrationen gehalten zu werden. In der Zeit der Staatsfeierlichkeiten vom 6. bis 9. Oktober wurden ein Motorisiertes Schützenbataillon der 1. MSD mit 350 Mann in Stahnsdorf und eine Fallschirmjägerkompanie des LStR-40 in Lehnin in Erhöhte Gefechtsbereitschaft versetzt. Während dieser Zeit musste das Lazarett in Potsdam vorsorglich zusätzliche Bettenkapazitäten bereithalten. Grundlage war der Befehl 105/89 des Verteidigungsministers, dessen Zielstellung mit der Verfassung kollidierte, weil er der NVA innere Aufgaben stellte: »Die Bereitstellung der Reserven hat mit dem Ziel zu erfolgen«, hieß es in diesem Befehl, »im Zusammenwirken mit den Kräften des Ministeriums für Staatssicherheit und des Ministeriums des Innern jederzeit zuverlässig Aufgaben zur Gewährleistung der gesamtstaatlichen Sicherheit, der öffentlichen Sicherheit und Ordnung sowie einer stabilen politischen Lage in der Hauptstadt der DDR, Berlin, erfüllen zu können.«[41]

Soweit es die Erhöhte Gefechtsbereitschaft der Truppenteile betraf, wurde der Befehl 105/89 am 11. Oktober außer Kraft gesetzt, die verstärkte Grenzüberwachung und -sicherung zur ČSSR und Polen und an der Berliner Mauer jedoch fortgesetzt und insbesondere die Maßnahmen für Einsätze im Innern ausgeweitet. »Der mögliche Einsatz von Hundertschaften (der NVA – d. Vf.) in Schwerpunktgebieten«, teilte Streletz dem MfS mit, sei »entsprechend der in den letzten Tagen geübten Praxis stabsmäßig vorzubereiten«.[42] Die Zahl der in allen Teilstreitkräften der Armee, aber mit Schwerpunkt in den Landstreitkräften, gebildeten Hundertschaften für derartige innere Einsätze wurde von 86 am 10. Oktober über 120 am 20. Oktober auf 183 am 6. November erhöht.[43]

Der Kommandeur der 1. MSD hatte am 13. Oktober den Befehl erhalten, zur Sicherung der Staatsgrenze nach innen und außen und zum Schutz wichtiger Objekte Hundertschaften zu formieren und auf Einsätze vorzubereiten. Am nächsten Tag wurden 20 Hundertschaften aufgestellt, am übernächsten Tag die zuständigen Offiziere der 1. MSD in ihre Aufgaben, insbesondere in die »Einsatzvariante 1« – die Handhabung von Schlagstöcken und die Bildung von Räumketten – eingewiesen.[44] Bei der Einweisung von Einsatzkräften der Hundertschaften im Motorisierten Schützenregiment-1 in Oranienburg unterlief einem Offizier der Fauxpas, auch die der Geheimhaltung unterliegende »Einsatzvariante 2« vorzutragen, die die Anwendung der Schusswaffe vorsah.[45]

Mit dem Einsatzbefehl, gegen »die konterrevolutionären Machenschaften« vorzugehen und die Montagsdemonstration verhindern zu helfen, verlegte das LStR-40 vom 14. bis 17. Oktober drei mit MP und 30 Schuss scharfer Munition ausgerüstete Hundertschaften nach Leipzig.[46] Waffen und Munition wurden nach der Ankunft eingesammelt und stattdessen Schlagstöcke, Schilder und Helme ausgegeben. Ohne zum Einsatz gekommen zu sein, zogen die Fallschirmjäger wieder ab.[47]

14 Hundertschaften der 1. MSD waren am 4. November, frühmorgens und im Schutz der Dunkelheit, nach Berlin geführt worden. Während der Großdemonstration hielten sie sich im Hintergrund in Bereitschaft, um unter anderem die Mauer am Brandenburger Tor und den Übergang Heinrich-Heine-Straße im Ernstfall gegen Grenzdurchbrüche abzusichern. Maschinenpistolen und Munition waren zwar nicht am Mann, aber für den Fall der »Einsatzvariante 2« auf LKW verladen und mitgeführt worden.[48]

Am 9. und 10. November hielt die NVA noch immer insgesamt 179 Hundertschaften – auch in der 1. MSD und dem LStR-40 – zur »Unterstützung der Schutz- und Sicherheitsorgane«, wie es hieß, in einer Zwei- bis Drei-Stunden-Bereitschaft bereit, davon allein 25 für einen Einsatz in Berlin.[49] Dass die politische Führung nicht auf diese polizeilich getarnten Formationen, sondern auf die militärischen Strukturen zurückgriff, ist nur so zu verstehen, dass am 10. November andere, nämlich militärische Einsatzziele verfolgt wurden.

Als konkrete Aufgabe, so Fritz Streletz, habe er dem Chef der Landstreitkräfte, Generaloberst Horst Stechbarth, gegen 12.00 Uhr[50] mündlich folgende Weisung erteilt: »Die 1. MSD hat bei Notwendigkeit bereit zu sein, mit Teilen des Personalbestandes ohne Panzer, Artillerie und schwere Technik als Mot.-Schützenkräfte die Grenztruppen bei der Aufrechterhaltung der Ordnung und Sicherheit an der Staatsgrenze der DDR zu West-Berlin zu unterstützen. Für den möglichen Transport der Kräfte sind Lastkraftwagen und Schützenpanzerwagen (SPW) vorzubereiten.«[51]

Sowohl Stechbarth als auch Generalleutnant Horst Skerra, als Stabschef der Landstreitkräfte das vierte Glied in der Befehlskette, bestätigen sinngemäß die Entgegennahme dieses Befehls.[52] Seine konkrete Zielstellung sei ihnen in der damaligen Situation so unklar geblieben, wie sie Streletz heute aus der Erinnerung formuliert. Was stellte sich die Führung in der konkreten Situation unter »Ruhe«, »Ordnung« und »Sicherheit« an der Berliner Mauer vor? Die Wiederherstellung des Grenzregimes der zurückliegenden 28 Jahre? Und welche militärischen Mittel sollten zur Lösung dieser Aufgabe gegebenenfalls eingesetzt werden? Wenn es die von Streletz genannten Einschränkungen – ohne Panzer, Artillerie und schwere Technik – gegeben haben sollte,[53] versandeten sie auf dem Befehlsweg. Die 1. MSD jedenfalls, das steht fest, erreichten sie nicht.

Nach militärischem Verständnis wäre der Befehl des Chefs des Hauptstabes in dem von ihm genannten Wortlaut extrem unpräzise gewesen, denn neben der nebulösen Zielstellung war ihm auch keine konkrete Einsatzaufgabe zu entnehmen. Damit hätte er es der Phantasie des Befehlsempfängers überlassen, sich vor der Entschlussfassung seine »Aufgabe selbst klarzumachen«, wie es im militärischen Sprachgebrauch hieß. Für die Generäle und Offiziere im Kommando der LaSK und der 1. MSD war der Befehl nur so zu verstehen, dass es sich nun um eine Vorbereitungsmaßnahme mit militärischer Zielsetzung handelte, denn anderenfalls wäre, wie in den Wochen zuvor, auf die Hundertschaften ihrer Verbände und Truppenteile zurückgegriffen worden. Wie aber stellten sich die Führung und Streletz vor, eine Motorisierte Schützendivision »ohne Panzer, Artillerie und schwere Technik« für einen militärischen Einsatz, der ihrer Ausbildung entsprach, gefechtsbereit zu machen? Die genannten Einschränkungen widersprachen den Aufgaben und den Gepflogenheiten der Befehlsgebung für eine Division so sehr, dass sie nicht einmal in der bei »EG«-Übungen benutzten Einschränkungstabelle vorgesehen waren.

Die Einsatzfähigkeit einer Motorisierten Schützendivision als militärischer Formation ließ sich nur aus der Lösung militärischer Aufgaben im Verband, das heißt insbesondere im Zusammenwirken der Schützenregimenter und der Artillerie, entfalten. Ohne die Artillerie im Hintergrund war die Division amputiert und von vornherein in ihren Handlungsmöglichkeiten eingeschränkt und in ihrer Kampfkraft geschwächt. Die Gefechtsfahrzeuge eines Motorisierten Schützenregimentes waren zudem nun einmal Schützenpanzer und nicht Lastkraftwagen. Die in der Division vorhandenen LKW waren mit materiellen Gütern – mit Munition, Ersatzteilen, Betriebsstoffen, Bekleidung, Verpflegung und Zeltmaterial – beladen, die die Regimenter für einen Einsatz benötigten. Ohne Panzer hätten die Soldaten mit der S-Bahn nach Berlin fahren müssen – oder aber der Kommandeur musste die Entladung der LKW anordnen. Statt in Gefechtsbereitschaft wäre die Truppe in diesem Fall in eine Auszeit getreten, in der sie sich irgendwo auf dem Kasernengelände der Ausrüstung hätte entledigen müssen, die sie im Falle eines Einsatzes brauchte. Der Befehl von Streletz wäre somit in doppelter Hinsicht widersinnig gewesen: Um »auf alle Eventualitäten vorbereitet« zu sein[54], griff er einerseits bewusst nicht auf die in Bereitschaft liegenden Hundertschaften zurück, die auch nach Ansicht des Chefs der Grenztruppen zur Unterstützung der Grenztruppen in der Tiefe ausgereicht hätten[55], sondern alarmierte die 1. MSD in ihrer militärischen Struktur und suggerierte damit eine Verschärfung der Lage. Dieser Lageverschärfung jedoch hätte sein Befehl insofern nicht Rechnung getragen, als die Befolgung der mit ihm verbundenen Einschränkungen nicht mit der Aufgabe, die Gefechtsbereitschaft der 1. MSD herzustellen, kompatibel war, sondern diese geradezu zerstört hätte.

Als deshalb der Kommandeur der 1. MSD, Oberst Peter Priemer, aus dem Kommando der Landstreitkräfte den Befehl erhielt, die Erhöhte Gefechtsbereitschaft ohne die genannten Einschränkungen für seinen ganzen Verband nach Plan herzustellen[56], war das der einzige Weg, um den Sinn des Befehls, auf alle Eventualitäten vorbereitet zu sein, zu erfüllen. Dabei mag die Überlegung eine Rolle gespielt haben, zunächst die Klärung der Lage und damit einhergehend eine Konkretisierung des Einsatzbefehls abzuwarten. Ob danach immer noch ausreichend Zeit für eine Umsetzung von Einschränkungen geblieben wäre, kann dahingestellt bleiben.

In der 1. MSD jedenfalls leitete Oberst Priemer umgehend und planmäßig alle Maßnahmen ein, um für die gesamte Division – die Führungsorgane und die Truppenteile – die Marschbereitschaft herzustellen, um in kürzester Zeit die Kasernen verlassen zu können. In den Stäben der Division und ihrer Truppenteile wurde die Erhöhte Führungsbereitschaft hergestellt; die leitenden Offiziere traten in einen 24-Stunden-Dienst ein, mindestens ein Drittel des Personalbestandes musste ständig anwesend sein. Alle Armeeangehörigen hatten in den Kasernen zu verbleiben. Mit Ausnahme der für die Ausbildung benutzten Lehrgefechtstechnik, die etwa ein Viertel bis ein Drittel der gesamten Kampftechnik umfasste, befand sich die Munition ständig an den Geschützen und in den Panzern; wo erforderlich, wurde sie entkonserviert und gleichzeitig die Lehrgefechtstechnik aufmunitioniert. Die gesamte Technik wurde überprüft, die Fahrzeuge wurden durchgestartet. Das Führungsorgan der Division bezog seinen Führungspunkt im Keller des Divisionsstabs-Gebäudes, in dem alle Nachrichtenverbindungen zusammenliefen. Dort wartete der Kommandeur gleichermaßen auf die Rückmeldung der Erfüllung der Aufgaben durch seine Regiments-Kommandeure wie auf weitere Befehle aus dem Kommando der Landstreitkräfte.[57]

In der Ausbildungsbasis 4 der Division in Beelitz bei Berlin wurden nach der Auslösung der Erhöhten Gefechtsbereitschaft die Waffen auf LKW verladen und die gesamte Kriegstechnik einsatzbereit gemacht. Die zum 1. November einberufenen Wehrpflichtigen waren zu diesem Zeitpunkt weder vereidigt noch an Waffen ausgebildet. Man werde ihnen »notfalls noch auf dem LKW den Umgang mit der Waffe beibringen«, wurde den jungen Rekruten mitgeteilt.[58] Am Abend des 10. November wurde die Einheit auf den Einsatzbefehl zur »Sicherung der Grenzanlagen« vorbereitet und am darauffolgenden Morgen in einem Schnelldurchgang mit dem Gebrauch von Maschinenpistolen vertraut gemacht und in die Bedienung von Geschützen eingewiesen.[59]

Der Kommandeur des Artillerieregiments I der 1. MSD in Lehnitz bei Oranienburg, Oberstleutnant Dietmar Landmann, befand sich noch im Speisesaal, als ihm kurz nach 13.00 Uhr über den Diensthabenden Offizier gemeldet wurde, er möge sich zur Entgegennahme eines Anrufs des Divisionskommandeurs ans Telefon begeben.[60] Als Teilnehmer einer Konferenzschaltung erhielt er mit den übrigen Kommandeuren der Division von Priemer den Befehl, sein Artillerieregiment in Erhöhte Gefechtsbereitschaft zu versetzen. Für Landmann bedeutete dies, in seinem Regiment das für diesen Fall vorbereitete Zyklogramm[61] abzuarbeiten, das die durchzuführenden Maßnahmen einschließlich des Zeitablaufs exakt vorgab. Das Artillerieregiment hatte eine Gesamtstärke von 750 Mann und bestand im Kern aus drei Artillerie-Abteilungen und weiteren Einheiten wie einer Nachrichten- und Transportkompanie. Jede Abteilung verfügte über die Feuerkraft von 18 schweren Geschützen wie 122-mm-Haubitzen und 152-mm-Selbstfahrlafetten[62], mit denen West-Berlin von Lehnitz aus auch direkt beschossen werden konnte. Nach sechs Stunden konnte Landmann die Gesamterfüllung des Zyklogramms nach oben abmelden: Der Personalbestand war alarmiert, die Geschütze einschließlich der Lehrgefechtstechnik aufmunitioniert, alle Einheiten einsatzbereit und das Führungssystem organisiert und aktiviert. Um 22.00 Uhr setzte im Regiment Nachtruhe ein. Gegen halb eins verließ Landmann seine Dienststelle und fuhr nach Hause. Unruhig und besorgt kehrte er jedoch kurze Zeit darauf zurück. Die Diensthabenden Offiziere saßen in der Führungsstelle und warteten auf den Einsatzbefehl, über dessen möglichen Inhalt sie nur rätseln konnten.

Eine höhere Stufe der Gefechtsbereitschaft herrschte zu dieser Zeit ebenfalls im 11 500 Mann starken Grenzkommando Mitte.[63] Entsprechend der Direktive des Ministers über die Gefechtsbereitschaft der Grenztruppen waren nach der Auslösung der erhöhten Gefechtsbereitschaft im GKM am 10. November, 0.20 Uhr, »Maßnahmen zur Verstärkung der Grenzsicherung und zur Erhöhung ihrer Bereitschaft zum Übergang zur gefechtsmäßigen Grenzsicherung sowie zur Erfüllung von Gefechts- und Mobilmachungsaufgaben« durchzuführen.[64] Maßnahmen mit unmittelbarem Einfluss auf die Gefechtsfähigkeit der Truppen waren innerhalb von vier bis sechs Stunden umzusetzen. Wie in der NVA gehörte dazu die Aufnahme des 24-Stunden-Dienstes leitender Offiziere und die Besetzung der Führungsorgane aller Ebenen mit einem Drittel des Personalbestandes. Die zeitweilige Schließung und Sperrung der Grenzübergangsstellen einschließlich der die Grenze durchschneidenden unterirdischen Anlagen war stabsmäßig vorzubereiten. »In Abhängigkeit von der Lage« sollte eine verstärkte Grenzsicherung organisiert und durchgeführt werden. Was Bewaffnung und Kampftechnik betraf, so schrieb die Direktive vor, an alle Grenztruppen-Angehörigen die persönliche Bewaffnung und Dosimeter, für den Dienst außerhalb der Objekte die festgelegte Munition auszugeben; die noch nicht aufmunitionierte Technik der Lehrgefechtsgruppe war scharf zu machen und mit der Entkonservierung der Technik und Bewaffnung zu beginnen, die in der nächsthöheren Stufe der Gefechtsbereitschaft, der Gefechtsbereitschaft bei Kriegsgefahr, zur Auffüllung der Kriegsstruktur vorgesehen war.[65]

Im Ministerium für Staatssicherheit galt seit dem 25. Oktober die Weisung Mielkes, entsprechend den aktuellen operativen Erfordernissen schnell mobilisierbare Einsatzreserven zu bilden und die volle Arbeitsfähigkeit der Stäbe zu gewährleisten. Eine Hälfte der Mitarbeiter hatte sich in ihrer Freizeit ständig zu Hause aufzuhalten, die andere durfte sich maximal bis zu vier Stunden von der Wohnung entfernen. Unter Beachtung dieser Vorgaben blieb es den Leitern überlassen, »selbständig differenzierte Festlegungen zum weiteren Einsatz der Angehörigen sowie zum Tragen der Dienstwaffe zu treffen«.[66] In welcher Bereitschaftsstufe sich die einzelnen Diensteinheiten am 9. November auch immer befanden: Am 10. November alarmierte Mielke alle Mitarbeiter des MfS und erteilte den Befehl: »Aufgrund der Lage haben ab sofort alle Angehörigen des Ministeriums für Staatssicherheit bis auf Widerruf in den Diensteinheiten bzw. Einsatzobjekten zu verbleiben.«[67]

Mit der Herstellung der Erhöhten Gefechtsbereitschaft in der 1. Motorisierten Schützendivision, im Luftsturmregiment-40 und im Grenzkommando Mitte standen zusammen mit dem alarmierten MfS-Wachregiment »Feliks Dzierzynski«[68] drei Divisionen mit über 30 000 Soldaten bereit, die binnen kürzester Zeit in Gefechtshandlungen eintreten konnten. Aber mit welcher konkreten Aufgabe und gegen welchen Feind?

Aus militärischer Sicht waren die in West-Berlin stationierten Truppen der West-Alliierten mit ihren insgesamt 12 400 Mann, 89 Panzern, 260 Panzerabwehrmitteln und 26 Geschützen den ihnen gegenüberstehenden Einheiten der NVA kräftemäßig hoffnungslos unterlegen.[69] Ihr Verhalten bis in die Mittagsstunden des 10. November und danach bot der SED-Spitze keinerlei Anhaltspunkte, die militärische Gegenmaßnahmen gerechtfertigt erscheinen ließen.[70] Aus der Überwachung des Telefon- und Funkverkehrs der amerikanischen, britischen und französischen Streitkräfte, der West-Berliner Senatskanzlei, des Innensenators und der Polizei sowie den Informationen der dort tätigen Agenten des DDR-Geheimdienstes ging eindeutig hervor, dass seit dem Morgen des 10. November eine zwar rege, aber unaufgeregte Informationstätigkeit zwischen den Stäben des US-Stadtkommandanten, Generalmajor Raymond E. Haddock, dem Stab der US-Landstreitkräfte in Europa und dem für die Krisenplanung von West-Berlin zuständigen Stab Live Oak im NATO-Oberkommando Europa (SHAPE) eingesetzt hatte. Maßnahmen zur Vorbereitung oder Durchführung militärischer Operationen seitens der NATO-Kräfte waren daraus nicht einmal ansatzweise zu erkennen. Der Stabschef der US-Streitkräfte in West-Berlin habe im Gegenteil die Auffassung vertreten, meldeten die Lauscher des MfS am 10. November, »daß die US-Streitkräfte in Berlin (West) zu den normalen Tagesaufgaben übergehen und dabei unnötige Spannungen vermeiden sollten«.[71] Auch die »Alarmbereitschaft« bzw. »höhere Bereitschaftsstufe« der West-Berliner Polizei am 10. November um 12.00 Uhr, klärten die Ost-Berliner Geheimdienstler auf, galt weniger der Lage an der Grenze als vielmehr dem Schutz des Bundeskanzlers und zahlreicher Minister und hochrangiger Politiker, die am Nachmittag in West-Berlin erwartet wurden.[72]

Inwieweit und mit welchen Zielen in der Westgruppe der sowjetischen Streitkräfte (WGSS), die sich in Erwartung möglicher Unruhen in »höchster Alarmbereitschaft« befunden haben soll[73], und im Ministerium für Nationale Verteidigung derweil an Plänen für militärische Maßnahmen und Operationen gearbeitet wurde, ist nicht bekannt. Zwischen beiden Armeen gab es gut funktionierende Informationsbeziehungen. An der Spitze standen

Streletz und Snetkow in ständigem Kontakt; ranghohe sowjetische Militärspezialisten saßen Wand an Wand mit den Chefs der Landstreitkräfte und des Militärsbezirks bzw. dem Kommandeur der 1. Motorisierten Schützendivision, sodass ihnen nichts entgehen konnte und der Informationsfluss gewährleistet war. Die Frage, ob der Oberkommandierende der Westgruppe, Armeegeneral Boris Snetkow, Einfluss auf die Alarmierung der NVA oder lediglich Kenntnis davon nahm, ist offen. Auch deshalb wäre es eine hypothetische Spekulation, der SED- und NVA-Spitze die Absicht einer militärischen Aktion der »Berliner Gruppierung« bis hin zu einem Angriff auf West-Berlin zu unterstellen, nur weil dieses Ziel zum Übungsrepertoire der alarmierten Truppenverbände gehörte. Eine solche Absicht hätte zudem durch die Auslösung höherer Bereitschaftsstufen für weitere Verbände der NVA flankiert werden müssen. Dafür jedoch gibt es keinerlei Anhaltspunkte.

Mit welchen konkreten militärischen Absichten sie auch immer verbunden sein mochte, so eröffnete die Mobilisierung des Kernbestandes der »Berliner Gruppierung« ein Spektrum von Handlungsmöglichkeiten. Es reichte von der generellen Option, in einer als offen und unklar empfundenen Situation militärische Aktionen zum Schutz der Grenze in und um Berlin einschließlich der Schließung der Übergänge unternehmen zu können,[74] bis hin zu der begrenzten Option, mit einem bewaffneten Einschüchterungseinsatz die Lage am Brandenburger Tor zu klären.

Ein Generaloberst der NVA und Kollegiumsmitglied des Verteidigungsministeriums berichtete 1992: »... die Mauer sollte nämlich anschließend, nachdem sie kurz geöffnet wurde, durch die erste Motschützendivision wieder dicht gemacht werden. Und das haben wir hier verhindert. Generaloberst ... wollte das schon in Gang setzen, dieses Zeug. Der muß doch wohl einen Hieb haben, haben wir gedacht. Will er einen Krieg provozieren? So ein Unfug.«[75] Pläne und Gedankenspiele für die Vorbereitung eines gewaltsamen militärischen Einschreitens gleich welcher Art hat bis heute niemand offenbart; entsprechende schriftliche Hinweise sind rar. Einem Rapport der MfS-Bezirksverwaltung in Potsdam zufolge nahmen Mitarbeiter der ZK-Abteilung für Sicherheitsfragen und des MdI am 10. November an einer Versammlung der Grundorganisation der SED in der Zentralschule für Kampfgruppen in Schmerwitz bei Potsdam (Kreis Belzig) teil und deuteten in der Aussprache die Möglichkeit eines Einsatzes von Waffen zur Lagebereinigung an. In den Plänen der »Berlin-Operation« fiel besonders den gut bewaffneten Kampfgruppenbataillonen der in Grenznähe gelegenen Betriebe in Potsdam und Berlin eine herausragende Rolle zu. Doch die Mehrheit der anwesenden Kommandeure lehnte den Einsatz der Kampfgruppen ab und wies die Argumentation der ZK-Mitarbeiter zurück. Statt eine militärische Aktion zu befürworten, beschloss die Versammlung, den Ausbildungsbetrieb der Schule einzustellen.[76]

Selbst im Grenzkommando Mitte war der Befehl zur Herstellung der Erhöhten Gefechtsbereitschaft auf eine eigenwillige Umsetzung einzelner Kommandeure gestoßen. Der Kommandeur des in Kleinmachnow im Süden Berlins stationierten Grenzregimentes-42 entschied, »lediglich der Situation angemessen« in die höhere Stufe der Gefechtsbereitschaft einzutreten und sie auf eine Aktivierung der Führung und der Reserven sowie die »Präzisierung« des Einsatzes der Kräfte und Mittel zu beschränken. Die Anwendung von Gewalt wurde ausdrücklich verboten.[77]

Im Potsdamer Raum hatte die Auslösung der Stufe »Erhöhte Gefechtsbereitschaft« das in Babelsberg stationierte Grenzregiment-44 um 0.28 Uhr erreicht. Als die Passkontrolleinheit des Autobahn-Grenzübergangs Drewitz um 0.30 Uhr von der MfS-Zentrale angewiesen wurde, die Durchreise von DDR-Bürgern freizugeben, nutzten der Kommandeur und der Stabschef dieses Grenzregiments den Spielraum der Direktive, »in Abhängigkeit von der Lage« angemessen zu entscheiden, und stellten die weiteren Maßnahmen zur Durchführung dieses Befehls nach der Alarmierung und Heranziehung des Personalbestandes ihres Regiments auf eigenen Entschluss ein.[78]

Im Übrigen musste ein militärischer Alleingang der DDR ohne Unterstützung der sowjetischen Truppen und ohne politischen Flankenschutz aus Moskau von vornherein zum Scheitern verurteilt sein. Auch für die »polnische Lösung« des Jahres 1981 – die Verhängung des Ausnahmezustandes durch das Militär – bestand in der DDR keinerlei Erfolgschance. Die NVA war eine reine Parteiarmee; im Unterschied zur Widerstandsgeschichte der polnischen Armee im Zweiten Weltkrieg konnte die NVA auf keine historischen Traditionslinien verweisen, die ihr die erforderliche Legitimation und Autorität für eine eigenständige Rolle im SED-Staat verliehen hätten. So wurde die Variante, den Ausnahmezustand zu verhängen, zwar in der NVA erörtert, ihre praktische Ausführung aber etwa von Führungskadern der Volksmarine als unverantwortlich verworfen, »weil es das Ende der DDR bedeuten würde«.[79] Im Falle eines Bürgerkriegs, so die nachträgliche Einschätzung des bereits zitierten NVA-Generaloberst, hätte die Volksarmee »nicht geschlossen auf einer Seite gestanden, sondern die Truppenteile hätten sich gegenseitig totgeschossen«.[80]

Die letzte Entscheidung über eine angemessene Reaktion auf den Fall der Mauer – ob politisch oder militärisch – musste aus Moskau kommen. Welche Haltung aber nahmen die politische Führung in Moskau und ihre Streitkräfte in der DDR ein?

Gorbatschow: »Politik der Situation anpassen!«

Alexander Jakowlew, seit März 1986 Sekretär des ZK der KPdSU für internationale Beziehungen und seit 1987 Mitglied des Politbüros, hat ebenso wie Mitarbeiter der Abteilung für Internationale Fragen des ZK der KPdSU im Nachhinein berichtet, dass die sowjetischen Militärs in der zweiten Hälfte des Jahres 1989 den Befehl erhalten hätten, sich nicht in innenpolitische Angelegenheiten der DDR einzumischen.[81] Unabhängig davon, ob ein solcher Befehl tatsächlich existierte, ergab sich der Verzicht der Sowjetunion auf eine militärische Intervention in ihren sozialistischen Bruderländern aus der Logik der politischen Vorgaben Gorbatschows seit dem XXVII. Parteitag der KPdSU im Jahre 1986, in denen die Breshnew-Doktrin mit zunehmender Eindeutigkeit verworfen und durch eine »Frank-Sinatra-Doktrin« (»I did it my way«) ersetzt wurde.[82] »Wichtigste Rahmenbedingung der politischen Beziehungen zwischen den sozialistischen Staaten muß die absolute Unabhängigkeit dieser Staaten sein«, hatte Gorbatschow in seinem 1987 erschienenen Buch »Perestroika« ausgeführt.[83]

Im Juli 1988 nutzte er eine Sitzung des Komitees der Verteidigungsminister des Warschauer Paktes in Moskau, um nicht nur seinem eigenen Generalstab, sondern allen Verteidigungsministern des Ostblocks, darunter auch DDR-Verteidigungsminister Keßler, mit der ganzen Autorität des Generalsekretärs der KPdSU begreiflich zu machen, dass die Zeit militärischer Interventionen in Bruderländern abgelaufen war: »Jede Partei ist für ihre Angelegenheiten selbst verantwortlich und erfüllt ihre Aufgaben selbständig. Es dürfen keine Versuche geduldet werden, einander nicht zu achten oder sich in die inneren Angelegenheiten des anderen einzumischen«, schärfte er den Militärs ein.[84]

Die Umwälzungen in Polen und Ungarn hatte die Sowjetunion hingenommen. Würde sie nun auch den Fall der Mauer widerspruchslos und ohne militärische Einmischung akzeptieren? In wichtigen bündnisrelevanten Fragen und vor zentralen staatspolitischen Entscheidungen pflegte die SED-Spitze die Partei- und Staatsführung der Sowjetunion zu konsultieren. Hatte sie dies auch im vorliegenden Fall getan? Welche Absichten hatte die SED-Führung ihrer Vormacht kundgetan?

Ein Anruf des sowjetischen Botschafters Kotschemassows während der Beratung der operativen Führungsgruppe am 10. November gegen 9.00 Uhr im Arbeitszimmer von Krenz ist ein erstes Indiz dafür, dass die Sowjetunion vom Fall der Mauer völlig überrascht wurde.[85] Den Inhalt dieses Telefonats hat Krenz in folgender Form überliefert:

»Kotschemassow: Genosse Krenz, in Moskau ist man beunruhigt über die Lage an der Berliner Mauer, wie sie sich heute Nacht entwickelt hat.

Krenz: Das wundert mich. Im Prinzip wurde doch nur um Stunden vorgezogen, was heute (10. 11. 1989) ohnehin vorgesehen war. Unser Außenminister hat die Reiseverordnung mit der sowjetischen Seite abgestimmt.

Kotschemassow: Ja, aber das stimmt nur zum Teil. Es handelte sich nur um die Öffnung von Grenzübergängen zur BRD. Die Öffnung der Grenze in Berlin berührt die Interessen der Alliierten.

Krenz: So habe ich die Sache nicht verstanden. Doch dies ist jetzt nur noch eine theoretische Frage. Das Leben hat sie heute nacht beantwortet. Die Grenzöffnung hätte nur durch militärische Mittel verhindert werden können. Das hätte ein schlimmes Blutbad gegeben.«[86]

Natürlich wunderte sich Krenz nicht, sondern teilte die Beunruhigung Moskaus. Keiner wusste besser als er, dass mit der faktisch offenen Grenze in Berlin nicht nur um Stunden vorgezogen wurde, was ohnehin geplant war. Über den Fall der Mauer hatte die SED die Sowjets schlechterdings deshalb nicht vorab informieren können, weil er nicht beabsichtigt war, sondern spontan vom Volk erzwungen wurde. Der Kern der von Krenz wiedergegebenen Einlassung des Sowjet-Diplomaten, nur die Öffnung von Grenzübergängen zur BRD sei mit ihm abgestimmt gewesen, ist nicht anders zu verstehen, als dass die vom Politbüro, dem Zentralkomitee und vom Ministerrat letztendlich beschlossene Reiseregelung den Sowjets ganz offensichtlich nicht vorgelegt worden war. Folgt man der weiteren Darstellung von Krenz, hatte die Kraft seiner Argumente die Verstimmung Kotschemassows nicht nur restlos beseitigt, sondern ihn auch zu einem Meinungswandel um 180 Grad bewegt. Nach kurzem Schweigen, will Krenz glauben machen, habe ihm der sowjetische Botschafter recht gegeben und angeblich bereits eine Stunde später Glückwünsche von Gorbatschow und der sowjetischen Führung »zu Ihrem mutigen Schritt, die Berliner Mauer zu öffnen«, übermittelt.[87]

Skepsis gegenüber diesem allzu schnellen Happy End ist schon deshalb angebracht, weil Krenz zum Zeitpunkt des angeblichen zweiten Telefonats bereits wieder der ZK-Tagung präsidierte. Mitglieder der operativen Führungsgruppe, die zur Zeit des Anrufes anwesend waren, haben Verlauf und Ausklang dieses ersten Telefonats in gänzlich anderer Erinnerung. Danach trieb ein aufgeregter, wenn nicht wütender Kotschemassow den SED-Generalsekretär mit seinen Nachfragen so in die Enge, dass dieser sich schließlich nicht anders zu helfen wusste, als den Hörer an Fritz Streletz weiterzureichen.[88] Kotschemassow zeigte sich von den windigen Ausflüchten des Generalsekretärs offenbar äußerst verärgert. Er habe ihm die Frage gestellt, so der Chef des Hauptstabes, »wer die Genehmigung zur Öffnung der Berliner Grenze gegeben habe bzw. mit wem dieser Schritt abgestimmt worden sei«.[89] Mit ihm jedenfalls sei diese Maßnahme nicht abgesprochen worden. Berlin falle unter den Viermächte-Status; die eigenwillige »Handlungsweise der DDR-Organe habe der Autorität der Sowjetunion Schaden zugefügt«[90]. Streletz versprach, dieses »Problem« mit Krenz zu klären. Eine halbe Stunde später, so Streletz, habe er Kotschemassow mitgeteilt, dass »Außenminister Fischer die Aufgabe erhalten hatte, ihm die Zusammenhänge zu erklären«[91]. Der Stellvertreter Kotschemassows, Igor Maximytschew, wiederum berichtet, dass dem Außenminister nicht viel mehr als der bestürzte Ausruf »Was gibt es dazu noch zu sagen?!« zu entlocken gewesen sei. Fischer habe Kotschemassow auf eine förmliche Erklärung vertröstet, die der Botschaft in Kürze von seinem Abteilungsleiter übermittelt werde.[92] Kotschemassow war düpiert; die Folge der Delegierung der Verantwortung wies nach unten und musste ihm Anlass zu der Befürchtung geben, in Kürze an einen Portier verwiesen zu werden.

Wie der sowjetische Botschafter einleitend gegenüber Krenz angedeutet hatte, waren seinem Gespräch mit Krenz und Streletz Kontakte seiner Botschaft mit Moskau vorausgegangen. Noch vor 8.00 Uhr hatte der Leiter der DDR-Abteilung des sowjetischen Außenministeriums, Wassilij Swirin, den ersten Gesandten, Igor Maximytschew, in der Botschaft Unter den Linden angerufen und diesen gefragt: »Was ist bei euch eigentlich los? Alle Presseagenturen der Welt sind wie von Sinnen. Sie behaupten, die Mauer sei weg!«[93] Maximytschew erstattete einen Bericht über die Ereignisse der Nacht und sah sich dann mit der Frage konfrontiert: »War das denn alles mit uns abgestimmt?«[94] Maximytschew antwortete vorsichtig: »Anscheinend ja«, fügte aber hinzu, dass diese Frage in Moskau besser zu überprüfen sei. Diese Nachforschung habe zu einem negativen Ergebnis geführt, berichtet der Diplomat weiter. Kotschemassow, der in der Zwischenzeit seinen Dienst aufgenommen hatte, sei deshalb kurze Zeit später vom stellvertretenden Außenminister, Iwan Aboimow, beauftragt worden, »Erläuterungen von den deutschen Genossen einzuziehen«, wer denn nun eigentlich der SED-Führung erlaubt habe, die Grenze zu öffnen.[95]

Tatsächlich hatten »die deutschen Genossen« am 7. November im Politbüro beschlossen, dass Außenminister Fischer neben der ČSSR vor allem den sowjetischen Botschafter über die Absicht informieren sollte, dass man eine Durchführungsbestimmung zur ständigen Ausreise sofort in Kraft zu setzen beabsichtigte.[96] Das hatte Fischer am Mittag des 7. November getan und Kotschemassow über die Drohungen der ČSSR in Kenntnis gesetzt, die Grenze zu schließen, wenn die DDR ihr Flüchtlingsproblem nicht mit eigenen Mitteln löse. »Da eine solche Sperre die ›Suppe zum Überlaufen‹ brächte«, notierte Maximytschew aus dem Bericht Kotschemassows über dieses Treffen, habe sich das Politbüro schnell etwas einfallen lassen.[97] Das vom DDR-Außenminister vorgestellte Projekt stand Maximytschews Aufzeichnungen zufolge in einem wesentlichen Punkt in Kontrast zu der am gleichen Nachmittag im MfS ausgearbeiteten Regelung, die die Möglichkeit ständiger Ausreisen über alle Grenzübergänge der DDR zur Bundesrepublik einschließlich West-Berlin vorsah. Denn gegenüber dem sowjetischen Botschafter, das berichtete Kotschemassow zumindest den Mitarbeitern der Botschaft über sein Gespräch, hatte Fischer lediglich von der Einrichtung eines Sondergrenzüberganges für Ausreisewillige im Süden der DDR gesprochen und nur hierfür die Zustimmung der sowjetischen Führung bis spätestens zum Morgen des 9. November erbeten. Die Möglichkeit von Privatreisen hatte Fischer überhaupt nicht erwähnt. Dem begrenzten Charakter entsprechend, tauften die Mitarbeiter der sowjetischen Botschaft die Vorstellungen Fischers als »Projekt Loch-in-der-Grenze«.

Sofort nach seiner Rückkehr in die Botschaft setzte Kotschemassow den sowjetischen Außenminister Schewardnadse telefonisch über die Absichten der SED-Führung in Kenntnis und bat um eine Weisung. »Der Minister reagierte folgendermaßen«, berichtet Maximytschew: »›Wenn die deutschen Freunde eine solche Lösung für möglich halten, werden wir wahrscheinlich keine Einwände anmelden.‹ Auf alle Fälle beauftrage er jedoch die zuständigen Abteilungen des Ministeriums mit der Prüfung der Angelegenheit. Auch die Botschaft müsse der Sache auf den Grund gehen. Die endgültige Antwort werde wunschgemäß bis spätestens übermorgen, das heißt am 9. November, an Fischer übergeben.«[98]

Am 8. November kamen die Mitarbeiter der sowjetischen Botschaft zusammen, um die Idee von Krenz und Fischer zu beraten. Die laut Maximytschew vorherrschende Meinung war, »wir seien überhaupt nicht berechtigt, einem souveränen Staat vorzuschreiben, was er zu tun oder zu lassen hat, besonders während einer selbstverschuldeten Krise. Einer der Botschaftsräte wies darauf hin, diese vorherige Konsultation mit uns zeuge lediglich von der Feigheit von Krenz, der sich durchaus im klaren sei, daß die geplante Maßnahme praktisch auf die Grenzöffnung hinauslaufe, was unabsehbare Folgen haben würde. Daher sein Wunsch, die Verantwortung mit uns zu teilen.«[99] Eine andere Möglichkeit, als zuzustimmen, wurde dennoch nicht gesehen; offensichtlich scheuten die Diplomaten die Verantwortung, die die Sowjetunion im Falle einer Ablehnung für die dann entstehende Lage zwangsläufig hätte übernehmen müssen.

Kotschemassows Anfrage erreichte Moskau zu einer für die Bearbeitung komplizierter politischer Probleme denkbar ungünstigen Zeit: Der 7. und 8. November 1989 waren Feiertage, an denen die sowjetische Nomenklatura den 72. Jahrestag der »Großen Sozialistischen Oktoberrevolution« beging. Valentin Koptelzew, damals Sektorleiter für die DDR in der von Valentin Falin geleiteten Internationalen Abteilung des ZK der KPdSU, berichtet, dass die ausgedehnten, bereits am Wochenende zuvor begonnenen und damit insgesamt fünf Tage währenden Feierlichkeiten in der Sowjetunion ein »absolutes Black-out, auch für die Führung«, bedeuteten.[100] Nach seiner Erinnerung war in der Anfrage aus Berlin nicht ganz klar, wo die Grenze passierbar gemacht werden sollte: ob nur zwischen der DDR und der Bundesrepublik oder auch zwischen der DDR und West-Berlin. »Da die Obrigkeit – Gorbatschow, Schewardnadse und auch unsere Bosse im ZK – schon irgendwo unerreichbar waren und feierten, ging das wie ein Fußball zwischen dem Apparat des ZK und dem Außenministerium auf der Ebene der Stellvertreter hin und her. Keiner wollte seinem Chef irgendeine Entscheidung vorlegen, um ihn nicht mit einer so unangenehmen Anfrage der DDR-Freunde zu stören.«[101]

Am Vormittag des 9. November, so Maximytschew, läuteten die Telefone in der sowjetischen Botschaft in Ost-Berlin pausenlos; die Mitarbeiter von Krenz wollten die sowjetische Reaktion erkunden und drängten auf eine Antwort. Kotschemassow versuchte vergeblich, Außenminister Eduard Schewardnadse oder Georgij Schachnasarow, Gorbatschows Chefberater für die sozialistischen Länder, zu erreichen; beide nahmen vermutlich entweder an der donnerstagvormittags routinemäßig stattfindenden Sitzung des Politbüros der KPdSU teil oder wollten oder durften aus anderen Gründen nicht gestört werden. In dieser vertrackten Situation bereitete Valentin

Koptelzew im Apparat des Zentralkomitees den denkbar kürzesten Entwurf für eine Antwort des Außenministeriums vor: »Man sollte einfach sagen, das liegt im souveränen Bereich der DDR, über das Regime ihrer Grenze zu entscheiden.« Koptelzew erinnert sich an die Reaktion auf seinen sibyllinischen Lösungsvorschlag: »Und da haben sich alle Höheren mächtig gefreut!«[102] Gegen Mittag schließlich, so Maximytschew, entschloss sich der stellvertretende Außenminister Aboimow, »Kotschemassow das grüne Licht für eine positive Antwort an Krenz zu geben«, womit er eigentlich seine Kompetenzen überschritt.[103] Bei der unverzüglichen Benachrichtigung der SED-Spitze gingen die sowjetischen Diplomaten davon aus, dass damit die ursprüngliche »Loch-Variante« von Fischer abgesegnet worden war.[104]

Als während der Pressekonferenz Schabowskis, die Maximytschew am Abend in der Botschaft verfolgte, auch das Stichwort West-Berlin fiel, war er dementsprechend zutiefst irritiert, dass »Krenz und Genossen die mit uns erzielte Absprache so verdreht« und die sowjetische Botschaft über ihre wahre Absicht getäuscht hatten.[105] Doch die Diplomaten wurden nicht bei der SED-Spitze vorstellig, um eine Erklärung für diesen Vorgang einzuholen. Die Unantastbarkeit des Viermächte-Status von Berlin schien so offenkundig zum Eckstein der sowjetischen Außenpolitik geworden zu sein, dass es den Mitarbeitern der Botschaft nicht in den Kopf wollte, »daß die DDR-Oberen, die jede auch noch so nichtige Gelegenheit ergriffen, Moskau zu konsultieren (...), vergessen haben (sollten), einen Schritt anzukündigen, der diesen Status direkt berührte«.[106] Ihnen fehlte die Vorstellungskraft, dass die SED-Spitze die Erweiterung der Reiseregelung völlig eigenständig, ohne direkte Rückversicherung in Moskau beschlossen haben könnte. Deshalb nahmen sie zunächst an, »daß die Ausweitung des ursprünglichen Projektes mit Gorbatschow oder Schewardnadse, was auf das Gleiche hinauslief, in letzter Minute abgesprochen worden war und unsere Chefs unter Zeitdruck einfach ja gesagt hatten. Daß keine weitere Abstimmung erfolgt sein könnte, war für mich (Maximytschew) unvorstellbar.«[107] Wenn Botschafter Kotschemassow noch nach dem Beschluss im Zentralkomitee von Außenminister Fischer über die erweiterte Regelung informiert worden sein sollte, wie Oskar Fischer andeutet[108], so verweigerte er offensichtlich mental die

Kenntnisnahme wie die Weiterleitung dieser Information; jedenfalls teilte er dieses Wissen seinen Mitarbeitern nicht mit.

»Erbittert und niedergeschlagen« verfolgte Maximytschew den weiteren Gang der Ereignisse zunächst im Fernsehen. Es dauerte jedoch nicht lange, und die sowjetische Botschaft, nur einen Steinwurf vom Brandenburger Tor entfernt, stand selbst inmitten des Geschehens. »Die ganze Nacht hörten wir unter den Linden das schlurfende Geräusch der Schritte von Hunderten von Leuten.«[109] Allein Kotschemassow war berechtigt, Informationen der Botschaft nach Moskau abzusegnen. Weil der Botschafter sich jedoch bereits zur Ruhe begeben hatte, nachträgliche Korrekturen des Reisebeschlusses ohnehin außerhalb der Realität lagen und eine Eil-Information der Botschaft zu mitternächtlicher Stunde schon durch ihren außerordentlichen Charakter »imstande gewesen (wäre), falsche Reaktionen bei den subalternen Instanzen in Moskau auszulösen, während jedes Dreinreden unsererseits als Vorwand von denjenigen in der DDR benutzt werden konnte, die möglicherweise den Augenblick für eine ›chinesische Lösung‹ gekommen sahen«, beschloss Maximytschew, sich »bis auf weiteres mit der Beobachterrolle zu begnügen«.[110]

Ganz so passiv wie die Botschaft verhielt sich die Ost-Berliner Residentur des KGB in Karlshorst nicht. Auf 800 bis 1200 Mitarbeiter wird die Zahl ihrer Mitarbeiter in der Karlshorster Zweigstelle geschätzt;[111] etwa 20 bis 25 KfS-Mitarbeiter arbeiteten sichtbar als Verbindungsoffiziere zu den Hauptabteilungen des MfS.[112] Folgt man dem Bericht ihres stellvertretenden Leiters, Oberst Iwan Kusmin, war die Aufmerksamkeit des Komitees für Staatssicherheit (KfS), wie das KGB im MfS genannt wurde, seit der Ablösung Honeckers »völlig von den Vorgängen in der parteistaatlichen DDR-Spitze gefesselt«.[113] Alle übrigen Probleme seien so gut wie nicht zur Kenntnis genommen worden. Die täglichen Berichte des Ost-Berliner KfS nach Moskau konzentrierten sich in der zweiten Novemberwoche Kusmin zufolge auf die Absetzung der Regierung Stoph am 7. November und die Eröffnung des 10. ZK-Plenums der SED am 8. November, »von dessen Beschlüssen wir die Stabilisierung der Lage erwarteten«.[114] Nicht von den KfS-Verbindungsoffizieren im MfS, sondern aus den abendlichen Fernsehsendungen erfuhr die Karlshorster KGB-Dependance vom Fall der Mauer, der sie »wie ein Blitz aus heiterem Himmel« getroffen habe.[115] Ihre Sofortmeldungen nach Moskau rüttelten offenbar niemand wach, denn die Nacht, berichtet Kusmin, verlief »für uns ziemlich ruhig«. Erst am nächsten Morgen habe die Leitung des KGB in Moskau nervös reagiert und »fast jede Minute Meldungen über die Lageveränderung« verlangt.[116]

In der Internationalen Abteilung des Zentralkomitees der KPdSU erfuhr Valentin Falin die Nachricht über den Fall der Mauer erst am Morgen des 10. November, und zwar nicht vom KGB, sondern – wie das sowjetische Außenministerium – aus den Meldungen der Presseagenturen: »Meine Reaktion, mein Empfinden war, die Öffnung der Grenze in der Art ist das Ende der Republik, die Auflösung des Staates.« Bestürzt rief Falin Kotschemassow an, um sich aus erster Hand über das für ihn Unfassbare zu informieren.[117]

Kotschemassow war verzweifelt. Das Außenministerium, der ZK-Apparat, alle seine Vorgesetzten drängten pausenlos auf Aufklärung, und die SED-Spitze spielte Katz und Maus mit ihm, verwies ihn gar an einen subalternen Beamten. Noch sollte er Moskau helfen, ein Problem zu klären; gelang ihm das nicht, war er in Kürze Bestandteil des Problems. Gegen 9.45 Uhr rief er Krenz zum dritten Mal an. Wieder war nur Streletz am Apparat, weil Krenz bereits eine Dreiviertelstunde zuvor zur Fortsetzung der ZK-Tagung enteilt war. In schneidendem Ton teilte Kotschemassow mit, Moskau sei über die Öffnung der Berliner Grenze verstimmt. »Im Interesse der Aufrechterhaltung der guten Beziehungen zwischen der Sowjetunion und der DDR«, fuhr der Botschafter in seiner zwischen befreundeten Staaten beispiellos scharfen Tonart fort, »wäre es zweckmäßig, sofort ein Telegramm von Egon Krenz an Michail Gorbatschow zu schicken und das Vorgehen zu begründen.«[118] Krenz erteilte Streletz den Auftrag, ein entsprechendes Dokument in der operativen Führungsgruppe zu erarbeiten.

Ein erstes Zwischenergebnis gab Walter Müller, der als Abteilungsleiter für West-Berlin im DDR-Außenministerium keinen direkten Zugang zu Kotschemassow hatte, telefonisch mit der Bitte um Weiterleitung an Igor Maximytschew durch: »Wir bitten um Verständnis für den erzwungenen Charakter des Beschlusses über die Gewährung der visafreien Ausreise nach West-Berlin und in die Bundesrepublik in der vorigen Nacht. Sonst wären sehr gefährliche Folgen zu befürchten gewesen. Wir hatten keine Zeit mehr für Konsultationen. Seit heute morgen wird die Ordnung an den Grenzübergängen wiederhergestellt. Heute informieren wir Genossen Gorbatschow direkt über die Situation.« Müller verband diese Information mit der dringenden Bitte an die Botschaft, »auf die Behörden der Westmächte in West-Berlin einzuwirken, damit die Ordnungsstörungen westwärts der Mauer unterbunden werden«.[119]

Dem von der Führungsgruppe erarbeiteten und Krenz von Streletz zur Unterschrift vorgelegten Fernschreiben an Gorbatschow fehlte der Mut zur Wahrheit, soweit es die aktuelle Lage betraf:

»Lieber Michail Sergejewitsch Gorbatschow!

Im Zusammenhang mit der Entwicklung der Lage in der DDR war es in den Nachtstunden notwendig zu entscheiden, die Ausreise von Bürgern der Deutschen Demokratischen Republik auch nach Berlin (West) zu gestatten. Größere Ansammlungen von Menschen an den Grenzübergangsstellen zu Berlin (West) forderten von uns eine kurzfristige Entscheidung. Eine Nichtzulassung der Ausreisen nach Berlin (West) hätte auch zu schwerwiegenden politischen Folgen geführt, deren Ausmaße nicht überschaubar gewesen wären. Durch diese Genehmigung werden die Grundsätze des Vierseitigen Abkommens über Berlin (West) nicht berührt; denn die Genehmigung über Ausreisen zu Verwandten gab es nach Berlin (West) schon jetzt.

In der vergangenen Nacht passierten ca. 60 000 Bürger der DDR die Grenzübergangsstellen nach Berlin (West). Davon kehrten ca. 45 000 wieder in die DDR zurück. Seit heute morgen 6.00 Uhr können nur Personen nach Berlin (West) ausreisen, die über das entsprechende Visum der DDR verfügen. Das gleiche gilt auch für ständige Ausreisen aus der DDR.

Ich bitte Sie, lieber Genosse Michail Sergejewitsch Gorbatschow, den Botschafter der UdSSR in der DDR zu beauftragen, unverzüglich mit den Vertretern der Westmächte in Berlin (West) Verbindung aufzunehmen, um zu gewährleisten, daß sie die normale Ordnung in der Stadt aufrecht erhalten und Provokationen an der Staatsgrenze seitens Berlin (West) verhindern.

Mit kommunistischem Gruß, Egon Krenz, Generalsekretär.«[120]

Hätte Krenz zu diesem Zeitpunkt, wie er später behauptete, bereits ein Glückwunsch Gorbatschows vorgelegen, hätte er sich ruhigen Gewissens seiner klugen und weitsichtigen Tat rühmen können. Im Gegenteil wird aus dem Telegramm das Bemühen ersichtlich, Gorbatschows Verständnis für eine Entscheidung zu erheischen, die von unkontrollierbaren Menschenansammlungen erzwungen worden war, und Normalität vorzuspiegeln durch die Falschinformation, seit 6.00 Uhr sei die Ordnung wiederhergestellt. Gorbatschow den vollständigen Verlust der Kontrolle an den Berliner Grenzübergangsstellen als »Gestattung« der Ausreise nach West-Berlin weiterzumelden, die die Grundsätze des Vierseitigen Abkommens nicht berühre, war auch in den Augen Maximytschews ein »Meisterstück der Tatsachenverdrehung«.[121] Formal betrachtet, konnte in Bezug auf die Ereignisse der Nacht und auf die beschlossene Reiseregelung tatsächlich nicht von einem Verstoß gegen die Bestimmungen des Viermächte-Abkommens über Berlin die Rede sein. Zwar hatten die vier Regierungen 1971 ihre Übereinstimmung kundgetan, dass »die Lage (...) nicht einseitig verändert wird« (Teil I, Punkt 4), dem aber vorangestellt, »daß in diesem Gebiet keine Anwendung oder Androhung von Gewalt erfolgt und daß Streitigkeiten ausschließlich mit friedlichen Mitteln beizulegen sind« (Teil I, Punkt 2). Was Krenz jedoch nicht mehr aus der Welt schaffen konnte und die Sowjetunion an der empfindlichsten Stelle traf, war ihr Gesichtsverlust, wenn nicht Autoritätsverfall in der außenpolitischen Arena.

Michail S. Gorbatschow, KPdSU-Generalsekretär:

»Die Politik mußte sich jetzt am Volk orientieren ...«

»Davon, was in der Nacht vom 9. zum 10. November passierte, erfuhr ich am 10. November morgens aus den Mitteilungen des Botschafters. Ich fragte, was die Führung unternahm. Und er fing gleich selbst an zu erzählen. Er berichtete von der Erklärung Schabowskis. Er sagte, daß sie alle Übergänge an der Mauer geöffnet hätten. Ich sagte, daß sie richtig gehandelt hätten, und ich bat, dies zu übermitteln. Das war es eigentlich.

Für mich kam das nicht unerwartet. Was die Deutschen gemacht haben und wie sie reagiert haben, erfuhr ich aus Botschafts-Telegrammen. Aber am Fernsehbildschirm zu verfolgen, wie die Deutschen in dieser Situation ihre Gefühle zeigten – das überzeugte mich ein weiteres Mal, daß die Frage der Vereinigung der Deutschen schon übergegangen war auf die wichtigste politische Ebene, auf die Ebene des Volkes selbst, und daß die Politik sich jetzt am Volk orientieren mußte und seine Interessen und Bemühungen zur Vereinigung berücksichtigen mußte. Und das stellte das Fernsehen dar und hinterließ einen großen Eindruck.«

Gespräch mit Michail S. Gorbatschow, 8.12.1998

Gorbatschow ließ sich mit seiner Antwort auf das Telegramm bis zum späten Nachmittag Zeit. Die einzige offizielle, politische Reaktion, die ein westdeutscher Journalist zufällig am Morgen in Moskau einfing, ließ Bestürzung und Besorgnis erkennen: »›Wir sind sehr beunruhigt‹, sagte Jurij Gremizkich, der Leiter des Pressezentrums des sowjetischen Außenministeriums. (...) Er warne vor Freude über einen Zusammenbruch der DDR. (...) Zum ersten Mal in der Nachkriegszeit arbeiteten Ost und West an einer gemeinsamen Konzeption eines ›europäischen Hauses‹, sagte Gremizkich: ›Und jetzt diese Instabilität!‹ Es komme darauf an, mit allen Mitteln die Stabilität zu erhalten.«[122] Mit allen Mitteln? Waren darunter auch militärische Maßnahmen zu verstehen? Dass in den wenigen Stunden, in denen die sowjetische Reaktion erörtert und entschieden werden musste, eine Hardliner-Fraktion von Militärs und Deutschlandexperten mit dem Vorschlag in Erscheinung getreten sein sollte, »man müsse die sowjetischen Truppen einsetzen, um die Mauer wiederherzustellen und die DDR zu retten«[123], ist nicht auszuschließen; mehrheitsfähig war diese Meinung jedoch nicht. »Es wäre Abenteurertum gewesen, wenn es jemandem in den Kopf gekommen wäre, den militärischen Mechanismus in Gang zu setzen. Das hätte unübersehbare Folgen gehabt«, beschrieb Gorbatschow im Rückblick die Moskauer Entscheidungssituation. Kam eine militärische Intervention nicht in Betracht, so war auch der politische Handlungsspielraum für die sowjetische Reaktion auf den Fall der Mauer eng. Seine politische Devise, so Gorbatschow, habe gelautet: »Man mußte die Politik der Situation anpassen.«[124]

Die Anpassung der Politik an die Gegebenheiten setzte eine Analyse und Definition der Situation voraus. Die offensichtliche Kopflosigkeit der SED-Führung zu schelten oder, wie es später durch Falins Mitarbeiter Nikolai Portugalow geschah, Krenz gar als »Niete« oder »Leiche auf Urlaub« bloßzustellen,[125] konnte die DDR zum damaligen Zeitpunkt nur noch weiter schwächen und die Probleme der Sowjetunion vergrößern. Also, so Nikolai Portugalow, habe Gorbatschow die Parole ausgegeben, Krenz den Rücken zu stärken.[126] Was darunter zu verstehen war, demonstrierten Außenminister Schewardnadse, sein Pressesprecher, Gennadi Gerassimow, und Portugalow selbst am späten Nachmittag und frühen Abend in Moskau vor der internationalen Presse.

Eduard Schewardnadse, sowjetischer Außenminister

»Gewaltanwendung? Bereits die Frage wäre eine Torheit gewesen«

»Die Frage der militärischen Einmischung wurde im Politbüro selbst nicht gestellt und die Ursache dessen war, daß bereits damals die Partei diejenigen aggressiven Aktionen verurteilte, die seinerzeit in der Tschechoslowakei und Ungarn unternommen wurden. Faktisch wurde schon die Entscheidung über den Truppenabzug aus Afghanistan getroffen, weshalb bereits die Frage, ob wir in Zentraleuropa, nämlich in Deutschland, Gewalt anwenden könnten, eine Torheit gewesen wäre.

Was die Militärs betrifft, gab es nach meinen Informationen solche Stimmungen, aber die Sowjetarmee war ein ziemlich diszipliniertes und organisierter Organismus und ohne Befehl hätte sie nichts unternommen. Wäre es passiert, hätte sich ein Gewaltfaktor in Gang gesetzt; hätte man Gewalt angewandt, – ich habe das immer gemeint und meine dies auch jetzt –, wäre das der Anfang des Dritten Weltkrieges gewesen.«

Gespräch mit Eduard Schewardnadse, 18.12.1998

Schewardnadse erklärte, die Sowjetunion betrachte die »Ereignisse in der DDR als eine ureigene Angelegenheit ihrer neuen Führung und ihres Volkes und wünscht ihnen dabei vollen Erfolg«. Die »Grenz- und Reiseregelungen« lobte er als eine »richtige und kluge, eine weise Entscheidung«.[127] Gerassimow bezeichnete die Einführung neuer Reisebestimmungen als einen »souveränen Akt der Regierung der DDR«. Der Beschluss sei in Berlin gefasst worden. Das Wichtigste, um die Stabilität zu bewahren, sei jetzt, betonte Gerassimow, dass sich weder der Westen noch die Sowjetunion einmische. Soweit es die sowjetischen Truppen in der DDR betreffe, verfügten diese über ein sehr hohes Niveau an militärischer Disziplin.[128] Und Portugalow schließlich teilte um 19.00 Uhr mit: »Unsere Einschätzung (der Ereignisse) ist grundsätzlich positiv, weil wir überzeugt sind von der Freiheit eines jeden Volkes, politische und soziale Entscheidungen zu treffen. Dies gilt für jedes Land, auch für die Mitgliedsstaaten des Warschauer Paktes. Hier handelt es sich um eine gemeinsame Entscheidung von Regierung und Partei (der DDR), die dem Wunsch der DDR-Bevölkerung hundertprozentig entspricht.«[129]

Botschafter Kotschemassow erhielt Maximytschew zufolge gegen Abend den Auftrag, »Krenz eine mündliche Botschaft zu übermitteln. Sie beinhaltete eine Dankesäußerung für die gelieferte Information über die Ereignisse der Nacht vom 9. auf den 10. November mit der Ermunterung für den Kollegen: ›Alles war völlig richtig getan. So muß es auch weitergehen – energisch und unbeirrt.‹«[130] Maximytschew wusste nicht, was Krenz dem Generalsekretär der KPdSU mitgeteilt hatte. Die ihm unverständliche Glückwunsch-Aktion führte er darauf zurück, dass man »in Moskau die Bedeutung des Vorgefallenen noch nicht voll erfaßt« hatte.[131] Außenminister Schewardnadse informierte Kotschemassow sodann über die Appelle Gorbatschows an die Regierungen der Bundesrepublik, der Vereinigten Staaten, Frankreichs und Englands, die Situation nicht zur Destabilisierung der DDR zu missbrauchen. Offenbar waren Informationen über Aktivitäten der Westgruppe der sowjetischen Streitkräfte in der DDR bis zu Schewardnadse vorgedrungen, denn am Ende des Telefonats teilte er Kotschemassow mit, »daß er über Informationen verfüge, ›die Militärs rührten sich‹; der Botschafter habe dafür zu sorgen, daß der Befehl Moskaus ›Keine Aktionen unternehmen!‹ strikt ausgeführt werde«. Maximytschew zufolge rief Kotschemassow sofort den Oberkommandierenden der Westgruppe, Armeegeneral Boris Snetkow, an »und empfahl ihm, ›zu erstarren und in sich zu gehen‹«. Snetkow habe jedoch »jegliche gegenteilige Absichten« bestritten.[132]

Bush: »Entwicklung nicht vorhergesehen«

Sowenig wie in Ost-Berlin und Moskau war der Fall der Mauer auf der politischen Tagesordnung in Washington und Bonn vorgesehen. Wie die sowjetische, so verfolgte auch die amerikanische Botschaft in Ost-Berlin, gleichfalls in unmittelbarer Nähe des Brandenburger Tores gelegen, die Entwicklung im Fernsehen. Nach Schabowskis Pressekonferenz, gegen 20.00 Uhr, traf ein Anruf des amerikanischen Gesandten in West-Berlin, Harry Gilmore, in der Botschaft ein. Wann die Regelung wohl in Kraft treten würde und mit der Reiseflut zu rechnen sein werde, fragte Gilmore an. Da Schabowski auf die Visumpflicht hingewiesen habe und Visa sofort erteilt werden sollten, entgegnete der Botschaftssekretär, sei damit schon zu rechnen, wenn die Meldestellen der Volkspolizei am nächsten Morgen öffneten.[133] In diesem Sinne wurde zunächst auch das amerikanische Außenministerium über die Pressekonferenz informiert. Doch als sich die Botschaft wenige Stunden später korrigierte, wussten sowohl Außenminister James Baker als auch der Präsident der Vereinigten Staaten, George Bush, bereits Bescheid.

Aufgrund der Zeitverschiebung fiel der Fall der Mauer in Amerika in die beste Fernseh-Sendezeit. NBC-Reporter Tom Brokaw berichtete live vom Brandenburger Tor. Bush und Baker durchlebten einen jener Abende, an dem sie aus den Fernsehnachrichten mehr erfuhren als von der CIA.[134] Für eine Pressekonferenz in seinem Büro hatte sich George Bush – wie aufmerksame Journalisten registrierten – zur besseren Orientierung eine Deutschlandkarte bereitgelegt. Bush äußerte als erste Reaktion, er sei »sehr erfreut«, wirkte dabei aber eher nachdenklich und verhalten.[135] Der amerikanische Präsident räumte offen seine Überraschung ein: »Wir haben damit gerechnet, aber ich kann nicht sagen, daß ich diese Entwicklungen vorhergesehen hätte.«[136] Außenminister Baker zufolge hatten die Sowjets der US-Administration zwar mitgeteilt, dass sie nicht die Absicht hätten, in Osteuropa einzumarschieren, um den Reformprozessen ein Ende zu bereiten.[137] Konnten die Amerikaner aber sicher sein, dass dies auch die Duldung des unvorhersehbaren und völlig überraschenden Falls der Mauer einschloss? Bush jedenfalls schien der Ausgang des Ereignisses offen, und die Sorge über das Auseinanderbrechen der europäischen Nachkriegsordnung und die Unsicherheit möglicherweise auch über eine militärische Gegenaktion und deren Folgen für die amerikanisch-sowjetischen Beziehungen dämpfte vier Wochen vor seinem ersten Treffen mit Gorbatschow seine Begeisterung.[138]

George Bush, Präsident der Vereinigten Staaten von Amerika
»… immer bedacht, unvorhersehbare Probleme zu vermeiden«
»Wir hatten keine Vorstellung davon, welche Auswirkungen dieses monumentale Ereignis auf den Stolz der sowjetischen Militärs und den Nationalstolz des Sowjetimperiums haben würde. Und hier zerfiel es vor ihren eigenen Augen. Wie würden sie reagieren? Niemand wußte es.
Was macht man also? Man reagiert vorsichtig. Man unterstützt die Deutschen, stimmt in ihre Freude ein – aber immer bedacht, unvorhersehbare Probleme zu vermeiden. So versuchte ich mich zu verhalten.«
Gespräch mit George Bush, 2. 7. 1998

Mit ihren zurückhaltenden Reaktionen sandten Bush und Baker eindeutige Signale nach Moskau, dass die amerikanische Außenpolitik zwar den Wandel zur Demokratie in Ost- und Mitteleuropa begrüßte, aber nicht auf Instabilität und einseitige Vorteile bedacht war.

Kohl: »Das ist ja unfaßbar!«

Der Deutsche Bundestag behandelte am Abend des 9. November gerade den Entwurf eines Vereinsförderungs-Gesetzes, als der CSU-Abgeordnete Karl-Heinz Spilker mit einer der ersten DPA-Eilmeldungen über Schabowskis Pressekonferenz an das Rednerpult trat: »Ab sofort können DDR-Bürger direkt über alle Grenzstellen zwischen der DDR und der Bundesrepublik ausreisen«, las er vor.[139] Die Abgeordneten nahmen die Pressemeldung mit lang anhaltendem Applaus zur Kenntnis. Dann setzten sie ungerührt ihre Debatte über die Vereinsförderung fort. Schließlich beschäftigte die Bedeutung gemeinnütziger Vereine das Parlament schon seit zehn Jahren, und die Probleme der Spendenhöchstsätze für mildtätige Bereiche und steuerfreien Pauschalen für Übungsleiter harrten ebenso lange auf ihre Lösung.

Nach einer Unterbrechung der Sitzung ergriff Kanzleramtsminister Seiters um 20.46 Uhr das Wort, um eine mit dem Kanzler abgestimmte Erklärung der Bundesregierung vorzutragen. Sachlich stellte Seiters fest, dass mit der Freigabe von Besuchsreisen und Ausreisen »erstmals Freizügigkeit für die Deutschen in der DDR hergestellt« werde.[140] Er wiederholte die Bedingungen des Kanzlers für wirtschaftliche Hilfsleistungen an die DDR und appellierte an die Solidarität der westdeutschen Bevölkerung. Der SPD-Fraktionsvorsitzende Hans-Jochen Vogel wurde deutlicher: »Diese Entscheidung bedeutet, daß die Mauer nach 28 Jahren ihre Funktion verloren hat.«[141] Das Ziel in der DDR, darin stimmten alle Fraktionen überein, müsse sein, durch freie Wahlen die Bereitschaft, in der DDR zu bleiben, zu stärken und die Übersiedlung zu stoppen. »Alle diejenigen, die jetzt noch schwanken«, rief der FDP-Abgeordnete Wolfgang Mischnick aus, »bitte ich herzlich: Bleibt daheim!«[142] Dann erhoben sich die Abgeordneten und stimmten die Nationalhymne an. Die Sitzung wurde um 21.10 Uhr geschlossen. Zu diesem Zeitpunkt war die Mauer noch zu, doch die Agenturmeldungen, die in Minutenschnelle über diese Sitzung abgefasst und in die Nachrichtensendungen aufgenommen wurden, mussten den Eindruck erwecken, sie sei schon geöffnet.

Auf eine Verbesserung der Reisemöglichkeiten noch im Jahr 1989 war man im Bundeskanzleramt durch die Schalck-Besuche vorbereitet, nicht aber auf den Fall der Mauer. Während eines Essens mit dem polnischen Ministerpräsidenten Mazowiecki in Warschau erreichte Bundeskanzler Helmut Kohl ein Anruf seines Beraters Eduard Ackermann, der am Abend des 9. November im Kanzleramt Stallwache hielt. Den Inhalt des Telefonats hat Ackermann selbst überliefert: »Ich sagte: ›Herr Doktor Kohl, halten Sie sich fest, die DDR-Leute machen die Mauer auf.‹ Er wollte es nicht glauben. ›Sind Sie sicher, Ackermann?‹ Ich erzählte ihm, daß ich die Pressekonferenz von Schabowski im Fernsehen verfolgt hätte und daß in Berlin bereits Menschen aus dem Ostteil herübergekommen seien. ›Das gibt's doch nicht. Sind Sie wirklich sicher?‹ Ich sagte: ›Das Fernsehen überträgt live aus Berlin, ich kann es mit eigenen Augen sehen.‹ (Kohl:) ›Das ist ja unfaßbar!‹«[143]

Der Bitte von Krenz folgend, ließ Gorbatschow am späten Nachmittag des 10. November Helmut Kohl und Willy Brandt, François Mitterrand, Margaret Thatcher und George Bush mündliche Botschaften übermitteln. Die an den Kanzler gerichtete Mitteilung, von Botschafter Julij Kwizinskij telefonisch an Kohls Berater Teltschik nach Berlin durchgegeben[144], erreichte diesen kurz vor seiner Rede auf einer Kundgebung vor dem Schöneberger Rathaus, für die Kohl seinen Polen-Besuch unterbrochen hatte. Der Reisebeschluss der DDR-Führung bestätige aufs Neue, ließ Gorbatschow ausrichten, »daß gegenwärtig in der DDR tiefe und bedeutsame Veränderungen vor sich gehen. Die Führung der Republik handelt zielstrebig und dynamisch im Interesse des Volkes, sie entfaltet einen breiten Dialog mit verschiedenen Gruppen und Schichten der Gesellschaft.« Angesichts der Kundgebung im Westen und einer parallelen Veranstaltung der SED im Lustgarten ersuchte Gorbatschow den Kanzler, »im Geiste der Offenheit und des Realismus« seinerseits »die notwendigen und äußerst dringlichen Maßnahmen zu treffen, damit eine Komplizierung und Destabilisierung der Situation nicht zugelassen wird«.[145]

Unter Hinweis auf die nach seiner Überzeugung »richtigen und zukunftsträchtigen Beschlüsse der neuen Führung der DDR« ließ Gorbatschow gleichzeitig die Präsidenten Bush und Mitterrand sowie die britische Premierministerin Thatcher über seine Botschaft an Kohl informieren. Er fügte hinzu, dass der sowjetische Botschafter in Berlin beauftragt sei, in Kontakt mit den Vertretern der drei Mächte in West-Berlin zu treten, um gemeinsam darauf hinwirken zu können, dass »die Ereignisse nicht einen Verlauf nehmen, der nicht wünschenswert wäre«. Der weitere Text der Botschaft Gorbatschows an die Staatschefs der Westmächte lautete: »Insgesamt möchte ich hervorheben, daß gegenwärtig in der DDR tiefe und bedeutsame Veränderungen vor sich gehen. Wenn aber in der BRD Erklärungen laut werden, die auf ein Anheizen der Emotionen im Geiste der Unversöhnlichkeit gegenüber den Nachkriegsrealitäten, d. h. der Existenz zweier deutscher Staaten, abzielen, dann können solche Erscheinungen politischen Extremismus' nicht anders eingeschätzt werden denn als Versuche, die sich jetzt in der DDR dynamisch entwickelnden Prozesse der Demokratisierung und

Erneuerung aller Bereiche des gesellschaftlichen Lebens zu untergraben. Mit Blick auf die Zukunft kann dies eine Destabilisierung der Lage nicht nur im Zentrum Europas, sondern auch darüber hinaus nach sich ziehen. Ich möchte der Hoffnung Ausdruck geben, daß all dies Ihr Verständnis findet.«[146] Bei der persönlichen Übermittlung dieser Botschaft unterrichtete der sowjetische Botschafter in London Premierministerin Margaret Thatcher über Gorbatschows konkrete Befürchtung, »es könne womöglich einen Zwischenfall mit gravierenden Folgen geben – beispielsweise einen Angriff auf Soldaten der sowjetischen Armee in der DDR oder in Berlin«.[147]

Helmut Kohl, Bundeskanzler

»Gorbatschow hat uns geglaubt und nicht dem KGB«

»Heute wissen wir ja, daß die Staatssicherheit der DDR und Teile der Führung ihren sowjetischen Freunden gewaltige Szenarien entwarfen, wie hier die Ordnung zusammenbricht und wie sowjetische Einrichtungen, auch Personen und Einrichtungen, Soldaten beispielsweise, womöglich in erhebliche Mitleidenschaft gezogen würden, daß ihre Sicherheit, das war ja die These dann von Gorbatschow, nicht mehr garantiert sei. Und daß nämlich der KGB die Anregung seiner Schwesterorganisation, vom Stasi, in diesem Sinne an Gorbatschow weitergegeben hat. Aus meinen späteren vielen Gesprächen mit Michail Gorbatschow weiß ich, daß es wohl entscheidend war, daß er in diesem Moment uns geglaubt hat und nicht dem KGB. (...)
Wir haben damals durchgegeben, daß diese Befürchtungen alle falsch sind. Daß es keinen Aufruhr gibt, sondern daß, das habe ich auch dann in vielen Interviews unentwegt gesagt, das ist ja nun dann rund um die Welt gelaufen, daß es eine friedliche Reaktion ist, aber daß eben Menschen zueinanderkommen wollen. (...) Der entscheidende Punkt war, in der entscheidenden Stunde hat Michail Gorbatschow uns und damit auch mir geglaubt.«

Gespräch mit Helmut Kohl, 25.11.1998

Auf der Kundgebung vor dem Schöneberger Rathaus traten Walter Momper, Hans-Dietrich Genscher, Willy Brandt und Helmut Kohl vor 20 000 bis 40 000 Teilnehmern als Redner auf. Als Willy Brandt hervorhob, dass keiner »Schwierigkeiten mit den sowjetischen Truppen (wünscht), die sich *noch* auf deutschem Boden befinden«, sandte er das doppelte Signal nach Moskau, dass er einerseits Gorbatschows Sorge verstanden hatte, andererseits jedoch für ihn kein Zweifel daran bestand, wer den Rückzug anzutreten haben würde.[148] Der Kanzler betonte die Einheit der Nation, erteilte jedoch zugleich radikalen Parolen und Stimmen eine Absage und forderte dazu auf, »besonnen zu bleiben und klug zu handeln«.[149] Noch während der Kundgebung rätselten Teltschik und Kohl, ob Gorbatschows Botschaft eher »eine Bitte aus Sorge« vor weiteren spontanen Mauerdurchbrüchen oder vielmehr »eine versteckte Warnung« war.[150] Aus Berlin ins Bonner Bundeskanzleramt zurückgekehrt, erreichte Teltschik um Mitternacht ein Anruf von Brent Scowcroft. Der Nationale Sicherheitsberater des US-Präsidenten informierte ihn über die mündliche Botschaft Gorbatschows an Bush. Die für Teltschik »interessanteste Nachricht« war die vertrauliche Mitteilung Scowcrofts, »daß Gorbatschow die SED-Spitze dazu aufgefordert habe, einen ›friedlichen Übergang‹ in der DDR sicherzustellen«.[151] Für den Kanzler und seinen Berater war damit das Rätsel gelöst: »Es wird keine Wiederholung des 17. Juni geben. Gorbatschows Nachricht, die er jetzt auch George Bush übermitteln ließ, war also die Bitte, gemeinsam dafür zu sorgen, daß der Politik die Kontrolle über die Ereignisse nicht entgleitet.«[152]

Der schwächste, unberechenbarste und damit potenziell gefährlichste Faktor des nun einsetzenden internationalen Krisenmanagements war die Führung der SED. Von einer »Kontrolle über die Ereignisse« weit entfernt, hielt sie die NVA-Einheiten auch während der Nacht vom 10. auf den 11. November in Erhöhter Gefechtsbereitschaft.

Eine Kundgebung der SED im Lustgarten, die um 18.00 Uhr begann, konnte der Führung einen ersten Eindruck vermitteln, wieweit ihr mit dem Ablauf und den Beschlüssen des Zentralkomitees der Schulterschluss mit der Parteibasis gelungen war. 80 000 Anhänger hatte die Berliner Bezirksleitung mobilisiert, womit die Beteiligung weit hinter den Teilnehmerzahlen der Demonstrationen gegen das Regime in Berlin und Leipzig zurückblieb.[153] Trotz der Steuerung der Rednerliste waren die Missklänge zur Entscheidung des Zentralkomitees, eine Parteikonferenz anstelle eines außerordentlichen Parteitages einzuberufen, unüberhörbar. Doch allein das erstmalige Zustandekommen einer SED-Massenveranstaltung seit dem 40. Jahrestag der DDR wurde als voller Erfolg gewertet;[154] die angefertigten freundlichen Parolen

(»SED = Sozialismus, Ehrlichkeit, Demokratie«, »Klare Köpfe, fleißige Hände, das braucht die Wende«, »Nicht meckern, sondern ackern«) und der vertraute Klang der alten Kampfeslieder wirkten wie Balsam auf den Wunden der SED-Spitzenfunktionäre, die die oppositionellen Demonstrationen der letzten Wochen mit ihren SED-feindlichen Parolen aufgerissen hatten.[155] Wenn Krenz in seiner Ansprache die Reiseverordnung auch mit irreführender Bescheidenheit als Beschluss des Ministerrates darstellte, so bekannte er sich doch dazu und deutete ihn als Ausdruck dafür, »daß wir es mit der Politik der Erneuerung ernst meinen und daß wir allen die Hand geben, die mit uns gemeinsam gehen wollen«.[156]

Schon wieder gefasst, bezeichnete Schabowski sein vorabendliches Missgeschick am Rande der Kundgebung als den vielleicht »kühnsten Schritt« der Politik der Erneuerung, zu der es keine Alternative gebe. Die SED-Führung sei bereit, »die Risiken einzugehen, die diese Politik mit sich bringt«.[157] Als Krenz den Kundgebungsplatz verließ, wurde er von Anhängern auf das größte Risiko angesprochen: »Wie verhinderst du den Ausverkauf wie vor 1961: drüben arbeiten, hier wohnen und die Errungenschaften beanspruchen?« wollten einige ältere Genossen wissen. Krenz antwortete: »Wir müssen versuchen, daß wir das durch politische Arbeit erreichen.« Unzufriedenes Murren war die Antwort auf diese unbefriedigende Antwort. »Das ist schwer, natürlich, unsere ganze Arbeit ist schwer, Genossen«, fügte er deshalb schnell hinzu. »Wenn wir uns vornehmen, daß wir politische Probleme nur mit politischer Arbeit lösen, dann steht uns noch viel, viel bevor.«[158]

So zutreffend diese Prognose war, so niederschmetternd wirkte die Hilflosigkeit, die Krenz mit dieser Antwort offenbarte, auf seine Zuhörerschaft. Weil ein kontrollierter Reiseverkehr unter Beibehaltung strenger Zollkontrollen beabsichtigt gewesen war, hatten weder Politbüro noch Ministerrat bis zu dieser Stunde auch nur einen einzigen Gedanken daran verschwendet, wie die ökonomischen Probleme zu bewältigen waren, die bei offenen Grenzen vor allem durch das staatlich gestützte Preissystem auf die DDR zukamen.

Ein viel kleineres Problem erwies sich schon als nahezu unlösbar: Im

Laufe des Tages hatte der Präsident der Staatsbank Krenz informiert, dass der Barbedarf für den Umtausch von 15 Mark der DDR in 15 D-Mark, auf den DDR-Bürger bei Vorlage des Reisevisums Anspruch hatten, die Vorräte in den Tresoren der Staatsbank-Filialen überstieg. Deshalb hatten Geldtransporte mit der Landeszentralbank West-Berlins vereinbart werden müssen, um die Valutaversorgung gewährleisten zu können.[159] Genau für diesen Zweck aber hatte die SED-Spitze ihre knappen, bereits verplanten Devisen nicht vorgesehen. Ihren Vorstellungen zufolge sollte die Finanzierung des Reiseverkehrs die Bundesregierung übernehmen, die schließlich seit Jahren auf seine Erweiterung drängte.

Am Mittag hatte das Politbüro deshalb Alexander Schalck damit beauftragt, aus dem Missgeschick Kapital zu schlagen. Er wurde instruiert, »die Regierung der BRD informell über die Maßnahmen der DDR zu informieren und die Erwartung zum Ausdruck zu bringen, daß die BRD-Regierung die getroffenen Maßnahmen unterstützt«.[160] Doch weder Seiters noch Schäuble, mit denen Schalck telefonierte, noch der Kanzler selbst zeigten Neigung, auf Schalcks Angebot einer kurzfristigen Spitzenbegegnung mit Krenz einzugehen. Ein Telefonat allerdings hielt der Kanzler für sinnvoll.[161] Die Bundesregierung erbat zudem die Schaltung zweier Standleitungen zwischen dem Bundeskanzleramt und der Ständigen Vertretung in Ost-Berlin und zwischen dem Kanzleramt und einer Vermittlungsstelle zum Staatsrat und zur Regierung der DDR.

Das Telefongespräch zwischen Krenz und Kohl fand am Morgen des 11. November von 10.13 Uhr bis 10.22 Uhr statt. Krenz berichtete dem Kanzler, das Zentralkomitee habe die Führung verjüngt, die SED sei zu radikalen Reformen und zur Zusammenarbeit mit anderen politischen Kräften, auch mit der Kirche, bereit. »Also, wir bringen eine Reihe von Vorleistungen, Herr Bundeskanzler«, resümierte er, »die Sie ja auch immer unterstrichen haben in Ihren Gesprächen mit uns.« Er denke, sagte Krenz, dass dadurch eine »gute Atmosphäre« für die Klärung von Problemen im ökonomischen Bereich und auch im Reiseverkehr entstanden sei. »Denn diese Dinge«, so gestand er ein, »können wir allein nicht lösen.«[162] Kohl widersprach nicht, vermochte aber aus seiner Sicht die Dringlichkeit für einen schnellen Besuch von Kanzleramtsminister Seiters in Ost-Berlin nicht zu erkennen. Der Kanzler schlug vor, die Bildung der Regierung Modrow abzuwarten; als Reisetermin von Seiters, dem eine Spitzenbegegnung »in sehr naher Zukunft« (Kohl) folgen könnte, wurde schließlich der 20. November ins Auge gefasst.

Zu Beginn des Gespräches hatte der Kanzler die »sehr wichtige Entscheidung der Öffnung« ausdrücklich begrüßt und Krenz zum wiederholten Male versichert, es sei nicht Ziel seiner Politik, dass möglichst viele Menschen die DDR verließen. Auch lehnte er jede Form von Radikalisierung als gefährlich ab. Der Meinung von Krenz, die Wiedervereinigung stehe nicht auf der Tagesordnung, mochte er sich zwar nicht anschließen, fügte aber zur Beruhigung seines Gesprächspartners hinzu, sie sei »jetzt nicht das Thema, das uns im Augenblick am meisten beschäftigt«.[163] Für den Fall, dass die Situation dramatisch werden sollte, vereinbarten Krenz und Kohl, direkte telefonische Verbindung aufzunehmen.

Als sie ihr Gespräch um 10.22 Uhr beendeten, war die Situation mehr als dramatisch. Verteidigungsminister Keßler stand kurz vor der Entscheidung, ein Blutbad mit unabsehbaren Folgen zu riskieren.

Während am 10. November auf der Panzermauer vor dem Brandenburger Tor noch ausgelassene Stimmung herrscht, beginnen in der Nacht die DDR-Grenztruppen nach Flaschen- und Steinwürfen mit der gewaltsamen Räumung; auch in den Folgetagen bleiben Wasserwerfer zur Abschreckung im Einsatz.

11. November 1989: Zuspitzung und Entspannung am Brandenburger Tor

Wie kein anderer Ort war die Panzermauer vor dem Brandenburger Tor auf westlicher Seite zur Besichtigungs- und Erlebnisstätte für das Ende des Kalten Krieges geworden.[1] Dutzende von Fernsehstationen übertrugen von hier Weltgeschichte live in alle Kontinente. Ununterbrochen standen zwischen 1000 und 3000 Menschen auf der Mauer und ließen ihren Gefühlen freien Lauf. Das waren zunächst überwiegend Jubel und Freude. Die feindseligen Mauerwächter von gestern wurden als Soldaten einer friedlichen Revolution mit freundlichen Zurufen und Geschenken bedacht und damit ihr Anteil an der Gewaltlosigkeit der Ereignisse gewürdigt. Zu viele Emotionen und menschliches Leid waren jedoch mit dem Bauwerk verbunden, als dass sich nicht auch aggressive Töne und Schmährufe in die Jubelstimmung gemischt hätten; die Oberhand jedoch gewannen sie zunächst nicht.

Einzelne Personen, die am frühen Abend des 10. November im Übermut auf die Ostseite hinabsprangen, wurden von Grenzsoldaten auf die Mauer zurückverwiesen. Später in der Nacht, unter dem gleißenden Licht der Fernsehscheinwerfer und mit zunehmendem Alkoholkonsum, wurden die Rufe »Die Mauer muss weg!« lauter und die Versuche energischer, diesem Ziel mit Vorschlaghämmern näherzurücken. Feuerwerkskörper wurden von West-Berliner Gebiet in Richtung Brandenburger Tor abgeschossen; gelegentlich flogen die geleerten Flaschen in Richtung Osten.[2] Mit dem Alkoholpegel stiegen der Mut und die Zahl derer, die von der Mauer »in den Handlungsraum der Grenztruppen« sprangen. Zwischen Mauer und Brandenburger Tor bildeten sie eine größer werdende »Ausbuchtung«, denn der

Weg durch das Tor und über den Pariser Platz nach Ost-Berlin wurde ihnen von Postenketten der Grenztruppen versperrt. Um 22.00 Uhr waren es 20 bis 50, eine halbe Stunde später bereits 200 und um Mitternacht 400 Personen, die den Grenzsoldaten zwischen Mauer und Brandenburger Tor Auge in Auge gegenüberstanden.

Die Verunsicherung auf der DDR-Seite wuchs. Um 22.30 Uhr übermittelte ein Major der Grenztruppen am Checkpoint Charlie einem Polizeihauptkommissar der West-Berliner Polizei einen förmlichen Protest. Die Störungen am Brandenburger Tor nähmen zu; es würden Sachbeschädigungen vorgenommen, Brandflaschen geworfen und die Grenztruppen massiv bedroht. »Er fordert die Berliner Polizei auf«, notierte der West-Berliner Beamte, »gegen diese Störungen vorzugehen, um die bisher erreichten Regelungen nicht zu gefährden.«[3]

Gleichzeitig begannen die Grenztruppen, eine Einschüchterungskulisse aufzubauen. Sie führten Schutzhunde heran und verstärkten demonstrativ ihre Präsenz. Um Mitternacht wurden sechs Lastwagen mit Armeeangehörigen und ein Wasserwerfer in Höhe des Brandenburger Tores »zur Demonstration« vorgezogen, kurze Zeit später ein zweiter Wasserwerfer in Stellung gebracht. Um 0.30 Uhr erfolgte per Lautsprecher die Aufforderung, den Handlungsraum der Grenztruppen zu verlassen, andernfalls erfolge in zehn Minuten der Einsatz polizeilicher Mittel. Auch die West-Berliner Polizei richtete gleichlautende Appelle an die Mauerspringer. Ihrem aktiven Einschreiten waren jedoch Grenzen gesetzt, da ein mehrere Meter breiter Streifen auf der Westseite der Mauer, das sogenannte Unterbaugebiet, zum Hoheitsgebiet der DDR gehörte. Dessen Betreten war der West-Berliner Polizei verboten. Aus diesem Grund griff sie selbst dann nicht ein, als südlich der Panzermauer, in Richtung Potsdamer Platz, im übermütigen Abrisstaumel begonnen wurde, die eigentliche Grenzmauer aufzumeißeln und die Rohrauflagen zu demontieren.

Den Kommandeuren der Grenztruppen schien das Risiko eines Einsatzes bewusst; sie schoben den Einsatz der Wasserwerfer hinaus und räumten stattdessen den Vorraum des Brandenburger Tores mehrfach ohne den Einsatz von Gewalt. Die Mauerspringer wurden der Volkspolizei übergeben und von dieser über die Grenzübergänge nach West-Berlin abgeschoben. Auf diese Weise wurde die Lage während der Nacht in einem spannungsgeladenen Schwebezustand gehalten.

Am frühen Morgen jedoch drohte die Eskalation. Nach stundenlangem Hämmern und Meißeln stand der Versuch, das südlich an die Panzermauer angrenzende Mauersegment herauszulösen und eine erste Bresche in die Mauer zu reißen, vor einem durchschlagenden Erfolg. Auf der Ostseite setzten jetzt hektische Aktivitäten ein. Die Volkspolizei löste um 7.30 Uhr Alarm aus und beorderte weitere Kräfte ans Brandenburger Tor; drei Hundertschaften des Stadtkommandanten marschierten auf, und die Grenztruppen führten zusätzliche Reserven heran. Die Vorbereitungen zum Einsatz der Wasserwerfer waren unverkennbar. Parallel dazu wurden die diplomatischen Kontakte aktiviert. Ab 8.00 Uhr setzten Bemühungen des DDR-Außenministeriums ein, direkte Verbindung zum Senat von Berlin und über die sowjetische Botschaft zu den West-Alliierten aufzunehmen, um den Stopp der Abrissaktion zu erwirken.[4] Doch das Telefonnetz zwischen den Stadthälften war völlig überlastet zusammengebrochen.

Seit der sowjetischen Blockade West-Berlins im Jahr 1948 waren die direkten Verbindungen zwischen den Polizeibehörden beider Stadthälften gekappt, die Kommunikation auf einseitige Mitteilungen wie die Übergabe von Protestnoten beschränkt. Durch visuelle Beobachtung konnten sich beide Seiten über die Mauer beäugen, durch die Überwachung des Funkverkehrs gegenseitig belauschen. Miteinander kommunizieren jedoch konnten sie nicht, und dies machte es geraume Zeit unmöglich, auf der Führungsebene Maßnahmen abzustimmen.

Den West-Berliner Polizeipräsidenten Georg Schertz hatte die konfliktbeladene Situation bereits in der Nacht beunruhigt. Würden die Menschen mit Wasserdruck von der Mauer gespritzt, so seine Befürchtung, bestand die große Gefahr, dass es Verletzte, möglicherweise sogar Tote gab.[5] Wenn irgendjemand in der DDR-Führung einen Anlass oder Vorwand suchte, um die Öffnung der Grenze rückgängig zu machen, bot sich die kritische Lage am Brandenburger Tor dafür geradezu an. Durch Zurufe über die Mauer und über persönliche Kontakte, die sich an Übergängen wie der

Invalidenstraße in den zurückliegenden 30 Stunden zwischen Polizeibeamten und Grenzoffizieren entwickelt hatten, wurden die Grenztruppen gebeten, den Einsatz der Wasserwerfer zu unterlassen. Stattdessen, so der Vorschlag von Schertz, sollten die Grenztruppen versuchen, die Mauerkrone mit friedlichen Mitteln zu räumen und anschließend mit Posten besetzt zu halten. Schertz versprach, von West-Berliner Seite flankierende Sicherheitsmaßnahmen einzuleiten und zur Entschärfung beizutragen.

Der Räumungseinsatz der Grenztruppen begann am Morgen des 11. November um 8.05 Uhr.[6] Die Reihen der Schaulustigen und Besetzer hatten sich zu dieser Zeit stark gelichtet. Statt die Besetzer gewaltsam mit den Druckwasserkanonen der Hydromile von der Mauer zu spritzen, wurden sie lediglich nass gerieselt. Gleichzeitig enterten 300 unbewaffnete Grenzsoldaten über Holzleitern die Mauerkrone. Wer nicht freiwillig den Rückzug antrat, wurde teils behutsam, teils mit körperlicher Gewalt zum Sprung in den Westen gedrängt. Die Grenzsoldaten behielten trotz Stein- und Flaschenwürfen die Nerven. Aus ihrem Führungspunkt im Reichstagsgebäude konnte die West-Berliner Einsatzleitung die Entwicklung direkt verfolgen. Als die Mauer geräumt war, griff sie ein, zog 15 Mannschaftswagen der West-Berliner Polizei Stoßstange an Stoßstange vor die Mauer und sicherte die Rückeroberung des Walls durch die DDR-Grenztruppen ab. Ein erneutes Besteigen des Mauerrondells war nun unmöglich. Die Zustimmung, den Grenzstreifen zu befahren, hatten zuvor die britischen Alliierten nach Absprache mit der sowjetischen Botschaft in Ost-Berlin erteilt.[7] Anders als die deutsche Seite verfügten die Alliierten noch aus der Zeit vor 1948 über eine direkte Telefonleitung, die die sowjetische Botschaft mit der Befehlszentrale im britischen Sektor verband.[8]

Heinz Geschke, Oberst, Stellvertreter Grenzsicherung im Grenzkommando Mitte

»... jetzt bewegt sich das Element, jetzt senkt es sich, es senkt sich weiter ...«

»Es war etwa so zwischen 9.00 und 10.00 Uhr am Vormittag des 11. November, als auf West-Berliner Seite Technik eingesetzt wurde, um ein Element aus der Mauer herauszubrechen. Als das Mauerelement langsam fiel, hatte

11. November 1989: Am Brandenburger Tor eskaliert die Situation; Grenztruppen haben die Panzermauer zurückerobert; West-Berliner brechen ein Segment aus der Mauer, die West-Berliner Polizei schreitet ein und übernimmt den Schutz der Grenze.

ich das Gefühl, daß auch die West-Berliner Polizei die Lage nicht mehr beherrschen kann.
Da hatte ich in einer Konferenzschaltung sowohl Wöllner als auch das Grenztruppen-Kommando in Pätz direkt am Apparat. Ich habe praktisch minütlich und sekündlich gemeldet, jetzt bewegt sich das Element, jetzt senkt es sich, es senkt sich weiter ... und, und, und – weil man dann annehmen mußte, es werden mehrere Elemente herausgebrochen. Da entstand schon eine kritische Situation.«
Gespräch mit Heinz Geschke, 5.8.1998

Die Abriegelungsaktion dauerte noch an, als es südlich der Panzermauer einer kleinen Gruppe gelang, mit einem Jeep ein freigemeißeltes etwa drei Quadratmeter großes Segment aus der Mauer herauszureißen. Nach der Ankündigung, bei weiterer Beschädigung der Mauer Festnahmen durchzuführen, schritten mit Helm, Schild und Schlagstock ausgerüstete West-Berliner Polizisten ein und beendeten die private Abrissaktion. Das Segment wurde anschließend von Ost-Berliner Seite zurückgezogen, in die Mauer eingepasst und verschweißt.

Heinz Geschke, Oberst, Stellvertreter Grenzsicherung im Grenzkommando Mitte
»... jetzt richten wir es wieder auf, ... jetzt ist der Fall bereinigt«
»Natürlich haben wir an die Westberliner Polizei am Checkpoint Charlie Proteste und Aufforderungen übergeben, einzugreifen. Aber es muß auf höherer Ebene irgendetwas gelaufen sein, daß das bewirkt hat.
Genauso, wie ich vorher gemeldet hatte, daß sich das Mauerelement immer weiter senkt, habe ich dann sekündlich und minütlich gemeldet, jetzt richten wir es wieder auf und setzen es ein, jetzt haben wir es zugeschweißt, jetzt ist der Fall bereinigt.«
Gespräch mit Heinz Geschke, 5.8.1998

Die erfolgreiche Kooperation von Grenztruppen und West-Berliner Polizei beruhigte die Lage und schuf eine erste Vertrauensbasis zwischen den Einsatzleitungen in Ost und West. Der Aufbau stabiler Kommunikationsbeziehungen zu den Grenztruppen und zum Präsidium der Volkspolizei kristallisierte sich als vordringliche Aufgabe heraus, um weiteren ernsten Gefahren weniger spontan und zufällig begegnen zu können. Um 10.30 Uhr, nach Abschluss dieses Einsatzes, übermittelte die Senatskanzlei dem DDR-Außenministerium telegrafisch den Wunsch des Polizeipräsidenten, am Übergang Invalidenstraße erneut Kontakt aufzunehmen, um weitere Maßnahmen am Brandenburger Tor abzustimmen.[9] Bei der dann folgenden Kontaktaufnahme teilte die Polizeiführung ihre Bereitschaft zu einer Spitzenbegegnung mit dem Kommandeur des Grenzkommandos Mitte mit. Der Vorschlag, der der Zustimmung der westlichen Alliierten bedurft hatte, wurde von den Grenztruppen angenommen.[10] Um 14.00 Uhr saß Polizeipräsident Georg Schertz mit Oberst Günter Leo, dem stellvertretenden Kommandeur der Berliner Grenztruppe, im Grenzübergang Friedrich-/Zimmerstraße an einem Tisch. »Seit diesem Augenblick«, so Oberst Leo, »wurde das Zusammenwirken der Westberliner Polizei und der Grenztruppen auf eine ganz neue Stufe gestellt.«[11]

Am Morgen des 11. November begann um 9.00 Uhr eine Parteiaktivversammlung des MfS, bei der Minister Mielke jedoch nicht in Erscheinung trat. Das einleitende Referat hielt Wolfgang Herger.[12] Er begründete vor den Tschekisten die Notwendigkeit der Ablösung Honeckers, die am 18. Oktober erfolgt war: »So wie bisher (ging es) nicht weiter.« Der ehemalige Generalsekretär habe sich von der Sowjetunion und dem Marxismus-Leninismus entfernt und nur noch in Illusionen gelebt. Indem er den Anteil Mielkes hervorhob, machte Herger deutlich, dass das MfS beim Sturz Honeckers nicht abseitsgestanden hatte. Mielke habe die materielle und militärische Lage genau gekannt, am meisten unter dem Führungsstil Honeckers gelitten und gerade deshalb die Wende mit vorbereitet und erkämpft. In Absprache mit den sowjetischen Genossen, aber nicht von der Sowjetunion gesteuert, hätten Krenz und er die Initiative übernommen. Bei der Erneuerung des Sozialismus in der DDR gehe es um eine strategische Konzeption, die den Sozialismus menschlicher und demokratischer mache. Mehrfach bekannte sich Herger zu der Leitlinie der neuen Führung, politische Probleme mit politischen Mitteln zu lösen.

Über die Lage am Brandenburger Tor wurde Herger offenbar laufend informiert, denn gleich zu Beginn des Referats wies er auf die »außerordentlich komplizierte Lage« hin und teilte mit, dass West-Berliner »Provokateure« im Begriff seien, die Mauer einzureißen. Maßnahmen seien jedoch eingeleitet, fügte er beruhigend hinzu; Kotschemassow sei in Kontakt mit den westlichen Kommandanten, und man selbst versuche, in Kooperation mit der West-Berliner Polizei »Vernunft auf der anderen Seite« zu erreichen. »Heute Ziel: Vernunft muß siegen«, notierte ein Teilnehmer der Versammlung als Aussage Hergers.[13] Und einige Zeit später gab er bekannt, dass sich die Situation entschärft habe; man müsse Vertrauen ins Volk haben.

Soweit ersichtlich, spielte die Lage an der Grenze im weiteren Verlauf der Versammlung keine Rolle. Als Hauptkritik schälte sich aus mehreren Diskussionsbeiträgen der Vorwurf heraus, die Parteispitze habe das MfS in den letzten Wochen im Stich gelassen. Auch die SED-Kreisleitung des MfS wurde für ihre Inaktivität scharf gerügt. In den Diskussionsbeiträgen trat die tiefe Verunsicherung der Parteikader zutage, die anstehenden und zukünftigen Aufgaben des MfS ohne Anleitung der Partei zu bestimmen. Die Aktivtagung endete mit der Ankündigung, eine Arbeitsgruppe zu den Schwerpunkten der Arbeit und zur Struktur des MfS ins Leben zu rufen.

Zur gleichen Zeit wie im MfS hatte sich das Parteiaktiv des Ministeriums für Nationale Verteidigung im Konferenzsaal des Tagungszentrums in Strausberg versammelt. Keßler erhielt keine Gelegenheit, das von ihm vorbereitete 14-seitige Einleitungsreferat zu halten. Die Sitzung, zu der auch die Chefs der Politischen Verwaltung der Teilstreitkräfte geladen waren, begann vielmehr mit Rücktrittsforderungen an den Minister und seine beiden Vertreter Streletz und Brünner.[14] Bereits wegen der »Anmaßung von Privilegien« und ihres »Strebens nach persönlichen Vorteilen« im Gerede,[15] wurden sie nun für die Kopf- und Führungslosigkeit im Ministerium seit dem Ausbruch der Krise Anfang September und speziell am 9. November verantwortlich gemacht. Der Überraschungseffekt in der Nacht vom 9. auf den 10. November, die Tatsache, dass in der NVA keinerlei Weisungen vorbereitet waren, wurde dabei als treffendster Beleg für die miserable Führungstätigkeit der

Spitze des Ministeriums gewertet.[16] Während der knapp dreiviertelstündigen Diskussion wurden Keßler und Streletz im Präsidium fortlaufend Zettel zugeschoben. Beide verließen mehrfach den Raum. Das heizte die Stimmung zusätzlich an, weil der Eindruck entstand, sie wollten sich der kritischen Diskussion entziehen. Tatsächlich wurden beide am Sonderapparat des Tagungszentrums über die Lageentwicklung am Brandenburger Tor informiert.[17] Keßler blieb schließlich der Versammlung gänzlich fern. Unter Hinweis auf »einen angeblich bevorstehenden ›Sturm auf das Brandenburger Tor‹«[18] wurde die Tagung schließlich abrupt abgebrochen: »Der Sozialismus ist in Gefahr«, hieß es. »Jetzt haben wir keine Zeit mehr, weiter zu diskutieren. Jeder an seinen Platz!«[19]

Armeegeneral Heinz Keßler stand vor dem Zusammenbruch seines Lebenswerkes. »Wir alle sind wohl der härtesten Zerreißprobe in der Geschichte unserer Arbeiter-und-Bauern-Macht ausgesetzt. Für mich kann ich sagen, daß dies wohl einer der schwierigsten und schmerzvollsten Abschnitte in meinem jahrzehntelangen Wirken als Funktionär der Partei der Arbeiterklasse ist«, hatte er eigentlich in seinem verhinderten Beitrag sagen wollen.[20] Vierzig Jahre Sozialismus drohten auch ihm unter den Füßen wegzurutschen, wie es Horst Sindermann zwei Tage später formulierte.[21] Doch anders als Stasi-Chef Mielke zeigte Keßler weder als Politbüro-Mitglied noch als Minister Resignationserscheinungen. In einer Situation, hieß es in seinem Manuskript, in der West-Berliner und BRD-Politiker eine Volksbewegung zur Überwindung der Grenze zwischen beiden deutschen Staaten wollten und dazu »eine beispiellose Massenpsychose« schürten, gelte es, »jeden Befehl der Arbeiter-und-Bauern-Macht ehrenvoll zu erfüllen, vor allem in dem Bewußtsein, damit die Existenz unseres Staates und den Frieden in Europa zu erhalten. Wir Kommunisten wollen alles tun, damit es in diesen Positionen keine Schwankungen gibt.«[22] In der Armee, so wollte er das Parteiaktiv einstimmen, sei die erforderliche Gefechtsbereitschaft so zu sichern, »daß eine Überraschung von außen ausgeschlossen wird«.[23] Wenn er schon seine Rede nicht halten konnte, so war Keßler doch offenbar zum Handeln bereit.

Um 10.00 Uhr oder 10.15 Uhr nahm der Chef der Landstreitkräfte einen Anruf seines Ministers entgegen, der eine Möglichkeit suchte, die Mauer am Brandenburger Tor zu räumen: »Bist du bereit, mit zwei Regimentern nach Berlin zu marschieren?« habe sich Keßler versichert. – »Ist das eine Frage oder ein Befehl?« fragte Stechbarth zurück. [24] Wenn es ein Befehl sei, so schildert Stechbarth selbst die Fortsetzung des Dialogs, »›bitte ich, das gut zu überlegen. Wenn wir jetzt mit zwei Regimentern durch Berlin fahren, kann es zu Zusammenstößen kommen und die Stimmung wird aufgeheizt. Ich bin gestern an Grenzübergängen vorbeigefahren, dort ging es friedlich zu.‹ Der Minister sagte: ›Man hat die Mauer besetzt!‹ Darauf meinte ich, es müsse doch andere Mittel geben, damit fertig zu werden. Darauf Armeegeneral Keßler: ›Du bekommst Bescheid.‹«[25]

Im Kommando der Landstreitkräfte beriet Stechbarth das Ansinnen Keßlers mit seinem Stabschef, Generalleutnant Skerra. Zusammen seien sie zu der Einschätzung gelangt, so Skerra, dass die vorgesehenen Truppen auf diese Aufgabe nicht vorbereitet, für den Einsatz zu schwach und deshalb nicht einsetzbar waren. Wie sollten sie im Übrigen die beiden außerhalb von Berlin – im Süden in Stahnsdorf und im Norden in Oranienburg – stationierten Regimenter in die Stadtmitte führen? Am 4. November war das problemlos möglich gewesen, weil die Hundertschaften der 1. MSD vor Demonstrationsbeginn nach Berlin gefahren worden waren. Am 11. November hingegen, an dem die Straßen überfüllt waren und ein unbeschreibliches Verkehrschaos herrschte, zwei Regimenter von Süden und Norden in Richtung Stadtmitte in Marsch zu setzen, ließ schon bei der Anfahrt Auseinandersetzungen befürchten. Militärhandlungen, so ihr nüchternes Resümee, machten in dieser Lage keinen Sinn.[26]

Im Ministerium für Nationale Verteidigung hatte Fritz Streletz die Kollegiumsmitglieder sowie die Chefs und Leiter der wichtigsten Abteilungen – einen Kreis von 30 bis 40 Personen – nach dem Abbruch der Parteiaktivversammlung gebeten, im Saal zu verbleiben. Der Ernst der Situation veranlasste ihn, die Führungskader der NVA über die drohende Eskalation am Brandenburger Tor zu informieren und mitzuteilen, dass für die 1. MSD und das LStR-40 seit dem Vortag die Erhöhte Gefechtsbereitschaft mit

Einschränkungen ausgelöst worden sei. Die Gemüter waren erregt, die Reaktionen unterschiedlich: »Sie reichten von betretenem Schweigen bis zu spontanen Unmutsäußerungen unschöner Art wie ›Schwachsinn!‹ – ›Theater!‹ – ›Blödsinn!‹.«[27] Obwohl der Unmut nicht in direkte Aufforderungen umschlug, die Aktion abzubrechen, registrierte Streletz, dass die »Zweckmäßigkeit und Notwendigkeit dieser Maßnahme« in Frage gestellt wurde.[28] »Was sollen die in Berlin? – Wie sollen die da reinkommen? – Die Straßen sind voll; die paar Mann zertreten sie dort!« waren einige der Einwände, die ihm entgegenschlugen und über die er auch Minister Keßler informierte. Die Spitze des Ministeriums war gespalten; die Mehrheit trug eine Militäraktion nicht mit.

Gegen Mittag erreichte Streletz die Meldung des Chefs der Grenztruppen, »daß sich durch das Eingreifen der Westberliner Polizei die Lage an der Grenze zu normalisieren beginne und die Mauer von den Besetzern geräumt wird«.[29] Streletz bat Baumgarten, dies unverzüglich dem Minister zu melden. Kurze Zeit später wurde der Chef des Hauptstabes zu Keßler gebeten, der ihn unter Bezugnahme auf die Meldung Baumgartens und eine Rücksprache mit Krenz aufforderte, die Weisung zu erteilen, die Erhöhte Gefechtsbereitschaft aufzuheben. Aus dem Arbeitszimmer des Ministers übermittelte Streletz den entsprechenden Befehl etwa um 12.00 Uhr an Stechbarth.[30] Anschließend informierte er Armeegeneral Snetkow. Zurück in seinem eigenen Büro, gab er die Information über den Abbruch der Vorbereitungen eines militärischen Einsatzes der NVA auch an den Vertreter des Oberkommandierenden der Vereinten Streitkräfte bei der NVA, General Wladimir Schuraljow, durch.

Zur gleichen Zeit, unmittelbar im Anschluss an eine Sondersitzung des Bundeskabinetts in Bonn, telefonierte Helmut Kohl mit Michail Gorbatschow. Er begrüße den Beginn der Reformen in der DDR und wünsche ihrer Durchführung eine ruhige Atmosphäre, teilte Kohl dem sowjetischen Parteichef mit. Dann versicherte er Gorbatschow, dass er »jegliche Radikalisierung ab(lehne) und (...) keine Destabilisierung der Lage in der DDR (wünsche)«. Gorbatschow bat den Kanzler nachdrücklich, der »Wende« der SED Zeit zu lassen und ihr nicht durch ungeschickte Aktionen Schaden zu-

zufügen: »Auf keinen Fall«, so Gorbatschow, »sollte die Entwicklung durch ein Forcieren der Ereignisse in eine unvorhergesehene Richtung, ins Chaos gelenkt werden. (...) Und ich hoffe, daß Sie Ihre Autorität, Ihr politisches Gewicht und Ihren Einfluß nutzen werden, um auch andere in dem Rahmen zu halten, der der Zeit und ihren Erfordernissen entspricht.«[31] Bundeskanzler Kohl und sein Berater Horst Teltschik atmeten nach diesem Gespräch befreit auf. »Keine Drohung, keine Warnung, nur die Bitte, Umsicht walten zu lassen«, hielt Teltschik in seinem Tagebuch fest. »Nun bin ich endgültig sicher, daß es kein gewaltsames Zurück mehr geben wird.«[32]

Kurz nach 12.00 Uhr erhielt der Kommandeur des Artillerieregimentes der 1. Motorisierten Schützendivision Entwarnung. Der Divisionskommandeur hob die Erhöhte Gefechtsbereitschaft auf. Im Artillerieregiment wurde das Zyklogramm rückwärts abgearbeitet; die schweren Artilleriewaffen wurden entmunitioniert. Auch die Motorisierten Schützenregimenter und die übrigen Truppenteile gingen in das normale Dienstregime zurück; bis 18.00 Uhr abends wurden die 179 Hundertschaften der NVA aufgelöst.[33] Nach der Entwarnung in der Nationalen Volksarmee kehrte auch das Ministerium für Staatssicherheit zu seinem vor dem 9. November geltenden Dienstregime zurück.[34] Um 14.30 Uhr hob der stellvertretende Minister, Mittig, die am Vortag von Mielke befohlene ständige Anwesenheitspflicht und Einsatzbereitschaft aller Mitarbeiter in der MfS-Zentrale auf.[35]

»Ich glaube, wenn wir mit Kampfeinheiten nach Berlin gefahren wären«, sagte der Kommandeur der 1. MSD im Nachhinein, »wäre die Gefahr des Blutvergießens groß gewesen. Man hätte uns an und für sich nur die Aufgabe stellen können, die Grenze an den Stellen, wo sie geöffnet wurde, wieder zuzumachen. Ob uns das gelungen wäre, glaube ich nicht. Denn zu diesem Zeitpunkt war die Grenzöffnung so weit fortgeschritten und der Grenzverkehr so weit fortgeschritten, daß es dort sicherlich, wie ich schon sagte, zu Blutvergießen gekommen wäre.«[36]

Als der West-Berliner Polizeipräsident um 14.00 Uhr mit dem stellvertretenden Kommandeur des Grenzkommandos Mitte am Checkpoint Charlie zusammentraf, war die Gefahr einer militärischen Aktion und eines Blutvergießens an der Grenze gebannt. Leo dankte Schertz für den »besonnenen, aber beherzten und konsequenten Einsatz« der West-Berliner Polizei am Morgen,[37] der »zur Entspannung der dort zugespitzten Situation« geführt habe.[38] Der Gesprächsverlauf zeigt, daß die Initiative für die Zusammenarbeit auf West-Berliner Seite lag.[39] Schertz bat im beiderseitigen Interesse um die Schaltung einer telefonischen Direktleitung zwischen den beiden Polizeipräsidien als Voraussetzung für einen ständigen Kontakt und ein abgestimmtes polizeiliches Einsatzverhalten. Im Auftrag des Chefs der Senatskanzlei übermittelte er außerdem den Wunsch, den Übergang Invalidenstraße zu verbreitern und als Ventil einen Grenzübergang für Fußgänger an den Seiten des Brandenburger Tores zu eröffnen. »Bei Schaffung der Möglichkeit von regelmäßigen gemeinsamen Absprachen«, hielten die Grenzer als Versprechen des Polizeipräsidenten fest, »wolle er die Bemühungen dahingehend verstärken, alle Probleme an der Staatsgrenze so zu lösen, daß es zu keiner Konfrontations- und Provokationsausweitung kommt«.[40]

Das Gespräch, das in »betont freundlicher und offener Atmosphäre« stattfand, schuf die notwendige Vertrauensbasis, um die sich in den späten Nachmittagsstunden wieder verschärfende Lage zu beherrschen. Als sich wiederum 20 000 bis 30 000 Menschen auf der Westseite vor dem Brandenburger Tor versammelt hatten, bat Schertz die Ost-Berliner Kommandeure, die auf der Panzermauer postierten Grenzsoldaten vorübergehend abzuziehen, weil er deren Sicherheit nicht länger garantieren könne. Um 17.57 Uhr unterband die West-Berliner Polizei endgültig alle Versuche, die Mauerkrone zu erklettern, indem sie ihren Sperrriegel schloss und auch die nördliche Hälfte des Mauerwalls mit Mannschaftswagen schützte.

Ab 22.37 Uhr bestand zwischen den Polizeipräsidien eine direkte Fernsprechverbindung, ab 23.44 Uhr konnte der direkte Funkverkehr aufgenommen werden.[41] In gemeinsamer Anstrengung gelang es den Grenztruppen im Osten und der Polizei im Westen in der Nacht vom 11. auf den 12. November, den Abbau der Sperranlagen und die Bauarbeiten zur Öffnung eines neuen Grenzübergangs am Potsdamer Platz, nur 500 Meter südlich des Brandenburger Tores, abzusichern. Nach Öffnung dessen am Morgen des 12. November durch Walter Momper und den Ost-Berliner Bürgermeister, Erhard Krack, nahm der Druck auf die Mauer am Brandenburger Tor ab.

12. November 1989: Öffnung eines neuen Grenzübergangs am Potsdamer Platz.

12. November 1989: Neutralität der Alliierten

Bei diesem Stand der Dinge betrachteten es die sowjetischen Streitkräfte in der DDR einzig als ihre Aufgabe, die westlichen Alliierten in Berlin zur Neutralität aufzufordern. Auf Bitten von Keßler wandte sich der Stab der Westgruppe am Morgen des 12. November telefonisch über die bei seinem Oberkommandierenden akkreditierten Militärverbindungsmissionen mit dem Aufruf an die Oberkommandos der amerikanischen, britischen und französischen Streitkräfte in Deutschland, »sich aus den Ereignissen herauszuhalten«.[1] Auf einer Zusammenkunft des Stabschefs der Westgruppe mit den Chefs der westlichen Militärverbindungsmissionen am selben Tag um 13.30 Uhr in Potsdam äußerte die sowjetische Seite den Wunsch, dass die Oberkommandos der West-Alliierten »die von der DDR-Regierung getroffenen Maßnahmen verständnisvoll als Akt eines souveränen Staates betrachten mögen, sich jeglicher Einmischung in diese Ereignisse enthalten und die erforderlichen Schritte unternehmen werden zur Wahrung der öffentlichen Ordnung in ihren Zuständigkeitsbereichen, um etwaigen Störungen der Ordnung und Missverständnissen vorzubeugen, die die Situation in der DDR ebenso wie in der BRD und Berlin (West) komplizieren könnten«.[2]

Wie Generalleutnant Waleri Fursin, der Chef des Stabes der Westgruppe, Streletz mitteilte, habe der Chef der britischen Mission daraufhin erklärt, dass die britischen Armeeangehörigen angewiesen seien, sich aus den Ereignissen völlig herauszuhalten. Der Chef der amerikanischen Mission habe mitgeteilt, dass die US-Truppen ihrer normalen Arbeit nachgingen. Dies sei auch die Haltung der französischen Mission.[3]

Der US-Botschafter in Bonn, Vernon Walters, versicherte dem sowjetischen Botschafter am selben Tag, dass die Westmächte »ihre Verantwortung in den ›Berliner Angelegenheiten‹ sehr ernst« nähmen. Sie seien bestrebt, »die Entwicklung unter Kontrolle zu halten und keinerlei Exzesse oder Unruhen im Zusammenhang mit der Öffnung der Grenze ›in Berlin‹ zuzulassen. Dabei fänden sie volles Verständnis auch des Senats und der Polizei von Westberlin.« Die Vereinigten Staaten, so Walters, mäßen den Beziehungen zur UdSSR gerade im Vorfeld des Gipfeltreffens auf Malta »gewaltige Bedeutung« bei und »wollten nichts tun, was das große und heldenhafte Volk der Sowjetunion beunruhigen oder beleidigen könnte«. Kotschemassow dankte Walters »für die positive Reaktion der amerikanischen Administration in Berlin (West) auf das Ersuchen der sowjetischen Botschaft und die operativen Maßnahmen zur Gewährleistung der Ordnung an der Grenze«. Die Aufrechterhaltung der Ordnung sei besonders im Anfangsstadium wichtig, »denn im weiteren Verlauf wird sich die Situation zweifellos beruhigen«.

Er vereinbarte mit dem amerikanischen Botschafter, die operativen Kontakte in diesen Fragen aufrechtzuerhalten, und bat um Zurückhaltung, um die notwendigen Veränderungen in der DDR ohne Komplikationen durchführen zu können. Die Sowjetunion trete »für die Existenz zweier gleichberechtigter demokratischer deutscher Staaten ein, deren Beziehungen sich auf allen Gebieten erfolgreich« entwickelten. Walters wiederum versicherte, die USA seien sich bewusst, »daß Fortschritt in diesen Fragen ohne entsprechende Berücksichtigung der Interessen der UdSSR und ihrer Verbündeten unmöglich sei«.[4]

Als Verteidigungsminister Keßler am 12. November im DDR-Fernsehen nach den aktuellen Einsatzbefehlen für die Grenztruppen gefragt wurde, antwortete er: »Der konkrete Befehl an die Grenztruppen, Soldaten, Unteroffiziere, Fähnriche und Offiziere lautet: Erstens, alles zu tun und mitzuhelfen, daß der nunmehr eingeleitete Reiseverkehr ordentlich und reibungslos verläuft. Zweitens, alles in ihren Kräften Stehende zu tun, damit die allgemein anerkannte, fixierte Staatsgrenze von niemandem verletzt wird und dass die für diesen Zweck eingerichteten Grenzanlagen von niemandem

Neuer Grenzübergang an der Schlesischen Straße/Puschkinallee: Unkomplizierte Abfertigung bei der Ein- und Ausreise.

zerstört werden dürfen. Und das alles ohne Gebrauch oder Einsatz von Schußwaffen.«[5]

Die Anpassung an die Gegebenheiten kam für Keßler zu spät. Am 14. November wurde er vom Kollegium seines Ministeriums zum Rücktritt als Verteidigungsminister veranlasst. An einen geordneten Reiseverkehr, wie ihn sich nicht nur die Grenztruppen wünschten, war freilich nicht mehr zu denken. Rund eine Million DDR-Bürger brachen am Wochenende des 11. und 12. November zu einer Fahrt in die Bundesrepublik auf. In West-Berlin folgte auf den Ansturm von etwa eineinhalb Millionen Besuchern am Samstag, dem 11. November, eine zweite Flut von einer Million Besuchern am Sonntag. An beiden Tagen war an Kontrollen kaum zu denken; den Passkontrolleuren blieb während der meisten Zeit nichts anderes übrig, als sämtliche Abfertigungshandlungen einzustellen und die Tore und Schranken der Übergänge weit zu öffnen. Der Damm war gebrochen, und auch in den folgenden Tagen und Wochen wurden Staatssicherheit und Militärs nicht mehr Herr der Lage an der Grenze. Der Vorschlag des Chefs der Grenztruppen an das MfS, »in enger Zusammenarbeit mit den Kreis- und Bezirkseinsatzleitungen« die Öffnung weiterer Grenzübergangsstellen nach Möglichkeit zu verhindern, ließ sich nicht realisieren.[6] In Berlin schlugen sich Anwohner kurzerhand eigene Durchlässe in die Mauer; an der Grenze zur Bundesrepublik mussten zahlreiche zusätzliche Übergänge aufgrund des massiven Drucks der Bevölkerung eingerichtet werden. Nicht selten verständigten sich die Bürgermeister benachbarter Grenzortschaften in direktem Kontakt auf die Öffnung von Übergängen und stellten darüber an allen staatlichen Stellen vorbei Einverständnis mit den örtlichen Kommandeuren der Grenztruppen her. Bis zum 18. November wurden auf die eine oder andere Weise 38 Übergänge neu eröffnet, ohne dass MfS und Grenztruppen ein »durchgängiges bzw. wirksames Kontrollsystem« gewährleisten konnten.[7] Die staatlichen Organe hatten mit der Kontrolle an der Grenze die Verfügungsgewalt über die Bürger insgesamt verloren.

Der Fall der Mauer und der Verzicht der Sowjetunion, sie mit militärischer Gewalt wieder zu errichten, entzogen der DDR die Grundvoraussetzungen ihrer Existenz. Der SED-Staat löste sich auf.

13. November 1989 – 3. Oktober 1990: Der Abbau der Mauer

Elf Millionen Menschen besuchten in den ersten zehn Tagen nach dem Mauerfall West-Berlin und die Bundesrepublik. Auf den Autobahnen vor den Grenzübergängen bildeten sich bis zu 70 Kilometer lange Staus; die Züge der Deutschen Reichsbahn waren – trotz des Einsatzes zahlreicher Sonderzüge – bis zu 400 Prozent überfüllt. Dicht an dicht drängten sich die Menschen in den Zentren der grenznahen Städte. Mit 15,– DM, umgetauscht im Verhältnis 1 : 1, rüstete ihr Staat sie aus, 100,– DM Begrüßungsgeld kamen im Westen hinzu: eine bescheidene, schnell verbrauchte Summe. Zu Bittstellern erniedrigt, fanden sich die Besucher aus der DDR nach kurzer Zeit ohne Geld vor den gefüllten Regalen und Schaufenstern der Kaufhäuser wieder. Die Ost-Mark hatte im Westen als nichtkonvertierbare Währung keinen realen Wert; mit dem Reisestrom fiel ihr Schwarzmarktkurs von 1 : 10 am ersten auf 1 : 20 am zweiten Reisewochenende. So folgte der Euphorie über die neu gewonnene Freiheit schon bald der Schock über das erlebte Wohlstandsgefälle, das im Kursverfall der Ost-Mark seinen extremsten Ausdruck fand: Die durchschnittlichen Monatseinkünfte einer DDR-Familie schmolzen, in D-Mark umgetauscht, auf den Betrag des Begrüßungsgeldes zusammen; das Jahreseinkommen eines DDR-Haushalts war nicht mehr wert als ein Farbfernseher.

Der Umtauschkurs gab die Leistungsunterschiede der beiden Volkswirtschaften verzerrt wieder; die Arbeitsproduktivität lag in der DDR bei etwa 30 bis 40 Prozent des westdeutschen Niveaus. Doch war es die Alltagserfahrung der massiven Entwertung des Geldes, die es als aussichtsloses

Unterfangen erscheinen ließ, die gewaltige Kluft zwischen den materiellen Lebensverhältnissen in einem überschaubaren Zeitraum aus eigener Kraft zu überwinden.

»Die offene Grenze wird das politische Chaos und die desolate Wirtschaftslage kraß zutage bringen, die die abgetretene Politbürokratie hinterlassen hat«, hatte das Neue Forum am 12. November orakelt. Doch wartete die Bürgerbewegung weder mit einer Analyse der Ineffizienz der Planwirtschaft noch mit eigenen Vorschlägen zur Überwindung der ökonomischen Krise auf. Stattdessen wurden »Ausverkauf-Ängste« beschworen, die dumpf an die Zeit vor dem Mauerbau erinnerten. Die fremde Währung wurde als Inkarnation allen Übels identifiziert: »Wer vor 1961 schon dabei war, kennt die Auswirkungen, die uns drohen: Jagd nach der durch ein schiefes Preissystem überbewerteten DM, die zur Leitwährung für Dienstleistungen, Reparaturen und Mangelwaren wird; Ausverkauf unserer Werte und Güter an westliche Unternehmer (direkt oder indirekt); Grenzgängertum, Schwarzhandel und Devisenschmuggel (insbesondere in Berlin). Unsere Erholungsgebiete werden vom Westmarktourismus überfüllt werden, sicher auch die Sanatorien und Spezialkrankenhäuser von Westmarkpatienten. Unser Geld, das durch Tausch abfließt, wird wiederkehren, preisgestützte Waren aufspüren und die Inflation anheizen. All das bedroht die sozial schwächere Hälfte der Bevölkerung, während die Westgeld-Löwen oben schwimmen und immer reicher werden.« Das Neue Forum rief dazu auf, die drohenden Krisenfolgen, deren Ursachen nicht benannt wurden, nicht hinzunehmen, und appellierte an die Bürgerinnen und Bürger: »Laßt euch nicht von den Forderungen nach einem politischen Neuaufbau der Gesellschaft ablenken! (...) Wir werden für längere Zeit arm bleiben, aber wir wollen keine Gesellschaft haben, in der Schieber und Ellenbogentypen den Rahm abschöpfen. Ihr seid die Helden einer politischen Revolution, laßt Euch jetzt nicht ruhigstellen durch Reisen und schuldenerhöhende Konsumspritzen!«[1]

Mit der Argumentation, Schiebern, Spekulanten und Grenzgängern das Handwerk legen zu wollen, hatte die SED einst den Bau der Mauer gerechtfertigt. Der Rückgriff der Bürgerbewegung auf diese Propaganda und ihr Versuch, die Bevölkerung auf den Kampf für politische Ideale unter Hinnahme materieller Armut zu agitieren, erwiesen sich als wenig attraktiv. In dem Maße, in dem sich die Bürgerbewegung der Bildung eines gemeinsamen deutschen Staates, ja, selbst einer Konföderation entgegenstellte, verlor sie an Einfluss und marginalisierte sich selbst.[2]

Aus der gleichen existenziellen Verunsicherung und Angst heraus, die die Vertreter des Neuen Forums die Zweistaatlichkeit propagieren ließen, zogen die »Helden einer politischen Revolution« in den dem Mauerfall folgenden Wochen die entgegengesetzte Konsequenz. Das Spruchband »Deutschland – einig Vaterland« und der Wandel der Losung »Wir sind *das* Volk« zum Demonstrationsruf »Wir sind *ein* Volk« zeigten, dass sich ein wachsender Teil der Bevölkerung die Realisierung seiner politischen, vor allem aber seiner materiellen Interessen von einer Kooperation mit der Bundesrepublik versprach. Im Meer der schwarz-rot-goldenen Fahnen ohne DDR-Emblem beim Kanzlerbesuch in Dresden am 19. Dezember 1989 manifestierte sich unübersehbar der politische Wille der Mehrheit der Bevölkerung zur deutschen Einheit.

Während der SED-Staat nach dem Verlust der Kontrolle über seine Grenze in sein finales Stadium eintrat, brachten die DDR-Auswerter des Bundesnachrichtendienstes in einer Information für den BND-Präsidenten vom 13. November 1989 die interessante Einschätzung zu Papier: »Die Lockerung der Reisebestimmungen hat dem Regime eine Verschnaufpause gebracht und könnte helfen, Misstrauen abzubauen.» Die »sicherlich riskante Maßnahme des Regimes«, heißt es weiter – so als ob der Massendurchbruch durch die Mauer einkalkuliert gewesen sei –, führe der DDR-Bevölkerung »mehr als alle anderen bisher unternommenen Schritte die Ernsthaftigkeit des Reformwillens vor Augen«. Krenz und die Mitglieder des Politbüros hätten »in ihrem Werben um Vertrauen einen Erfolg erzielt«. Und am 17. November 1989 schätzten die Pullacher Geheimdienstler immer noch ein, so belegen es die inzwischen ans Bundesarchiv übergebenen Dokumente, dass die SED-Führung mit den gewährten Reisemöglichkeiten »das Klima eines vorsichtigen Vertrauens geschaffen habe, in dem sie die weiteren Maßnahmen mit etwas weniger Hektik als bisher durchführen kann«. Selbstkritisch hat der BND zu seinen eigenen bislang veröffentlichten Dokumenten 2014 angemerkt, dass deren »Schlussfolgerungen nicht immer kohärent« waren.

Unaufhaltsam hatte sich bis Mitte Dezember der Auflösungsprozess der SED und ihrer Machtstrukturen fortgesetzt.[3] Am 13. November musste das Zentralkomitee auf Druck der Parteibasis erneut zusammentreten, um statt einer Parteikonferenz nun doch die Einberufung eines außerordentlichen Parteitages, auf dem sich das Zentralkomitee zur Wahl stellen musste, zu beschließen. Das Vertrauen der Parteibasis in das Zentralkomitee, die Erneuerung zu führen, erläuterte Egon Krenz dessen Mitgliedern, sei nicht gegeben. Berufe die Spitze den Parteitag nicht ein, so stünde zu befürchten, dass die Parteibasis diesen an der Führung vorbei organisieren und die Vorbereitungsarbeiten in die Hände eines Basiskomitees und nicht des Politbüros und Parteiapparates fallen würden.[4]

Berichte über Amtsmissbrauch, Korruptionsaffären und Privilegien – wie ausgedehnte Sonderjagdgebiete und die Versorgung der Politbüro-Mitglieder und ihrer Familien in der Wohnsiedlung Wandlitz mit Westprodukten[5] – verschärften die Stimmung gegen die SED. In den Bezirks- und Kreisleitungen würden die Ersten und Zweiten Sekretäre »zum Teufel gejagt«, in Betrieben und Verwaltungen die Parteisekretäre »reihenweise abgeschlachtet«, wie es im Zentralkomitee hieß.[6] Die Ersten Sekretäre der SED in Bautzen, Köthen und Perleberg verübten Selbstmord; bis zum 20. November wurden 16 Erste Bezirkssekretäre sowie insgesamt 142 Erste Kreissekretäre aus ihren Ämtern entfernt. Die Anleitung der Massenorganisationen durch die Partei brach zusammen, und auch im FDGB und in der FDJ wurden leitende Funktionäre in den zentralen Vorständen sowie allen Bezirken und Kreisen zum Rücktritt gezwungen.

Am 1. Dezember stimmte die SED-Fraktion in der Volkskammer der Änderung von Artikel 1 der DDR-Verfassung und damit der Abschaffung des Führungsanspruchs der SED in Staat und Gesellschaft zu. Einen Tag später ließen sich die SED-Spitzenfunktionäre auf Befehl des Innenministers widerstandslos entwaffnen; am 3. Dezember traten Politbüro und Zentralkomitee zurück, womit faktisch auch der Nationale Verteidigungsrat und der Staatsrat arbeitsunfähig wurden. Mit den ersten Besetzungen der Stasi-

Bezirksverwaltungen durch Demonstranten ab 4. Dezember befand sich das MfS, mittlerweile in ein »Amt für Nationale Sicherheit« (AfNS) umbenannt, in Abwicklung. Die Leitung des AfNS konstatierte am 7. Dezember »ernste Auflösungserscheinungen« und »Zersetzung« der bewaffneten Kräfte; der Kampfwert der vormals schlagkräftigen MfS-Elitetruppe, der »Feliks-Division«, wurde »gleich Null« eingeschätzt.[7] Am 14. Dezember beschloss die Regierung angesichts der anhaltenden Proteste die Abberufung des Mielke-Nachfolgers Wolfgang Schwanitz aus dem Kabinett und die Auflösung des AfNS.

Die Hoffnungen der Reformkräfte in der SED, die Parteiherrschaft zu erneuern und zu restabilisieren, hatten sich nach dem Fall der Mauer auf die neue Regierung gerichtet. Am 13. November wurde Hans Modrow zum Vorsitzenden des Ministerrates gewählt; fünf Tage später nahm seine mit den Blockparteien gebildete »Koalitionsregierung« die Arbeit auf. In seiner Regierungserklärung bekundete Modrow die Bereitschaft zu einer umfassenden Zusammenarbeit mit der Bundesrepublik und bot ihr eine weit über den Grundlagenvertrag hinausgehende »Vertragsgemeinschaft« an. Soweit es die damit verbundenen Kreditwünsche der DDR betraf, sah sich der neue Regierungschef jedoch der wichtigsten Verhandlungsmasse für Milliardenbeträge von der Bundesregierung zur ökonomischen Stabilisierung der DDR beraubt; mit der Mauer hatte das Volk die letzte kreditwürdige Immobilie der DDR gesprengt.[8]

Am 20. November versuchten Krenz, Modrow und Schalck in Verhandlungen mit Kanzleramtsminister Seiters aus dem Missgeschick des 9. November Kapital zu schlagen. »Die DDR habe eine große Vorleistung gebracht. Freizügigkeit habe bekanntlich auf der Forderungsliste der BRD immer ganz oben gestanden.«[9] Und weil die Bundesregierung den Reiseverkehr der DDR-Bürger schon immer gewünscht habe, verlangte Krenz von Seiters, müsse sie nun mindestens einen Teil seiner Kosten übernehmen. Daneben solle die Bundesbank, sprang Modrow Krenz bei, den Kurs der Mark durch Aufkauf der in der Bundesrepublik getauschten Beträge und ihre Rückführung in die DDR zu einem vereinbarten Kurs stützen.[10] Seiters hielt die Beteiligung der Bundesregierung an einem Reisedevisenfonds unter der Voraussetzung für möglich, dass der Reformprozess in der DDR fortgeführt, freie Wahlen anberaumt, neue Parteien zugelassen und die Verfassung geändert werde. Bei der Reisefondsbeteiligung, erläuterte Seiters seinen DDR-Gesprächspartnern auch im Hinblick auf weitere finanzielle Forderungen, »handle (es) sich um eine Zahlungsbilanzhilfe für die DDR. Daher wäre ein Gesamtüberblick über die wirtschaftlichen Verhältnisse der DDR, ihren Devisenstatus, erforderlich.«[11]

Tags darauf trauerte Hans Modrow in einer Dienstbesprechung mit den führenden Stasi-Generälen der guten alten Mauerzeit nach: »Früher hat jeder Grenzübergang der DDR zig oder hundert Millionen gebracht. Jetzt haben wir 93 Grenzübergänge, also 63 dazu, und nun versuchen wir mühsam nachzuklagen, ob wir daraus noch irgendetwas Ökonomisches auf die Beine bringen können, und sie (die Vertreter der Bundesregierung – d. Vf.) sind nicht sehr entgegenkommend. Diesen Obolus haben sie sozusagen genommen.«[12] Ein »Zurückdrehen«, so viel war Modrow klar, konnte es nicht geben: »Wer will das durchstehen?« fragte er die Stasi-Generäle. »Gewaltlos ist doch das nicht mehr zu bremsen. So daß wir den Weg finden müssen, wie wir mit diesem Umstand konstruktiv umgehen.«[13] Um nicht vollends am »Bettelstab« in die Gespräche mit dem Bundeskanzler zu gehen, habe er seine Koalitionspartner aus den Blockparteien erfolgreich stimuliert, wie er der MfS-Spitze mitteilte, »daß wir aufhören, schon den Wahltermin festzulegen, daß wir den Artikel 1 ändern. Wollen wir doch erst mal mit den anderen verhandeln.«[14] Doch auch die letzten konstruktiven Ideen Modrows, wenigstens noch die Gewährung freier Wahlen und den Verzicht auf den Führungsanspruch der Partei in der DDR-Verfassung gegen Überbrückungskredite für die DDR an die Bundesregierung zu vermakeln, machte ihm das Volk zunichte. Die Massendemonstrationen gegen das Regime hielten auch in der zweiten Novemberhälfte an und erzwangen diese politischen Zugeständnisse, bevor die Verkaufsverhandlungen mit Bonn abgeschlossen werden konnten. Was der Modrow-Regierung blieb, war die eiserne Reserve des Bereiches Kommerzielle Koordinierung.

Mit Schreiben vom 2. Dezember 1989 teilte Schalck der Parteiführung seine Crash-Prognose einschließlich des zu erwartenden Zeitpunktes mit.

Zu Weihnachten 1989 entfällt die Visumspflicht für Bundesbürger, doch die Pass- und Zollkontrollen bleiben erhalten.

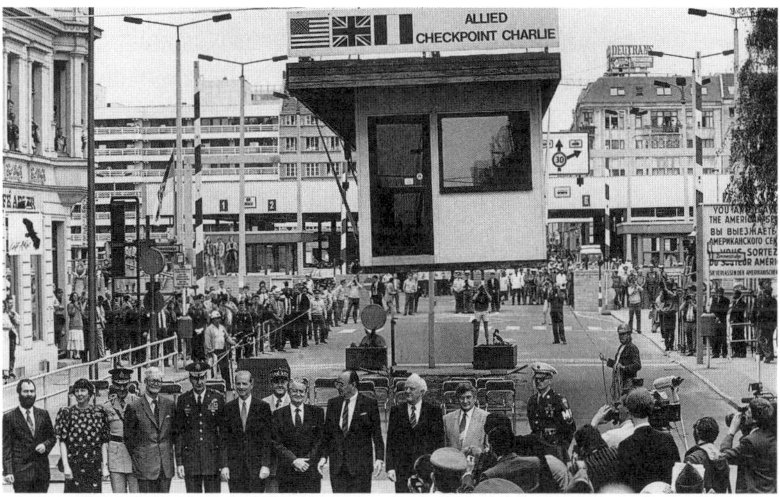

Am 22. Juni 1990 erfolgt der Abbau des Alliierten-Kontrollpunkts Checkpoint Charlie in der Berliner Friedrichstraße im Beisein der Zwei-plus-Vier-Verhandlungspartner.

Er habe veranlasst, dass von ihm teilweise im Ausland angelegte geheime Guthaben der DDR Modrow gemeldet würden; sie seien, so Schalck, die »letzte Einsatzreserve bei Eintritt der Zahlungsunfähigkeit des Staates, die nach meiner Auffassung Ende dieses Jahres bzw. Anfang des nächsten Jahres eintreten wird, um schwerwiegendste volkswirtschaftliche Konsequenzen mindestens mildern zu können«.[15] Noch am selben Tag verließ Schalck, der mit Honecker, Mittag und Mielke seine Schutzpatrone verloren hatte und um sein Leben fürchtete, über West-Berlin die DDR.[16]

Am 5. Dezember gaben Ministerpräsident Modrow und Kanzleramtsminister Seiters die Vereinbarung über die Einrichtung eines gemeinsamen Reisedevisenfonds bekannt. Er ermöglichte es jedem Reisenden aus der DDR, ab dem 1. Januar 1990 einmal im Jahr 200,– DM einzutauschen, und zwar 100,– DM zum Kurs 1 : 1 und die restliche Hälfte zum Umtauschsatz von 1 : 5. Die Bundesregierung übernahm einen überproportionalen Anteil der Fondseinzahlungen; dafür schaffte sie zum einen das Begrüßungsgeld ab, zum anderen entfielen ab 24. Dezember 1989 die Visumpflicht und der Zwangsumtausch für Bundesbürger bei der Einreise in die DDR. Zwei Tage zuvor hatte der Kanzler zudem gemeinsam mit dem DDR-Ministerpräsidenten einen Fußgängerübergang am Brandenburger Tor eröffnen dürfen; ein medienträchtiges Ereignis, das die Teilung Berlins symbolisch beendete.

So wenig wie das mit preußisch-sozialistischer Gründlichkeit erarbeitete Reisegesetz, das am 1. Februar 1990 in Kraft trat und den Bürgern rechtlich verbriefte, was sie seit dem 9. November ohnehin praktizierten, wirkte der Devisenfonds für die Regierung Modrow stabilisierend. Im Januar 1990 nahmen die politischen und sozialen Spannungen noch einmal zu. Demonstranten besetzten die Stasi-Zentrale in Berlin, um die Auflösung des MfS zu beschleunigen. Die wirtschaftliche Lage verschlechtere sich besorgniserregend, berichtete Modrow am 29. Januar 1990 vor der Volkskammer. Streiks würden sich ausbreiten, eine Reihe örtlicher Volksvertretungen habe sich aufgelöst oder sei nicht mehr beschlussfähig, im gesamten Staatsapparat greife Unsicherheit um sich, die Rechtsordnung werde zunehmend in Frage gestellt.[17] Und wieder schnellte die Zahl der Ausreisenden in die

Höhe; mehr als 70 000 DDR-Bürger siedelten allein im Januar in die Bundesrepublik über. Angesichts des mangelnden Rückhalts der Regierung und des drohenden Kollapses der DDR kündigte die Bundesregierung an, nicht mit Modrow, sondern erst mit einer frei gewählten Regierung in vertragliche Verhandlungen über die zukünftige Ausgestaltung des deutsch-deutschen Verhältnisses treten zu wollen.

Hatte sich die Sowjetführung bis dahin allen Tendenzen zur Vereinigung energisch widersetzt, so begriff sie nun, dass die DDR nicht mehr zu halten war. Am 10. Februar 1990 stimmte Michail Gorbatschow gegenüber Helmut Kohl der deutschen Einheit prinzipiell zu; lediglich die Frage der Bündniszugehörigkeit des geeinten Deutschlands hielt die sowjetische Seite noch für einige Zeit offen.

Die erste freie Volkskammer-Wahl am 18. März 1990 wurde zu einem eindeutigen Votum für einen schnellen Weg zur staatlichen Einheit: Die Allianz für Deutschland erzielte 48,1 Prozent (CDU 40,6 Prozent), die SPD 21,8 Prozent, SED-PDS 16,3 Prozent, Liberale 5,3 Prozent, Bündnis 90 2,9 Prozent. Volkskammer und Bundestag stimmten am 21. Juni 1990 mit Zweidrittelmehrheiten dem Staatsvertrag über eine Wirtschafts-, Währungs- und Sozialunion zu. In dessen Folge wurde am 1. Juli die D-Mark als Zahlungsmittel in der DDR eingeführt. Ebenfalls am 1. Juli stoppte die Bundesregierung das Notaufnahmeverfahren für Übersiedler aus der DDR, und es trat ein Regierungsabkommen in Kraft, auf Grund dessen sämtliche Personenkontrollen an der innerdeutschen Grenze eingestellt wurden. Diese Grenze trennte fortan niemanden mehr; aus dem früheren Todesstreifen war innerhalb von acht Monaten eine normale Verwaltungsgrenze geworden.

Die Verhandlungen über die äußeren Aspekte der Einheit, die Gegenstand der Zwei-plus-Vier-Konferenzen der beiden deutschen Staaten mit den Siegermächten des Zweiten Weltkriegs und zahlreicher bilateraler Gespräche waren, wurden mit der Unterzeichnung des »Vertrages über die Regelung in Bezug auf Deutschland« am 12. September zum Abschluss gebracht.[18] Darin verzichteten die Besatzungsmächte auf ihre mit dem Zweiten Weltkrieg verbundenen Rechte und Verantwortlichkeiten in Berlin und in Deutschland als Ganzes. Deutschland erhielt die souveränen Rechte über seine inneren und äußeren Angelegenheiten, bestätigte den endgültigen Charakter seiner Grenzen und verpflichtete sich unter anderem, keine Angriffskriege zu führen und die Bundeswehr auf eine Personalstärke von 370 000 Mann zu verringern. Daneben wurde der Abzug der 350 000 Soldaten der Westgruppe der sowjetischen Streitkräfte bis 1994 vereinbart. Am 30. September zogen die sowjetischen Kontrollposten zur Abfertigung des alliierten Militärverkehrs in Berlin und Helmstedt ab, am 2. Oktober wurde die westalliierte Stadtkommandantur in Berlin verabschiedet. Der Besatzungsstatus von Berlin einschließlich der Sektorenaufteilung war beendet.

Die wichtigsten politischen Etappen auf dem Weg zur inneren Einheit waren der Beschluss der Volkskammer vom 23. August, gemäß Artikel 23 des Grundgesetzes der Bundesrepublik beizutreten, sowie der Einigungsvertrag zwischen beiden deutschen Staaten, der die Rechtsgrundlagen für die staatliche Vereinigung schuf. Beide Parlamente stimmten am 20. September 1990 mit dem Vertragswerk auch dem Ziel zu, nach 40 Jahren der Trennung einheitliche Lebensverhältnisse in Deutschland zu schaffen. Am 3. Oktober 1990 war die staatliche Einheit Deutschlands vollendet.

Von dem Verhandlungsmarathon der internationalen und deutsch-deutschen Spitzendiplomatie in den Hintergrund gedrängt, war unterdessen die Berliner Mauer nahezu verschwunden. Zu Beginn des Jahres gelang es der DDR-Außenhandelsfirma Limex noch, den Beton zu versilbern und weltweit einige Dutzend der bunt bemalten und mit einem Echtheitszertifikat versehenen Mauerteile im Auftrag der Regierung Modrow zu verkaufen. Annähernd 50 000 Tonnen Mauersegmente, von Souvenirjägern durchlöchert, wurden – zerlegt, zertrümmert, zermahlen – als Unterbau für neue Wege und Straßen nutzbar gemacht.

Die Medien und der Fall der Mauer
Epilog

1.
»Im Umgang mit Superlativen ist Vorsicht geboten, sie nutzen sich leicht ab«, eröffnete Chefmoderator Hanns Joachim Friedrichs am Abend des 9. November 1989 die ARD-»Tagesthemen« und fuhr fort: »Aber heute abend darf man einen riskieren: Dieser 9. November ist ein historischer Tag: Die DDR hat mitgeteilt, daß ihre Grenzen ab sofort für jedermann geöffnet sind. Die Tore in der Mauer stehen weit offen.«[1]

Nach der Sendung fuhr Hanns Joachim Friedrichs nach Hause, verfolgte mit seiner Frau euphorisiert die anschließende Fernseh-Berichterstattung aus Berlin. Was er selbst durch seinen Satz »Die Tore in der Mauer stehen weit offen« ausgelöst hatte, so berichtete Ilse Friedrichs später, war ihm in dieser Nacht überhaupt nicht bewusst.[2]

Bewusst zu machen und bis ins Detail zu rekonstruieren, was in der Nacht vom 9. auf den 10. November 1989 tatsächlich geschah und warum es geschah, ist das Ziel dieses Buches. Es untersucht minutiös die Willensbildungs- und Entscheidungsprozesse im Partei- und Staatsapparat der DDR, entschlüsselt das Durcheinander der Einzelhandlungen am 9. November 1989 sowie an den Tagen unmittelbar zuvor und danach und beschreibt, was sich vor den Augen der Beteiligten abspielte – aber vor allem auch hinter ihrem Rücken. Dabei wird deutlich, dass die Mauer gegen alle Absichten und Planungen der politischen Akteure fiel. Hervorzuheben ist, dass dem Mauerfall vielfältige und tiefgreifende strukturelle Krisenentwicklungen innen- und außenpolitischer Natur vorausgegangen sind, die sich zunächst

»Die Tore in der Mauer stehen weit offen!« Hanns J. Friedrichs, »Tagesthemen«, 9. November 1989, 22.42 Uhr.

nebeneinander und unabhängig voneinander entwickelten, bevor sie ineinandergriffen und im Herbst 1989 die Fundamentalkrise des SED-Regimes hervorriefen.

Den Ansturm Zehntausender Ost- und West-Berliner auf die Grenzübergänge und auf das Brandenburger Tor, der die Mauer in der Nacht vom 9. zum 10. November zum Einsturz brachte, haben am Ende die Medien entfacht – und an vorderster Stelle die von Hanns Joachim Friedrichs moderierten ARD-»Tagesthemen«. Die Rolle der Medien beim Fall der Mauer verdient es deshalb, noch einmal genauer herausgestellt zu werden.[3]

2.

Über die Bedeutung, die die West-Medien, besonders das Fernsehen, zunächst für die Botschaftsbesetzungen und die Ausreisebewegung über Ungarn, Polen und die Tschechoslowakei, dann für die Massendemonstrationen in der DDR hatten, herrscht allgemein Übereinstimmung, auch wenn sich die unmittelbare Wirkung der Berichterstattung im Nachhinein nur schwer fassen lässt.

Die Fernsehbilder und -berichte aus den besetzten Botschaften und über Fluchtwege durch Ungarn, das paneuropäische Picknick in Sopron und die Balkonszene mit Außenminister Hans-Dietrich Genscher in Prag sowie die Ankunft der Flüchtlingszüge im Westen waren nicht nur emotional und dramatisch, sondern transportierten zugleich die klare Botschaft: Das Schiff DDR ist leck; Untergangs- und Endzeitstimmung breiten sich aus und zugleich ein nie da gewesenes Selbstbewusstsein bei denjenigen DDR-Bürgern, die dem SED-Regime kritisch gegenüberstanden. Dass diese Bilder, wie es beteiligte Korrespondenten empfanden, einerseits »ansteckend«, andererseits wie »Ermutigungsdrogen auf die noch zu Hause Gebliebenen« wirkten,[4] also Rückkopplungseffekte verursachten und gleichermaßen die Massenausreise und die Protestbewegung förderten, ist plausibel.

Darüber hinaus dienten die West-Medien den unabhängigen, reformorientierten oder oppositionellen Gruppen bei der Verbreitung ihrer politischen Ziele als Verstärker in die DDR-Öffentlichkeit. Denn die Wirkung, die diese Gruppen aus eigener Kraft erzielen konnten, war auf eine kleine Gegenöffentlichkeit beschränkt. Die Ausstrahlung der Bilder über die ersten Demonstrationen in Ost-Berlin am 7. und 8. Oktober und in Leipzig am 9. Oktober im West-Fernsehen war schließlich der denkbar wirkungsvollste Beweis, dass diese Protestaktionen überhaupt möglich waren und stattgefunden hatten, was Solidarisierungsprozesse und Nachahmungseffekte beförderte. Und nicht zuletzt hemmte die Anwesenheit westlicher Journalisten und insbesondere von Fernsehkameras bei den Demonstrationen seit dem 16. Oktober 1989 den Einsatz staatlicher Gewalt.

Die West-Medien haben in dieser Phase über die Ereignisse umfassend informiert und diese kommentiert. Sie haben durch ihre immer dichter und intensiver werdende Berichterstattung in der Anfangsphase Akteure geschützt und Zulauf mobilisiert und dadurch Ereignisse verstärkt und beschleunigt; in diesem Sinne waren sie ein Transmissionsriemen der Revolution, aber nicht ihr Motor.[5]

3.

Etwas anders liegen die Dinge jedoch beim »Fall der Mauer« in der Nacht vom 9. auf den 10. November 1989, den die Medien maßgeblich beförderten, ja, sogar herbeiführten. Denn der Sturm auf die Grenzübergänge setzte nicht – wie immer noch fälschlicherweise angenommen wird[6] – als unmittelbare Reaktion auf Schabowskis Bekanntgabe der neuen Reiseregelung auf der live im DDR-Fernsehen übertragenen Pressekonferenz um 18.57 Uhr ein, sondern erst – mit deutlichem zeitlichem Abstand – als Folge der anschließenden Berichterstattung der West-Medien.

Vorgesehen war, beginnend mit dem 10. November 1989, ständige Ausreisen in die Bundesrepublik, wie sie bereits seit dem 10./11. September über die ungarisch-österreichische und seit dem 4. November über die tschechisch-deutsche Grenze möglich waren, nun auch über die deutsch-deutsche Grenze ohne Einschränkungen zuzulassen. Die Genehmigung von Privatreisen sollte jedoch bis zur Verabschiedung eines Reisegesetzes durch die Volkskammer an den Besitz eines Reisepasses und an die Erteilung eines Visums gekoppelt werden. Damit sollte einerseits die Reisebewegung auf die Zeit vor Weihnachten gestreckt und andererseits der zu erwartende Ansturm auf die Dienststellen der Volkspolizei – und nicht auf die Grenze – gelenkt werden. Auf diese Effekte waren Formulierung wie auch Terminierung der öffentlichen Bekanntgabe des Beschlusses abgestellt, die am Morgen des 10. November über die DDR-Medien erfolgen sollte. Über Nacht sollten die zuständigen Dienststellen des MfS und der Volkspolizei sowie die Grenztruppen mit der neuen Regelung vertraut gemacht werden.

Schabowskis vorzeitige und konfuse Mitteilung, deren Interpretation durch die West-Medien und der dadurch einsetzende Mobilisierungsprozess in Ost-Berlin machten diese Absicht der SED-Führung jedoch zunichte.

Unmittelbar an das Ende der Pressekonferenz schloss die Hauptnachrichtenzeit des Hörfunks und Fernsehens an; der Zeitdruck, unter dem die Folge-Berichterstattung stand, konnte somit größer nicht sein. Am stärksten lastete dieser Druck auf den westlichen Agenturjournalisten, deren Augenmerk vor allem auf den Redaktionsschluss der regionalen, mittelständischen Zeitungen, den Hauptkunden der Agenturen, um 19.00 Uhr gerichtet war.

Hatten sich die »Heute«-Sendung des ZDF (Beginn: 19.00 Uhr) – aus zeitlichen Gründen – und die »Aktuelle Kamera« des DDR-Fernsehens (Beginn: 19.30 Uhr) – aus politischen Gründen (»Trompeten der Partei«) – damit begnügen müssen, Ausschnitte aus der Pressekonferenz ohne erläuternde Hinweise zu übermitteln und damit deren Widersprüchlichkeit zu reproduzieren, begannen vor allem die Journalisten der Nachrichtenagenturen in Ermangelung präziser Informationen sehr schnell, den von Schabowski eröffneten Interpretationsspielraum zu füllen, die Information zu verdichten und einen eigenen Bedeutungszusammenhang zu konstruieren.

Noch während Schabowski sprach, formulierten die Agenturjournalisten ihre ersten Schlagzeilen und Kurzmeldungen. Sie wurden als Eilinformationen verbreitet, was bedeutete, dass die Drucker in den Redaktionsstuben akustisch – nämlich mit Klingelzeichen – auf den Eingang einer bedeutenden Information aufmerksam gemacht wurden. »Ausreise über alle DDR-Grenzübergänge ab sofort möglich«, übermittelte Reuters bereits um 19.02 Uhr und DPA fast gleichlautend um 19.04 Uhr; beide hoben damit allein den Ausreiseaspekt hervor, wie es auch die Überschrift der neuen Regelung tat. Während viele Journalisten zu dieser Zeit noch im Pressezentrum rätselten, wie das mit den Privatreisen gemeint war, preschte die amerikanische Agentur AP um 19.05 Uhr vor, ließ alle einschränkenden bürokratischen Details beiseite und interpretierte die Reiseregelung als »Grenzöffnung«:

»DDR öffnet Grenzen. – Ost-Berlin (AP). Die DDR öffnet nach Angaben von SED-Politbüromitglied Günter Schabowski ihre Grenzen. Dies sei eine Übergangsregelung bis zum Erlaß eines Reisegesetzes, sagte Schabowski./Mehr.«[7]

Das abschließende »Mehr« kündigte eine erläuternde Folgemeldung an. Um 19.35 Uhr äußerte der Regierende Bürgermeister von Berlin, Walter Momper, in der SFB-»Abendschau«: »Privatreisen werden für Bürger der DDR nun auch ohne weiteres genehmigt. Ich glaube, man darf für alle Berlinerinnen und Berliner sagen, es ist ein Tag, den wir uns lange ersehnt haben, seit achtundzwanzig Jahren. Die Grenze wird uns nicht mehr trennen.« Allerdings fügte Momper noch hinzu: »Praktisch ab morgen geht es los!«[8]

Kurz vor Beginn der ARD-»Tagesschau« übertrumpfte DPA die AP-Meldung und stellte die Ankündigung Schabowskis als bereits vollzogene Tatsache dar.

Um 19.41 Uhr berichtete die Agentur »Sensationelles«:

»Auszüge aus der Pressekonferenz mit SED-Funktionär Schabowski. – Berlin (dpa). Völlig überraschend machte SED-Politbüromitglied – mitten in einer internationalen Pressekonferenz am Donnerstagabend in Ost-Berlin – die sensationelle Mitteilung: Die DDR-Grenze zur Bundesrepublik und nach West-Berlin ist offen. Wortlautauszüge: [...].«[9]

Und um 19.56 Uhr lautete die DPA-Meldung:

»DDR öffnet Grenzen zur Bundesrepublik und West-Berlin – Kurzfristige Genehmigungen von Ausreisen und Privatbesuchen – Volkskammersitzung mit Präsidentenwahl – Parteikonferenz. – Berlin (dpa). Die DDR hat am Donnerstag ihre Grenzen zur Bundesrepublik und West-Berlin geöffnet. So können DDR-Bürger künftig kurzfristig und ohne große Formalitäten ausreisen und Privatreisen unternehmen.«[10]

Die »Tagesschau« um 20.00 Uhr platzierte die Reiseregelung als Top-Meldung. »DDR öffnet Grenze«, lautete die eingeblendete Schrift, zu der Nachrichtensprecher Jo Brauner dann die Kernsätze des Verordnungstextes verlas:

»Ausreisewillige DDR-Bürger müssen nach den Worten von SED-Politbüromitglied Schabowski nicht mehr den Umweg über die Tschechoslowakei nehmen. Dies kündigte er am Abend vor der Presse in Ost-Berlin an. Über einen entsprechenden Regierungsbeschluß wurde in der Fernsehsendung ›Aktuelle Kamera‹ informiert. Visa zur ständigen Ausreise, so heißt es, würden unverzüglich erteilt, ohne daß dafür noch geltende Voraussetzungen für eine ständige Ausreise vorliegen müßten. Auch Privatreisen ins Ausland könnten ohne Vorliegen von Reiseanlässen beantragt werden. Auch hierfür würden die Genehmigungen kurzfristig erteilt.«[11]

Den anschließenden Einspielfilm über Schabowskis Pressekonferenz krönte ARD-Korrespondent Erhard Thomas mit dem Kommentar: »Also auch die Mauer soll über Nacht durchlässig werden.«

Dennoch: Um 20.15 Uhr, 75 Minuten nach der Pressekonferenz Schabowskis und unmittelbar nach dem Ende der »Tagesschau«, hatten sich gerade einmal achtzig Ost-Berliner an den Grenzübergängen Sonnenallee (acht bis zehn), Invalidenstraße (zwanzig) und Bornholmer Straße (fünfzig) zur »Ausreise« eingefunden, wie der Lagebericht der Ost-Berliner Volkspolizei festhielt.[12]

Doch die Medienspirale drehte sich weiter. Um 20.16 Uhr hieß es im RIAS Berlin:

»Die DDR hat ihre Grenzen zur Bundesrepublik mit sofortiger Wirkung für Westreisen und Übersiedlungen geöffnet.«[13]

Schließlich kam der Regierende Bürgermeister von Berlin in einer ARD-»Brennpunkt«-Sendung in der Halbzeitpause des Fußballspiels VfB Stuttgart gegen FC Bayern München um 21.08 Uhr noch einmal ins Bild. Er wiederholte seine Erwartung, dass es erst am nächsten Tag losginge.

Auch den Deutschen Bundestag in Bonn, der sich an diesem Abend mit Vereinsförderung befasste, hatten frühzeitig die Agenturmeldungen erreicht. Die laufende Debatte wurde unterbrochen. Bundeskanzleramtschef Rudolf Seiters stellte gegen 21.00 Uhr fest, dass mit der Freigabe von Besuchsreisen und Ausreisen »erstmals Freizügigkeit für die Deutschen in der DDR« hergestellt werde. Der SPD-Fraktionsvorsitzende Hans-Jochen Vogel wurde deutlicher: »Diese Entscheidung bedeutet, dass die Mauer nach 28 Jahren ihre Funktion verloren hat.« Und der FDP-Abgeordnete Wolfgang Mischnick warnte: »Alle diejenigen, die jetzt noch schwanken, bitte ich herzlich: Bleibt daheim!«[14] Dann erhoben sich die Abgeordneten und stimmten die Nationalhymne an. Die Sitzung wurde um 21.10 Uhr geschlossen. Zu diesem Zeitpunkt war die Mauer noch zu, doch die Agenturmeldungen, die über diese Sitzung abgefasst und umgehend in die Nachrichtensendungen – zunächst des Hörfunks – übernommen wurden, mussten den Eindruck weiter verstärken, sie sei schon geöffnet.

Das »Heute-Journal« des ZDF um 21.45 Uhr war mit einem Einspieler von Schabowskis Pressekonferenz (»Die Nachricht des Tages, sie kommt auch heute wieder aus Ost-Berlin«), dann vom Brandenburger Tor mit dem Aufsager: »Ab morgen können DDR-Bürger bei ihrer Polizeibehörde die notwendigen Reiseunterlagen abholen« und seinem direkt anschließenden Aufmacher auf dem aktuellen Stand:

»Guten Abend zum ›Heute-Journal‹. Das ist sie, die Nachricht dieses 9. No-

vember 1989 – und sie kam kurz vor 19 Uhr. Die DDR öffnet die Grenze zur Bundesrepublik. Was heißt das: Die Menschen in der DDR können direkt ausreisen in die Bundesrepublik. Der Umweg über die ČSSR und Ungarn entfällt. Welchen Sinn hat da noch eine Mauer?«[15]

Die fortgesetzte Medienberichterstattung, verstärkt durch die Alltagskommunikation überall dort, wo an diesem Abend Menschen zusammenkamen, hatte in der Zwischenzeit den Zustrom von Ost-Berlinern an die Grenzübergangsstellen belebt – allerdings in immer noch überschaubarer Größenordnung. Auch West-Berliner brachen jetzt vereinzelt zu den Kontrollpunkten auf. Die Meldung »DDR öffnet Grenze« brachte die Möglichkeit ins Spiel, die Mauer auch in Richtung Osten passieren zu können.

Ohne jegliche Information und ohne Befehle ihrer militärischen Führung – die Fernsehberichterstattung hatte den Dienstweg überholt – sahen sich die Grenzposten auf Ost-Berliner Seite zunächst vor allem in der Bornholmer Straße einer ständig größer werdenden Menschenansammlung gegenüber, die zwischen 21.00 und 21.30 Uhr auf 500 bis 1000 Personen geschätzt wurde. Ganz wenige wollten ausreisen, fast alle die vermeintliche Reisefreiheit testen. Gegen 21.30 Uhr kam es in der Bornholmer Straße zur sogenannten »Ventillösung«: Um den Druck abzubauen, wurde die Ausreiseabfertigung aufgenommen. Die Personalausweise der DDR-Bürger wurden mit einem Passkontrollstempel neben dem Lichtbild ungültig gestempelt – ohne es zu wissen, waren die ersten Ost-Berliner, die jubelnd über die Bösebrücke nach West-Berlin liefen, ausgebürgert worden.

Mit einem Ansturm auf alle Berliner Grenzübergänge rechnete man im Ministerium für Staatssicherheit, das für diese Entscheidung zuständig war, offenbar noch nicht: Außer in der Bornholmer Straße und am Übergang Heinrich-Heine-Straße, an dem laut Volkspolizei-Bericht gegen 21.30 Uhr 150 Personen auf der Ostseite zusammengekommen waren, waren um diese Zeit »an den übrigen GÜSt [Grenzübergangsstellen] nur vereinzelt Personen festzustellen«.[16] Der Lagedienst der West-Berliner Polizei meldete dem Polizeipräsidenten um 22.02 Uhr in der Sonnenallee 15 Personen direkt im Übergang und weitere 100 auf der östlichen Seite davor.[17] In der Hauptabteilung VI des Staatssicherheitsdienstes, in der seit 21.00 Uhr die Leiter der

Passkontrolleinheiten aller Berliner Übergänge zusammensaßen, um Vorbereitungen für den nächsten Tag zu treffen, nahm man die Entwicklung in der Bornholmer Straße noch gelassen auf. Bevor er die Leiter zurück an die Übergänge schickte, beruhigte der Chef, Generalmajor Heinz Fiedler, seine Genossen: »Wie ich meine Berliner kenne, gehen die um 23.00 Uhr ins Bett.«[18]

Mittlerweile, so meldete DPA um 21.27 Uhr und war kurze Zeit später im RIAS Berlin zu hören, begrüßte schon die US-Regierung die »Öffnung der Grenzen«; US-Präsident George Bush zeigte sich »erfreut«. Im DDR-Fernsehen passierte um diese Zeit Ungewöhnliches. Um 21.53 Uhr wurde der laufende Spielfilm, um 21.57 Uhr das sich anschließende Kulturmagazin abrupt unterbrochen und die ADN-Pressemitteilung über die Reiseregelung des Ministerrates vollständig verlesen – das erste Mal ohne jede Erläuterung, das zweite Mal mit der nachdrücklich betonten Ermahnung: »Also: die Reisen müssen beantragt werden!«

Lutz Herden, Moderator der Spätnachrichtensendung »AK ZWO« des DDR-Fernsehens, erinnerte sich, dass sich der Chef vom Dienst des DDR-Fernsehens nach 21.00 Uhr in der Redaktion gemeldet und mitgeteilt habe, es gebe Telefonate von Grenzübergangsstellen, an denen sich Leute konzentrierten: »Bornholmer Straße war, glaube ich, dabei, Invalidenstraße und auch das Brandenburger Tor. Und es würde darum gebeten, daß der Hörfunk und das Fernsehen diese Meldung im Wortlaut noch einmal wiederholten, um damit zu sagen: Es gibt eine neue Reiseregelung, aber das bedeutet nicht gleichzeitig, daß nun die Grenze offen ist.«[19]

In der von ihm moderierten »AK ZWO«, die um 22.28 Uhr begann, las der Nachrichtensprecher die ADN-Mitteilung erneut Wort für Wort vor. Dann fügte er hinzu, dass die Abteilungen Pass- und Meldewesen »morgen um die gewohnte Zeit geöffnet haben« und auch ständige Ausreisen erst erfolgen könnten, »nachdem sie beantragt und genehmigt worden sind«.[20]

Möglicherweise hätte der Versuch der Gegensteuerung durch das DDR-Fernsehen erfolgreich sein können, hätte auch die »Ventillösung« funktionieren und ein isoliertes Vorkommnis mit begrenzter Auswirkung bleiben können, wenn die Berliner Redaktion der ARD-»Tagesthemen« in der Zwischenzeit nicht eine Live-Schaltung vor dem Grenzübergang Invalidenstraße aufgebaut hätte. Die entsprechende Entscheidung war etwa um 19.30 Uhr mit der Absicht getroffen worden, in den »Tagesthemen« mit einem Stimmungsbericht über die Lage an der Grenze *vor* deren »Öffnung« am nächsten Tag live auf Sendung gehen zu können, auch wenn bis dahin vor Ort noch nichts geschehen würde.[21]

Die »Tagesthemen« begannen an diesem Abend leicht verspätet um 22.42 Uhr. Ein Einspielfilm zeigte die nahezu menschenleere Westseite des Brandenburger Tores. Chefmoderator Hanns Joachim Friedrichs verkündete dazu:

»Das Brandenburger Tor heute abend. Als Symbol für die Teilung Berlins hat es ausgedient. Ebenso die Mauer, die seit 28 Jahren Ost und West trennt. Die DDR hat dem Druck der Bevölkerung nachgegeben. Der Reiseverkehr in Richtung Westen ist frei.«[22]

Dann kam Friedrichs ins Bild und beendete seine Anmoderation mit dem Ausspruch: *»Die Tore in der Mauer stehen weit offen.«*

Friedrichs Ansage eilte den Ereignissen voraus: Entgegen der von ihm behaupteten Tatsache zeigte ein gegen 22.00 Uhr fertiggestellter Einspielfilm der Berliner Redaktion, dass zumindest an den gefilmten Grenzübergängen in der Heinrich-Heine-Straße und am Checkpoint Charlie in der Friedrichstraße absolute Ruhe herrschte.

Dann wurde nach Berlin geschaltet. »Tagesthemen«-Reporter Robin Lautenbach meldete sich live vom Grenzübergang Invalidenstraße, dessen Tor ebenfalls unübersehbar geschlossen war. Doch drei West-Berliner Augenzeugen, die zuvor am Grenzübergang Bornholmer Straße gewesen waren und die Lautenbach dann interviewte, halfen ihm und Friedrichs aus der Patsche. In Unkenntnis der Ausbürgerungsabsichten der DDR-Seite berichtete ein Augenzeuge: »Ich habe erlebt, daß um 21.25 Uhr das erste Pärchen tränenaufgelöst auf uns zugelaufen kam und die Berliner weiße Linie erreicht hat. Sie sind mir beide um den Hals gefallen, und wir haben alle gemeinsam geweint.« Und die beiden anderen Augenzeugen ergänzten unter anderem, Ost-Berliner gingen hin und her, sie bräuchten nur den Personalausweis – in den es einen Stempel gebe!

Robin Lautenbach deklarierte umgehend den geschlossenen Übergang Invalidenstraße zum Ausnahmefall:

»Hier in der Invalidenstraße auf der anderen Seite haben die Grenzpolizisten offenbar diese Weisung noch nicht bekommen, oder sie haben sie nicht verstanden. […] Aber wie gesagt, an sehr vielen anderen Grenzübergängen, nicht nur in der Bornholmer Straße – wir haben es auch gehört von der Sonnenallee und vom Ausländergrenzübergang Checkpoint Charlie –, ist es offenbar bereits möglich, mit dieser neuen Regelung völlig komplikationslos nach West-Berlin zu kommen.«

»Reiseverkehr frei«? – »Tore in der Mauer weit offen«? – »Völlig komplikationslos nach West-Berlin«? Nach diesen Berichten gab es für Tausende, ja Zehntausende Ost- und West-Berliner sowie Bewohner des Umlandes kein Halten mehr. Erst jetzt begann jener Ansturm auf die Grenzübergänge, der Passkontrolleure und Grenzsoldaten zwang, das Stempeln einzustellen, die Durchlässe freizugeben und den Rückzug anzutreten. Später in der Nacht wird zunächst die Mauer am Brandenburger Tor vom Westen aus bestiegen und besetzt, dann das Wahrzeichen der geteilten Stadt und der Pariser Platz von Ost und West erobert – das symbolträchtigste Ereignis der Nacht, das aus der Öffnung der Grenzübergänge den Fall der Mauer werden ließ.

4.

Der Fall der Mauer war weder von der SED-Führung beabsichtigt, noch wurde er von Günter Schabowski bekannt gegeben. Einem Theorem des amerikanischen Soziologen Robert Merton folgend, lässt sich der Fall der Mauer als exemplarischer Fall einer nicht beabsichtigten Folge sozialen Handelns analysieren, wobei im vorliegenden Zusammenhang den Bedingungen Bedeutung zukommt, die dem von Merton beschriebenen Typus der sich selbst erfüllenden Prophezeiung zugrunde liegen.[23] Die sich selbst erfüllende Prophezeiung ist »eine zu Beginn falsche Definition der Situation, die ein neues Verhalten hervorruft, das die ursprünglich falsche Sichtweise richtig werden läßt«.

Als Folge unkoordinierter Entscheidungen der SED-Führung gewannen die Medien am Abend des 9. November maßgeblichen Einfluss auf die »Situationsdefinition«. Die von den West-Medien im Anschluss an Schabowskis Pressekonferenz verbreiteten Interpretationen (»DDR öffnet Grenze«), falschen Situationsdefinitionen (»Die Grenze ist offen«) und falschen Realitätsbilder (»Die Tore in der Mauer stehen weit offen!«) stießen auf Erwartungshaltungen und Handlungsdispositionen, die durch die schnellen und überraschenden Erfolge des Protestverhaltens der zurückliegenden Wochen geprägt waren. Nach dem Sturz Honeckers, den Massendemonstrationen, den Ausreisemöglichkeiten über Ungarn und die ČSSR, dem geschlossenen Rücktritt der Regierung und des SED-Politbüros, schließlich sogar der Zulassung des Neuen Forums war der Erwartungshorizont für die Zukunft schier unbegrenzt: Nichts war mehr auszuschließen, alles schien möglich. So konnten die Meldungen der West-Medien am 9. November 1989 einen Mobilisierungsprozess auslösen, der das angenommene Ereignis und die »falschen« Realitätsbilder erst Wirklichkeit werden ließ. Jene Fernsehzuschauer und Rundfunkhörer, die den historischen Moment nicht verpassen und eigentlich nur dabei sein wollten und deshalb an die Grenzübergänge und das Brandenburger Tor eilten, führten im Grunde das Ereignis erst herbei, das sonst gar nicht stattgefunden hätte. Eine von den Medien verbreitete Fiktion mobilisierte die Massen und wurde dadurch zur Realität.

5.

Der Erfolg des dynamischen Mobilisierungsprozesses, den die West-Medien vorantrieben, hing von der eingeschränkten Entscheidungs- und Handlungsfähigkeit des SED-Regimes ab. Der abendliche Aufbruch zunächst Einzelner an die Grenzübergänge hätte eine begrenzte Aktion bleiben können, der Mauerfall musste nicht zwangsläufig folgen. Schon nach den ersten Agenturmeldungen, Fernseh- und Rundfunknachrichtensendungen am Abend des 9. November hätte der DDR-Regierungssprecher, dem eigentlich die Bekanntgabe der Reise-Verordnung aufgetragen war, mit einer Pressemitteilung die Fehlinterpretationen korrigieren können.

Die Institutionen des SED-Staates waren jedoch über geraume Zeit handlungsgelähmt. Die bewaffneten Organe – vor allem die Passkontrolleure des MfS, Soldaten der Grenztruppen und Volkspolizisten an den Berliner Grenzübergängen – waren mit einer Situation konfrontiert, die sie nicht im Geringsten vorausgeahnt hatten. Nicht über den Dienstweg, sondern über die Medien erfuhren sie von der geplanten Reiseregelung. Die näheren Absichten der politischen Führung kannten sie nicht, Befehle der militärischen Führung gab es keine.

Fatalismus brach aus: Wie kann ein für die Grenzsicherung in und um Berlin zuständiger Divisionskommandeur in die Trotzhaltung verfallen: »Wenn die dir vorher nichts sagen, dann sollen sie auch sehen, wie sie zurechtkommen, du machst jetzt gar nichts«[24] – nach dem Motto: Sollen doch andere das auslöffeln! Und wie kann ein für die Passkontrolle zuständiger Stasi-General, wenn Menschen zu den Übergängen strömen, sich an den Strohhalm klammern, dass die Ost-Berliner gewöhnlich um 23.00 Uhr ins Bett gehen und dadurch Ruhe schon wieder von allein einkehren wird? Die in der Not vom MfS ersonnene »Ventillösung«, eine Art heimlicher Ausbürgerungsaktion, wurde von den Wartenden auf der Ostseite als Beginn der Abfertigung interpretiert, erhöhte den Druck und steigerte die Erwartung der anderen. Auf der Westseite betrachtete man die Ankunft der ersten Ost-Berliner als Bestätigung dafür, dass die Grenze tatsächlich geöffnet würde.

Zwei bis drei Stunden vergingen, in denen es den West-Medien überlassen blieb, die Absichten der SED-Führung kreativ zu deuten. In dieser Zeit fühlte sich der DDR-Regierungssprecher ebenso wie der ADN-Generaldirektor nicht berechtigt, die Ausführungen eines Politbüro-Mitglieds zu korrigieren oder eigenständig zu interpretieren. Ohnehin war der Regierungssprecher ein Sprecher ohne Regierung: Der Stoph-Ministerrat war zwei Tage zuvor zurückgetreten, die Minister – auch die der »bewaffneten Organe«, Erich Mielke, Heinz Keßler und Fritz Dickel – amtierten nur noch kommissarisch.

Die SED-Führung war zunächst durch die bis in die Abendstunden verlängerte Tagung des Zentralkomitees paralysiert. Danach waren die entscheidenden Politbüro-Mitglieder bzw. Minister während ihrer Fahrt nach Hause bzw. in ihre Ministerien in ihren Dienstkarossen mangels Funkverbindungen zunächst nicht erreichbar. Dann fehlten der SED-Spitze und den Diensthabenden der bewaffneten Organe Informationen, warum sich ereignete, was ihnen gemeldet wurde. Als schließlich die Parteispitze und die Ministerien der bewaffneten Organe formell entscheidungsfähig waren, war der Mobilisierungsprozess schon so weit fortgeschritten, dass sich ihre Handlungsmöglichkeiten nach ihrer eigenen Wahrnehmung darauf beschränkten, entweder Panzer auffahren oder aber den Dingen freien Lauf zu lassen. Nach eigenem Bekunden versuchte Egon Krenz, telefonisch bei Michail Gorbatschow Rat einzuholen, doch kam eine Verbindung nicht zustande; in Moskau war es bereits Mitternacht, im Kreml brannte kein Licht mehr. Schließlich ließ man die Dinge einfach laufen in der Hoffnung, dass sich so am nächsten Tag die ursprüngliche Absicht noch durchsetzen ließe, was nach einem Blutvergießen an der Mauer unmöglich wäre. Das Abwarten führte jedoch nicht dazu, dass sich die Lage beruhigte, das Gegenteil trat ein: Die Ereignisse beschleunigten sich umso mehr. Die Medienberichterstattung konstituierte eine Ost- und West-Berlin übergreifende Öffentlichkeit, die Grenzübergänge wurden von beiden Seiten gestürmt.

6.

Der Fall der Mauer entstand durch ein Zusammentreffen von unkoordinierten Entscheidungen der SED-Spitze, falschen Situationsbestimmungen der West-Medien, spontanen Entschlüssen von Fernsehzuschauern und Radiohörern sowie Ad-hoc-Entscheidungen der Grenzsicherungsorgane, das heißt aus in jeder Hinsicht offenen Handlungssituationen.[25] Der dynamische Mobilisierungsprozess, den die Medienberichterstattung in Gang setzte, wurde gefördert durch Erwartungen und kollektive Handlungsdispositionen, die durch die Erfolge des Protestverhaltens der zurückliegenden Wochen entstanden waren. Das Zurückweichen der Grenzsicherungskräfte wiederum wurde einerseits durch das Ausbleiben von Befehlen, andererseits durch den Sinnverlust herbeigeführt, der für die Bewachung der Berliner Mauer seit der Öffnung der ungarischen und tschechoslowakischen Grenze eingetreten war. Die Gegenmobilisierung blieb durch Turbulenzen im Partei- und Regierungsapparat und unzureichende Kommunikationsverbindungen aus; unter Gorbatschow war die sowjetische Führung zu einer militärischen Intervention nicht mehr bereit.

Am Morgen des 10. November scheiterten alle Hoffnungen der SED-Führung, mit zivilen Mitteln einen geordneten Reiseverkehr mittels Pass und Visum an den Übergängen durchsetzen zu können. Es gab kein Zurück hinter die Fernsehbilder der Nacht, die in Sondersendungen auf allen Westkanälen ununterbrochen liefen: »Die fünfzig oder hundert Jahre, die nach Honeckers Äußerung im Januar 1989 noch bis zum Mauerfall vergehen sollten, waren in dieser Nacht zusammengeschrumpft«[26]: auf nicht einmal 24 Stunden.

Die Realität hatte die Fiktion der Medien sogar noch überholt: Die DDR-Bürger zeigten keinerlei Angst vor der Mauer, sie respektierten die Grenze »ihres« Staates nicht länger und erzwangen den unkontrollierten Übertritt. Mit dem Verlust der Kontrolle über die Grenze aber verlor das SED-Regime die Machtressource, mit der es ihm 1961 gelungen war, seine Anerkennung im Innern zu erzwingen.

Der Fall der Mauer beschleunigte die Erosion des SED-Regimes exponentiell. Unter dem anhaltenden Druck der Massendemonstrationen und der fortgesetzten Massenausreise in die Bundesrepublik zerfielen innerhalb weniger Wochen die zentralen Parteistrukturen; Politbüro, ZK-Sekretariat und Zentralkomitee lösten sich selbst auf. Ohne die Steuerungszentrale der Partei zerbröselten die staatlichen Machtstrukturen. Dem Zusammenbruch des Regimes folgte ein politischer Systemwechsel.

Während des politischen Umbruchs in der DDR hatten die West-Medien aktuell informiert und Mobilisierungs- und Verstärkungsfunktionen übernommen. Aber am Abend des 9. November 1989 berichteten sie nicht nur, sondern setzten mit ihren Interpretationen die Ereignisse selbst mit in Gang.

Der Fall der Mauer steht als Symbol für das Ende des Kalten Krieges, für die Aufhebung der Teilung Deutschlands und des europäischen Kontinents – und ist zugleich das erste welthistorische Ereignis, das als Folge der vorauseilenden Verkündung durch Fernsehen und Hörfunk eintrat.

Anhang

Anmerkungen

Die Anmerkungen dieses Buches verwenden noch die in den 1990er Jahren vergebenen Signaturen für die Aktenbestände einiger Archive, insbesondere der Stiftung Archiv der Parteien und Massenorganisationen der DDR und der Abteilung DDR im Bundesarchiv sowie des Militärischen Zwischenarchivs in Potsdam. Zwischenzeitlich wurden einige Signaturen geändert, die sich jedoch leicht mit Hilfe der in den Archiven erstellten Konkordanzen erschließen lassen.

Vorwort (S. 9 – 15)

1 Vgl. Schabowski 1991, S. 310. – Dieses von Schabowski wiedergegebene Stimmungsbild wird von anderen Teilnehmern der Sitzung bestätigt.
2 Gespräch d. Vf. mit Hans Modrow, 4. 1. 1995.
3 Vgl. Schabowski 1991, S. 310.
4 Vgl. Krenz 1990; Krenz 1992; Krenz 1999; Schabowski 1991; Schabowski 2009.
5 So Cordt Schnibben (Schnibben 1990).
6 Vgl. Henryk Broder, Eine schöne Revolution, in: Die Zeit 3/1992.
7 Vgl. Schorlemmer 1990, S. 54.
8 Berghofer 2014, S. 107.
9 Vgl. Lepsius 1994, S. 10.
10 Uwe Soukup, Sofort, unverzüglich! In: Frankfurter Allgemeine Sonntagszeitung, 4. 2. 2018, S. 2.
11 Vgl. Hertle 1996 (2. Aufl. 1999).
12 Vgl. Hertle/Stephan 2012 (Erstauflage 1997).
13 Als Begleitband zum Film wurde 1999 von Hans-Hermann Hertle und Kathrin Elsner die O-Ton-Collage »Mein 9. November« in der Nicolaischen Verlagsbuchhandlung aufgelegt. Der Band erschien 2009 unter dem Titel »Der Tag, an dem die Mauer fiel« in 2. korr. Auflage (vgl. Hertle/Elsner 2009).

Das Jahr 1989 (S. 16 – 40)

1 Erich Honecker, in: Neues Deutschland, 20. Januar 1989. – Das Honecker-Diktum war die indirekte Zurückweisung einer Äußerung von Michail Gorbatschow. Von Bundespräsident Richard von Weizsäcker am 7. Juli 1987 in Moskau auf die Einheit der deutschen Nation angesprochen, hatte Gorbatschow

zwar auf die Zweistaatlichkeit als Realität hingewiesen, zugleich aber hinzugefügt, was in 100 Jahren sein werde, werde die Geschichte entscheiden. Diese wenn auch nur vage Offenheit für die Gestaltung der »deutschen Frage« wurde von der ostdeutschen Führung später als Beginn des sowjetischen »Verrats der DDR« interpretiert. Vgl. Gorbatschow 1995, S. 701, sowie Weizsäcker 1997, S. 346.

2 Brzezinski 1989, S. 265.

3 Ebd., S. 283.

4 »Tatsächlich haben die 300 bis 400 bundesdeutschen Soziologen, Politologen, Ökonomen und Pädagogen, die über die ganze (alte) Bundesrepublik verteilt an 56 Instituten arbeiteten, von den revolutionären Ereignissen im Herbst 1989 nichts vorhergesehen. Nicht einmal Anzeichen einer zunehmenden Unzufriedenheit und Unruhe haben die Profis erkannt, und kleine Zeichen der Veränderung wurden nicht ernst genommen oder der wissenschaftlichen Analyse nicht für würdig befunden« (Carola Becker, »Kläglich versagt«, in: Die Zeit Nr. 22, 24. Mai 1991). – Zum »schiefen Bild«, das von der DDR im Westen gezeichnet wurde, siehe Hacker 1992. Mit den Ursachen für das Versagen der »Hundertschaften bezahlter Beobachter« (Carola Becker) aus den verschiedenen Fachdisziplinen hat sich die akademische Zunft nach 1990 nicht lange aufgehalten.

5 Zum aktuellen Forschungsstand siehe: Henke 2009; Rödder 2009; Richter 2009, Sarotte 2009; Sarotte 2014; Kowalczuk 2009; Neubert 2008; Schuller 2009; Plato 2010. – Eine Literaturdatenbank mit mehr als 53 000 Einträgen zur deutschen Einheit (Stand: Dezember 2007) ist im Internet unter der URL http://www.wiedervereinigung.de zu finden. Eine Auswahlbibliographie zu Widerstand und politischer Repression in der DDR findet sich auf der Website des Archiv Bürgerbewegung Leipzig e. V.

6 Das Schriftgut der SED-Führung und der DDR-Regierung ist im Bundesarchiv (Stiftung Archiv der Parteien und Massenorganisationen der DDR sowie Abteilung DDR), dem Archiv des Bundesbeauftragten für die Unterlagen des ehemaligen Staatssicherheitsdienstes der DDR und dem Politischen Archiv des Auswärtigen Amtes zugänglich; schriftliche Unterlagen der DDR-Opposition sind u.a. im Matthias-Domaschk-Archiv der Robert-Havemann-Gesellschaft, im Archiv Bürgerbewegung Leipzig e. V. sowie im Grünen-Archiv der Heinrich-Böll-Stiftung einsehbar. Einen Überblick über das Archivgut zur DDR bietet die Website der Bundesstiftung zur Aufarbeitung der SED-Diktatur.

7 Dokumente zur Deutschlandpolitik. Deutsche Einheit 1998.

8 Korte 1998; Jäger 1998; Weidenfeld (mit Wagner und Bruck) 1998; Grosser 1998.

9 Vgl. etwa: German Unification 1989/90, 2010; Galkin/Tschernjajew 2011; Zelikow/Rice 1995. – Auf privilegiertem Aktenzugang in Moskau (Gorbatschow-Stiftung) bzw. in Paris beruhten: Plato 2010 und Bozo 2005. Siehe ebenfalls: Savranskaya/Blanton/Zubok 2010. – Zur Einbettung der deutschen

Ereignisse in den internationalen Zusammenhang des Endes des Kalten Krieges siehe: The Cambridge History of the Cold War, Vol. III, 2010, sowie die dreiteilige Abhandlung: Kramer 2003 – 2005.

10 Siehe dazu die Bibliographien in: Neubert 2008, S. 447 ff.; Richter 2009, S. 1510 – 1564; Rödder 2009, S. 455 ff.; Sarotte 2009, S. 291 ff.; Sarotte 2014, S. 263 ff.

11 Vgl. die beiden Reihen »Deutschland 1989« und »Deutschland 1990«. Dokumentation zu der Berichterstattung über die Ereignisse in der DDR und die deutschlandpolitische Entwicklung, hg. v. Presse- und Informationsamt der Bundesregierung. – Zur Rolle der West- und Ost-Medien insbesondere im Jahr 1989 in der DDR siehe Großmann 2015.

12 Hildermaier 1998, S. 1031; zur Analyse des Niedergangs der Sowjetunion vgl. Adomeit 1998; Altrichter 2009.

13 Siehe »Der Kommunismus ist die Hoffnung der Völker, die Garantie ihrer strahlenden Zukunft«, »Rede von N. S. Chruschtschow über das neue Programm der KPdSU« sowie »Das Kommunistische Manifest der gegenwärtigen Epoche«, in: Neues Deutschland, 20. Oktober 1961.

14 »Die Direktiven des XXIV. Parteitages der KPdSU zum Fünfjahrplan für die Entwicklung der Volkswirtschaft der UdSSR in den Jahren 1971 – 1975«, in: Neues Deutschland, 7. April 1971; siehe dazu: Hübner / Danyel 2002, S. 804 – 832.

15 So eine umstrittene, aber aus macht- und herrschaftspolitischer Perspektive zutreffende und durch die Ereignisse von 1989 / 1990 empirisch bestätigte Beschreibung von Wehler 2008, S. 356.

16 Zur Geschichte und Bedeutung des Häftlingsfreikaufs siehe Wölbern 2014; Hollmann / Kuhrt 2012.

17 Siehe Bundesministerium für innerdeutsche Beziehungen 1980 und 1986. – Zu den deutsch-deutschen Beziehungen siehe Amos / Garton Ash 1993; Nakath / Stephan 1995; Nakath / Stephan 1996; Potthoff 1995; Potthoff 1997.

18 Siehe Hertle 2009, S. 476 – 495.

19 Siehe Hertle / Nooke 2019.

20 Siehe das statistische Material des DDR-Generalstaatsanwaltes, in: Raschka 2000, S. 314 ff.

21 Vgl. Wilke / Schröder 1997, S. 92.

22 Wolle 1999, S. 309.

23 Volkswirtschaftliche Berechnungen zum Warenaustausch DDR / UdSSR, o. D. (1986), S. 3 (BA, DE 1 / 56348).

24 Die Krisendiskussionen im Politbüro in den 1970er und 1980er Jahren sind dargestellt in: Hertle 1999, S. 17 ff. – Siehe dazu auch Haendcke-Hoppe-Arndt 1995, S. 588 – 602; Steiner 2004, S. 165 ff.; Malycha 2014, S. 177 ff.

25 Protokoll der Verhandlungen des XI. Parteitages der SED, 17. bis 21. April 1986, Berlin 1986, S. 739.

26 Zit. nach: [MfS-]HA XVIII/4, Information [über die Beratung im Politbüro am

14. Juni 1988] von Major Friedrich an Generalmajor Alfred Kleine, 16. Juni 1988 (BStU, ZA, MfS-HA XVIII 3376, Bl. 47).

27 Zit. nach Heinz Klopfer, Persönliche Notizen über ein Gespräch beim Mitglied des Politbüros und Sekretär des ZK der SED, Genossen Dr. Günter Mittag, 23. November 1988 (BStU, MfS, HA XVIII Nr. 3374, Bl. 118).

28 Darlegungen Gerhard Schürers zur Zahlungsbilanz mit dem nichtsozialistischen Wirtschaftsgebiet, 16. Mai 1989 (BA, DE 1/56317).

29 Ebd.

30 Heinz Klopfer, Persönliche Notizen über die Beratung beim Generalsekretär des ZK der SED und Vorsitzenden des Staatsrates der DDR, Erich Honecker, betreffs Entwurf des Volkswirtschaftsplanes und des Staatshaushaltsplanes 1990, Berlin, 16. Mai 1989, S. 25 (BA, DE 1/56317).

31 Ebd., S. 42.

32 Schürer 1996, S. 147.

33 Gemeinsame deutsch-sowjetische Erklärung, 13. Juni 1989, in: Bulletin des Presse- und Informationsamtes der Bundesregierung vom 15. Juni 1989, S. 543; vgl. insbes. auch zur Atmosphäre des Treffens Gorbatschow 1995, S. 706 ff., sowie Kohl 2005; 885 ff.

34 Kommuniqué der Tagung des Politisch-Beratenden Ausschusses der Mitgliedsstaaten des Warschauer Vertrags am 7. und 8. Juli 1989 in Bukarest, in: Europa-Archiv, Folge 20/1989, S. 599.

35 Konferenz über Sicherheit und Zusammenarbeit in Europa. Abschließendes Dokument des Wiener KSZE-Folgetreffens. Wien, 15. Januar 1989, dokumentiert in: Deutschland Archiv 4/1989, S. 467 ff. – Zur Haltung der SED und des MfS zum KSZE-Prozess siehe: Hanisch 2012; Peter/Wentker 2012; Selvage/Süß 2019. Die nachfolgenden zwei Zitate zur Aussetzung des Schießbefehls beziehen sich auf Niederschriften der Hauptabteilung I beim Kommando der Grenztruppen vom 12.4.1989 (BStU, ZA, MfS-HA VI 1308, Bl. 27) und des Stabschefs der DDR-Grenztruppen vom 4.4.1989 (BStU, ZA, MfS-HA I 5753, Bl. 3).

36 Botschafter Herbert Plaschke, Telegramm an Gen. E. Honecker, ct 209/89, 20.8.1989, 8.40 Uhr (BA, ZPA-SED, IV 2/2.039/286, Bl. 235/36).

37 Vgl. Segert 2008, S. 34–48.

38 Die West-Medien haben über die Ereignisse im Sommer und Frühherbst 1989 umfassend informiert und diese kommentiert. Sie haben durch ihre immer dichter und intensiver werdende Berichterstattung in der Anfangsphase Akteure in der DDR geschützt und Zulauf mobilisiert und dadurch Ereignisse verstärkt und beschleunigt; in diesem Sinne waren sie ein Transmissionsriemen der Revolution, aber nicht ihr Motor – frei nach Klaus Bresser, der das Bild der Medien als eines »Keilriemens der Revolution« benutzt. Vgl. Bresser 1990, S. 36. Zur dynamisierenden Rolle insbesondere des West-Fernsehens für die Herbstrevolution siehe auch Großmann 2015, S. 116 ff.

39 Als Gesamtdarstellungen des Umbruchs in der DDR im Jahr 1989 und sei-

ner Vorgeschichte siehe Rödder 2010, S. 50–142; Kowalczuk 2009, insbes. S. 192 ff.; Neubert 2008; Schuller 2009; grundlegend ebenfalls: Süß 1999.

40 Siehe Neubert 1998, S. 499 ff.

41 Siehe Pollack 2009, S. 178–197.

42 Vgl. Kowalczuk 2009, S. 363. Zum Gründungstreffen des Neuen Forums siehe Henrich 2019, S. 265 ff.

43 Vgl. Kowalczuk 2009, S. 359.

44 Zur Vorgeschichte und den Hintergründen der ungarischen Grenzöffnung siehe das Standardwerk von Oplatka 2009.

45 Horn 1991, S. 326.

46 Maximytschew 1995, S. 3.

47 Ebd., S. 5.

48 Record of Conversation between Mikhail Gorbachev and Margaret Thatcher, September 23, 1989, in: Savranskaya/Blanton/Zubok 2010, S. 532 (deutsche Übersetzung).

49 Bagley 2015, S. 250.

50 Politbüro-Sitzung vom 12. 9. 1989 (SAPMO-BArch, ZPA-SED, IV 2/2039/77, Bl. 27).

51 Vgl. VPKA Magdeburg/Paß- und Meldewesen, Information zur aktuellen Tendenz bei der Beantragung von Reisen in die Ungarische Volksrepublik, VR Bulgarien und SR Rumänien, 13. 9. 1989 (ARCHIV REGPRÄS MBG/DEZ 23, AZN 17030).

52 Politbüro-Sitzung vom 12. 9. 1989 (SAPMO-BArch, ZPA-SED, IV 2/2039/77, Bl. 27).

53 Siehe dazu grundlegend auf der umfassenden Auswertung der ostdeutschen und tschechoslowakischen Quellen beruhend: Vodička 2014.

54 Neues Deutschland, 2. Oktober 1989.

55 Pollack 2009, S. 189.

Die Herbstrevolution (S. 41–87)

1 Siehe Pollack 1990, S. 300/301.

2 Diesen Kausalitätszusammenhang hebt auch Norman Naimark hervor: »It is worth reiterating that those who left the country started the revolution, while those, who demonstrated maintained it«. Siehe Naimark 1992, S. 93.

3 Zur Protestentwicklung in Leipzig siehe: Hollitzer/Sachenbacher 2012a und 2012b; vgl. auch: Hollitzer 1999; Hollitzer/Bohse 2000; Wensierski 2017.

4 Erich Honecker, Fernschreiben an die Ersten Sekretäre der Bezirksleitungen der SED, GVS 2/89, CFS Nr. 432, 22. 9. 1989, 13.50 Uhr (BStU, ZA, MfS-SdM 664, Bl. 61).

5 Vgl. Protokoll Nr. 38 der Sitzung des Politbüros des ZK der SED vom 26. 9. 1989, S. 6 (SAPMO-BArch, ZPA-SED, J IV 2/2/2347).

6 Stellvertreter Operativ (der BVfS Potsdam), Protokoll aus der persönlichen Mitschrift anläßlich der Dienstkonferenz beim Generaloberst Mittig zu Zie-

len und Aufgaben zur konsequenten Unterbindung der Formierung feindlich-oppositioneller Kräfte in Sammlungsbewegungen / Vereinigungen, Potsdam, 26. 9. 1989 (BStU, ASt. Potsdam, AKG 617, insbes. Bl. 153).

7 Befehl Nr. 8/89 des Vorsitzenden des Nationalen Verteidigungsrates der DDR über Maßnahmen zur Gewährleistung der Sicherheit und Ordnung in der Hauptstadt der DDR, Berlin, anläßlich des 40. Jahrestages der DDR vom 26. 9. 1989 (BArch/P, MZA, VA-01/39592, Bl. 265 ff.).

8 Befehl Nr. 105/89 des Ministers für Nationale Verteidigung über Maßnahmen zur Gewährleistung der Sicherheit und Ordnung anläßlich des 40. Jahrestages der DDR vom 27. 9. 1989 (BArch/P, MZA, Strausberg AZN 31908, Bl. 213–220).

9 Jankowski 2007, S. 20.

10 MfS, Information über die Realisierung von Maßnahmen zur Ausweisung der Personen, die sich widerrechtlich in der Botschaft der BRD in Prag aufhielten, am 4./5. 10. 1989, Nr. 441/89, S. 3 f. (BStU, ZA, MfS-ZAIG 3806, Bl. 4 f.).

11 Vgl. hierzu und zum Folgenden: NVA-Untersuchungsausschuß, Bericht über die Untersuchung zum Einsatz von Kräften der NVA im Zusammenhang mit den Ereignissen in Dresden in der Zeit vom 4. bis 10. Oktober 1989, Dresden, den 15. 2. 1990.

12 In der Nacht vom 4. auf den 5. 10. wurden in Dresden nach Angaben des MfS 224 Demonstranten »zugeführt« (vgl. BStU, ZA, MfS-ZAIG 3806, S. 4).

13 Zum Ablauf der Ereignisse in Dresden zwischen dem 3. und 9. Oktober 1989 vgl. Bahr 1990 sowie das Minderheitenvotum des Abgeordneten Arnold und insbesondere dessen Anlagen 1–20 zum Schlußbericht des Sonderausschusses des Sächsischen Landtags zur Untersuchung von Amts- und Machtmißbrauch infolge SED-Herrschaft (Sächsischer Landtag 1994a und 1994b). Siehe auch Richter 2009, S. 250–291.

14 Erich Honecker, Großes vollbracht für Sozialismus und Frieden, in: Neues Deutschland, 9. 10. 1989.

15 Michail Gorbatschow, Unsere Freundschaft wird weiterbestehen, in: Neues Deutschland, 9. 10. 1989.

16 Erich Honecker, Fernschreiben an alle Ersten Sekretäre der Bezirksleitungen der SED, Berlin, 8. 10. 1989, 11.00 Uhr (BStU, ZA, MfS-SdM 664, Bl. 66).

17 Vgl. Chiffriertes Telegramm von Generalmajor Straßenburg an den Minister des Innern und Chef der Deutschen Volkspolizei, 10. 10. 1989, 2.00 Uhr: »Betr. Sachstandbericht zur Störung der öffentlichen Ordnung und Sicherheit in der Bezirksstadt nach dem ‚Montagsgebet' in der Nikolaikirche« (ARCHIV LAPOLDIR LPZ o. Nr.); vgl. auch die späteren Aussagen von Gerhard Straßenburg, Chef der BDVP Leipzig, in: Kuhn 1992, S. 133.

18 Hinweise auf Reaktionen progressiver Kräfte zur gegenwärtigen innenpolitischen Lage in der DDR, 8. 10. 1989, S. 2 (BStU, ZA, MfS-ZAIG 5351, Bl. 55–61; auch dok. in: Mitter/Wolle 1990, S. 204 ff.).

19 Neues Deutschland, 12. 10. 1989.

20 Gerhard Schürer, Persönliche Aufzeichnungen, Politbüro 10./11. 10. 1989, S. 8 (BArch / P, E-1-56321). – Gerhard Schürer hat die Diskussionsbeiträge der Politbüro-Mitglieder stichwortartig mitgeschrieben. Seine Notizen geben die Diskussion deshalb nicht vollständig wieder, vermitteln aber einen umfassenderen und zugleich authentischeren Eindruck über Inhalt und Verlauf der Auseinandersetzungen in der SED-Spitze als die selektiven und gefärbten Darstellungen von Honecker (in: Andert/Herzberg 1990, S. 25 ff.), Mittag (1991, S. 16 f.), Krenz (1990, S. 33–38), Hager (1996, S. 430 ff.) und Schabowski (1991, S. 253 ff.).

21 Gerhard Schürer, Persönliche Aufzeichnungen, Politbüro 10./11. 10. 1989, S. 9.

22 Ebd., S. 35.

23 Schabowski 1991, S. 256.

24 Krenz 1990, S. 138.

25 Befehl Nr. 9 des Vorsitzenden des NVR über Maßnahmen zur Gewährleistung der Sicherheit und Ordnung in Leipzig vom 13. 10. 1989, S. 3. – Hervorhebung v. Vf.

26 Ebd.

27 Vgl. Berliner Morgenpost, 8. 10. 1994, S. 1.

28 Interview mit Fritz Streletz, 9. Oktober 1996.

29 Über die Politbüro-Sitzung vom 17. 10. 1989 existiert ebenfalls eine stichwortartige Mitschrift von Gerhard Schürer, an der sich die folgende Darstellung orientiert. Auch für diese Mitschrift gelten die bereits oben getroffenen quellenkritischen Einschränkungen. Vgl. Gerhard Schürer, Persönliche Aufzeichnungen, Politbüro 17. 10. 1989, 16 handschriftliche, nichtpaginierte Seiten (BArch/P, E-1-56321).

30 Vgl. Protokoll Nr. 45 der Sitzung des Politbüros des ZK der SED vom 24. 10. 1989 (SAPMO-BArch, ZPA-SED, J IV 2/2/2354).

31 Referat von Egon Krenz auf der 9. Tagung des SED-Zentralkomitees am 18. 10. 1989, in: Hertle/Stephan 2012, S. 107.

32 Referat des Gen. Ministers zur Auswertung der 9. Tagung des ZK der SED und zu den sich daraus ergebenden ersten Schlussfolgerungen für die Tätigkeit des MfS, 21. 10. 1989 (BStU, ZA, MfS-ZAIG 4885, Bl. 75).

33 Ebd., Bl. 28.

34 Ebd., Bl. 21.

35 Vgl. dazu Bahrmann/Links 1994, S. 69.

36 Diese Zahlen hat Walter Süß aus den Informationen der ZAIG ermittelt. Vgl. Süß 1994, S. 10.

37 Fernschreiben von Günther Jahn an die Ersten Sekretäre der SED-Kreisleitungen im Bezirk Potsdam, 31. 10. 1989, S. 1 (BStU, ASt. Potsdam, AKG 617, Bl. 124).

38 Vgl. SAPMO-BArch, ZPA-SED, J IV 2/2A/3252.

39 MdI, Information vom 7. 10. 1989, S. 2.

40 MdI, Information zu Privatreisen nach § 7, Absätze 1 und 2, der Verordnung

vom 30. November 1988 über Reisen von Bürgern der DDR nach dem Ausland (Monat September 1989), Berlin, den 9. 10. 1989, S. 1.

41 Vgl. ZAIG, Wochenübersicht Nr. 44/89, 30. 10. 1989 (BStU, ZA, MfS-ZAIG 4599, Bl. 142).

42 Auf dem Tonmitschnitt beruhendes Wortprotokoll der 9. Tagung des SED-Zentralkomitees am 18. 10. 1989, in: Hertle/Stephan 2012, S. 117.

43 Protokoll Nr. 45 der Sitzung des Politbüros des ZK der SED vom 24. 10. 1989 (SAPMO-BArch, ZPA-SED, J IV 2/2/2354).

44 Neues Deutschland, 25. 10. 1989.

45 Willi Stoph, Erich Mielke, Gerhard Schürer, Friedrich Dickel, Oskar Fischer, Wolfgang Herger, Klaus Sorgenicht, Vorlage für das Politbüro des ZK der SED, Betreff: Entwurf des Gesetzes über Reisen von Bürgern der Deutschen Demokratischen Republik in das Ausland, o. D. (am 31. 10. 1989 im Politbüro behandelt).

46 Argumentation zum Entwurf des Reisegesetzes, S. 2.

47 Neues Deutschland, 6. 11. 1989.

48 Vgl. Protokoll Nr. 45 der Sitzung des Politbüros des ZK der SED vom 24. 10. 1989 (SAPMO-BArch, ZPA-SED, J IV 2/2/2354).

49 Gerhard Schürer, Gerhard Beil, Alexander Schalck, Ernst Höfner, Arno Donda, Vorlage für das Politbüro des Zentralkomitees der SED, Betreff: Analyse der ökonomischen Lage der DDR mit Schlußfolgerungen, 27. und 30. Oktober 1989 (SAPMO-BArch, ZPA-SED, J IV 2/2A/3252). Aus dieser Quelle stammen auch die nachfolgenden vier Zitate.

50 Vgl. die Reinschrift der Politbüro-Vorlage (in: SAPMO-BArch, ZPA-SED, J IV 2/2/2356) mit der ursprünglichen Vorlage (in: SAPMO-BArch, ZPA-SED, J IV 2/2A/3252).

51 Gerhard Schürer, Begründung zur Vorlage »Analyse der Lage der DDR mit Schlußfolgerungen« (Redemanuskript), Berlin, 31. 10. 1989, S. 9.

52 Niederschrift des Gesprächs des Genossen Egon Krenz, Generalsekretär des ZK der SED und Vorsitzender des Staatsrates der DDR, mit Genossen Michail Gorbatschow, Generalsekretär des ZK der KPdSU und Vorsitzender des Obersten Sowjets der UdSSR, am 1. 11. 1989 in Moskau; Berlin, 1. 11. 1989, S. 9 (SAPMO-BArch, ZPA-SED, IV 2/2.039/329). Aus dieser Quelle stammen auch die nachfolgenden zwölf Zitate.

53 Neues Deutschland, 2. 11. 1989.

54 Schreiben von Alexander Schalck an Egon Krenz, 13. 10. 1989 (I).

55 Vgl. »Plan und Ablauf« (handschriftliche Aufzeichnungen von Gerhard Schürer nach der PB-Sitzung vom 11. 10. 1989), S. 2 (BArch/P, E-1-56321).

56 Schreiben von Alexander Schalck an Egon Krenz, 13. 10. 1989 (II), S. 2.

57 Vgl. Alexander Schalck, Direktive für ein informelles Gespräch mit dem Bundesminister und Chef des Bundeskanzleramtes der BRD, Rudolf Seiters, sowie mit dem Mitglied des Vorstandes der CDU, Wolfgang Schäuble, 19. 10. 1989.

58 Alexander Schalck, Vermerk über ein informelles Gespräch des Genossen Alexander Schalck mit dem Bundesminister und Chef des Bundeskanzleramtes der BRD, Rudolf Seiters, sowie mit dem Mitglied des Vorstandes der CDU, Wolfgang Schäuble, am 24. 10. 1989, S. 2. Aus dieser Quelle stammen auch die nachfolgenden drei Zitate.

59 Gespräch zwischen dem Generalsekretär des ZK der SED, Genossen Egon Krenz, und dem Bundeskanzler der BRD, Herrn Helmut Kohl, am 26. 10. 1989, von 8.30 bis 8.44 Uhr. Mitschnitt, S. 6 f.

60 Ebd., S. 4.

61 Ebd., S. 4. Die beiden letzten Wünsche des Kanzlers wurden innerhalb von fünf Tagen erfüllt.

62 Schalck-Golodkowski 2000, S. 325/26.

63 Zur Vorgeschichte und Planung von Demonstration und Kundgebung siehe Braun/Schäbitz 2016, S. 73–93.

64 Vgl. Protokoll Nr. 47 der Sitzung des Politbüros des ZK der SED vom 31. 10. 1989 (SAPMO-BArch, ZPA-SED, J IV 2/2/2356). – Aus dem Versuch der Einflussnahme die These zu konstruieren, das MfS und die Berliner Bezirksleitung der SED hätten die Regie dieser Veranstaltung geführt (vgl. Der Spiegel Nr. 45, 6. 11. 1995, S. 3 und 72–79), ist abwegig. Walter Süß hat diese Behauptung detailliert widerlegt (vgl. Süß 1995, S. 1240–1252).

65 Protokoll Nr. 47 der Sitzung des Politbüros des ZK der SED vom 31. 10. 1989 (SAPMO-BArch, ZPA-SED, J IV 2/2/2356).

66 Siehe Fußnote 52, S. 31.

67 Siehe Fußnote 65, S. 5.

68 Protokoll Nr. 48 der Sitzung des Politbüros des ZK der SED vom 3. 11. 1989 (SAPMO-BArch, ZPA-SED, J IV 2/2/2357).

69 Fernschreiben von Günther Kleiber, stellv. Vorsitzender des DDR-Ministerrates, an alle Minister und Leiter zentraler Staatsorgane in Berlin, Oberbürgermeister von Berlin, 3. 11. 1989, 16.30 Uhr (BStU, ZA, MfS-SdM 51, Bl. 2).

70 Neues Deutschland, 4. 11. 1989.

71 Zur Kritik an der Übertreibung der Anzahl der Demonstrationsteilnehmer (500 000, wenn nicht eine Million) siehe Kowalczuk 2009, S. 451/452. Er hält eine Anzahl von mehr als 200 000 Teilnehmern für sehr unwahrscheinlich.

72 Alexander Schalck, Vermerk über ein informelles Gespräch des Genossen Alexander Schalck mit dem Bundesminister und Chef des Bundeskanzleramtes der BRD, Rudolf Seiters, sowie mit dem Mitglied des Vorstandes der CDU, Wolfgang Schäuble, am 6. 11. 1989, S. 2. Aus dieser Quelle stammen auch die nachfolgenden vier Zitate.

73 Schreiben von Alexander Schalck an Egon Krenz, 7. 11. 1989, S. 1 f.

74 Deutscher Bundestag, 11. Wahlperiode, 173. Sitzung, 8. 11. 1989, Stenographischer Bericht, S. 13 017. Um sicherzugehen, dass die SED-Führung Kohls Bundestagsrede am 8. 11. 1989 nicht verpasste, ließ Seiters Schalck am Abend

des 7. 11. gesondert auf den Kanzlerauftritt hinweisen. Vgl. Aktenvermerk von Alexander Schalck, 7. 11. 1989, 18.15 Uhr.

75 Schalck-Golodkowski 2000, S. 327.

76 Gespräch d. Vf. mit Claus-Jürgen Duisberg, 4. 5. 1994; siehe auch Duisberg 2005, S. 74.

77 Neues Deutschland, 6. 11. 1989.

78 Vgl. die Auszüge aus der Fernsehdiskussion, in: RIAS Monitor-Dienst, Montag, 6. 11. 1989, S. 1–7.

79 Zu den Forderungen und den Teilnehmerzahlen der Demonstrationen siehe die Ausgaben der SED-Bezirks-Zeitungen Freiheit (Halle), Freie Presse (Karl-Marx-Stadt), Sächsische Zeitung (Dresden), Schweriner Volkszeitung, Leipziger Volkszeitung, Volksstimme (Magdeburg), Märkische Volksstimme (Potsdam) vom 7. 11. 1989. Die Berichte des »Zentralen Operativstabes« des MfS verzeichnen für den 7. 11. 1989 in über mehr als Städten und Ortschaften Demonstrationen, oppositionelle Veranstaltungen und Bürgerforen mit annähernd 200 000 Teilnehmern; für den 8. 11. 1989 wurden mehr als 135 000 Demonstrationsteilnehmer in fast 50 Orten registriert (BStU, ZA, MfS-HA XXII 531, Bl. 117 ff.).

80 Telegramm von Ziebart an Fischer, Herger, Mielke, Ott, CT 139/89, 3. 11. 1989, 15.35 Uhr (BStU, ZA, MfS-SdM 636, Bl. 52 f.).

81 Botschaft des Genossen Jakès an Genossen Krenz, in: Protokoll Nr. 48 der Sitzung des Politbüros des ZK der SED vom 3. 11. 1989, S. 4 (SAPMO-BArch, ZPA-SED, J IV 2/2/2357).

82 Vgl. »Ablehnung von Ausreiseanträgen nur in ausgesprochenen Ausnahmefällen«. Gespräch mit dem Stellvertreter des Ministers des Innern, Dieter Winderlich, DDR-Fernsehen I, 4. 11. 89, 19.36 Uhr; Aktuelle Kamera, in: RIAS Monitor-Dienst, 3.–5. 11. 1989, S. 13.

83 Vgl. »Mitteilung der DDR-Botschaft in Prag«, in: Neues Deutschland, 4./5. 11. 1989.

84 Klaus Hartung, Der Fall der Mauer, in: Die Tageszeitung, 6. 11. 1989.

85 Protokoll Nr. 49 der Sitzung des Politbüros des ZK der SED vom 7. 11. 1989, S. 6. – Hervorhebung durch d. Vf. (SAPMO-BArch, ZPA-SED, J IV 2/2/2358).

86 Gemeint war der Übergang Brambach / Vojtanow (Cheb). Vgl.: Minister für Auswärtige Angelegenheiten, Vermerk über ein Gespräch zwischen Genossen Oskar Fischer und dem sowjetischen Botschafter, Genossen W. L. Kotschemassow, am 7. 11. 1989, 11.45 Uhr, Berlin, 7. 11. 1989, S. 2 (BArch/P, D C-20 4933). – Was immer Fischer unter dieser Entlastung verstand: Sie war der Anlass für ein folgenschweres Missverständnis zwischen ihm und Kotschemassow. Aus dieser Quelle stammen auch die nachfolgenden zwei Zitate.

87 Schreiben von Oskar Fischer an Egon Krenz, 8. 11. 1989, S. 1 (BArch/P, D C-20 4933).

88 Zu den Aufgaben der ZKG siehe Eisenfeld 1995.

89 Telegramm von Ziebart an Fischer/Ott/Schwiesau, 8. 11. 1989 (BStU, ZA, MfS-Arbeitsbereich Neiber 553, Bl. 2).

90 Ebd.
91 Vgl. das auf dem Tonmitschnitt beruhende Wortprotokoll der 10. Tagung des SED-Zentralkomitees vom 8.–10. 11. 1989, in: Hertle/Stephan 2012, hier S. 135 ff.
92 Ebd., S. 169 ff.
93 Der Appell erschien am 9. 11. 1989 auf der ersten Seite des »Neuen Deutschland« und war unterzeichnet von Christa Wolf, Ulrich Plenzdorf, Stefan Heym, Volker Braun, Ruth Berghaus, Christoph Hein, Kurt Masur, Bärbel Bohley (Neues Forum), Ehrhart Neubert (Demokratischer Aufbruch), Uta Forstbauer (Sozialdemokratische Partei), Hans-Jürgen Fischbeck (Demokratie Jetzt) und Gerhard Poppe (Initiative Frieden und Menschenrechte).

9. November 1989: Der Fall der Mauer (S. 88–195)

1 Vom Vf. angefertigte Transkription der Ton-Aufzeichnung der 10. Tagung des Zentralkomitees der Sozialistischen Einheitspartei Deutschlands, 8.–10. 11. 1989 (SAPMO-BArch, ZPA-SED, TD 738; im Folgenden zit. als: 10. ZK-Tagung, 8.–10. 11. 1989, Ton-Aufzeichnung), dokumentiert in: Hertle/Stephan 2012, hier S. 364. Auch im Folgenden wird auf den dort dokumentierten Originalton des 10. ZK-Plenums zurückgegriffen, zumindest immer dann, wenn die archivierte stenographische Niederschrift und das veröffentlichte Protokoll vom gesprochenen Wort abweichen.
2 10. ZK-Tagung, 9. 11. 1989, Transkription der Ton-Aufzeichnung, dokumentiert in: Hertle/Stephan 2012, S. 366.
3 Ebd., S. 378.
4 Ebd., S. 379.
5 Gespräch d. Vf. mit Werner Eberlein, 15. 12. 1992.
6 Generalleutnant Dr. Werner Irmler, Jg. 1930, Förster, seit 1. 2. 1952 MfS. Beruflicher Aufstieg vom Sachbearbeiter über Hauptsachbearbeiter, stellvertretender Referatsleiter, Referatsleiter zum stellvertretenden Leiter und ab 1965 zum Leiter der ZAIG. 1970 Promotion an der Juristischen Hochschule des MfS in Potsdam; Mitglied des Kollegiums des MfS. Am 6. 12. 1989 beurlaubt, seit Januar 1990 in Rente.
7 Gespräche d. Vf. mit Udo Lemme, 28. 2. 1992 und 22. 4. 1994, mit Hans-Joachim Krüger, 11. 3. 1992 und 7. 12. 1994, sowie mit Gerhard Lauter, 24. 2. 1992 und 28. 5. 1994. Gotthard Hubrich ist 1990 verstorben.
8 Gespräch d. Vf. mit Udo Lemme, 28. 2. 1992.
9 Fernschreiben der BVfS Karl-Marx-Stadt an MfS Berlin (Neiber, ZAIG, ZKG, ZOS, HA VI), o. D. (7. 11. 1989) (BStU, ZA, MfS-Arbeitsbereich Neiber 79, Bl. 227).
10 Dieser Abstimmungsprozess wird im Übrigen von allen Seiten bestätigt (Gespräche d. Vf. mit Wolfgang Herger, 5. 3. 1992; mit Gerhard Lauter, 24. 2. 1992 und 28. 5. 1994, sowie mit Hans-Joachim Krüger, 7. 12. 1994).
11 Vgl. zu diesem Vorgang BStU, ZA, MfS-Arbeitsbereich Neiber 553.
12 Gespräch des Vf. mit Harry Möbis, 18. 8. 1992. – Dr. Harry Möbis, Jg. 1930, Metallarbeiter, später Wirtschaftswissenschaftler. Seit 1967 Staatssekretär

und Leiter der Arbeitsgruppe für Staats- und Wirtschaftsführung beim Ministerrat; seit 1973 Staatssekretär und Leiter der Arbeitsgruppe Organisation und Inspektion. Am 8. November 1989 übernahm Möbis zusätzlich von Kurt Kleinert, der diese Funktion seit 1974 bekleidete und »aus gesundheitlichen Gründen« ausschied, die Leitung des Sekretariats des Ministerrats, die er auch unter der Modrow-Regierung innehatte. Möbis war einer Aufstellung der Zeitschrift »Die Andere« zufolge zugleich als einer der bestdotierten »Offiziere im besonderen Einsatz« (OibE) für die HA XVIII (Sicherung der Volkswirtschaft) des Ministeriums für Staatssicherheit tätig (vgl. Die Andere Nr. 12, 20. 3. 1991, Beilage Nr. 3: Die Hauptamtlichen, Teil 1: Die oberen Zweitausend auf den Gehaltslisten der Stasi, S. III).

13 Gespräch d. Vf. mit Hans Modrow, 4. 1. 1995.

14 Hierzu und zum Folgenden: Gespräch d. Vf. mit Klaus Mehnert, 27. 10. 1993.

15 Hierzu und zum Folgenden: Gespräch d. Vf. mit Wolfgang Petter, 5. 11. 1993.

16 BStU, ZA, MfS-RS 101, Bl. 43.

17 BStU, ZA, MfS-RS 101, Bl. 42.

18 Schriftliche Mitteilung von Manfred Heinrich an den Vf., 26. 7. 1995.

19 Gespräch d. Vf. mit Günther Wyschofsky, 14. 12. 1994. Im Ministerium für Chemie blieb die Umlauf-Vorlage auf dem Schreibtisch von Staatssekretär Quaas als amtierendem Minister liegen.

20 Vgl. die verschiedenen Entwürfe der Durchführungsbestimmung, in: BArch/P, MdI-HA PM Nr. 54462, sowie: BStU, ZA, MfS-Arbeitsbereich Neiber 553, Bl. 20–25.

21 Fernschreiben, Dringlichkeitsstufe Flugzeug, an: Chefs BDVP, alle Ltr. d. VPKÄ, Stellv. des Vorsitzenden, Betreff: Privatreisen und ständige Ausreisen nach dem nichtsozialistischen Ausland, 9. 11. 1989.

22 Siehe die entsprechenden Aktenvermerke Lauters vom 9. 11. 1989, in: BArch/P, MdI 54462.

23 Krenz 1990, S. 179.

24 Als nächster Redner stand Günther Jahn, der 1. Sekretär der SED-Bezirksleitung Potsdam, auf der Liste.

25 Wegen der Besetzung des Gebäudes durch 130 ausreisewillige DDR-Bürger war die Ständige Vertretung der Bundesrepublik Deutschland in Ost-Berlin am 8. August 1989 für den Besucherverkehr geschlossen worden. An der Schließung wurde über das Ende der Besetzung hinaus festgehalten und dies mit dringend erforderlichen Reparaturarbeiten begründet.

26 Hans-Joachim Hoffmann, 1929–1994, von 1973 bis 1989 Kulturminister der DDR und von 1976 bis 1989 bzw. 1990 Mitglied des Zentralkomitees der SED und Abgeordneter der Volkskammer der DDR.

27 Armeegeneral Friedrich Dickel, 1913–1993, als Nachfolger von Karl Maron von 1963 bis 1989 Minister des Innern und Chef der Volkspolizei. Von 1967 bis 1989 Mitglied des Zentralkomitees der SED und Abgeordneter der Volkskammer der DDR. Mitglied des Nationalen Verteidigungsrates.

28 Prof. Dr. Manfred Banaschak, Jg. 1929, Chefredakteur der theoretischen Zeitschrift der SED »Einheit«.

29 10. ZK-Tagung, 9. 11. 1989, Transkription der Ton-Aufzeichnung, dokumentiert in: Hertle/Stephan 2012, S. 303–306.

30 Fernschreiben des ZK der SED an die Ersten Sekretäre der Bezirks- und Kreisleitungen der SED sowie Gen. Horst Brünner, NVA, Gen. Erwin Primpke, MdI, Gen. Horst Felber, MfS, 9. 11. 1989, 16.55 Uhr, CFS-Nr. 190. – Der von Thilo Fischer, dem stellvertretenden Büroleiter des Politbüros, abgezeichnete Entwurf des Fernschreibens ist im Aktenbestand des »Büro Krenz« überliefert, das Fernschreiben selbst dagegen nicht (SAPMO-BArch, ZPA-SED, IV 2/2.039/314, Bl. 51 f.).

31 Günter Schabowski, in: Hertle u. a. 1990, S. 39. Sinngemäß hat sich Schabowski auch in seinen Memoiren geäußert (vgl. Schabowski 1991, S. 306).

32 Wolfgang Herger und Siegfried Lorenz, die während der ZK-Tagung im Präsidium die Sitzplätze neben Krenz einnahmen, bestätigen die Übergabe des Papiers an Schabowski im Plenarsaal. Die gelegentlich kolportierte Behauptung, Schabowski sei der verlesene Zettel erst während der Pressekonferenz zugesteckt worden (so etwa Guido Knopp, in: Aanderud 1991, S. 7 und S. 116), möglicherweise gar vom KGB, ist eindeutig falsch.

33 Krenz 1990, S. 182.

34 Schabowski 1991, S. 306; Schabowski, in: Hertle u. a. 1990, S. 39.

35 Meine früheren Darstellungen gingen von dieser Annahme aus. (Vgl. Hertle 1995 b). Sie wird im Folgenden auf der Grundlage neu hinzugezogener Quellen verworfen.

36 Günter Schabowski, in: Hertle u. a. 1990, S. 39. – Auch der »Spiegel«-Reporter Cordt Schnibben, der Schabowski im Frühjahr 1990 ausführlich befragte, veröffentlichte als Ergebnis in seiner Reportage: »Schabowski liest den Zettel weder im ZK noch im Auto.« (Der Spiegel Nr. 18, 30. 4. 1990, S. 208).

37 Günter Schabowski, »Egon, das Ding ist gelaufen, mach dir mal keen Kopp«, in: Der Morgen, 7. 12. 1990, S. 21. – Zwei Jahre später vollzog Schabowski jedoch einen Erinnerungswechsel und gab nun an, den Text im Dunklen während der maximal fünfminütigen Fahrt vom ZK-Gebäude zum Internationalen Pressezentrum in der Mohrenstraße durchgesehen zu haben: »Auf dem Wege zur Pressekonferenz habe ich im Auto das Papier überflogen und fand, wenn auch verklausuliert, es ist sozusagen ›das Ding‹« (Günter Schabowski, in: Protokoll der 25. Sitzung der Enquete-Kommission, 26. 1. 1993). Außenhandelsminister Gerhard Beil, der Günter Schabowski auf der Fahrt ins Pressezentrum begleitete und als Podiumsteilnehmer an der Pressekonferenz teilnahm, hat demgegenüber erklärt, dass Günter Schabowski im Auto nichts gelesen habe (Mitteilung von Peter Brinkmann an den Vf.).

38 Davon zeugen die konfusen Informationen und die Hilflosigkeit, mit der Schabowski während der Pressekonferenz auf Nachfragen reagierte. Schon die Ausführungen von Schabowski vor den ersten Zwischenrufen zeigen,

dass er den Verordnungstext tatsächlich nicht kannte und irrtümlich der Ansicht war, dass aus dem Entwurf des Reisegesetzes nur der Passus herausgenommen worden war und in Kraft treten sollte, der »die ständige Ausreise regelt, also das Verlassen der Republik«. Darüber hinaus teilte er als seine Ansicht mit – und sprach dabei in der Aufregung die Journalisten als »Genossen« an (»also, Genossen, mir ist das hier also mitgeteilt worden«) –, dass die ihm neben der Verordnung ebenfalls von Krenz mitgegebene Pressemitteilung »heute schon (äh) verbreitet worden ist. Sie müßte eigentlich in Ihrem Besitz sein« – was nicht der Fall war. Und schließlich tat er auf Nachfragen während der Pressekonferenz noch kund, dass »ich nun in dieser Frage nicht, also, ständig auf dem Laufenden bin, sondern kurz, bevor ich rüberkam (ins Pressezentrum in der Mohrenstraße, d. Vf.), diese Information in die Hand gedrückt bekam« – um nur die offensichtlichsten Belege für Schabowskis völlige Unkenntnis des Verordnungstextes aufzulisten (siehe die Belege für die Zitate weiter unten).

39 Günter Schabowski, Für PK, o. D., handschriftliche Aufzeichnung.

40 Gespräch d. Vf. mit Günter Schabowski, 24. 1. 1993. – Günter Schabowski hat diese Begründung für die Platzierung der Reiseverordnung am Schluss (»Eingeständnis einer hastigen Pannenkorrektur«) und auch für sein schnelles Lesetempo später wieder aufgegriffen: »Ich habe diese Formulierung in schnellem Tempo vorgelesen, weil ich vor der Öffentlichkeit nicht auch noch betonen wollte, dass das ein Schritt aus der Bedrängnis war« (Schabowski 2009, S. 31).

41 Gespräch d. Vf. mit Hans-Joachim Heusinger, 21. 10. 1993. Zur Fraktionssitzung der LDPD an diesem Tag vgl. auch Gerlach 1991, S. 318 ff.

42 Gespräch d. Vf. mit Siegfried Wittenbeck, 8. 10. 1993; Gespräch d. Vf. mit Karl-Heinz Christoph, 14. 9. 1993.

43 Schreiben des Ministers der Justiz (in Vertretung Wittenbeck) an das Sekretariat des Ministerrates (Manfred Sauer), 9. 11. 1989, in: BArch/P, C-20 I/3-2867, Bl. 52.

44 Vgl. Gerlach 1991, S. 319.

45 Gespräch d. Vf. mit Hans-Joachim Heusinger, 21. 10. 1993.

46 Der ersatzlos gestrichene erste Punkt des Ministerrat-Beschlussentwurfs lautete: »1. Die Verordnung vom 30. November 1988 über Reisen von Bürgern der DDR in das Ausland (GBl. I Nr. 25, S. 271) findet bis zur Inkraftsetzung des neuen Reisegesetzes keine Anwendung mehr.«

47 Gespräch d. Vf. mit Udo Lemme, 22. 4. 1994.

48 Telegramm, Dringlichkeit: Flugzeug, Absender: Minister (gez. Neiber, Generalleutnant), Empfänger: Leiter der BV 1 – 15, Berlin, den 9. 11. 1989, VS 2992/89E, FS-Nr. 260, BdL 313/89 (BStU, ZA, MfS-SdM Nr. 2275, Bl. 58). – Einem Vor-Entwurf des Telegramms ist zu entnehmen, dass es ursprünglich von Generaloberst Mittig unterzeichnet werden sollte (vgl. BStU, ZA, MfS-Arbeitsbereich Neiber 553, Bl. 13). Mittig jedoch nahm an der ZK-Ta-

gung teil und scheint nicht erreichbar gewesen zu sein, weshalb dann Neiber einsprang. Um wie viel Uhr die ZAIG bzw. Neiber dieses Telegramm an die Leiter der Bezirksverwaltungen abschickte, geht aus dem Dokument nicht hervor. Dass es sich um das in den Lagefilmen der MfS-Kreisdienststellen Magdeburg und Salzwedel um 21.13 Uhr verzeichnete »CFS 5359-Fl.« handelt, kann an dieser Stelle nur als Vermutung geäußert werden (vgl. KD Salzwedel, ODH-Rapport 9. 11. 89, 9.00 Uhr, bis 10. 11. 89, 8.00 Uhr, in: BStU, ASt. Magdeburg, KD Salzwedel – ODH-Rapporte, Bl. 79; KD Magdeburg, ODH-Rapport 9. 11. 89, 7.45 Uhr, bis 10. 11. 89, 7.45 Uhr, in: BStU, ASt. Magdeburg, KD Magdeburg, ODH-Rapporte, Bl. 2).

49 Das Telegramm zeigt, dass die zwischen dem Sekretariat des Ministerrates und dem MdI aufgrund des Wittenbeck-Einspruchs vorgenommene Streichung des ersten Punktes im MfS zu diesem Zeitpunkt zumindest noch nicht angekommen war.

50 Etwa die Hälfte aller Mitarbeiter des MdI – rund 1000 – war im Stab beschäftigt.

51 Winderlich hatte für das MdI kurz vor Mittag das Anschreiben an Harry Möbis unterschrieben, mit dem dem Ministerrats-Vorsitzenden der Reiseverordnungs-Beschlussentwurf samt einem Begleitbrief des Innenministers zugestellt wurde. Das Anschreiben (»Werter Genosse Staatssekretär! Wie telefonisch abgesprochen, überreiche ich eine Kopie eines Anschreibens des Ministers des Innern und Chefs der DVP an den Vorsitzenden des Ministerrates. Mit sozialistischem Gruß, Winderlich«) ist in den Ministerrats-Unterlagen überliefert (BArch/P, C-20, I/3-2867, Bl. 54).

52 BdVP Frankfurt (Oder)/ODH, Rapport Nr. 313/89, Lagefilm vom 9. 11. 89, 7.30 Uhr, bis 10. 11. 89, 7.30 Uhr (ARCH POLPRÄS F(O) Nr. 14208); vgl. auch: Volkspolizei-Kreisamt Frankfurt (Oder)/ODH, Rapport Nr. 287/89 für die Zeit vom 9. 11. 89, 4.00 Uhr, bis 10. 11. 89, 4.00 Uhr, Dienstsache 314/89, Frankfurt (O), den 10. 11. 89, Nr. 15 (ARCH POLPRÄS F(O) Nr. 16563).

53 Für Hintergrundinformationen über den Ablauf der Pressekonferenz Schabowskis vom 9. 11. 1989 danke ich Riccardo Ehrman (ANSA), Christian Glass (damals RIAS-TV), Eberhard Grasshoff (damals Pressesprecher der Ständigen Vertretung), Karl-Heinz Baum (Frankfurter Rundschau), Albrecht Hinze (Süddeutsche Zeitung) und Volker Warkentin (Reuters).

54 Vgl. zum Folgenden das ARD-Kamera-Interview mit Riccardo Ehrman, 14. 4. 2009 (Abschrift); Der Tagesspiegel, 17. 4. 2009.

55 Gespräch d. Vf. mit Günter Pötschke, 9. 12. 1994.

56 Schabowski übersprang an dieser Stelle zunächst die vier Worte: »bzw. zu Berlin (West)«, doch diesem Punkt galt – siehe unten – bereits die zweite Frage.

57 Angabe basierend auf Recherchen der »Saarbrücker Zeitung« (Werner Kolhoff) und »The Wall Street Journal« (Marcus Walker) sowie den Aussagen von Ralph T. Niemeyer. Der »Saarbrücker Zeitung« zufolge stand Niemeyer hinten

rechts im Saal des Pressezentrums, von Schabowski aus gesehen also links. »Es gab ein großes Durcheinander. Schabowski kannte mich und blickte wohl deshalb zu mir, als ich rief: ›Ab wann gilt das?‹«, zitiert die »Saarbrücker Zeitung« Ralph T. Niemeyer (siehe: Werner Kolhoff, Auch Wagenknechts Ex-Mann ließ die Mauer fallen, in: Saarbrücker Zeitung, 30. 10. 2014). – Gegenüber dem »Wall Street Journal« (WSJ) hat sich der Journalist und Dokumentarfilmer Ralph T. Niemeyer ebenfalls im Oktober 2014 per E-Mail neben den namentlich bereits bekannten Riccardo Ehrman, Krzysztof Janowski und Peter Brinkmann als vierter Fragesteller bekannt. Er habe sich bisher nicht zu Wort gemeldet, teilte er dem WSJ mit, »weil er bis 2013 mit Sahra Wagenknecht verheiratet gewesen sei (...).« Wagenknecht sei nicht glücklich gewesen über die Rolle, die er bei der Demontage der DDR gespielt habe, gibt Marcus Walker Äußerungen Ralph T. Niemeyers wieder, und zitiert ihn mit den Worten: »Da Sahra und ich nun geschieden sind, mache ich mir darum keine Gedanken mehr« (siehe: Marcus Walker, The Fourth Man: Who Prompted the Fall of the Berlin Wall? In: The Wall Street Journal, 5. 11. 2014). Die Identität von Ralph T. Niemeyer als »vierter Mann« lasse sich jedoch nicht abschließend klären, heißt es in dem Artikel. Eine Bestätigung von unabhängiger Seite etwa aus dem Kreis der Teilnehmer der Pressekonferenz liegt auch dem Vf. bislang nicht vor.

58 Vom Verfasser angefertigte Niederschrift einer Bildaufzeichnung der Pressekonferenz von Günter Schabowski am 9. 11. 1989 über den zweiten Tag der Beratungen der 10. ZK-Tagung der SED im Internationalen Pressezentrum der DDR in Berlin, Stand: 1. 6. 2019 (Aktuelle Kamera – Pressekonferenz des ZK vom 9. 11. 1989, in: DRA, BC 26203). Die Niederschrift erfolgte nach Gehör, Übertragungsfehler und Fehler der Zuordnung insbesondere der Zwischenrufe sind nicht auszuschließen. Siehe auch die – leicht unterschiedliche – Niederschrift bei Marcus Walker, Did Brinkmannship Fell Berlin's Wall? Brinkmann Says It Did, The Wall Street Journal, 21. 10. 2009, sowie Marcus Walker, The Fourth Man: Who Prompted the Fall of the Berlin Wall? In: The Wall Street Journal, 5. 11. 2014.

59 RIAS-TV, Sondersendung »Die Nacht der offenen Grenzen«, 10. 11. 1989, 6.00–9.00 Uhr (Archiv Deutsche Welle).

60 Vgl. Geisler 1992, S. 260 f.

61 Ebd.

62 Gespräch d. Vf. mit NBC-Reporterin Michelle Neubert, 11. 7. 1995.

63 Vgl. die Schilderung von Marc Kusnetz in: Goldberg/Goldberg 1990, S. 262, und von Tom Brokaw in: Ross Range 1991, S. 7, zit. nach Bortfeldt 1993, S. 62.

64 NBC Nightly News, Thursday, November 9, 1989, Title: »Berlin Wall is opened for unrestricted travel for the first time since its construction 28 years ago«. Hit time: 7:01:47 (NBC News Archives, New York, deutsche Übersetzung; vgl. dazu auch Geisler 1992, S. 261).

65 NBC Nightly News, Thursday, November 9, 1989, Title: »Berlin Wall is opened

for unrestricted travel for the first time since its construction 28 years ago«. Hit time: 7:01:47 (NBC News Archives, New York).

66 Günter Schabowski, in: Hertle/Pirker/Weinert 1990, S. 40.

67 Diese Szene mit Tom Brokaw wurde von einem Kamerateam des SFB eingefangen. – Das Interview mit Schabowski wurde in den NBC-Abendnachrichten kurz nach 19.00 Uhr US-Zeit (10. 11., 1.00 MEZ) ausgestrahlt.

68 Reuters, 9. 11. 1989, 19.03 Uhr: »Ausreisewillige DDR-Bürger können ab sofort über alle Grenzübergänge der DDR in die Bundesrepublik Deutschland ausreisen.« – DPA, 9. 11. 1989, 19.04 Uhr: »Von sofort an können DDR-Bürger direkt über alle Grenzstellen zwischen der DDR und der Bundesrepublik ausreisen.«

69 Associated Press, 9. 11. 1989, 19.05 Uhr.

70 Wolfgang Meyer, 1934–2011. Journalist, ADN-Korrespondent in verschiedenen Ländern, von 1975 bis zum 6. 11. 1989 Leiter der Hauptabteilung Presse und Information des MfAA. Ab 7. 11. 1989 bis zur Volkskammerwahl im März 1990 Regierungssprecher und Leiter des Presseamtes des Ministerrates im Range eines Ministers der DDR.

71 Die Funktion des Regierungssprechers gehörte zur Nomenklatur der ZK-Abteilung Agitation und Propaganda.

72 Günter Pötschke, 1929–2006. Journalist; 1965–1968 stellvertretender Generaldirektor des ADN, 1968–1977 stellvertretender Leiter der ZK-Abteilung für Agitation, 1977–1989 Generaldirektor des ADN. Seit 1981 Kandidat, 1986–1989 Mitglied des Zentralkomitees der SED.

73 Gespräch d. Vf. mit Wolfgang Meyer, 1. 2. 1995.

74 ADN, 9. 11. 1989, 19.04 Uhr (Schlagzeile: »DDR-Regierungssprecher zu neuen Reiseregelungen«).

75 DPA übermittelte den Wortlaut der neuen Reiseregelung unter Berufung auf ADN bereits um 19.23 Uhr.

76 ADN, 9. 11. 1989, 22.55 Uhr: Berichtigung.

77 Vgl. BDVP Leipzig, Lagefilm der Führungsgruppe vom 9. 11.–10. 11. 1989, Bl. 105 (ARCHIV LAPOLDIR LPZ 11449).

78 BDVP Leipzig, Lagefilm des ODH vom 9. 11.–10. 11. 1989 (lfd. Nr. 61/11) (ARCHIV LAPOLDIR LPZ 11449).

79 Warum zwischen dem Eingang des Fernschreibens, das mit der höchsten Dringlichkeitsstufe »Flugzeug« versehen war, und seinem Empfang in den BDVP annähernd zwei Stunden vergingen, ist eine Frage, die nicht zu klären war. Die Chiffrierung alleine dürfte nicht mehr als eine halbe Stunde in Anspruch genommen haben.

80 Der etwa zehnköpfigen »Führungsgruppe« gehörte nach Angabe von Karl-Heinz Wagner jeweils ein Mitarbeiter aus den operativen Bereichen des MdI – der Kriminal-, Verkehrs- und Transportpolizei, der HA PM usw. – an; sie stand unter Leitung des Stellvertreters Operativ des Chefs des Stabes und der Abteilung Operativ. Parallel zum ODH, der überwiegend die polizeiliche Lage registrierte, hielt die Führungsgruppe des MdI den Kontakt mit den

Führungsgruppen der BDVP und nahm deren Meldungen über die politischen Aktivitäten in den Bezirken entgegen (Gespräch d. Vf. mit Karl-Heinz Wagner, 12. 6. 1995).

81 Vgl. Fernschreiben des MdI an die BDVP 1 bis 15, Chef, alle VPKÄ, Ltr., RdB 1 bis 15, Stellvertreter des Vorsitzenden für Inneres der RdB und RdK/Stadtbezirke, Betr.: Privatreisen und ständige Ausreisen nach dem nichtsozialistischen Ausland, 9. 11. 1989, Eingang: 21.19 Uhr (ARCHIV REGPRÄS. HLE; auch vorhanden in: ARCHIV POLPRÄS. PDM, Ordner FS MdI-Chef-Nachgeordnete, 1989/1990).

82 Aktuelle Kamera, 9. 11. 1989, 19.30 – 20.00 Uhr (Deutsches Rundfunkarchiv/Standort Berlin, Fernseharchiv).

83 Vgl. Momper 1991, S. 103/104; vgl. zum Folgenden auch Eisenhuth 2012, insbes. S. 59 – 62.

84 Brief des Regierenden Bürgermeisters von Berlin, Walter Momper, an Bundeskanzler Helmut Kohl, 6. 11. 1989, in: BStU, ZA, MfS-SdM 2076, Bl. 139 – 141.

85 »Der völlig unerwartete Besucherstrom«, heißt es in dem am 20. November 1989 fertggestellten Bericht, »stellte vor allem die Mitarbeiter von BVG, Polizei, Sozialverwaltung und Verkehrsamt sowie diejenigen der mit der Auszahlung des Begrüßungsgeldes beauftragten Stellen in den Sozialämtern der Bezirke vor Aufgaben, die nur unter größter Einsatzbereitschaft gelöst werden konnten.« Vgl. Senatsverwaltung für Wirtschaft, Bericht der vom Senat am 31. Oktober eingesetzten Projektgruppe zur Vorbereitung auf einen verstärkten Besucher- und Reiseverkehr aus Ost-Berlin und aus der DDR, Berlin, den 20. November 1989 (Registratur der Senatskanzlei beim RegBM).

86 [MfAA-]Abteilung Westberlin, Bericht über die Unterredung des Genossen Walter Müller mit dem Beauftragten des Senats von Berlin (West), Senatsdirigent Gerhard Kunze, am 3. November 1989, Berlin, 3. 11. 1989, in: BStU, ZA, MfS-SdM 255, Bl. 106 – 114.

87 Gespräch d. Vf. mit Walter Momper, 7. 3. 1996.

88 SFB-Abendschau, 9. 11. 1989, Beginn 19.20 Uhr.

89 Gespräch d. Vf. mit Dieter Schröder, 10. 4. 1996; siehe auch Schröder 2002, S. 140 ff.

90 Präsidium der Volkspolizei Berlin, Rapport Nr. 230 für die Zeit vom 9. 11. 1989, 4.00 Uhr, bis zum 10. 11. 1989, 4.00 Uhr (im Folgenden zitiert als PdVP-Rapport Nr. 230), lfd. Nr. 11 (ARCHIV POLPRÄS BLN/DEZ VB 132).

91 Der Präsident des PdVP Berlin, Generalmajor Friedhelm Rausch, befand sich zu diesem Zeitpunkt seinen Angaben zufolge zwar noch in seinem Dienstzimmer, erhielt jedoch von diesem Vorbefehl seines Stellvertreters Operativ keine Kenntnis. Rausch, der die Pressekonferenz Schabowskis verpasst hatte, begab sich gegen 20.00 Uhr auf den Heimweg nach Zeuthen. Nachdem ihm sein ODH zunächst Menschenansammlungen an der Grenze, dann die Öffnung der Bornholmer Straße gemeldet habe, so Rausch, habe er Schabowski, der als 1. Sekretär der Berliner Bezirksleitung der SED und somit auch

als Vorsitzender der BEL noch nicht ersetzt worden war, angerufen und ihn nach seinem Eindruck als Erster darüber informiert. »Herrscht Ruhe? Wird geschossen? Wie ist die Lage?« habe ihn Schabowski aufgeregt gefragt, sich aber beruhigt gezeigt, als er hörte, dass alles friedlich ablaufe (Gespräch d. Vf. mit Friedhelm Rausch, 28. 6. 1995).

92 Es handelt sich um die Volkspolizei-Inspektionen in den Stadtbezirken Friedrichshain, Köpenick, Lichtenberg, Marzahn, Mitte, Pankow, Prenzlauer Berg, Treptow, Weißensee, Hohenschönhausen und Hellersdorf.

93 PdVP-Rapport Nr. 230, lfd. Nr. 12 (ARCHIV POLPRÄS BLN/DEZ VB 132). – Dem Lagefilm der VPI Friedrichshain ist zu entnehmen, dass die Leiter Pass- und Meldewesen sowie die Leitungsdienste der VPI um 21.09 Uhr aufgefordert wurden, sich um 23.00 Uhr im Polzeipräsidium einzufinden (vgl. VPI Friedrichshain/ODH, Rapport 268/89 für den 9. 11. 1989, 4.00 Uhr, bis 10. 11. 1989, 4.00 Uhr, Nr. 27; ARCHIV POLPRÄS BLN/DEZ VB 132).

94 Tagesschau, 9. 11. 1989, 20.00 – 20.16 Uhr.

95 DPA, 9. 11. 1989, 19.41 Uhr.

96 DPA, 9. 11. 1989, 19.56 Uhr.

97 Tagesschau, 9. 11. 1989, 20.00 – 20.16 Uhr.

98 Vgl. (MfS-)Bezirksverwaltung Potsdam, Rapport Nr. 313/89, Zeitraum vom 9. 11. 1989, 6.00 Uhr, bis 10. 11. 1989, 6.00 Uhr, Information Nr. 2132 (BStU, ASt. Potsdam, AKG 1750, Bl. 43).

99 PdVP-Rapport Nr. 230, lfd. Nr. 13 (ARCHIV POLPRÄS BLN/DEZ VB 132).

100 BdVP Magdeburg/ODH, Rapport Nr. 222/89, 9. 11. 1989, Nr. 8 (ARCH REGPRÄS MBG DEZ 23 Nr. 17224).

101 Gespräch d. Vf. mit Karl-Heinz Wagner, 12. 6. 1995.

102 Gespräch d. Vf. mit Karl-Heinz Wagner, 24. 4. 1995.

103 Vgl. Ministerrat der DDR/MfNV, Aufgaben der Grenztruppen der DDR an den Grenzübergangsstellen, DV 018/0/005, GVS-Nr. A 372404, 1980 (BStU, ZA, MfS-AGM, Bl. 272 – 448).

104 Die Grenzabfertigung war dem MfS am 1. 7. 1962 übertragen worden. Vgl. dazu auch Petzold 1994, S. 110 ff.

105 Vgl. Ministerrat der DDR/MfS/HA VI, Ordnung über die Durchführung der Paßkontrolle an den Grenzübergangsstellen der DDR – Paßkontrollordnung, (BStU, ZA, MfS-HA/Ltr./RuG/534/78). – Als Dienststelle hatten die Mitarbeiter der PKE bei Anfragen von Reisenden das »Kommando der Grenztruppen der DDR« anzugeben (vgl. ebd., Punkt I/1, S. 9).

106 Abweichend davon wurde in den Grenzregimentern-35 (Niederschönhausen) und -38 (Hennigsdorf) seit 1. 12. 1988 die Kompaniesicherung erprobt (vgl. Befehl Nr. 70/88 des Chefs der Grenztruppen vom 13. 10. 1988, in: BStU, ZA, MfS-Arbeitsbereich Neiber 62, Bl. 120 – 129). Das bedeutete, dass der jeweils 1. bis 4. Kompanie dieser beiden Regimenter Grenzabschnitte fest zugeordnet wurden; die Kräfte der 5. Kompanie wurden ihnen je nach Bedarf als flexibel einsetzbare Reserve zugewiesen. Die Offiziere der vier Kompanien

sollten auf diese Weise enger mit den örtlichen Funktionären der Partei- und Staatsorgane sowie der Bevölkerung im Grenzgebiet verbunden werden, um insbesondere das System der Tiefensicherung der Grenze weiter zu perfektionieren. Zur internen, positiven Einschätzung der Ergebnisse der Kompaniesicherung vgl. Abt. Sicherheitsfragen / Sektor Nationale Volksarmee, Information über die Beratungen zu Problemen des Zusammenwirkens der Grenztruppen der DDR, des MfS und der VP sowie der Zusammenarbeit mit den örtlichen Partei- und Staatsorganen bei der Erprobung der Kompaniesicherung in den Grenzregimentern Niederschönhausen (Berlin) und Hennigsdorf (Potsdam), Berlin, 26. April 1989 (BStU, ZA, MfS-SdM 705, Bl. 5–13).

107 Die verstärkte Grenzsicherung erfolgte im Dritteldienst. Das bedeutete den aufeinanderfolgenden Einsatz von drei Kompanien mit den Dienstzeiten 20.00–04.00 Uhr, 04.00–10.00 Uhr und 10.00–20.00 Uhr. Die vierte Kompanie wurde als Verstärkung auf die drei diensthabenden Kompanien aufgeteilt.

108 Der Sicherungszug für die GÜSt Bornholmer Straße bestand insgesamt aus einem Zugführer und einem stellvertretenden Zugführer (Berufsoffiziere), zwei Unter-Offizieren (»Dreijährigen«) und 21 besonders ausgewählten Soldaten im Grundwehrdienst (überwiegend Ältere, Verheiratete, mit Kindern und/oder materiellem Besitz). Die Sicherung der GÜSt erfolgte im »Vierteldienst« als Abfolge von jeweils achtstündigen Früh-, Spät- und Nachtschichten, an die sich eine Freischicht anschloss.

109 Gespräch d. Vf. mit Manfred Sens, 11. 9. 1995. – Der Begriff »Vergatterung« wurde im militärischen Sprachgebrauch als Synonym für einen Wachdienst benutzt. Die »Vergatterungsformel« bezeichnete die Aufgabe, die für die Dauer eines Wachdienstes gestellt und vom Vorgesetzten zu jedem Dienstbeginn ausgesprochen wurde.

110 Gespräch d. Vf. mit Manfred Sens, 11. 9. 1995.

111 Zur Struktur der HA VI und ihren Aufgaben siehe: Tantzscher 2005.

112 Das Zusammenwirken des MfS, der Grenztruppen und des MdI bei der »Sicherung der Staatsgrenze« war in verschiedenen Dienstanweisungen und Anordnungen der beteiligten Ministerien festgelegt. Die Regie des Zusammenwirkens führte das MfS, das seine »Kooperationspartner« zudem in mannigfaltiger Weise mit OibE und IM unterwandert hatte. Grundlegend sind deshalb die entsprechende Dienstanweisung von Mielke und die folgenden Durchführungsbestimmungen. Vgl. Ministerrat der DDR/MfS, Dienstanweisung Nr. 10/81 über die politisch-operativen Aufgaben bei der Gewährleistung der territorialen Integrität der DDR sowie der Unverletzlichkeit ihrer Staatsgrenze zur BRD und zu Westberlin und ihrer Seegrenze, Berlin, 4. Juli 1981, VVS-MfS-Nr. 38/81 (dok. in: Deutscher Bundestag 1992, Dok. 122, S. 903–960).

113 Vgl. den Abschnitt »Handlungen unter besonderen Bedingungen der Lage. Gewaltsamer Grenzdurchbruch«, in: Ministerrat der DDR / MfNV, Aufgaben der Grenztruppen der DDR an den Grenzübergangsstellen, DV 018/0/005, GVS-Nr. A 372404, 1980, Punkt IV/6 (BStU, ZA, MfS-AGM, Bl. 304).

114 Vgl. ebd., Punkt VII/7/1.

115 Alle »politisch-operativ relevanten Vorkommnisse und Erscheinungen im grenzüberschreitenden Verkehr und an den GÜSt« waren im Lagefilm der jeweiligen PKE zu erfassen und nachzuweisen. Der Lagefilm der PKE Bornholmer Straße war bisher nicht aufzufinden.

116 Gespräch d. Vf. mit Manfred Sens, 11. 9. 1995.

117 Gespräch d. Vf. mit Harald Jäger, 7. 8. 1995.

118 Vgl. Edwin Görlitz, in: Spiegel-TV, Der 9. November 1989. Dokumentarfilm, Autor: Georg Mascolo, 4. 11. 1990.

119 Die Szene ist bild- und tondokumentiert in: Spiegel-TV, Der 9. November 1989. Dokumentarfilm, Autor: Georg Mascolo, 4. 11. 1990. Vgl. auch Dümde 1990b, S. 9.

120 Interview mit Harald Jäger, in: Wochenpost Nr. 46, 8. 11. 1995, S. 14.

121 Vgl. Gespräch d. Vf. mit Harald Jäger, 7. 8. 1995.

122 Gespräch d. Vf. mit Harald Jäger, 7. 8. 1995. – Vgl. dazu auch die Berichte von Harald Jäger und Edwin Görlitz, in: Spiegel-TV, Der 9. November 1989. Dokumentarfilm, Autor: Georg Mascolo, 4. 11. 1990. – Auf diese Darstellung stützten sich auch Süß 1990, S. 9, sowie Dümde 1990a und 1990b. Zur Aussage Jägers passt, dass das PdVP Berlin um 21.40 Uhr anwies, die Ausländermeldestelle im Haus des Reisens mit der alleinigen Absicht zu öffnen, »Ersuchen nach sofortiger ständiger Ausreise bearbeiten zu können«. Von Visa für Privatreisen war keine Rede (siehe: Fernschreiben des PdVP Berlin an MdI, 10. 11. 1989, 0.30 Uhr, Anlage zu: PdVP-Rapport Nr. 230; vgl. auch VPI Berlin-Friedrichshain, Rapport 268/89 für den 9. 11. 1989, 4.00 Uhr, bis 10. 11. 1989, 4.00 Uhr, Lagefilm, in dem um 21.45 Uhr unter der lfd. Nr. 29 entsprechend festgehalten wurde: »Alle Bürger, die sofort ausreisen wollen, sind an die Ausländermeldestelle zu verweisen« (ARCHIV POLPRÄS BLN/DEZ VB 132). – Alle Hervorhebungen v. Vf.

123 Gespräch d. Vf. mit Harald Jäger, 7. 8. 1995. Vgl. zur Geschichte von Harald Jäger und den Abläufen am Grenzübergang Bornholmer Straße am 9./10. November 1989 auch: Haase-Hindenberg 2007, insbes. S. 150–217.

124 Gespräch d. Vf. mit Manfred Sens, 11. 9. 1995.

125 Lagemeldungen der West-Berliner Polizei in den Stunden der Grenzöffnung, in: Berliner Zeitung, 9./10. 11. 1991, S. 3.

126 Vgl. BZ am Abend, 10. 11. 1989.

127 HA VI/PKE Sonnenallee, Lagebericht für die Zeit vom 9. 11. 89, 7.00 Uhr, bis 10. 11. 89, 7.00 Uhr, Berlin, den 9. 11. 1989, in: BStU, ZA, MfS-HA VI 15689, Bl. 252.

128 So die Einträge in den ODH-Filmen des PdVP Berln sowie insbes. der Stasi-Kreisdienststelle Treptow. Vgl. MfS-Kreisdienststelle Treptow, ODH-Film vom 9. 11. 1989/7.00 bis 10. 11. 1989/7.00 Uhr, Nr. 11 (BStU, ASt. Berlin, A 204, Bl. 16).

129 Gespräch d. Vf. mit Frank Durré, 29. 7. 1996.

130 HA VI/PKE Sonnenallee, Lagebericht für die Zeit vom 9. 11. 89, 7.00 Uhr, bis 10. 11. 89, 7.00 Uhr, Berlin, den 9. 11. 1989, in: BStU, ZA, MfS-HA VI 15689, Bl. 252.
131 Vgl. die Meldungen des Lagedienstes der West-Berliner Polizei, in: Berliner Zeitung, 9./10. 11. 1991, S. 3.
132 Vgl. PdVP-Rapport Nr. 230, lfd. Nr. 19 (Archiv Polpräs BLN/DEZ VB 132).
133 HA VI/PKE Sonnenallee, Lagebericht für die Zeit vom 9. 11. 89, 7.00 Uhr, bis 10. 11. 89, 7.00 Uhr, Berlin, den 9. 11. 1989, in: BStU, ZA, MfS-HA VI 15689, Bl. 253.
134 Siehe den Bericht von Steffi Badel, in: Hertle/Elsner 2009, S. 144/45.
135 HA VI/PKE Sonnenallee, Lagebericht für die Zeit vom 9. 11. 89, 7.00 Uhr, bis 10. 11. 89, 7.00 Uhr, Berlin, den 9. 11. 1989, in: BStU, ZA, MfS-HA VI 15689, Bl. 253.
136 Ebd., Bl. 253.
137 (MfS-)Information über die Entwicklung der Lage an den Grenzübergangsstellen der Hauptstadt zu Westberlin sowie an den Grenzübergangsstellen der DDR zur BRD, Berlin, 10. November 1989 (BStU, ZA, MfS-Arbeitsbereich Neiber 553, Bl. 40.
138 Vgl. hierzu und zum Folgenden: Gespräch von Hans-Hermann Hertle, Kathrin Elsner und Gunther Scholz mit S. W., 14. 5. 1998.
139 Siehe ARD-Tagesthemen, 9. 11. 1989.
140 Vgl. hierzu und zum Folgenden: Gespräch von Hans-Hermann Hertle, Kathrin Elsner und Gunther Scholz mit S. W., 14. 5. 1998.
141 Ebd.
142 Robin Lautenbach live, in: SFB-Sondersendung »DDR öffnet Grenzen«, Beginn: 23.22 Uhr.
143 Vgl. hierzu und zum Folgenden: Gespräch von Hans-Hermann Hertle, Kathrin Elsner und Gunther Scholz mit S. W., 14. 5. 1998.
144 Ebd.
145 Gespräch d. Vf. mit Walter Momper, 21. 11. 1998, zit. nach Hertle/Elsner 2009, S. 153.
146 Gespräch von Hans-Hermann Hertle, Kathrin Elsner und Gunther Scholz mit S. W., 14. 5. 1998.
147 Zur Flucht und Geiselnahme von Burkhard Niering vgl. Hertle/Nooke 2019, S. 367.
148 Vgl. die Foto-Dokumentation dieser Aktion im Berliner Mauer-Archiv (Hagen Koch).
149 Gespräch d. Vf. mit Eberhard Grasshoff, 13. 4. 1994.
150 Vgl. hierzu und zum Folgenden: Gespräch von Hans-Hermann Hertle und Kathrin Elsner mit Manfred Gruß, 1. 4. 1998.
151 Die PKE Friedrich-/Zimmerstraße hatte insgesamt 87 Planstellen. Vgl. BStU 1995, S. 239.
152 Vgl. das Gespräch von Volker Koop mit dem Grenztruppen-Kommandanten der GÜSt Friedrich-/Zimmerstraße (PArch Koop).

153 Im »Rapport Grenzsicherung« des Stabes der BVfS Berlin kam die Lage zu dieser Zeit folgendermaßen an: »Um 22.38 Uhr wurde bekannt, daß ca. 200 Personen im Vorfeld der GÜSt Friedrichstraße / Zimmerstraße die Fahrbahnen zur GÜSt blockieren. Die Personen stehen am Grenzstrich.« Der ODH der BVfS veranlasste die Verständigung des Chefdienstes (BStU, ASt. Berlin, A 2323/2324, Bl. 39).

154 Hauptabteilung VI/PKE Fri.-Zi.-Str., Rapport für die Zeit vom 9. 11. 89, 07.00 Uhr, bis 10. 11. 89, 07.00 Uhr, Berlin, 9. 11. 1989.

155 Grenztruppen der DDR/Kommando der Grenztruppen/Operativ Diensthabender, Tagesmeldung Nr. 313/89 für die Zeit vom 08. 11. 1989, 18.00 Uhr, bis 09. 11. 1989, 18.00 Uhr, und Sofortmeldungen bis 10. 11. 1989, 04.00 Uhr, GVS-Nr. G/739839, S. 4 (BArch/P, MZA, AZN 17193, Bl. 167).

156 Vgl. hierzu und zum Folgenden: Gespräch d. Vf. mit Horst Scholz, 16. 4. 1997.

157 Vgl. das Gespräch von Volker Koop mit dem Grenztruppen-Kommandanten der GÜSt Friedrich-/Zimmerstraße (PArch Koop).

158 Gespräch des Vf. mit Siegfried Hähnel, 13. 9. 1995. – Die Zeitangabe Hähnels stimmt mit dem Eintrag im »Rapport Grenzsicherung« des Stabes der BVfS Berlin (22.38 Uhr) überein. Darin ist festgehalten: »Um 22.38 Uhr wurde bekannt, daß ca. 200 Personen im Vorfeld der GÜSt Friedrichstraße/Zimmerstraße die Fahrbahnen zur GÜSt blockieren. Die Personen stehen am Grenzstrich.« Der ODH der BVfS veranlasste daraufhin die Verständigung des Chefdienstes (BStU, ASt. Berlin, A 2323/2324, Bl. 39).

159 Die genaue Uhrzeit der Einstellung der Kontrollen ist aufgrund sich widersprechender schriftlicher und mündlicher Quellen schwer zu bestimmen. Der Rapport der PKE Friedrich-/Zimmerstraße enthält um 23.05 Uhr den Eintrag: »Beginn der Ausreiseabfertigung der DDR-Bürger nach Rücksprache mit Oberst Ziegenhorn« (Hauptabteilung VI/PKE Fri.-Zi.-Str., Rapport für die Zeit vom 9. 11. 89, 07.00 Uhr, bis 10. 11. 89, 07.00 Uhr, Berlin, 9. 11. 1989). Gemeint ist damit allerdings der Beginn der sogenannten »Ventillösung« am Checkpoint Charlie. Ein Augenzeugenbericht deutete die Ankunft von DDR-Bürgern auf der Westseite um 23.14 Uhr in Unkenntnis der Hintergründe als Beginn des freien Reiseverkehrs (vgl. Berliner Morgenpost, 11. 11. 1989). – Die zentrale Information des MfS datiert die Öffnung und Einstellung aller Kontrollen auf 0.05 Uhr (vgl. BStU, ZA, MfS-Arbeitsbereich Neiber 553, Bl. 36). Der Kommandant der GÜSt erinnert sich, gegen 24.00 Uhr die Weisung erteilt zu haben, die Sperrung der GÜSt aufzuheben und ein Tor aufzumachen (vgl. das Gespräch von Volker Koop mit dem Grenztruppen-Kommandanten der GÜSt Friedrich-/Zimmerstraße (PArch Koop; vgl. auch die Recherche von Ulf Malleck in: Sächsische Zeitung, 9. 11. 1990, S. 5). Der Leiter der PKE bestätigt, dass diese Entscheidung um 24 Uhr herum getroffen wurde (Gespräch d. Vf. mit Horst Scholz, 16. 4. 1997).

160 PdVP-Rapport Nr. 230, lfd. Nr. 19 (ARCHIV POLPRÄS BLN/DEZ VB 132).

161 (MfS-)Information über die Entwicklung der Lage an den Grenzübergangs-

stellen der Hauptstadt zu Westberlin sowie an den Grenzübergangsstellen der DDR zur BRD, Berlin, 10. November 1989 (BStU, ZA, MfS-Arbeitsbereich Neiber 553, Bl. 39).

162 Ebd., Bl. 37.

163 Ebd., Bl. 34.

164 Der Lagefilm der VPI Berlin-Friedrichshain meldete um 23.20 vor der GÜSt Oberbaumbrücke ca. 60 Personen. Um 23.40 Uhr wurde festgehalten: »Ca. 150 Personen in Richtung West GÜSt Oberbaumbrücke passiert.« Vgl. VPI Berlin-Friedrichshain, Rapport 268/89 für den 9. 11. 1989, 4.00 Uhr, bis 10. 11. 1989, 4.00 Uhr, Lagefilm, lfde. Nrn. 31 und 32 (ARCHIV POLPRÄS BLN/DEZ VB 132).

165 Quelle für diese Angaben sind die Lagemeldungen der West-Berliner Polizei, dok. in: Berliner Zeitung, 9./10. 11. 1991, S. 3. Zur Öffnung des Grenzübergangs Staaken vgl. den Abschnitt »Ein Diensthabender Offizier erinnert sich«, in: Behrendt u. a. 1994, S. 22 ff.

166 Vgl. hierzu und zum Folgenden: Chronik des Grenzregiments-44 »Walter Junker«, 31. 10. 1989 bis 31. 08. 1990, S. 7 (BArch/P, MZA, GTÜ 1991, AZN 6897).

167 Ebd., S. 8.

168 Vgl. Behrendt u. a. 1994, S. 17.

169 Ebd., S. 18.

170 Ebd.

171 Chronik des Grenzregiments-44 »Walter Junker«, 31. 10. 1989 bis 31. 08. 1990, S. 8 (BArch/P, MZA, GTÜ 1991, AZN 6897).

172 Die Anweisung Ziegenhorns ist dokumentiert in: (MfS-)Bezirksverwaltung Potsdam, Rapport Nr. 313/89, Zeitraum vom 9. 11. 1989, 6.00 Uhr, bis 10. 11. 1989, 6.00 Uhr, Information Nr. 2132 (BStU, ASt. Potsdam, AKG 1750, Bl. 43).

173 Vgl. Behrendt u. a. 1994, S. 18. An dieser Publikation hat der ehemalige Leiter des Arbeitsbereiches Passkontrolle Potsdam, Oberst Hans-Dieter Behrendt, mitgewirkt. Die Weisung wird hier allein dem Arbeitsbereich Passkontrolle Potsdam zugeschrieben; »telefonische Konsultationen mit Berlin« seien »ergebnislos« geblieben. Diese Information muss insofern aus zweiter Hand stammen, da Behrendt sich in dieser Nacht nicht in der DDR aufhielt (Gespräch d. Vf. mit Hans-Dieter Behrendt, 9. 11. 1994).

174 In der Chronik des Grenzregimentes-44 heißt es dazu: »Um 0.30 Uhr meldete der Diensthabende Offizier der Grenzübergangsstelle Drewitz (Autobahn), Oberstleutnant Schrewe, an den Diensthabenden Stellvertreter des Grenzregimentes, daß, auf der Grundlage eines an den Zugführer der Paß- und Kontrolleinheit (des MfS – d. Vf.), Major Meike, telefonisch von dessen Vorgesetzten übermittelten Befehls, die Grenzübergangsstelle für die Passage von Bürgern der DDR nach Berlin (West) freigegeben wurde.« Vgl. Chronik des Grenzregiments-44 »Walter Junker«, 31. 10. 1989 bis 31. 08. 1990, S. 8 f. (BArch/P, MZA, GTÜ 1991, AZN 6897).

175 BVfS Berlin/Stab, Rapport Grenzsicherung 312 vom 8. 11. 1989, 5.00 Uhr, bis 9. 11. 1989, 5.00 Uhr (BStU, ASt. Berlin, A 1017, Bl. 14).

176 Generalmajor Erich Wöllner, Jg. 1931, Schuhmacher, 1949 Eintritt in die Volkspolizei, 1955 Studium an der sowjetischen Militärakademie, danach Kommandeur eines Mot.-Schützen-Regiments, 1965–67 Besuch der Generalstabsakademie in Moskau, dann Kommandeur einer Lehreinrichtung der NVA (Mobilmachungsdivision), seit dem 20. 2. 1976 Generalmajor, seit 1. 9. 1979 Kommandeur des Grenzkommandos Mitte und seit 1986 Mitglied der Bezirksleitung der SED in Berlin.

177 Vgl. das Gespräch von Volker Koop mit einem Offizier der Sicherungskompanie Brandenburger Tor (PArch Koop).

178 Gespräch d. Vf. mit Heinz Geschke, 9. 11. 1994.

179 Generalmajor Dieter Teichmann, Jg. 1930, Forstingenieur, Besuch der Militärakademie in Dresden, 1966 Abschluss als Diplom-Militärwissenschaftler, 1972 Abteilungsleiter im Kommando der Grenztruppen, seit 1986 Stellvertreter des Chefs und Chef des Stabes der Grenztruppen, 1990 Chef der Grenztruppen (vgl. Neue Berliner Illustrierte 8/1990, S. 4).

180 Dieter Teichmann, zit. nach: Neue Berliner Illustrierte 8/1990, S. 4.

181 Vgl. Berliner Zeitung, 9. 11. 1990, S. 3.

182 Teichmann wurde auf der Grundlage einer schriftlichen Verpflichtung von 1974 bis zum 13. 11. 1989 von MfS als inoffizieller Mitarbeiter (Deckname »Wagner«), zuletzt für die HA I, geführt. Sein Einsatz »erfolgte zur Durchsetzung und Qualifizierung des Geheimnisschutzes sowie zur Sicherheitsüberprüfung der Stabsoffiziere im Bereich des Chefs des Stabes. Des weiteren erfolgte sein offensiver Einsatz zur Durchsetzung der Sicherheitserfordernisse des MfS als Ganzes bezogen auf die Sicherung der Staatsgrenze« (BStU, MfS-AIM 11538/89, Bl. 415). Für seine guten tschekistischen Leistungen wurde er 1984 mit der MfS-Medaille für Waffenbrüderschaft in »Gold« ausgezeichnet. Die Einstellung der Zusammenarbeit erfolgte einen Tag nach dem Fall der Mauer, am 10. 11. 1989, »im Interesse der Sicherheit und Konspiration der Person des IME« (BStU, ZA, MfS-AIM 11538/89, Bl. 413). – Teichmann wurde im Januar 1990 Nachfolger von Klaus-Dieter Baumgarten als Stellvertretender Verteidigungsminister und Chef der Grenztruppen.

183 Erich Wöllner, in: Koop 1993, S. 66.

184 Gespräch d. Vf. mit Heinz Geschke, 9. 11. 1994.

185 Erich Wöllner, in: Koop 1993, S. 66.

186 Lagemeldungen der West-Berliner Polizei vom 9./10. 11. 1989, dok. in: Berliner Zeitung, 9. 11. 1990, S. 3.

187 PdVP-Rapport Nr. 230, lfd. Nr. 17 (ARCHIV POLPRÄS BLN/DEZ VB 132).

188 PdVP-Rapport Nr. 230, lfd. Nr. 21 (ARCHIV POLPRÄS BLN/DEZ VB 132).

189 Der Lagebericht des PdVP hielt diese Situation folgendermaßen fest: »Gegen 1.20 Uhr überstiegen auf dem Territorium der DDR ca. 50–60 Personen die

vorderen Sperrzäune am Pariser Platz und bewegten sich in Richtung Brandenburger Tor. Die Zahl der sich in diesem Bereich (Grenzgebiet) aufhaltenden Personen wuchs in der Folge auf rund 500 an. Kräfte der Grenztruppen der DDR und der Volkspolizei bildeten unmittelbar am Brandenburger Tor Sperrketten. Einigen Personen (ca. 10) gelang es, die Staatsgrenze zu übersteigen.« Vgl.: PdVP Berlin, Fernschreiben vom 10. 11. 1989, 6.25 Uhr, Anlage zu: PdVP-Rapport Nr. 231 (ARCHIV POLPRÄS BLN/DEZ VB 132).

190 Petschull 1989, S. 210 f.

191 Gespräche d. Vf. mit Heinz Geschke, 9. 11. 1994 und 5. 8. 1998.

192 Zu den Handlungen der Grenzregimenter nach der Erteilung des Befehls »Erhöhte Gefechtsbereitschaft« vgl. weiter unten.

193 Hauptabteilung I/Grenzkommando Mitte/Abteilung Abwehr, Vorkommnisse am 9./10. November 1989 im Grenzabschnitt Brandenburger Tor, Grenzregiment-36, Berlin, 10. November 1989, S. 2 (BStU, ZA, MfS-Arbeitsbereich Neiber 553, Bl. 46).

194 PdVP-Rapport Nr. 230, lfd. Nr. 25 (ARCHIV POLPRÄS BLN/DEZ VB 132).

195 Vgl. (MfS-)Kreisdienststelle Treptow, ODH-Film vom 9. 11. 1989, 7.00 Uhr, bis 10. 11. 1989, 7.00 Uhr, Nr. 12 (BStU, ASt. Berlin, A 204, Bl. 16).

196 Gespräch d. Vf. mit einem Stabsoffizier des GKM, 27. 6. 1995.

197 Vgl. die Aussage eines beteiligten Offiziers des Grenzkommandos Mitte in dem Film: Grenzdurchbruch 89, Regie: M.-J. Blochwitz (NVA-Dokumentarfilm D 483).

198 Oberst Hans Haase, gelernter Fleischer, 1949 Eintritt in die Volkspolizei, später KVP und NVA, seit 1971 Chef Artillerie im GKM und Stellvertreter des Kommandeurs.

199 Oberst Walter Halbich, Jg. 1941, 1959 Eintritt in die bewaffneten Organe als VP-Anwärter, 1962 Eintritt in die Grenztruppen, seit 1980 an der Berliner Grenze tätig, im November 1989 Stellvertreter des Kommandeurs des GKM für Ausbildung.

200 Gespräch d. Vf. mit einem Stabsoffizier des GKM, 27. 6. 1995.

201 Oberstleutnant Wolfgang M., in: Karau 1992, S. 109.

202 Gespräch d. Vf. mit einem Stabsoffizier des GKM, 27. 6. 1995.

203 Hauptabteilung I/Grenzkommando Mitte/Abteilung Abwehr, Vorkommnisse am 9./10. 11. 1989 im Grenzabschnitt Brandenburger Tor, Grenzregiment-36, Berlin, 10. 11. 1989, S. 3 (BStU, ZA, MfS-Arbeitsbereich Neiber 553, Bl. 47).

204 PdVP-Rapport Nr. 230, lfd. Nr. 31 (ARCHIV POLPRÄS BLN/DEZ VB 132).

205 Oberst Günter Leo, Jg. 1941, Dreher, seit 1959 als Gefreiter im Grenzdienst, 1964 Abschluss der Offiziersschule der Grenztruppen in Plauen, 1968 Adjutant des Stadtkommandanten von Berlin, 1989 1. Stellvertreter des Kommandeurs und Chef des Stabes des GKM.

206 Oberst Günter Leo, in: Karau 1992, S. 51.

207 Gespräch d. Vf. mit Hans-Joachim Krüger, 7. 12. 1994.

208 Vgl. Radio DDR 1, 10. 11. 1989, 2.00-Uhr-Nachrichten, sowie Radio DDR 1,

10. 11. 1989, 3.00-Uhr-Nachrichten, zit. nach: RIAS Monitor-Dienst, Donnerstag, 9. 11. 1989, S. 1 ff.

209 Radio DDR 1, 4.00 Uhr, Frühprogramm, Gespräch mit Oberst Lauter, zit. nach: RIAS Monitor-Dienst, Freitag – Sonntag, 10. – 12. 11. 1989, S. 1 f.

210 Gespräch d. Vf. mit Raymond E. Haddock, 28. 6. 1998, zit. nach Hertle / Elsner 2009, S. 207.

211 Verschlüsseltes Telegramm von Natura 750 (Kommandeur des GKM) an Kunstpause 680 (stv. Kommandeur für politische Arbeit des Grenzregiments 44), 10. November 1989, empfangen 13.10 Uhr (Privatarchiv Fred Engel).

212 »Das Brandenburger Tor war das Wahrzeichen der Grenztruppen schlechthin. Es war schon ein Akt der Verwirrung, die heilige Kuh der Grenztruppen so geschändet zu sehen, ich sage das jetzt einmal so, wie ich das damals empfunden habe, denn es war so.« So der Oberstleutnant im Grenzkommando Mitte, Peter Ludwanowski, in der Sendung »Fünf Jahre nach dem Fall der Mauer« von Theodor Baltz u. a. (RTL-Nachtjournal Spezial, 6. 11. 1994).

213 Schreiben der Grundorganisation der SED des GR-36 an Gen. Krenz, 10. 11. 1989 (BStU, ZA, MfS-Arbeitsbereich Neiber 181, Bl. 35).

214 Ebd., Bl. 36.

215 Fritz Streletz, Jg. 1926. Erlernter Beruf: Offizier. Seit 1979 Generaloberst. 1971 – 1989 als Nachfolger Honeckers Sekretär des Nationalen Verteidigungsrates, 1979 – 1989 Stellvertreter des Ministers für Nationale Verteidigung und Chef des Hauptstabes. 1981 – 1989 Mitglied des ZK der SED.

216 Horst Brünner, 1929 – 2008. Erlernter Beruf: Industriekaufmann. Seit 1976 Generalleutnant, seit 1985 Nachfolger von Keßler in der Funktion des Stellvertreters des Ministers für Nationale Verteidigung und Chefs der Politischen Hauptverwaltung der NVA. Seit 1976 Kandidat und seit 1986 Mitglied des ZK der SED.

217 Wolfgang Reinhold, 1923 – 2012. Erlernter Beruf: Verkäufer. Generaloberst, seit 1972 Stellvertreter des Ministers und Chef der Luftstreitkräfte / Luftverteidigung (LSK / LV) und seit 1981 Kandidat des ZK der SED.

218 Horst Stechbarth, 1925 – 2016. Erlernter Beruf: Landwirt. Seit 1976 Generaloberst, seit 1972 Stellvertreter des Ministers für Nationale Verteidigung und Chef der Landstreitkräfte der NVA. Seit 1976 Kandidat, seit 1978 Mitglied des ZK der SED.

219 Klaus-Dieter Baumgarten, 1931 – 2008, Erlernter Beruf: Zimmermann. Seit 1979 Generalleutnant. Seit 1979 Stellvertreter des Ministers für Nationale Verteidigung und Chef der Grenztruppen. Seit 1981 Kandidat des ZK der SED.

220 Der siebte General der NVA im ZK war Generalmajor Manfred Volland, Jg. 1933. Erlernter Beruf: Werkzeugmacher. Seit 1986 stellvertretender Chef der Politischen Hauptverwaltung (PHV) der NVA.

221 Fritz Streletz, in: Hertle 1995c, S. 909.

222 Klaus-Dieter Baumgarten, in: Hertle 1995c, S. 909. – Entsprechend hat

Klaus-Dieter Baumgarten diese Aussage bei der Schilderung des Sitzungsablaufs in seinen Memoiren nicht wiederholt. Vgl. Baumgarten 2009, S. 194 ff.

223 Gespräch d. Vf. mit Werner Melzer, 21. 8. 1995. – Melzer war Leiter des Sekretariats des Ministers und Sekretär des Kollegiums des MfNV. Dass die Ministerrats-Beschlussvorlage am 9. 11. nicht bei ihm ankam, kann Melzer zufolge einen einfachen Grund gehabt haben: Um zusätzliche Kuriere des ZKD nach Strausberg einzusparen, hatte das MfNV eigene Kuriere, die das Zentralkomitee und den Ministerrat morgens gegen 8.00 Uhr und nachmittags zwischen 13.30 Uhr und 14.30 Uhr anfuhren. Wenn die Umlaufvorlage zu diesem Zeitpunkt noch nicht in der Kurierpost für das MfNV lag, blieb sie bis zum nächsten Tag liegen. In der Praxis sei es immer mal wieder passiert, »daß wir etwas nicht erhielten. Dann hieß es: ›Ja, eure Leute waren schon weg!‹« (Ebd.).

224 Mitteilung von Prof. Dr. Lothar Krumbiegel an den Vf., 30. 8. 1995.

225 Theodor Hoffmann, in: Küchenmeister / Nakath / Stephan 2000, S. 68.

226 Hoffmann 1993, S. 26.

227 Gespräch d. Vf. mit Manfred Grätz, 21. 8. 1995.

228 Hauptabteilung I / Abteilung MfNV / Unterabteilung RD, Information, Strausberg, 9. 11. 1989 (BStU, ZA, MfS-Arbeitsbereich Neiber 874, Bl. 116). Grundlage der Information war ein Bericht des IME »Eckhard Bode«.

229 Gespräch d. Vf. mit Joachim Schunke, 4. 8. 1995.

230 Generalleutnant Dietze, der Leiter der HA I des MfS, stellte die in seinem Bereich erarbeiteten Informationen über Stimmungen und Meinungen in der NVA und den Grenztruppen in der Regel neben Neiber auch Keßler, Streletz und Brünner zur Verfügung (vgl. die Berichte der HA I, in: BStU, ZA, MfS-Arbeitsbereich Neiber 181). – Auf einer Sitzung des Sekretariats der Politischen Hauptverwaltung der NVA am 31. 10. 1989 hieß es, dass »die Bereitschaft der Streitkräfte zum Kampf für den Sozialismus (…) jederzeit gesichert (ist); die Situation in der Gesellschaft schlägt aber immer stärker auch bei uns durch« (BArch / P, MZA, P-2673, S. 3). – Zur NVA im Herbst 1989 siehe auch Heider 1995, Ovens 2003, Ehlert 2005, Glaser 2005, Bröckermann 2012, S. 129 – 152, sowie Wenzke 2014, S. 43 – 89.

231 Vgl. das Schreiben von Keßler an den Chef 2000, 14. 9. 1989 (BStU, ZA, MfS-Arbeitsbereich Neiber 181, Bl. 191). – Von dem Reiseverbot ausgenommen waren lediglich Dienstreisen.

232 Vgl. Stenografische Niederschrift der 9. Tagung des Zentralkomitees der Sozialistischen Einheitspartei Deutschlands (unkorrigiert), Mittwoch, 18. 10. 1989, S. 50 ff. (SAPMO-BArch, ZPA-SED, IV 2/1/701, Bl. 56 ff.). Der Redebeitrag von Heinz Keßler ist abgedruckt in: Hertle / Stephan 2012, S. 129/130.

233 Vgl. die Redebeiträge von Schürer und Keßler, in: Protokoll der 112. Sitzung des Ministerrates am 19. 10. 1989 (BArch / P, C-20 I/3 2861).

234 Redebeitrag von Heinz Keßler, in: Protokoll der 112. Sitzung des Ministerrates am 19. 10. 1989 (BArch / P C-20 I/3-2861, Bl. 61).

235 Vgl. Hauptabteilung I/AKG, Information über das Stimmungs- und Meinungsbild der Angehörigen und Zivilbeschäftigten der NVA und GT/DDR, Berlin, 10. 11. 1989, S. 2 (BStU, ZA, MfS-Arbeitsbereich Neiber 181, Bl. 42).

236 Ebd.

237 »In den Bereichen des MfNV spitzen sich Stimmungen über Privilegien und Verhaltensweisen leitender Kader zu. Unter anderem wird über die Notwendigkeit von Dienstreisen der Genossen Keßler, Brünner und Streletz nach Nikaragua, Kuba, Österreich und Korea diskutiert. Aus dem Programm und der Tatsache, daß Familienangehörige der o. g. Genossen mitreisen, wird geschlußfolgert, es seien weniger Dienst- als vielmehr Touristenreisen« (HA I/AKG, Information über das Stimmungs- und Meinungsbild der Angehörigen und Zivilbeschäftigten der NVA und der GT/DDR, Berlin, 21. 10. 1989, S. 3, in: BStU, ZA, MfS-Arbeitsbereich Neiber 181, Bl. 102). – Schon bald waren die Benutzung von Sonderläden und Gästehäusern, die Inanspruchnahme von PKW-Sonderkontingenten, Auslandsreisen und der Einsatz von NVA-Mitteln und -Soldaten für private Zwecke Bestandteil der Kritik an den Privilegien der Führungskader.

238 Vgl. HA I/AKG, Information über das Stimmungs- und Meinungsbild der Angehörigen und Zivilbeschäftigten der NVA und GT/DDR, Berlin, 8. 10. 1989, S. 3 (BStU, ZA, MfS-Arbeitsbereich Neiber 181, Bl. 125).

239 Vgl. HA I, Information über Befehlsverweigerungen in der NVA und den Grenztruppen der DDR, Berlin, 19. 10. 1989 (BStU, ZA, MfS-Arbeitsbereich Neiber 181, Bl. 190). Siehe auch: Abschlußbericht-NVA 1990; Hoffmann 1993; Weber 1993.

240 Vgl. Hauptabteilung I/AKG, Information über das Stimmungs- und Meinungsbild der Angehörigen und Zivilbeschäftigten der NVA und GT/DDR, Berlin, 23. 10. 1989, S. 3 (BStU, ZA, MfS-Arbeitsbereich Neiber 181, Bl. 96).

241 Vgl. Hauptabteilung I/AKG, Information über das Stimmungs- und Meinungsbild der Angehörigen und Zivilbeschäftigten der NVA und GT/DDR, Berlin, 27. 10. 1989, S. 3 (BStU, ZA, MfS-Arbeitsbereich Neiber 181, Bl. 87).

242 Vgl. Hauptabteilung I/AKG, Information über das Stimmungs- und Meinungsbild der Angehörigen und Zivilbeschäftigten der NVA und GT/DDR, Berlin, 10. 11. 1989, S. 2 (BStU, ZA, MfS-Arbeitsbereich Neiber 181, Bl. 42).

243 Vgl. Niederschrift über die Rücksprache beim Minister für Nationale Verteidigung, i. V. Generaloberst Streletz, am 3. 4. 1989, in: BStU, ZA, MfS-HA I 5753, Bl. 2–5.

244 Vgl. Hauptabteilung I/AKG, Information über das Stimmungs- und Meinungsbild der Angehörigen und Zivilbeschäftigten der NVA und GT/DDR, Berlin, 4. 11. 1989, S. 4 (BStU, ZA, MfS-Arbeitsbereich Neiber 181, Bl. 65).

245 Vgl. Hauptabteilung I/AKG, Information über das Stimmungs- und Meinungsbild der Angehörigen und Zivilbeschäftigten der NVA und GT/DDR, Berlin, 8. 11. 1989, S. 5 (BStU, ZA, MfS-Arbeitsbereich Neiber 181, Bl. 54).

246 Vgl. Hauptabteilung I/AKG, Information über das Stimmungs- und Mei-

nungsbild in der NVA und den Grenztruppen der DDR, Berlin, 3. November 1989, S. 4 (BStU, ZA, MfS-Arbeitsbereich Neiber 181, Bl. 71). Diskussionen in der Truppe über die Bildung von Soldatenräten als Interessenvertretung der Armeejugend waren schon am 31. 10. 1989 Gegenstand einer Erörterung des Sekretariats der Politischen Hauptverwaltung (vgl. BArch/P, MZA, Strausberg AZN P-2673, Bl. 12).

247 Weil es um ein rein parteibezogenes Thema gegangen sei, sei General Schuraljow, der Vertreter des Oberkommandierenden der Vereinten Streitkräfte, zu dieser außerplanmäßigen Kollegiums-Sitzung nicht eingeladen worden (Gespräch d. Vf. mit Fritz Streletz, 28. 3. 1996).

248 Gespräch d. Vf. mit Manfred Grätz, 21. 8. 1995.

249 Vgl. z. B. Hoffmann 1993, S. 26.

250 Ebd., S. 27. – Die Richtigkeit dieser Darstellung bestätigen alle vom Vf. befragten Mitglieder des Kollegiums des MfNV.

251 Ebd.

252 Gespräch d. Vf. mit Manfred Grätz, 21. 8. 1995.

253 Gespräch d. Vf. mit Horst Stechbarth, 18. 7. 1994.

254 Fritz Streletz, in: Hertle 1995c, S. 910.

255 Ebd. S. 911.

256 Baumgarten 2009, S. 196.

257 Fritz Streletz, in: Hertle 1995c, S. 911.

258 Ebd., S. 910 f.

259 Gespräch d. Vf. mit Fritz Streletz, 28. 3. 1996.

260 Krenz 1990, S. 183.

261 Krenz 1994, S. 80. – Mit seiner Darlegung, Krenz habe Mielke »eindeutig gesagt, daß die Grenzübergangsstellen zu öffnen sind«, stützt Wolfgang Herger als im Arbeitszimmer von Krenz anwesender Augen- und Ohrenzeuge diese Version. Er selbst, so Herger, habe den Anruf Mielkes »etwa so gegen 20.30 und 21.00 Uhr« entgegengenommen und den Hörer an Krenz weitergereicht. Skepsis ist auch hier nicht allein aufgrund der unrealistischen Zeitangabe angebracht. Die Frage ist vielmehr, was genau mit der gerade nicht »eindeutigen« Aussage, die »Grenzübergangsstellen zu öffnen«, gemeint gewesen sein soll (vgl. Gespräch d. Vf. mit Wolfgang Herger, 5. 3. 1992). – Verteidigungsminister Heinz Keßler, der sich bei seiner Schilderung der Ereignisse des 9. November 1989 im Wesentlichen auf die Darstellungen von Fritz Streletz und Egon Krenz stützt, merkt jedoch zum vorgeblichen Befehl von Krenz an Mielke kritisch an, dass diese Anweisung, was immer sie beinhaltete, »nur noch der Bestätigung schon getroffener Entscheidungen, dienen konnte, sie bekräftigte nur, was schon eingetroffen war (...).« (Siehe Keßler 1996, S. 308). – Das bestätigt Mielkes Stellvertreter, Generaloberst Gerhard Neiber, der resümiert, dass zuerst »aus der Situation heraus so entschieden werden« musste. »Und nachdem dann die erste Konsultation möglich war mit dem Vorgesetzten (das war für ihn Erich Mielke, d. Vf.)«,

so Neiber, »wurde das ja auch für richtig befunden.« (Telefonat d. Vf. mit Gerhard Neiber, 6.2.1999).

262 Information über die Entwicklung der Lage an den Grenzübergangsstellen der Hauptstadt zu Westberlin sowie an den Grenzübergangsstellen der DDR zur BRD, Berlin, 10.11.1989, S. 1 (BStU, ZA, MfS-Arbeitsbereich Neiber 553, Bl. 30). Hervorhebung im Text v. Vf.

263 Der Rapport der PKE Friedrich-/Zimmerstraße enthält um 23.05 Uhr den Eintrag: »Beginn der Ausreiseabfertigung der DDR-Bürger nach Rücksprache mit Oberst Ziegenhorn« (HA VI/PKE Fri.-Zi.-Str, Rapport für die Zeit vom 9.11.89, 07.00 Uhr, bis 10.11.89, 07.00 Uhr, S. 2; Hervorhebung v. Vf.)

264 Fernschreiben der HA VI/Leiter an die Leiter der BV/Leiter der Abt. VI Gera, Erfurt, Suhl, Magdeburg, Schwerin, Rostock, Potsdam, Karl-Marx-Stadt und Leipzig, Dringlichkeit: Flugzeug, Berlin, 9.11.89, VI/Ltr./VA/518/89, CFS-Nr. 2368; Hervorhebung v. Vf. (BStU, ZA, MfS-HA VI 1735).

265 Vgl. PDVP-Rapport Nr. 230, Anlagen (Archiv POLPRÄS BLN/DEZ VB 132).

266 Um 0.30 Uhr wurde auch die Pass- und Meldestelle im Präsidium der Volkspolizei geöffnet, und es wurden Ausreisevisa erteilt.

267 Dass diese Absicht zunächst bestand, belegt die bereits zitierte MfS-Information über die Entwicklung der Lage an den Grenzübergangsstellen gleich mehrfach. Darin heißt es entschuldigend: »Es war nicht an allen Grenzübergangsstellen durchgängig möglich, die Personalausweise der DDR-Bürger mit Paßkontrollstempeln zu versehen« – also ungültig zu stempeln (vgl. Anm. 264).

268 Vgl. ebd.

269 Joachim Goldbach, in: Hertle 1995c, S. 911.

270 Gespräch d. Vf. mit Manfred Grätz, 21.8.1995.

271 Joachim Goldbach, in: Hertle 1995c, S. 912/913.

272 Theodor Hoffmann, in: Küchenmeister/Nakath/Stephan 2000, S. 69.

10. November 1989: Reaktionen (S. 196–247)

1 Gespräch d. Vf. mit Helmut Koziolek, 6.10.1994.

2 Gespräch d. Vf. mit Günter Sieber, 20.10.1993.

3 Gespräch d. Vf. mit Wolfgang Rauchfuß, 26.7.1993.

4 Gespräch d. Vf. mit Hans Modrow, 4.1.1995; Modrow 1991a, S. 26.

5 Gespräch d. Vf. mit Wolfgang Herger, 19.9.1995.

6 Gerhard Schürer, 10. ZK-Tagung, 10.11.1989 (SAPMO-BArch, ZPA-SED, TD 738, bzw. IV 2/1/709, Bl. 7). Der Redebeitrag ist abgedruckt in: Hertle/Stephan 2012, S. 382.

7 Vgl. Werner Jarowinsky, ebd., Bl. 28f. (Hertle/Stephan 2012, S. 392).

8 Ebd., Bl. 27 (Hertle/Stephan 2012, S. 391).

9 Siehe dazu weiter unten.

10 Egon Krenz, ebd., Bl. 32f. (Hertle/Stephan 2012, S. 394).

11 »Schritte zur Erneuerung – Aktionsprogramm der SED«, in: Neues Deutschland, 11./12.11.1989.

12 Egon Krenz, ebd., Bl. 120 (Hertle/Stephan 2012, S. 427).
13 Egon Krenz, ebd., Bl. 121 (Hertle/Stephan 2012, S. 427).
14 Hermann Axen, ebd., Bl. 123 (Hertle/Stephan 2012, S. 428).
15 Kurt Hager, ebd., Bl. 124 (Hertle/Stephan 2012, S. 428).
16 Egon Krenz, ebd., Bl. 130ff. (Hertle/Stephan 2012, S. 436).
17 Egon Krenz, ebd., Bl. 137 (Hertle/Stephan 2012, S. 437).
18 Nach Angaben von Hans Modrow wurden in dem zusammengerufenen Kreis die politische Solidarität miteinander und die gemeinsame Verantwortung besprochen, um die entstandene Lage gemeinsam politisch zu beherrschen. Weder Krenz noch Keßler hätten über die Alarmierung von Truppenteilen der NVA informiert. Selbst im »Nachgang« seien solche Details nicht besprochen worden (Gespräch d. Vf. mit Hans Modrow, 4. 1. 1995).
19 Gespräch d. Vf. mit Peter Miethe, 10. 1. 1995.
20 Befehl Nr. 12/89 des Vorsitzenden des NVR der DDR über die Bildung einer operativen Führungsgruppe des Nationalen Verteidigungsrates der Deutschen Demokratischen Republik vom 10. 11. 1989, S. 1.
21 Ebd., S. 2.
22 Es handelte sich um die drei Übergänge Drewitz/Dreilinden, Staaken/Heerstraße und Stolpe/Heiligensee. Ein »annäherndes Zählen« der West-Berliner Polizei ergab am Übergang Heiligensee von der ersten Einfahrt um 0.45 Uhr bis um 6.00 Uhr früh 272 Kfz mit 756 Personen. Vgl. Direktion 1/LD 1 (D), Betr.: Dokumentation »Offene Grenze«, 9./10. 11. 1989 (ARCHIV POLPRÄS BLN/DEZ VB 132).
23 Information über die Entwicklung der Lage an den Grenzübergangsstellen der Hauptstadt zu West-Berlin sowie an den Grenzübergangsstellen der DDR zur BRD, Berlin, 10. 11. 1989, S. 1 (BStU, ZA, MfS-Arbeitsbereich Neiber Nr. 553, Bl. 30).
24 Der Ansturm auf die Pass- und Meldeämter der Volkspolizei noch in der Nacht war so heftig, dass beispielsweise die BDVP in Potsdam bereits um 1.00 Uhr mit der Ausgabe von Visa begann, das VPKA Leipzig um 2.00 Uhr nachts und das VP-Revier Mitte in Erfurt um 6.00 Uhr öffnete (Leipziger Volkszeitung, 11./12. 11. 1989; Neues Deutschland, 11./12. 11. 1989).
25 Vgl. die Befehle Nr. 10 und 11/89 des Vorsitzenden des NVR der DDR über Maßnahmen zur Gewährleistung der Sicherheit und Ordnung in der Hauptstadt der DDR, Berlin, vom 1. und 3. 11. 1989 (BA/P, MZA, VA 01/39592, Bl. 269–276).
26 Siehe Baumgarten 2009, S. 198.
27 Gespräche d. Vf. mit Harry Möbis, 18. 8. 1992 und 11. 7. 1994. – Auch Wolfgang Herger berichtet, dass der Gedanke, ob militärisch etwas zu machen sei, zur Diskussion gestellt, aber umgehend verworfen worden sei (Gespräch d. Vf. mit Wolfgang Herger, 24. 11. 1994).
28 Als neu einzurichtende Straßenübergänge schlug der Senat am 3. November vor: Brunnenstraße, Schlesische Straße, Dammweg, Potsdamer Platz, Brandenburger Tor, Kirchhainer Damm, Ostpreußendamm, Glienicker Brücke

und Falkenseer Chaussee. Vgl. (MfAA-)/Abteilung Westberlin, Bericht über die Unterredung des Genossen Walter Müller mit dem Beauftragten des Senats von Berlin (West), Senatsdirigent Gerhard Kunze, am 3. 11. 1989, Berlin, 3. 11. 1989 (BStU, ZA, MfS-SdM Nr. 255, Bl. 106–114).

29 Vgl. Fernschreiben Nr. 512 des Ministers des Innern an die Chefs der BdVP, 10. 11. 1989, Unterschrifts-Uhrzeit: 18.25 Uhr, Eingangsquittierung: 19.47 Uhr (BA/P, MdI 54462). Bis zum 14. November wurden in Berlin sechs GÜST neu eröffnet: Jannowitzbrücke (11. 11., 8.00 Uhr), Eberswalder Str. (11. 11., 8.00 Uhr), Puschkinallee (11. 11., 13.00 Uhr), Potsdamer Platz (12. 11., 8.00 Uhr), Wollankstraße (13. 11., 8.00 Uhr), Stubenrauchstr. (14. 11., 8.00 Uhr). Hinzu kamen vier GÜSt in Potsdam: Glienicker Brücke (10. 11., 18.00 Uhr), Mahlow (10. 11., 8.00 Uhr, erweitert für Kfz), Falkenseer Chaussee (13. 11., 18.00 Uhr), Teltow (14. 11., 8.00 Uhr, Philipp-Müller-Allee, heute Lichterfelder Allee). – Sowohl die Öffnung der GÜSt als auch die Einrichtung der Außenstellen der Volkspolizei an den Grenzübergängen wurde nachmittags auf einer Sondersitzung des amtierenden Ministerrates von 15.00 Uhr bis 15.55 Uhr nachbeschlossen (vgl. Protokoll der 115. Sitzung des Ministerrates am 10. 11. 1989, in: BArch/P C-20 I/3-2867, Bl. 2 und 4 f.).

30 Vgl. Gespräch d. Vf. mit Wolfgang Herger, 5. 3. 1992.

31 Erklärung des Ministers vor der »Aktuellen Kamera« am 10. 11. 1989, 16.30 Uhr (BA/P, MdI 54462). Die Erklärung wurde am 11. 11. 1989 im »Neuen Deutschland« abgedruckt (vgl. Innenminister Friedrich Dickel zu den neuen Reiseregelungen, in: Neues Deutschland, 11. 11. 1989, S. 1).

32 Als Innenminister Dickel um 16.30 Uhr im DDR-Fernsehen auftrat und verkündete: »Die Regierung der DDR steht zu ihrem Wort«, tat dies mit ihm ein Vertreter der SED-Führung, dessen politisches Wort als Minister und Mitglied des Zentralkomitees zu diesem Zeitpunkt keinerlei Gewicht hatte und praktisch nichts mehr galt: Dickel war nicht nur bereits am 7. November mit der Regierung Stoph zurückgetreten, sondern hatte Krenz noch während der ZK-Tagung sein Rücktrittsschreiben sowohl aus dem Zentralkomitee als auch als amtierender Minister des Innern und Chef der Deutschen Volkspolizei ausgehändigt. Vgl. das Rücktrittsschreiben von Dickel an Krenz, 10. 11. 1989 (SAPMO-BArch, ZPA-SED, IV 2/1/713, Bl. 20).

33 Information über die Entwicklung der Lage an den Grenzübergangsstellen der Hauptstadt zu West-Berlin sowie an den Grenzübergangsstellen der DDR zur BRD, Berlin, 11. 11. 1989, S. 2 (BStU, ZA, MfS-Arbeitsbereich Neiber 553, Bl. 42).

34 Siehe dazu weiter unten.

35 Das Dienstbuch des Operativ-Diensthabenden im Kommando der Landstreitkräfte (LaSK) enthält am 10.11.1989 folgenden Eintrag: »13.00 / pers.: O. (= Oberst) Hienzsch: durch CHS (= Chef des Hauptstabes, Streletz) wurde f. d. 1. MSD u. das LStR-40 ›EG‹ ausgelöst. 13.35 / tlf.: OpD KMB-V (= Kommando des Militärbezirks V): 13.00 Ausl. ›EG‹ 1. MSD a. (= auf) Wsg. (= Weisung) CSLASK

(= Chef des Stabes der Landstreitkräfte, Generalleutnant Skerra).« (Erläuterungen in Klammern durch d. Vf.) Siehe: Kommando LaSK/Operativ, Dienstbuch des OpD vom 21. 10. 89 bis 1. 12. 89 (BArch/P, MZA VA-10-25899, Bl. 32).

36 Zur »Berlin-Operation« vgl. Wenzel 1993, Wenzel 1995 und Göpel 1993b.

37 Oberst i. G. Hoffmann, Korps- und Territorialkommando Ost/IV. Korps, Die Besetzung West-Berlins, o. J. (1993), S. 2 (Ms.). – Zu besetzende Vorrangobjekte waren die Fernseh- und Rundfunksender, die Flughäfen, Satellitenfunkanlagen sowie der Hahn-Meitner-Atomreaktor.

38 Vgl. dazu Roland Altmann, in: Koop 1993, S. 102 ff.; Wenzel 1993; Göpel 1993b. Die entsprechenden Kriegsspiele und Kommandostabsübungen wurden in den Jahren 1985 bis 1988 unter der Tarnbezeichnung »Bordkante« durchgeführt (archiviert in: BArch/P, MZA, VA-10-22942, VA-10-22939, VA-10-23894).

39 Oberst i. G. Hoffmann, Korps- und Territorialkommando Ost/IV. Korps, Die Besetzung West-Berlins, o. J. (1993), S. 5 (Ms.).

40 Vgl. Chronik des Luftsturmregiments-40 »Willi Sänger« vom 1. 12. 1986 bis 30. 11. 1987 (BArch/P, MZA, VA-10-26304, Bl. 30). Zur Bewaffnung und Ausrüstung des LStR-40 siehe auch Dissberger 1992, S. 162 ff. Zu den Strukturen und Einsatzgrundsätzen des LStR-40 vgl. Seiffert 1992, S. 57 ff.

41 Befehl Nr. 105/89 des Ministers für Nationale Verteidigung über Maßnahmen zur Gewährleistung der Sicherheit und Ordnung anläßlich des 40. Jahrestages der DDR vom 27. 9. 1989, S. 3 (BArch/P, MZA, AZN 31908, Bl. 215). – Der Befehl 105/89 wurde von den Landstreitkräften untersetzt durch: Befehl Nr. 51/89 des Stellvertreters des Ministers und Chefs der Landstreitkräfte über Maßnahmen zur Gewährleistung der Sicherheit und Ordnung anläßlich des 40. Jahrestages der DDR vom 29. 9. 1989 (BArch/P, MZA, VA-10-26234, Bl. 168–173). Die Zielstellung des Befehls 105/89 wurde darin gleichlautend wiederholt (vgl. ebd., S. 3/Bl. 171).

42 Schreiben von Generaloberst Streletz an Generalmajor Rümmler (MfS, Leiter der AG des Ministers), 11. 10. 1989, S. 2 (BStU, ZA, MfS-Arbeitsbereich Neiber 181, Bl. 249).

43 Davon entfielen am 10. Oktober 64, am 6. November 136 Hundertschaften auf die Landstreitkräfte. Vgl. Generaloberst Streletz, Aktennotiz für den Minister für Nationale Verteidigung, Berlin, den 10. 10. 1989, S. 2, sowie die entsprechenden Aktennotizen vom 20. 10. 1989, S. 1, und vom 6. 11. 1989, S. 2.

44 Vgl. dazu die Protokolle des Untersuchungsausschusses des MfNV vom 23. 1. 1990. Befragt wurden der Kommandeur der 1. MSD sowie neun Angehörige des MSR-2 in Stahnsdorf (Ordner Nr. 6/Akte Nr. 10/UA Mader).

45 Vgl. HA I/AKG, Information über das Stimmungs- und Meinungsbild der Angehörigen und Zivilbeschäftigten der NVA und der GT/DDR, Berlin, 23. Oktober 1989, S. 3 (BStU, ZA, MfS-Arbeitsbereich Neiber 181, Bl. 96).

46 Vgl. Chronik des Luftsturmregiments-40 »Willi Sänger« vom 1. 12. 1988 bis 30. 11. 1989, S. 5 (BA-MZAP, VA-10-26304, Bl. 124); Seiffert 1992, S. 50.

47 Zum Verlauf des Einsatzes vgl. Seiffert 1992, S. 49 ff. Seiffert, der letzte Kommandeur des LStR-40, irrt sich allerdings bei seinen Zeitangaben. – Die Enttäuschung über den Befehl, nicht auszurücken, sei bei vielen Fallschirmspringern groß gewesen, berichtet ein Soldat im Grundwehrdienst des LStR-40 (vgl. J. A., Mit Gummiknüppeln für das Wohl des Volkes. Über Fallschirmjäger bei der entscheidenden Montagsdemo in Leipzig, in: DDR – die Wende zum Ende, o. J. (1990), S. 34 f.).

48 Zur Mitnahme der Waffen siehe die Aussagen von Soldaten des MSR-2 in Stahnsdorf, darunter die des Kommandeurs. Das MSR-2 verlegte am 4. 11. 1989 drei Hundertschaften nach Berlin (vgl. Ordner Nr. 6/Akte Nr. 10/UA Mader).

49 Vgl. Schreiben von Heinz Keßler an Egon Krenz, 10. 11. 1989: Information zur Lage im Verantwortungsbereich des Ministeriums für Nationale Verteidigung mit Stand 10. 11. 1989, 04.00 Uhr.

50 Die von Streletz angegebene Uhrzeit ist auf etwa 12.45 Uhr zu korrigieren, da Stechbarth den Befehl sofort in sein Kommando durchstellte und die 1. MSD von dort unverzüglich alarmiert wurde.

51 Streletz 1995, S. 902. – Horst Stechbarth hat die Details der Befehlsübergabe in folgender Erinnerung: Streletz habe ihn aus der laufenden ZK-Sitzung herausgeholt und ihm mitgeteilt, er müsse »EG« in der 1. MSD und im LStR-40 herstellen. Die Zielstellung habe allgemein gelautet, die Grenztruppen zu unterstützen. Als er Streletz gerade die Frage gestellt habe: »Mit schweren Waffen?«, sei Willi Stoph hinzugekommen und habe sich in ihr Gespräch eingemischt: »Aber auf keinen Fall Panzer, Artillerie und schwere Waffen. Und nur LKW für den Transport benutzen.« Auf den Einwand Stechbarths, dass er dann die LKW entmunitionieren müsse, habe Stoph geantwortet: »Gut, dann nimm' SPW dazu.« Weil Stoph im Bilde schien, so Stechbarth, habe er damals geglaubt, die Erhöhte Gefechtsbereitschaft sei im Politbüro beschlossen worden (Gespräche d. Vf. mit Horst Stechbarth, 12. 12. 1994 und 18. 7. 1995). Vgl. auch Stechbarth 2006, S. 219.

52 Gespräch d. Vf. mit Horst Stechbarth, 12. 12. 1994, und mit Horst Skerra, 9. 9. 1995.

53 Schriftliche Dokumente mit dem Wortlaut des Befehls in der von Fritz Streletz bezeichneten Fassung liegen nicht vor und wurden nach dessen Auskunft im Hauptstab auch nicht angefertigt. Die Mitteilungen von Stechbarth und Skerra bestätigen die von Streletz genannten Einschränkungen; der Eintrag des Operativ-Diensthabenden im Kommando der LaSK zeigt jedoch, dass sie nicht wirksam wurden, denn Einschränkungen hätten im Dienstbuch festgehalten werden müssen.

54 So die Absicht laut Streletz (vgl. Fritz Streletz, in: Hertle 1995c, S. 908).

55 Vgl. Klaus-Dieter Baumgarten, in: Hertle 1995c, S. 907.

56 Die Modalitäten der Erhöhten Gefechtsbereitschaft waren geregelt in der Direktive Nr. 3/85 des Ministers für Nationale Verteidigung über die Gefechts-

bereitschaft der NVA vom 28. 8. 1985 (BArch/P, MZA, Strausberg AZN 32113, Bl. 9). Zu den drei Stufen der Gefechtsbereitschaft – »Erhöhte Gefechtsbereitschaft«, »Gefechtsbereitschaft bei Kriegsgefahr« und »Volle Gefechtsbereitschaft« – siehe auch: Göpel 1993a, Göpel 1993b sowie Löffler 1992, S. 101 ff.

57 Vgl. dazu die vollständige Abschrift des Interviews von Thomas Heise (Spiegel-TV) mit Peter Priemer im Juli 1995 (Archiv Spiegel-TV).

58 Hanns-Christian Catenhusen, Leserbrief zum Mauerfall, in: Die Zeit 49, 1. 12. 1995.

59 Ebd. sowie Gespräch d. Vf. mit Hanns-Christian Catenhusen, 3. 1. 1996.

60 Die folgenden Ausführungen beruhen auf Gesprächen d. Vf. mit Dietmar Landmann am 21. 4. 1994 und mit Dr. Rolf Schönfeld am 16. 4. 1994.

61 Im militärischen Sprachgebrauch ist ein Zyklogramm ein zeitlich gegliedertes Ablaufschema vorschriftsmäßig durchzuführender Maßnahmen.

62 Selbstfahrlafetten sind hochbewegliche, gepanzerte Fahrzeuge mit Kettenantrieb, auf denen Kanonen, Haubitzen oder andere Geschütze aufgebaut sind. Sie dienen im Gefecht zur Feuerunterstützung der Panzer und motorisierten Schützen, zur Panzerbekämpfung sowie zur Luftabwehr (vgl. Militärlexikon 1973, S. 337 f.).

63 Neben der persönlichen Bewaffnung mit Maschinenpistolen verfügte jedes der sieben Regimenter des GKM über eine Granatwerfer- und eine Kanonenbatterie mit jeweils sechs Geschützen und einen Flammenwerferzug mit 15 tragbaren Flammenwerfern. Das GKM rechnete insgesamt 579 Schützenpanzerwagen, 48 Granatwerfer (120 mm), 48 Kanonen (85 mm), 114 Flammenwerfer, 682 Panzerbüchsen, 2753 Pistolen, 10 726 Maschinenpistolen sowie 600 leichte und schwere Maschinengewehre zu seiner Kampfausrüstung. Vgl. Chronik des Grenzkommandos Mitte für das Ausbildungsjahr 1988/89, GVS-Nr. G 213286 (BArch/P, MZA, GTÜ 1991 AZN 17959); Grenztruppen der DDR/Grenzkommando Mitte, Auskunftsbericht zu den Aufgaben, den Bestand, die Ausrüstung, zum Grenzabschnitt und den Ergebnissen der Grenzsicherung des Grenzkommandos Mitte, O. U., den 8. 12. 1988, VVS-Nr. G 819559 (BArch/P, MZA, GTÜ 1991 AZN 17945).

64 Vgl. Ministerrat der DDR/Ministerium für Nationale Verteidigung, Direktive Nr. 4/85 des Ministers für Nationale Verteidigung über die Gefechtsbereitschaft der Grenztruppen der DDR vom 28. 8. 1985, GVS-Nr. A 456004 (BArch/P, MZA, Strausberg AZN 31916, Bl. 19 ff.).

65 Vgl. ebd., Bl. 24–28.

66 Vgl. MR der DDR/MfS/Der Minister, Diensteinheiten/Leiter, VVS-o008, MfS Nr. 80/89, Berlin, 25. 10. 1989 (BStU, ZA, MfS-RS 678, Bl. 76 f.).

67 MR der DDR/MfS/Der Minister, Stellvertreter des Ministers/Diensteinheiten/Leiter, Berlin, 10. 11. 1989, BdL 312/89 (BStU, ZA, Dok.-Nr. 103637).

68 Mit einem Ist-Personalbestand von 11 426 Mann (per 31. 10. 1989) hatte das MfS-Wachregiment »Feliks E. Dzierzynski« die Stärke einer NVA-Division (vgl. BStU, ZA, MfS-SdM 636, Bl. 17).

69 Bewaffnete Kräfte der USA, Frankreichs und Großbritanniens in West-Berlin nach Angaben des Grenzkommandos Mitte (Grenztruppen der DDR/Grenzkommando Mitte, Auskunftsbericht zu den Aufgaben, den Bestand, die Ausrüstung, zum Grenzabschnitt und den Ergebnissen der Grenzsicherung des Grenzkommandos Mitte, O. U., den 8. 12. 1988, VVS-Nr. G 819559 (BArch/P, MZA, GTÜ 1991 AZN 17945, Bl. 10).

70 Zur Reaktion der NATO und der Streitkräfte der westlichen Alliierten in Berlin vgl. die im Aktenbestand des stellvertretenden Stasi-Ministers Mittig überlieferten Informationen der Hauptabteilung III des MfS (BStU, ZA, MfS-Arbeitsbereich Mittig Nr. 38) sowie die Lageübersichten der HA III (BStU, ZA, MfS-HA III 858).

71 Information G/045135/11/11/89/01 (»Aktivitäten der westlichen Alliierten«), S. 7 (BStU, ZA, MfS, Arbeitsbereich Mittig Nr. 38, Bl. 34).

72 Information G/045135/11/11/89 / 01 (»Gegnerische Sicherheitsorgane«), S. 9 (BStU, ZA, MfS, Arbeitsbereich Mittig Nr. 38, Bl. 36).

73 Iwan N. Kusmin, Da wußten auch die fähigsten Tschekisten nicht weiter, in: Frankfurter Allgemeine, 30. 9. 1994, S. 14. Ein Überblick über Äußerungen zur (möglichen) Befehlslage der Westgruppe der sowjetischen Streitkräfte im Herbst 1989 findet sich bei Uhl 2014, S. 154 ff.

74 Die »offene« Auslösung der Erhöhten Gefechtsbereitschaft am Tage spricht nicht gegen diese These, da eine »gedeckte und überraschende Handlung«, die Streletz zufolge allein den Erfolg einer militärischen Maßnahme zur Schließung der Grenze garantiert hätte (vgl. Streletz 1995, S. 904), selbst am Abend des 10. November angesichts des enormen Verkehrsaufkommens nicht möglich gewesen wäre.

75 Auszug aus einem transkribierten Expertengespräch (Generaloberst der NVA, August 1992), in: Knabe 1994, S. 239 (Auslassung im Original).

76 Vgl. den Bericht der MfS-Bezirksverwaltung Potsdam über die SED-GO-Versammlung der Zentralschule für Kampfgruppen Schmerwitz, in: Bezirksverwaltung Potsdam, Rapport 314/89 vom 10. 11. 89, 6.00 Uhr, bis 11. 11. 89, 6.00 Uhr (BStU, ASt. Potsdam, AKG 1750, Bl. 54). – Der letzte Leiter der Zentralschule der Kampfgruppen »Ernst Thälmann«, Horst Grade, hat diesen Vorgang im Jahr 2009 bestätigt und darüber hinaus angemerkt: »Es gab bei einigen Parteifunktionären die Überlegung, die Situation in der DDR durch einen Ausnahmezustand zu bereinigen.« (»Dann haben wir Bürgerkrieg«. Wie Horst Grade, Leiter der Kampfgruppenschule in Schmerwitz, im Wendejahr 1989 auf die Situation in der DDR reagierte, in: Märkische Allgemeine Zeitung, 21. 11. 2009). Siehe dazu auch Bröckermann 2012, S. 149.

77 Vgl. Grenztruppen der DDR/GR-42, Chronik des Grenzregiments-42 ab 10. 11. 1989 (BArch/P, MZA, GTÜ AZN 6894, Bl. 132).

78 Vgl. Chronik des Grenzregiments-44 »Walter Junker«, 31. 10. 1989 bis 31. 8. 1990 (BArch/P, MZA, GTÜ AZN 6897, Bl. 7 f.).

79 HA I/AKG, Information über das Stimmungs- und Meinungsbild der An-

gehörigen und Zivilbeschäftigten der NVA und GT/DDR, Berlin, 8. 11. 1989, S. 2 (BStU, ZA, MfS-Arbeitsbereich Neiber Nr. 181, Bl. 51).

80 Auszug aus einem transkribierten Expertengespräch (Generaloberst der NVA, August 1992), in: Knabe 1994, S. 240.

81 Alexander Jakowlew sprach in einem Interview mit der französischen Journalistin Lilly Marcon von einem Befehl Gorbatschows an die Westgruppe der sowjetischen Streitkräfte, »ihre Kasernen nicht zu verlassen, was auch immer geschehen möge« (Jakowlew 1991, S. 83). Juri Bassistow, Protokollchef und Dolmetscher im Wünsdorfer Hauptquartier, bestätigt diesen Sachverhalt (vgl. Bassistow 1994, S. 53). Falin zufolge erging der besagte Befehl an die Westgruppe Ende August (Falin 1993, S. 488; Falin, in: Kuhn 1992, S. 29 f.). Falins Darstellung wiederum wird von Valentin Koptelzew und Nikolai Portugalow bestätigt (Gespräch d. Vf. mit V. Koptelzew, 22. 10. 1992; Portugalow, in: Kuhn 1993, S. 44). Die Verkündung der »Gorbatschow-Doktrin« vor den Vereinten Nationen im Herbst 1988, so Falin, habe im Klartext bedeutet, »daß die UdSSR beabsichtige, sich aus Mittel- und Osteuropa zurückzuziehen«. (Falin 1997, S. 141) »Sollte es zu einem Konflikt der Behörden der DDR mit der eigenen Bevölkerung kommen«, habe Gorbatschow Erich Honecker im Juni 1989 gewarnt, »blieben die sowjetischen Soldaten in ihren Kasernen.« (Ebd., S. 150) – Demgegenüber haben Egon Krenz und Fritz Streletz wiederholt dargestellt, dass Armeegeneral Boris W. Snetkow als Befehlshaber der Westgruppe ihnen gegenüber im Oktober und November 1989 jegliche Unterstützung zugesagt habe, sofern sie angefordert werde (siehe z. B. Krenz 1999, S. 150; Streletz 2014; S. 23). – Verteidigungsminister Heinz Keßler jedoch gibt an, dass er bei einem Telefonat in der Nacht des 9./10. November 1989 von eben diesem Armeegeneral Snetkow erfahren habe, »daß sie einen dringenden Befehl erhalten hatten, in den Kasernen zu verbleiben und nicht aktiv zu werden« (Keßler 1996, S. 309).

82 Zum allmählichen Abrücken von der »Allgemeingültigkeit des sowjetischen Modells« und der Absage Gorbatschows an die Breschnew-Doktrin vgl. Oldenburg 1994, S. 19 ff.; Daschitschew 1993, S. 1467 ff.; Simon/Simon 1993, S. 191 ff.

83 Gorbatschow 1987, S. 212; siehe auch: Gorbatschow 2014, S. 367 ff.; Grachev 2008, S. 43 – 162; Altrichter 2009, S. 318 ff.; Schachnasarow 1996, S. 101 ff. – Zu den Stärken und Schwächen von Michail Gorbatschow und seiner Politik siehe die sehr persönliche und kritische Skizze von seinem engen Weggefährten Alexander Jakowlew (Jakowlew 2003, S. 543 – 605).

84 Heinz Keßler, Bericht über die wichtigsten Ergebnisse der 21. Sitzung des Komitees der Verteidigungsminister der Teilnehmerstaaten des Warschauer Vertrages, Anlage 2: Wesentlicher Inhalt der Ausführungen des Generalsekretärs des Zentralkomitees der KPdSU, Genossen Michail Gorbatschow, während des Treffens mit den Mitgliedern des Komitees der Verteidigungsminister am 7. 7. 1988, S. 1 (BArch/P, MZA, Strausberg AZN 32662, Bl. 23).

85 Gorbatschow hat seine Überraschung, »daß es auf diese Weise und an diesem Tag geschah«, mehrfach kundgetan (vgl.: Michail Gorbatschow, »Schön, ich gab die DDR weg«, in: Der Spiegel 40, 2. 10. 1995, S. 72).

86 Krenz 1992, S. 368.

87 Ebd., S. 369.

88 So die Auskünfte von Harry Möbis und Karl-Heinz Wagner. »Ich erinnere mich noch«, so Harry Möbis, »daß Kotschemassow empört war: ›Es sind vitale Interessen der Sowjetunion berührt, vitale Interessen‹; nicht, wie Krenz schreibt, ›die Interessen der Alliierten‹« (Gespräch d. Vf. mit Harry Möbis, 11. 7. 1994). – Karl-Heinz Wagner wiederum berichtet, dass die »Glückwünsche« Gorbatschows lange auf sich warten ließen und nach seiner Kenntnis erst nachmittags um 16.00 Uhr, also geraume Zeit nach der Absendung des Telegramms, übermittelt wurden (Gespräch d. Vf. mit Karl-Heinz Wagner, 12. 6. 1995). – Zum Telegramm an Gorbatschow siehe weiter unten.

89 Fritz Streletz, in: Hertle 1995c, S. 917.

90 Ebd.

91 Ebd.

92 Igor F. Maximytschew, Der Fall der Berliner Mauer und Moskaus Reaktion. Vorlesung am Fachbereich Politische Wissenschaft der FU Berlin im WS 1995/96 (Ms.), S. 7.

93 Igor Maximytschew, in: Maximytschew/Hertle 1994, S. 1153.

94 Ebd., S. 1153.

95 Ebd.

96 Siehe oben.

97 Igor Maximytschew, in: Maximytschew/Hertle 1994, S. 1147.

98 Ebd.

99 Ebd.

100 Gespräch d. Vf. mit Valentin Koptelzew, 22. 10. 1992.

101 Ebd.

102 Ebd.

103 Igor Maximytschew, in: Maximytschew/Hertle 1994, S. 1148. – Die Version von Gerd König, DDR-Botschafter in Moskau und Mitglied des SED-Zentralkomitees, das sowjetische Außenministerium habe nach seinen Informationen bis zum Morgen des 10. November auf die Bitte der DDR noch gar nicht reagiert, ist vor dem Hintergrund der geschilderten Abläufe und der Aussagen von Beteiligten wenig plausibel (vgl. König 2011, S. 344/45) – obwohl König als einer der bestinformierten und analytisch klarsichtigsten DDR-Diplomaten gilt.

104 Ebd.

105 Ebd., S. 1152.

106 Igor F. Maximytschew, Der Fall der Berliner Mauer und Moskaus Reaktion. Vorlesung am Fachbereich Politische Wissenschaft der FU Berlin im WS 1995/96 (Ms.), S. 5.

107 Igor Maximytschew, in: Maximytschew/Hertle 1994, S. 1152.

108 Gespräch d. Vf. mit Oskar Fischer, 29. 11. 1993. Das eingangs zitierte Gespräch zwischen Kotschemassow und Krenz vom Morgen des 10. 11. 1989 steht dieser Auskunft von Fischer jedoch entgegen.

109 Igor Maximytschew, in: Maximytschew/Hertle 1994, S. 1152.

110 Ebd., S. 1153.

111 Vgl. Schell/Kalinka 1991, S. 253.

112 Gespräch d. Vf. mit Werner Großmann, 5. 12. 1994. – Zur Tätigkeit des KGB in der DDR und seiner Zusammenarbeit mit dem MfS vgl. Fricke/Marquardt 1995, S. 50 ff.; Gill/Schröter 1991, S. 76 ff.; Schell/Kalinka 1991, S. 253 ff.

113 Iwan Nikolajewitsch Kusmin, Da wußten auch die fähigsten Tschekisten nicht weiter, in: FAZ, 30. 9. 1994, S. 14. Der FAZ-Beitrag ist ein Auszug aus einer in Moskau im Samisdat erschienenen Schrift Kusmins, die nur in russischer Sprache vorliegt.

114 Ebd.

115 Ebd. – »Ich bin fast vom Stuhl gefallen, so überraschend kam das für mich«, berichtete auch der Karlhorster KfS-Mitarbeiter Boris Laptow (in dem Dokumentarfilm: »Fünf Jahre nach dem Fall der Mauer«, Medienkontor Berlin 1994, Mitarbeiter: Th. Baltz, B. Becker, H. Bremer, A. Doubek, Th. Koutsoulis u. a., RTL-Nachtjournal Spezial, 6. 11. 1994).

116 Iwan N. Kusmin, Da wußten auch die fähigsten Tschekisten nicht weiter, in: FAZ, 30. 9. 1994, S. 14.

117 Gespräch d. Vf. mit Valentin Falin, 27. 8. 1992.

118 Fritz Streletz, in: Hertle 1995c, S. 916.

119 Igor Maximytschew, in: Maximytschew/Hertle 1994, S. 1153.

120 SAPMO-BArch, ZPA-SED, IV 2/1/704, Bl. 83 f.

121 Igor F. Maximytschew, Der Fall der Berliner Mauer und Moskaus Reaktion. Vorlesung am Fachbereich Politische Wissenschaft der FU Berlin im WS 1995/96 (Ms.), S. 7.

122 Bernhard Küppers, »Und jetzt diese Instabilität«, in: Süddeutsche Zeitung, 11. 11. 1989.

123 Daschitschew 1993, S. 1469.

124 »Schön, ich gab die DDR weg.« Interview mit Michail Gorbatschow, in: Der Spiegel 40, 2. 10. 1995, S. 72.

125 So Nikolai Portugalow, in: Kuhn 1993, S. 65 und 70.

126 Gorbatschow zit. nach Portugalow, in: Kuhn 1993, S. 70.

127 ADN (4084), 10. 11. 1989, 18.45 Uhr.

128 Vgl. Neues Deutschland, 11./12. 11. 1989; Berliner Zeitung, 11./12. 11. 1989; Frankfurter Allgemeine, 11. 11. 1989.

129 Nikolai Portugalow laut: RFTV, 10. 11. 1989, 19.00 Uhr (Deutschland 1989, Band 15, S. 626).

130 Igor Maximytschew, in: Maximytschew/Hertle 1994, S. 1155.

131 Ebd.

132 Igor Maximytschew, in: Maximytschew/Hertle 1994, S. 1155 f. – Maximytschew fährt zwar fort, ihm sei kein Anzeichen bekannt geworden, das die Sorge Schewardnadses bestätigt hätte, weshalb er dessen Ermahnung als eine »Vorbeugemaßnahme des listigen Georgiers«, wenn nicht als eine »äußerst komplizierte Kremlintrige« interpretiert (vgl. Igor F. Maximytschew, Der Fall der Berliner Mauer und Moskaus Reaktion. Vorlesung am Fachbereich Politische Wissenschaft der FU Berlin im WS 1995/96, Ms., S. 9). Soweit es die militärische Seite betrifft, dürfte Schewardnadse als Politbüro-Mitglied jedoch in diesem Fall besser informiert gewesen sein als Maximytschew, dem auch die Aktivitäten der NVA verborgen blieben.

133 Siehe Greenwald 1993, S. 260.

134 Vgl. »Deutschlandkarte auf Bushs Tisch«, in: FAZ, 11. 11. 1989.

135 Vgl. »Bush: Berliner Mauer hat an Bedeutung verloren«, in: AD, 15. 11. 1989 (Deutschland 1989, Band 15, S. 614–617; »Deutschlandkarte auf Bushs Tisch«, in: FAZ, 11. 11. 1989; Carlos Widmann, »Mehr Überraschung als Freude«, in: SZ, 11. 11. 1989). Siehe auch: Beschloss/Talbott 1993, S. 177; Baker 1996, S. 156; Bush/Scowcroft 1998, S. 148–151.

136 »Bush: Berliner Mauer hat an Bedeutung verloren«, in: AD, 15. 11. 1989 (Deutschland 1989, Band 15, S. 616).

137 Vgl. die Zusammenstellung entsprechender Äußerungen von Baker am 10. 11. 1989, in: AD, 15. 11. 1989 (Deutschland 1989, Band 15, S. 618–625; hier: S. 621).

138 Vgl. Beschloss/Talbott 1993, S. 178; Carlos Widmann, »Mehr Überraschung als Freude«, in: SZ, 11. 11. 1989.

139 Deutscher Bundestag, 11. Wahlperiode, 174. Sitzung, Bonn, Donnerstag, den 9. 11. 1989, S. 13 213.

140 Ebd., S. 13 221.

141 Ebd.

142 Ebd., S. 13 223.

143 Ackermann 1994, S. 310. Eduard Ackermann war seit 1982 Leiter der Abteilung 5 (Gesellschaftliche und politische Analysen, Kommunikation und Öffentlichkeitsarbeit) im Bundeskanzleramt.

144 Vgl. Kwizinskij 1993, S. 15. – Die telefonische Übermittlung hatte den Nebeneffekt, dass die Botschaft Gorbatschows auch vom MfS mitgehört werden konnte und mit leichter zeitlicher Verzögerung um 22.04 Uhr auf dem Tisch des Mielke-Stellvertreters Schwanitz lag (vgl. HA III, Lageübersicht für den Berichtszeitraum 10./11. 11. 1989, S. 5, in: BStU, ZA, MfS-HA III 858, Bl. 90).

145 Mündliche Botschaft Michail Gorbatschows an Helmut Kohl, 13. 11. 1989, 4 Ex. (SAPMO-BArch, ZPA-SED, IV 2/2.039/319, Bl. 15 f.).

146 Mündliche Botschaft Michail Gorbatschows an Präsident François Mitterrand, Premierminister Margaret Thatcher und Präsident George Bush, 13. 11. 1989, 4 Ex. (SAPMO-BArch, ZPA-SED, IV 2/2.039/319, Bl. 20 f.).

147 Thatcher 1993, S. 1097.

148 Ansprache des SPD-Ehrenvorsitzenden, Willy Brandt, vor dem Schöneberger Rathaus am 10. 11. 1989, in: Auswärtiges Amt 1990, S. 81. – Hervorhebung v. Vf.

149 Ansprache von Bundeskanzler Helmut Kohl vor dem Schöneberger Rathaus am 10. 11. 1989, in: Auswärtiges Amt 1990, S. 83.

150 Teltschik 1991, S. 20.

151 Ebd., S. 23.

152 Ebd.

153 Das »Neue Deutschland« rundete die von der Volkspolizei geschätzte Zahl von 80 000 Teilnehmern am nächsten Tag auf 150 000 auf (vgl. Neues Deutschland, 11./12. 11. 1989, S. 1).

154 Gespräch d. Vf. mit Wolfgang Herger, 19. 9. 1995.

155 Dem Spiegel-TV-Journalisten Georg Mascolo präsentierten sich die Mitglieder des Politbüros nach der Kundgebung »unglaublich aufgekratzt« (Mitteilung von Georg Mascolo an den Vf., 5. 3. 1996).

156 Egon Krenz, zit. nach: Neues Deutschland, 11./12. 11. 1989, S. 3.

157 Günter Schabowski gegenüber dem Spiegel-TV-Reporter Georg Mascolo (in: Spiegel-TV, Fünf Wochen im Herbst. Protokoll einer deutschen Revolution).

158 Egon Krenz, in: ebd.

159 Schreiben von Horst Kaminsky an Egon Krenz, 10. 11. 1989 (SAPMO-BArch, ZPA-SED, IV 2/2.039/335, Bl. 67 ff.).

160 Protokoll Nr. 50 der Sitzung des Politbüros des ZK der SED vom 8., 9., 10. 11. 1989, TOP 6.: Information an die Regierung der BRD über Maßnahmen der DDR, Anlage 5 (SAPMO-BArch, ZPA-SED, J IV 2/2/2359).

161 Vgl. Teltschik 1991, S. 21.

162 Gespräch zwischen dem Generalsekretär des ZK der SED, Genossen Egon Krenz, und dem Bundeskanzler der BRD, Herrn Helmut Kohl, am 11. 11. 1989, 10.13 Uhr bis 10.22 Uhr (SAPMO-BArch, ZPA-SED, IV 2/2.039/328, Bl. 55–61). Teltschik stellt den wesentlichen Inhalt des Telefonats fast gleichlautend dar (vgl. Teltschik 1991, S. 27). – Als Grundlage des Telefonats diente Krenz eine von Schalck erarbeitete Gesprächskonzeption, an der er sich grob orientierte. Als einzige Gegenleistung der DDR für die Bildung eines Reisefonds, der die Bundesregierung mit 3,8 Mrd. DM belasten sollte, war darin die Zusage enthalten, »die Frage der Entlassung von DDR-Bürgern, die die DDR ungesetzlich verlassen haben, aus der DDR-Staatsbürgerschaft und die Möglichkeit ihrer Wiedereinreise zu Besuchen kurzfristig zu regeln« (vgl. »Konzeption für ein Gespräch zwischen dem Generalsekretär des ZK der SED, Genossen Egon Krenz, und dem Bundeskanzler der BRD, Herrn Helmut Kohl«, o. D. (11. 11. 1989).

163 Ebd.

11. November 1989: Zuspitzung und Entspannung (S. 248–261)

1 Vgl. zum Folgenden: BVfS Berlin, Rapport-Grenzsicherung Nr. 314 und 315 (BStU, ASt. Berlin 2323/2324); PdVP Berlin, ODH-Lagefilme Nr. 231 und 232

(ARCHIV POLPRÄS BLN/AG Archiv, DEZ VB 132), sowie die Operativen Informationen und Meldungen der HA I, der HA III und des Zentralen Operativstabs des MfS zur Lageentwicklung am Brandenburger Tor, 10./11. 11. 1989 (BStU, ZA, MfS-Arbeitsbereich Neiber 510, Bl. 105 ff.).

2 Vgl. Tagesspiegel, 11. 11. 1989.

3 Niederschrift des förmlichen Protests, 10. 11. 1989 (ARCHIV POLPRÄS BLN/AG Archiv, DEZ VB 132).

4 Vgl. Ministerium des Innern, Information vom 11. 11. 1989, S. 6 (BStU, ZA, MfS-Arbeitsbereich Neiber 687, Bl. 12).

5 Vgl. hierzu und zum Folgenden: Gespräch d. Vf. mit Georg Schertz, 15. 1. 1996.

6 Vgl. Information der operativen Führungsgruppe vom 12. 11. 1989, S. 1 (BStU, ZA, MfS-Arbeitsbereich Neiber 687, Bl. 21).

7 Schertz zufolge war die Rolle der Alliierten in West-Berlin auf die Erteilung dieser Genehmigung beschränkt. Das Einsatzgeschehen selbst habe auf selbständigen Entscheidungen der West-Berliner Polizei beruht (Gespräch d. Vf. mit Georg Schertz, 15. 1. 1996) und nicht auf einer Anordnung oder einem Ersuchen der britischen Alliierten, wie damals verschiedene Tageszeitungen ohne Angabe von Quellen berichteten (vgl. Tagesspiegel, 12. 11. 1989; Welt am Sonntag, 12. 11. 1989).

8 Vgl. dazu: Gespräch d. Vf. mit Georg Schertz, 15. 1. 1996; Igor Maximytschew, in: Maximytschew/Hertle 1994, S. 1155.

9 Vgl. Fernschreiben des Regierenden Bürgermeisters von Berlin/Senatskanzlei an den Beauftragten der Regierung der DDR für den Reise- und Besucherverkehr, Herrn Abteilungsleiter Dr. Müller, FS-Nr. E 2420, 11. 11. 1989, 10.30 Uhr (BStU, ZA, MfS-Arbeitsbereich Neiber 510, Bl. 81).

10 Vgl. Dez P 2-05177, Betr.: Kontaktaufnahme zwischen dem PPr und führenden Vertretern der Grenztruppen der DDR am 11. 11. 1989 (ARCHIV POLPRÄS BLN/AG Archiv, DEZ VB 132).

11 Oberst Günter Leo, in: Karau 1992, S. 52.

12 Vgl. hierzu und zum Folgenden die Notizen über die Parteiaktivtagung in den Arbeitsbüchern von drei MfS-Mitarbeitern (BStU, ZA, MfS-SdM 2332, Bl. 61–69; BStU, ZA, MfS-ZAGG 2742, Bl. 13–29; BStU, ZA, MfS-Arbeitsbereich Neiber 533, Bl. 46–61). – Ein von der SED-Kreisleitung des MfS selbst gefertigtes Protokoll über diese Tagung ist bislang nicht aufgefunden worden.

13 Arbeitsbuchnotizen über die Parteiaktivversammlung des MfS am 11. 11. 1989 (BStU, ZA, MfS-Arbeitsbereich Neiber 533, Bl. 47).

14 Vgl. HA I, Information zum Stimmungs- und Meinungsbild über die Leitung des MfNV, 11. 11. 1989 (BStU, ZA, MfS-Arbeitsbereich Neiber 181, Bl. 40).

15 Keßler wurden als Dienstreisen getarnte und finanzierte Urlaubsreisen seiner Familie vorgeworfen, Streletz der Einsatz von Maurern der Wohnungsverwaltung des Ministeriums für seinen privaten Goldfischteich nachgesagt. Vgl. ebd., Bl. 38 f.

16 Gespräch d. Vf. mit Werner Melzer, 21. 8. 1995.
17 Vgl. Fritz Streletz, in: Hertle 1995c, S. 917.
18 Hoffmann 1991, S. 30. – Später, so der persönlich auf der Versammlung nicht anwesende Chef der Volksmarine, Theodor Hoffmann, hätten Teilnehmer der Sitzung die Vermutung geäußert, »die Leitung des Ministeriums sei entweder in Panik geraten, weil sie meinte, daß ihr die Ereignisse in Berlin aus dem Ruder liefen, oder sie wollte eine förmliche Abstimmung über den Antrag auf Ablösung des Ministers und des Chefs des Hauptstabes verhindern« (ebd., S. 30).
19 Gespräch d. Vf. mit Manfred Grätz, 12. 9. 1995.
20 Entwurf: Ausführungen des Mitgliedes des Politbüros des Zentralkomitees der SED und Ministers für Nationale Verteidigung, Armeegeneral Heinz Keßler, auf dem Parteiaktiv des Ministeriums für Nationale Verteidigung am 11. 11. 1989, S. 3 (BArch/P, MZA, Strausberg AZN 8271, Dok. 30).
21 Dieses Bild benutzte Horst Sindermann nach seiner Abwahl als Präsident der Volkskammer (vgl. Volkskammer der DDR, 9. WP., 11. Tagung, Montag, den 13. 11. 1989, S. 253; Horst Sindermann, »Wir sind keine Helden gewesen«, in: Der Spiegel 19, 7. 5. 1990, S. 53 ff.).
22 Entwurf: Ausführungen des Mitgliedes des Politbüros des Zentralkomitees der SED und Ministers für Nationale Verteidigung, Armeegeneral Heinz Keßler, auf dem Parteiaktiv des Ministeriums für Nationale Verteidigung am 11. 11. 1989, S. 6 (BArch/P, MZA, Strausberg AZN 8271, Dok. 30).
23 Ebd., S. 6.
24 Gespräche d. Vf. mit Horst Stechbarth, 12. 12. 1994 und 18. 7. 1995.
25 Stechbarth 2006, S. 219.
26 Gespräch d. Vf. mit Horst Skerra, 9. 9. 1995.
27 Gespräch d. Vf. mit Manfred Grätz, 12. 9. 1995.
28 Fritz Streletz, in: Hertle 1995c, S. 918.
29 Ebd.
30 Vgl. dazu Fritz Streletz, Aktennotiz für den Minister für Nationale Verteidigung, Berlin, den 12. 11. 1989. Darin heißt es: »Aus der Erhöhten Gefechtsbereitschaft in den Zustand der Ständigen Gefechtsbereitschaft wurden am 11. 11. 1989 von 12.00 Uhr – 15.00 Uhr zurückgeführt: – die 1. Mot.-Schützendivision, – das Luftsturmregiment-40« (S. 2). – Stechbarth gibt als Zeitpunkt für die Aufhebung des Befehls 14.00 Uhr an – das zitierte Dokument wird hier näher am richtigen Zeitpunkt liegen als die Erinnerung an das Ereignis (vgl. Stechbarth 2006, S. 219).
31 Information über den Inhalt des Telefongesprächs zwischen Michail Gorbatschow und Helmut Kohl am 11. 11. 1989 (SAPMO-BArch, ZPA-SED, IV 2/2039/391, Bl. 17 ff.); vgl. auch Teltschik 1991, S. 27. – Ein Telefonat ähnlichen Inhalts führte Außenminister Genscher am selben Tag mit Eduard Schewardnadse. Schewardnadse äußerte »Besorgnis« über die Rede Kohls vor dem Rathaus Schöneberg. Genscher versicherte seinem sowjetischen Amtskollegen, die Bundesregierung strebe nicht danach, die bei den Reformen in der DDR

auftretenden Schwierigkeiten »einseitig auszunutzen« (Information über den Inhalt des Telefongesprächs zwischen Eduard Schewardnadse und Hans-Dietrich Genscher am 11. 11. 1989 – SAMPO-BArch, ZPA-SED, IV, 2/2039/319, Bl. 22–25).

32 Teltschik 1991, S. 28.

33 Vgl. Fritz Streletz, Aktennotiz für den Minister für Nationale Verteidigung, 12. 11. 1989. Sechs Kompanien aus dem Bestand der 1. MSD und des LStR-40 wurden allerdings nach dieser Demobilisierung zur »Verstärkung der Grenzsicherung« in Bereitschaft gestellt.

34 Vgl. die entsprechende Weisung von Generaloberst Mittig, BdL/318/89, Berlin, 11. 11. 1989. Die Weisung lautete, »mit sofortiger Wirkung hinsichtlich des Kräfteeinsatzes und der Lösung der Aufgaben nach der VVS 80/89 zu verfahren« (BStU, ZA, MfS, Dok.-Nr. 103 637). – Zum Inhalt der VVS 80/89 vom 25. 10. 1989 siehe oben.

35 Die Uhrzeit geht hervor aus: Zentrale Arbeitsgruppe Geheimnisschutz, ODH vom 11. 11. 89, 8.00 Uhr, bis 12. 11. 89, 8.00 Uhr (BStU, ZA, MfS-ZAGG Nr. 1786, Bl. 72).

36 Interview von Thomas Heise (Spiegel-TV) mit Peter Priemer im Juli 1995, S. 5 (Archiv Spiegel-TV).

37 Dez P 2-05177/Polizeidirektor Förster, Betr.: Kontaktaufnahme zwischen dem PPr und führenden Vertretern der Grenztruppen der DDR am 11. 11. 89, S. 4 (ARCHIV POLPRÄS BLN/AG Archiv, DEZ VB 132).

38 Grenztruppen der Deutschen Demokratischen Republik/Grenzkommando Mitte/Der Kommandeur, Protokoll des Gesprächs zwischen Oberst Leo und Polizeipräsident Schertz, GÜSt. Friedrich-/Zimmerstraße, 11. 11. 1989, 14.00–15.00 Uhr, S. 2 (BStU, ZA, MfS-Arbeitsbereich Neiber 874, Bl. 37).

39 Vgl. das Gespräch d. Vf. mit Georg Schertz, 15. 1. 1996. Auch Leo schreibt der West-Berliner Seite die Initiative für die Begegnung zu (vgl. Günter Leo, in: Karau 1992, S. 51).

40 Grenztruppen der Deutschen Demokratischen Republik/Grenzkommando Mitte/Der Kommandeur, Protokoll des Gesprächs zwischen Oberst Leo und Polizeipräsident Schertz, GÜSt. Friedrich-/Zimmerstraße, 11. 11. 1989, 14.00–15.00 Uhr, S. 3 (BStU, ZA, MfS-Arbeitsbereich Neiber 874, Bl. 38).

41 Vgl. Dez LD 131/Polizeihauptkommissar Pagel, Betr.: Planungen/Gespräche für Fernmeldeverbindungen zum Polizeipräsidium in Ostberlin, 13. 11. 1989 (ARCHIV POLPRÄS BLN/AG Archiv, DEZ VB 132).

12. November 1989: Neutralität der Alliierten (S. 262–266)

1 Fernschreiben des Chefs des Stabes der Westgruppe der Streitkräfte der UdSSR, Generalleutnant W. Fursin, an den Stellvertreter des Ministers für Nationale Verteidigung der DDR und Chef des Hauptstabes der Nationalen Volksarmee, Generaloberst F. Streletz, 12. 11. 1989 (Abschrift), S. 1 (BArch/P, MZA Strausberg AZN 32666, Bl. 241 ff.).

2 Ebd.
3 Vgl. ebd., S. 2 f.
4 Information über ein Gespräch des Botschafters der UdSSR in der DDR, Wjatscheslaw Kotschemassow, mit dem Botschafter der USA in der BRD, Vernon Walters, am 12. 11. 1989; 15. 11. 1989, 4 Ex. (SAPMO-BArch, ZPA-SED, IV 2/2.039/319, Bl. 26–33).
5 Heinz Keßler am 12. 11. 1989, 13.00 Uhr, in der »Aktuellen Kamera« des DDR-Fernsehens, zit. nach: RIAS-Monitor-Dienst, Freitag–Sonntag, 10.–12. 11. 1989, S. 59.
6 Fernschreiben von Baumgarten an Neiber, 12. 11. 1989 (BStU, ZA, MfS-Arbeitsbereich Neiber 509, Bl. 49).
7 Als symptomatisch für diese Tendenz kann gelten: AfNS Bezirksamt Suhl/Leiter, Information über Auswirkungen der neuen Reiseregelungen auf die Lage an der Staatsgrenze im Bezirk Suhl, Suhl, 28. 11. 1989 (BStU, ZA, MfS-Arbeitsbereich Neiber 875, Bl. 85).

13. November 1989 – 3. Oktober 1990: Der Abbau der Mauer (S. 267–276)

1 Initiativgruppe Neues Forum, 12. 11. 1989, in: Neues Forum 1990, S. 20.
2 Vgl. etwa die ablehnende Stellungnahme des Berliner Sprecherrats des Neuen Forums zur Bildung eines gemeinsamen deutschen Staates vom 18. 12. 1989 (siehe: Neues Forum 1990, S. 30). Das »Bündnis 90«, wozu auch das Neue Forum gehörte, erzielte bei der Volkskammer-Wahl am 18. 3. 1990 einen Stimmenanteil von 2,9 Prozent.
Zu den folgenden Zitaten zum BND siehe: BND/32C, PR-Info, Betr.: DDR – aktuelle innenpolitische Entwicklung, 13. 11. 1989 (in: BArch, B 206/587, Bl. 41–45), sowie: BND/32C, PR-Info, Betr.: DDR – aktuelle innenpolitische Situation, 17. 11. 1989 (in: BArch, B 206/587, Bl. 37). – Die selbstkritische BND-Einschätzung findet sich in: BND 2014, S. 5.
3 Vgl. dazu die einschlägigen Chroniken (Bahrmann/Links 1994 und 1995; Zimmerling/Zimmerling 1990), den Dokumentenband von Stephan (1994, S. 240–287), als frühe Überblicksdarstellungen Bortfeldt 1992; Görtemaker 1994; Jarausch 1995; McAdams 1993; Meuschel 1992; Pond 1993; Thaysen 1990 und Wolle 1992, sowie Maier 1999, S. 273 ff.; Jarausch/Sabrow 1999; Süß 1999, S. 508ff.; von Plato 2002, S. 108 ff.; Neubert 2008, S. 217 ff.; Richter 2009, S. 839 ff.; Rödder 2009, S. 118 ff.; Kowalczuk 2009, S. 472 ff.; Hertle/Stephan 2012, S. 82–100.
4 Vgl. Stenografische Niederschrift der 11. Tagung des Zentralkomitees der SED (unkorrigiert), 13. 11. 1989 (SAPMO-BArch, IV 2/1/714, Bl. 2 ff.), abgedruckt in: Hertle/Stephan 2012, S. 439 ff.
5 Zur Waldsiedlung Wandlitz siehe Danyel/Kimmel 2016.
6 So Siegfried Funke auf der 11. Tagung des SED-Zentralkomitees am 13. 11. 1989, in: Hertle/Stephan 2012, S. 446.
7 Vgl. AfNS/Leiter, Festlegungsprotokoll über die Leitungsberatung am

7. 12. 1989 (BStU, ZA, MfS-SdM 2336). Zum Ende des Staatssicherheitsdienstes der DDR siehe Süß 1999, S. 635 ff.

8 Vgl. Lepsius 1994, S. 10.

9 Bericht über das Gespräch des Generalsekretärs des ZK der SED, Genossen Egon Krenz, und des Vorsitzenden des Ministerrates der DDR, Genossen Dr. Hans Modrow, mit dem Bundesminister für besondere Aufgaben und Chef des Bundeskanzleramtes der BRD, Rudolf Seiters, am 20. 11. 1989 im Amtssitz des Staatsrates, S. 5 (BArch/P, C-20, I/3-2871).

10 Ebd., S. 15.

11 Ebd., S. 17.

12 Dienstbesprechung anlässlich der Einführung des Genossen Generalleutnant Schwanitz als Leiter des Amtes für Nationale Sicherheit durch den Vorsitzenden des Ministerrates der DDR, Genossen Hans Modrow, 21. 11. 1989 (Tonbandabschrift), (BStU, ZA, MfS-ZAIG 4886, Bl. 9).

13 Ebd., Bl. 26.

14 Ebd., Bl. 10.

15 Alexander Schalck, Brief an den Vorsitzenden der Zentralen Parteikontrollkommission, Genossen Eberlein, Berlin, 2. 12. 1989, in: Deutscher Bundestag/Anlagenband 3 1994, Dokument 749, S. 3226. – Eine Kopie des Briefes an Eberlein, so Schalck in einem Schreiben vom selben Tag an Hans Modrow, übermittle er anbei. Modrow dementierte 1991, die Kopie des Briefes an Eberlein je erhalten zu haben (Modrow 1991b, S. 11).

16 Schalcks entsprechende Befürchtungen beruhten unter anderem auf gegen ihn gerichtete, seiner Ehefrau übermittelten Morddrohungen (so Sigrid Schalck, in: Gespräch d. Vf. mit Alexander Schalck, 15. 10. 1992). – Die Kampagne gegen Schalck hatte am 20. 11. 1989 mit einer auf »Insiderwissen« gestützten »Spiegel«-Story über obskure Devisengeschäfte des Bereiches Kommerzielle Koordinierung begonnen (vgl. den Beitrag »Fanatiker der Verschwiegenheit«, in: Der Spiegel 47, 20. 11. 1989, S. 49–59). In der Volkskammer-Sitzung vom 1. Dezember 1989 wurde die Stimmung durch das Gerücht angeheizt, der Bereich Schalcks habe 100 Mrd. DM in der Schweiz gehortet. Weder Krenz oder Modrow noch die direkt um Auskunft gebetenen Minister Beil und Schürer nahmen während der Sitzung zu diesem Gerücht Stellung oder stellten sich vor Schalck. Mit seiner Flucht entzog sich Schalck der daraufhin beschlossenen Ladung vor den Korruptionsausschuss der Volkskammer. – »Der Schock«, so Schalck im Gespräch mit dem Vf., »kam ja dann erst in dieser Volkskammersitzung, also für mich jedenfalls. ›Wo sind denn die 100 Milliarden geblieben?‹ – Da hatte ich wirklich einen Schock. Da habe ich gesagt: Jetzt ist der Irrsinn hier endgültig ausgebrochen, und jetzt wird hier von der Seite her ... – ich muß wirklich sagen, da findet man heute nicht mal Worte für. Denn wenn wir solche Mittel gehabt hätten, wäre die DDR vielleicht doch noch erhalten geblieben, und wir hätten der Bundesrepublik Geld geborgt.«

17 Volkskammer der DDR, 9. Wahlperiode, 15. Tagung, stenografische Niederschrift, 29. 1. 1990, S. 423.

18 Zum »Zwei-plus-Vier-Vertrag« und Einigungsvertrag vgl. Ash 1993, S. 502–521; Albrecht 1992; Kaiser 1991; Kiessler/Elbe 1993; Schäuble 1993; Szabo 1992; Teltschik 1991; Jäger 1998; Küsters 1998, S. 21–236; Weidenfeld 1998, S. 255 ff.; von Plato 2002, S. 334 ff.; Rödder 2009, S. 226 ff., sowie als knappe Überblicksdarstellungen Küsters 2017, S. 27–42; Wentker 2017, S. 43–64; Amos/Geiger 2017, S. 65–90.

Epilog (S. 277–291)

1 Tagesthemen, 9. 11. 1989 (Transkription).

2 Vgl. Ilse Friedrichs, in: Hertle/Elsner 2009, S. 134.

3 Vgl. zum Folgenden Hertle 2012, S. 199–224.

4 Pleitgen 1990, S. 88.

5 Frei nach Klaus Bresser, der das Bild der Medien als eines »Keilriemens der Revolution« benutzt. Siehe Bresser 1990, S. 36.

6 Vgl. z. B. Kowalczuk 2009, S. 457. Kowalczuk behauptet ohne Beweis, dass gegen 20.30 Uhr bereits Tausende von Menschen vor dem Grenzübergang Bornholmer Straße gestanden hätten; Fernsehaufnahmen, die sogar erst kurze Zeit später entstanden, belegen, dass sich zu diesem Zeitpunkt nur einige wenige Ost-Berliner dort eingefunden hatten.

7 AP, 9. 11. 1989, 19.05 Uhr (DDR/Grenze Eil). – Zum Zustandekommen der Eil-Meldung siehe Frieder Reimold, in: Hertle/Elsner 2009, S. 53–56.

8 SFB-Abendschau, 9. 11. 1989.

9 DPA, 9. 11. 1989, 19.41 Uhr (Dokumentation).

10 DPA, 9. 11. 1989, 19.56 Uhr (Eil!!! Zweite Zusammenfassung/Sensation eins/zwei Teile).

11 Tagesschau, 9. 11. 1989, 20.00 Uhr (Transkription).

12 PdVP-Rapport Nr. 230, lfd. Nr. 13 (Polizeihistorische Sammlung des Polizeipräsidenten in Berlin).

13 RIAS, 9. 11. 1989 (Transkript der Nachrichtensendungen).

14 Deutscher Bundestag, 11. Wahlperiode, 174. Sitzung, Bonn, Donnerstag, den 9. 11. 1989, S. 13 213 ff.

15 Heute-Journal, 9. 11. 1989 (Sendemanuskript).

16 PdVP Berlin, Fernschreiben vom 10. 11. 1989, 6.25 Uhr, Anlage zu: PdVP-Rapport Nr. 231 (Polizeihistorische Sammlung des Polizeipräsidenten in Berlin).

17 Lagezettel von Polizeipräsident Georg Schertz vom 9. 11. 1989 (abgedruckt in: Hertle/Elsner 2009, S. 114).

18 So Oberstleutnant S. W., Stellvertreter Passkontrolle der Passkontrolleinheit Invalidenstraße, in: Hertle/Elsner 2009, S. 115.

19 Lutz Herden, in: Die Nacht der Nächte, Dokumentarfilm von Robin Lautenbach und Dagmar Mielke, SFB 1997.

20 AK Zwo, 9. 11. 1989 (Transkription).

21 Siehe Robin Lautenbach, in: Hertle / Elsner 2009, S. 64 / 65.
22 Tagesthemen, 9. 11. 1989 (Transkription). Daraus auch die folgenden Zitate.
23 Vgl. Merton 1995, S. 399 – 413. Hier auch das folgende Zitat.
24 Erich Wöllner, in: Koop 1993, S. 66.
25 In freier Anlehnung an Ingrid Gilcher-Holtey 1994, S. 375 – 392, hier insbes. S. 385 ff.
26 Neubert 2008, S. 226.

Literaturverzeichnis

Aanderud, Kai-Axel, 1991: Die eingemauerte Stadt. Die Geschichte der Berliner Mauer, Recklinghausen.

Ackermann, Eduard, 1994: Mit feinem Gehör. Vierzig Jahre in der Bonner Politik, Bergisch-Gladbach.

Adomeit, Hannes, 1998: Imperial Overstretch. Germany in Soviet Policy from Stalin to Gorbachev, Baden-Baden.

Albrecht, Ulrich, 1992: Die Abwicklung der DDR, Opladen.

Altrichter, Helmut, 2009: Russland 1989. Der Untergang des sowjetischen Imperiums, München.

Amos, Heike, 2015: Die SED-Deutschlandpolitik 1961 – 1989. Ziele, Aktivitäten und Konflikte, Göttingen.

Amos, Heike/Geiger, Tim, 2017: Das Auswärtige Amt und die Wiedervereinigung 1989/90, in: Gehler, Michael/Graf, Maximilian (Hg.), Europa und die deutsche Einheit. Beobachtungen, Entscheidungen und Folgen, Göttingen, S. 65 – 90.

Andert, Reinhold / Herzberg, Wolfgang, 1991: Der Sturz. Erich Honecker im Kreuzverhör, Berlin / Weimar.

Auswärtiges Amt (Hg.), 1990: Umbruch in Europa. Die Ereignisse im 2. Halbjahr 1989. Eine Dokumentation, Bonn.

Bahr, Ekkehard, 1990: Sieben Tage im Oktober. Aufbruch in Dresden, Leipzig.

Bahrmann, Hannes / Links, Christoph, 1994: Chronik der Wende. Die DDR zwischen 7. Oktober und 18. Dezember 1989, Berlin.

Bahrmann, Hannes / Links, Christoph, 1995: Chronik der Wende 2. Stationen der Einheit. Die letzten Monate der DDR, Berlin.

Baker, James A., 1996: Drei Jahre, die die Welt veränderten. Erinnerungen, Berlin.

Bassistow, Juri W., 1994: Die DDR – ein Blick aus Wünsdorf, in: Aus Politik und Zeitgeschichte. Beilage zur Wochenzeitung Das Parlament Nr. 40, 7. Oktober 1994, S. 46 – 53.

Baumgarten, Klaus-Dieter, 2009: Erinnerungen. Autobiographie des Chefs der Grenztruppen der DDR, 2. korr. Aufl., Berlin.

Behrendt, Hans-Dieter / Böhnke, Hans/Frotscher, Kurt / Geschke, Heinz / Hanisch, Wilfried / Krug, Wolfgang / Wegner, Günter, 1994: Nachbetrachtungen zur Grenzöffnung am 9. November 1989, Teil 1. Herausgegeben vom Brandenburger Verein für politische Bildung »Rosa Luxemburg« e. V., Potsdam.

Berghofer, Wolfgang, 2014: Keine Figur im Schachspiel. Wie ich die »Wende« erlebte, Berlin.

Beschloss, Michael R. / Talbott, Strobe, 1993: Auf höchster Ebene. Das Ende des Kalten Krieges und die Geheimdiplomatie der Supermächte 1989 – 1991, Düsseldorf.

Bortfeldt, Heinrich, 1993: Washington – Bonn – Berlin. Die USA und die deutsche Einheit, Bonn.

Bozo, Frédéric, 2005: Mitterrand, la fin de la guerre froid et l'unification allemande. De Yalta à Maastricht, Paris.
Braun, Jutta / Schäbitz, Michael, 2016: 4. November 1989 – Protestdemonstration der Kultur- und Theaterschaffenden, in: dies. (Hg.), Von der Bühne auf die Straße. Theater und Friedliche Revolution in der DDR, Berlin S. 73 – 93.
Bresser, Klaus, 1990: Das Fernsehen als Medium und Faktor der revolutionären Prozesse in Osteuropa und der DDR, in: Hall, Peter Christian (Hg.), Fernseh-Kritik. Revolutionäre Öffentlichkeit. Das Fernsehen und die Demokratisierung im Osten, Mainz 1990, S. 33 – 44.
Bröckermann, Heiner, 2012: Die Nationale Volksarmee und die Gewaltfrage im Herbst 1989, in: Behrends, Jan C. / Sabrow, Martin (Hg.), 1989 und die Rolle der Gewalt, Göttingen, S. 129 – 152.
Brzezinski, Zbigniew, 1989: Das gescheiterte Experiment. Der Untergang des kommunistischen Systems, Wien.
Buch, Günther, 1987: Namen und Daten wichtiger Personen der DDR, Berlin / Bonn, 4. Auflage.
Bundesministerium für innerdeutsche Beziehungen (Hg.), 1980: Zehn Jahre Deutschlandpolitik. Die Entwicklung der Beziehungen zwischen der Bundesrepublik Deutschland und der Deutschen Demokratischen Republik 1969 – 1979. Bericht und Dokumentation, Bonn.
Bundesministerium für innerdeutsche Beziehungen (Hg.), 1986: Innerdeutsche Beziehungen. Die Entwicklung der Beziehungen zwischen der Bundesrepublik Deutschland und der Deutschen Demokratischen Republik 1980 – 1986. Eine Dokumentation, Bonn.
Bundesnachrichtendienst (Hg.), 2014: 25 Jahre Mauerfall. Dokumente aus den Akten des BND Nr. 8, hg. v. Bodo Hechelhammer, Berlin.
Bundestag, Deutscher, 1992: Erste Beschlußempfehlung und erster Teilbericht des 1. Untersuchungsausschusses nach Artikel 44 des Grundgesetzes, 12. Wahlperiode, Drs. 12/3462, 14. 10. 1992.
Bundestag, Deutscher, 1994a: Beschlußempfehlung und Bericht des 1. Untersuchungsausschusses nach Artikel 44 des Grundgesetzes (BT-Drs. 12/7600), Bonn.
Bush, George / Scowcroft, Brent, 1998: A World Transformed, New York.
Danyel, Jürgen/Kimmel, Elke, 2016: Waldsiedlung Wandlitz. Eine Landschaft der Macht, Berlin.
Daschitschew, Wjatscheslaw, 1993: Die Wechselwirkung der gegenseitigen Beziehungen zwischen der Bundesrepublik Deutschland, der DDR und der Sowjetunion im Zeitraum 1970 – 1989, in: Deutschland Archiv 12/1993, S. 1460 – 1470.
Der Bundesbeauftragte für die Unterlagen des Staatssicherheitsdienstes der ehemaligen Deutschen Demokratischen Republik, 1995: Die Organisationsstruktur des Ministeriums für Staatssicherheit 1989, Berlin.
Dissberger, Karl-Heinz, 1992: Bewaffnung und Ausrüstung, in: Dissberger, Karl-

Heinz u. a., Vom Himmel auf die Erde ins Gefecht. Fallschirmjäger der Nationalen Volksarmee, Düsseldorf, S. 162–195.
Dokumente zur Deutschlandpolitik. Deutsche Einheit, 1998: Sonderedition aus den Akten des Bundeskanzleramtes 1989/90, bearbeitet von Hans Jürgen Küsters und Daniel Hofmann, München.
Duisberg, Claus J., 2005: Das deutsche Jahr. Einblicke in die Wiedervereinigung 1989/90, Berlin.
Dümde, Claus, 1990a: Wie kam es zum Sturm auf die Mauer? In: Neues Deutschland, 3./4. November 1990, S. 9.
Dümde, Claus, 1990b: Die längste Nacht der DDR, in: Neues Deutschland, 11. November 1990, S. 9.
Ehlert, Hans, 2005: Zwischen Mauerfall und Volkskammerwahl. Die NVA im Strudel des gesellschaftlichen Umbruchs in der DDR 1989/90, in: Wenzke, Rüdiger (Hg.), Staatsfeinde in Uniform? , Berlin, S. 429–464.
Eisenfeld, Bernd, 1995: Die Zentrale Koordinierungsgruppe. Bekämpfung von Flucht und Übersiedlung, in: Henke, Klaus-Dietmar u. a. (Hg.), Anatomie der Staatssicherheit. MfS-Handbuch, Berlin.
Eisenhuth, Stefanie, 2012: West-Berlin und der Umbruch in der DDR. Grenzübergreifende Wahrnehmungen und Verhandlungen 1989, Berlin.
Falin, Valentin, 1993: Politische Erinnerungen, München.
Falin, Valentin, 1997: Konflikte im Kreml. Zur Vorgeschichte der deutschen Einheit und Auflösung der Sowjetunion, München.
Filmer, Werner/Schwan, Heribert, 1991: Opfer der Mauer, München.
Galkin, Alexandr/Tschernjajew, Anatoli (Hg.), 2011: Michail Gorbatschow und die deutsche Frage. Sowjetische Dokumente 1986–1991, München.
Garton Ash, Timothy, 1993: Im Namen Europas. Deutschland und der geteilte Kontinent, München–Wien.
Gehler, Michael/Graf, Maximilian (Hg.), 2017: Europa und die deutsche Einheit. Beobachtungen, Entscheidungen und Folgen, Göttingen.
Geisler, Michael E., 1992: Mehrfach gebrochene Mauerschau: 1989–1990 in den US-Medien, in: Bohn, Rainer/Hickethier, Knut/Müller, Eggo (Hg.), Mauer-Show. Das Ende der DDR, die deutsche Einheit und die Medien, Berlin, S. 257–275.
Gerlach, Manfred, 1991: Mitverantwortlich. Als Liberaler im SED-Staat, Berlin.
German Unification 1989/90, 2010: Documents on British Policy Overseas, Series III, Volume VII, ed. by Patrick Salmon, Keith Hamilton und Stephen Twigge, London/New York.
Gilcher-Holtey, Ingrid, 1994: Die Nacht der Barrikaden. Eine Fallstudie zur Dynamik sozialen Protests, in: Neidhardt, Friedhelm (Hg.), Öffentlichkeit, Öffentliche Meinung, Soziale Bewegungen. Sonderheft der Kölner Zeitschrift für Soziologie und Sozialpsychologie, Opladen, S. 375–392.
Glaser, Günther, 2005: »... auf die ›andere‹ Seite übergehen«. NVA-Angehörige in Krise und revolutionärem Umbruch der DDR, Buskow.

Goldberg, Robert / Goldberg, Gerald Jay, 1990: Anchors. Brokaw, Jennings, Rather and the Evening News, New York.
Göpel, Helmut, 1993a: Die Berlin-Operation, in: Naumann, Klaus (Hg.), NVA. Anspruch und Wirklichkeit, Berlin / Bonn / Herford, S. 286 – 299.
Göpel, Helmut, 1993b: NVA-Landstreitkräfte, in: Naumann, Klaus (Hg.), NVA. Anspruch und Wirklichkeit, Berlin / Bonn / Herford, S. 77 – 120.
Gorbatschow, Michail S., 1987: Perestroika. Die zweite russische Revolution, München.
Gorbatschow, Michail S., 1995: Erinnerungen, Berlin.
Gorbatschow, Michail S., 2014: Alles zu seiner Zeit. Mein Leben, München.
Görtemaker, Manfred, 1994: Unifying Germany 1989 – 1990, London.
Grachev, Andrei, 2008: Gorbachev's Gamble. Soviet Foreign Policy and the End of the Cold War, Cambridge.
Greenwald, G. Jonathan, 1993: Berlin Witness. An American Diplomat's Chronicle of East Germany's Revolution, Pennsylvania.
Grosser, Dieter, 1998: Das Wagnis der Wirtschafts-, Währungs- und Sozialunion. Politische Zwänge im Konflikt mit ökonomischen Regeln, Stuttgart.
Großmann, Thomas, 2015: Fernsehen, Revolution und das Ende der DDR, Göttingen.
Haase-Hindenberg, Gerhard, 2007: Der Mann, der die Mauer öffnete, München.
Hacker, Jens, 1992: Deutsche Irrtümer. Schönfärber und Helfershelfer der SED-Diktatur im Westen, 3. Aufl., Berlin / Frankfurt am Main.
Haendcke-Hoppe-Arndt, Maria, 1995: Der ökonomische Niedergang der DDR, in: Deutschland Archiv 6 / 1995, S. 588 – 602.
Hager, Kurt, 1996: Erinnerungen, Leipzig.
Hanisch, Anja, 2012: Die DDR im KSZE-Prozess 1972 – 1985. Zwischen Ostabhängigkeit, Westabgrenzung und Ausreisebewegung, München.
Heider, Paul, 1995: Die NVA im Herbst 1989, in: Utopie kreativ 54/1995, S. 47 – 63.
Henke, Klaus-Dietmar (Hg.), 2009: Revolution und Vereinigung 1989/90, München.
Henrich, Rolf, 2019: Ausbruch aus der Vormundschaft. Erinnerungen, Berlin.
Hertle, Hans-Hermann / Pirker, Theo / Weinert, Rainer, 1990: »Der Honecker muß weg!« Protokoll eines Gespräches mit Günter Schabowski am 24. April 1990, Berlin (Berliner Arbeitshefte und Berichte zur sozialwissenschaftlichen Forschung Nr. 35).
Hertle, Hans-Hermann, 1995a: Die Diskussion der ökonomischen Krisen in der Führungsspitze der SED, in: Pirker, Theo / Lepsius, Rainer / Weinert, Rainer / Hertle, Hans-Hermann, 1995: Der Plan als Befehl und Fiktion. Wirtschaftsführung in der DDR, Opladen, S. 309 – 346.
Hertle, Hans-Hermann, 1995b: Der 9. November 1989 in Berlin, in: Materialien der Enquete-Kommission »Aufarbeitung von Geschichte und Folgen der SED-Diktatur in Deutschland« (12. Wahlperiode des Deutschen Bundestages), hrsg. vom Deutschen Bundestag, Band VII / I: Widerstand, Opposition, Revolution, Baden-Baden 1995, S. 787 – 872.

Hertle, Hans-Hermann, 1995c: »Jede Konfrontation ist zu vermeiden!« Gespräch mit den Generälen Klaus-Dieter Baumgarten, Joachim Goldbach und Fritz Streletz über den Fall der Mauer aus der Sicht der NVA und der Grenztruppen der DDR, in: Deutschland Archiv 9/1995, S. 905–919.

Hertle, Hans-Hermann, 1995d: »Kontrollen eingestellt – nicht mehr in der Lage – Punkt!« Wie die Mauer an der Bornholmer Straße fiel. Gespräch mit Harald Jäger, ehemaliger stellvertretender Leiter der Passkontrolle am Grenzübergang Bornholmer Straße, Deutschland Archiv 11/1995, S. 1127–1134.

Hertle, Hans-Hermann, 1999: Der Fall der Mauer. Die unbeabsichtigte Selbstauflösung des SED-Staates, 2. Aufl., Opladen.

Hertle, Hans-Hermann, 2009: Die DDR an die Sowjetunion verkaufen? Stasi-Analysen zum ökonomischen Niedergang der DDR, in: Deutschland Archiv 3/2009, S. 476–495.

Hertle, Hans-Hermann/Elsner, Kathrin (Hg.), 2009: Der Tag, an dem die Mauer fiel. Die wichtigsten Zeitzeugen berichten vom 9. November 1989, Berlin.

Hertle, Hans-Hermann, 2012: Der Fall der Mauer als mediales Ereignis, in: Jesse, Eckhard (Hg.), Eine Mauer für den SED-Staat, Berlin, S. 199–224.

Hertle, Hans-Hermann/Stephan, Gerd-Rüdiger (Hg.), 2012: Das Ende der SED. Die letzten Tage des Zentralkomitees. Mit einem Vorwort von Peter Steinbach, 5. Aufl., Berlin.

Hertle, Hans-Hermann/Nooke, Maria (Hg.), 2019: Die Todesopfer an der Berliner Mauer 1961–1989. Ein biographisches Handbuch, hg. im Auftrag des Leibniz-Zentrums für Zeithistorische Forschung Potsdam und der Stiftung Berliner Mauer, 3. Aufl., Berlin.

Hildermaier, Manfred, 1998: Geschichte der Sowjetunion 1917–1991. Entstehung und Niedergang des ersten sozialistischen Staates, München.

Hoffmann, Theodor, 1993: Das letzte Kommando. Ein Minister erinnert sich, Berlin/Bonn/Herford.

Hollitzer, Tobias, 1999: Der friedliche Verlauf des 9. Oktober 1989 in Leipzig – Kapitulation oder Reformbereitschaft? Vorgeschichte, Verlauf und Nachwirkung, in: Heydemann, Günther/Mai, Gunther/Müller, Werner (Hg.), Revolution und Transformation in der DDR 1989/90, Berlin, S. 247–288.

Hollitzer, Tobias/Bohse, Reinhard (Hg.), 2000: Heute vor 10 Jahren. Leipzig auf dem Weg zur Friedlichen Revolution, Fribourg.

Hollitzer, Tobias/Sachenbacher, Sven (Hg.), 2012a: Die friedliche Revolution in Leipzig. Bilder, Dokumente und Objekte, Bd. 1, Leipzig.

Hollitzer, Tobias/Sachenbacher, Sven (Hg.), 2012b: Die friedliche Revolution in Leipzig. Bilder, Dokumente und Objekte, Bd. 1, Leipzig.

Hollmann, Michael/Kuhrt, Eberhard (Hg.), 2012: »Besondere Bemühungen« der Bundesregierung 1: 1962–1969. Häftlingsfreikauf, Familinezusammenführung, Agentenaustausch. Bearbeitet von Elke Ursel Hammer, München.

Honecker, Erich, 1992: »Ich bin am Ende meiner Erklärung«, Berlin.

Honecker, Erich, 2012: Letzte Aufzeichnungen, 2. Aufl., Berlin.

Horn, Gyula, 1991: Freiheit, die ich meine. Erinnerungen des ungarischen Außenministers, der den Eisernen Vorhang öffnete, Hamburg.
Hübner, Peter/Danyel, Jürgen, 2002: Soziale Argumente im politischen Machtkampf. Prag, Warschau, Berlin 1968–1971, in: Zeitschrift für Geschichtswissenschaft 9/2002, S. 804–832.
Jäger, Wolfgang, 1998: Die Überwindung der Teilung. Der innerdeutsche Prozess der Vereinigung 1989/90, Stuttgart.
Jakowlew, Alexander, 1992: Offener Schluß. Ein Reformer zieht Bilanz, Leipzig/Weimar.
Jakowlew, Alexander, 2003: Die Abgründe meines Jahrhunderts. Eine Autobiographie, Leipzig.
Jankowski, Martin, 2007: Der Tag, der Deutschland veränderte. 9. Oktober 1989, Leipzig.
Jarausch, Konrad H., 1995: Die unverhoffte Einheit 1989/90, Frankfurt/Main.
Jarausch, Konrad/Sabrow, Martin (Hg.), 1999: Der Weg in den Untergang. Der innere Zerfall der DDR, Göttingen.
John, Antonius, 1991: Rudolf Seiters. Einsichten in Amt, Person und Ereignisse, Bonn/Berlin.
Kaiser, Karl, 1991: Deutschlands Vereinigung. Die internationalen Aspekte, Bergisch-Gladbach.
Karau, Gisela, 1992: Grenzerprotokolle. Gespräche mit ehemaligen DDR-Offizieren, Frankfurt/Main.
Karner, Stefan u. a. (Hg.), 2015: Der Kreml und die deutsche Wiedervereinigung. Interne sowjetische Analysen, Berlin.
Keßler, Heinz, 1996: Zur Sache und zur Person, Berlin.
Kiessler, Richard/Elbe, Frank, 1993: Ein runder Tisch mit scharfen Ecken. Der diplomatische Weg zur deutschen Einheit, Baden-Baden.
Knabe, Frithjof H., 1994: Unter der Flagge des Gegners. Wertewandel im Umbruch in den Streitkräften – von der Nationalen Volksarmee zur Bundeswehr, Opladen.
Kohl, Helmut, 1996: Ich wollte Deutschlands Einheit. Dargestellt von Kai Diekmann und Ralf Georg Reuth, Berlin.
Kohl, Helmut, 2005: Erinnerungen 1982–1990, München.
König, Gerd, 2011: Fiasko eines Bruderbundes. Erinnerungen des letzten DDR-Botschafters in Moskau, Berlin.
Koop, Volker, 1993: Ausgegrenzt. Der Fall der DDR-Grenztruppen, Berlin.
Korte, Karl-Rudolf, 1998: Deutschlandpolitik in Helmut Kohls Kanzlerschaft. Regierungsstil und Entscheidungen 1982–1989, Stuttgart.
Kowalczuk, Ilko-Sascha, 2009: Endspiel. Die Revolution von 1989 in der DDR, München.
Kramer, Mark, 2003–2005: The Collapse of East European Communism and the Repercussions within the Soviet Union, in: Journal of Cold War Studies 5, No. 4 (Fall 2003), S. 178–256 (Part 1), Journal of Cold War Studies 6, No. 4, S. 3–64 (Part 2), and Journal of Cold War Studies 7, No. 1, S. 3–96 (Part 3).

Krenz, Egon, 1990: Wenn Mauern fallen, Wien.
Krenz, Egon, 1992: Anmerkungen zur Öffnung der Berliner Mauer im Herbst 1989, in: Osteuropa 4/1992, S. 365–369.
Krenz, Egon, 1994: Der 9. November 1989. Unfall oder Logik der Geschichte? In: Siegfried Prokop (Hg.), Die kurze Zeit der Utopie. Die »zweite DDR« im vergessenen Jahr 1989/90, Berlin, S. 71–87.
Krenz, Egon, 1999: Herbst '89, Berlin.
Küchenmeister, Daniel/Nakath, Detlef/Stephan, Gerd-Rüdiger (Hg.), 2000: »... sofort, unverzüglich.« Der Fall der Mauer am 9. November 1989, Potsdam.
Küsters, Hans-Jürgen, 1998: Entscheidung für die deutsche Einheit, in: Dokumente zur Deutschlandpolitik. Deutsche Einheit, 1998: Sonderedition aus den Akten des Bundeskanzleramtes 1989/90, bearbeitet von Hans Jürgen Küsters und Daniel Hofmann, München, S. 21–236.
Küsters, Hans-Jürgen, 2017: Helmut Kohl, die CDU und die Wiederherstellung der deutschen Einheit, in: Gehler, Michael/Graf, Maximilian (Hg.), Europa und die deutsche Einheit. Beobachtungen, Entscheidungen und Folgen, Göttingen, S. 27–42.
Kuhn, Ekkehard, 1992: Der Tag der Entscheidung. Leipzig, 9. Oktober 1989, Berlin/Frankfurt/Main.
Kuhn, Ekkehard, 1993: Gorbatschow und die deutsche Einheit, Bonn.
Kwizinskij, Julij A., 1993: Vor dem Sturm. Erinnerungen eines Diplomaten, Berlin.
Lauter, Gerhard, 2012: Chefermittler. Der oberste Fahnder der K in der DDR berichtet, Berlin.
Lepsius, M. Rainer, 1994: Die Bundesrepublik – ein neuer Nationalstaat? In: Berliner Journal für Soziologie 1/1994, S. 7–12.
Löffler, Hans-Georg, 1992: Gefechtsbereitschaft – das Ziel der Ausbildung, in: Backerra, Manfred (Hg.), NVA. Ein Rückblick für die Zukunft, Köln, S. 91–112.
Maier, Charles S., 1999: Das Verschwinden der DDR und der Untergang des Kommunismus, Frankfurt a. M.
Malycha, Andreas, 2014: Die SED in der Ära Honecker. Machtstrukturen, Entscheidungsmechanismen und Konfliktfelder in der Staatspartei 1971–1989, München.
Maximytschew, Igor F./Hertle, Hans-Hermann, 1994a: Die Maueröffnung, Teil I und II, in: Deutschland Archiv 11, S. 1137–1158.
Maximytschew, Igor F./Hertle, Hans-Hermann, 1994b: Die Maueröffnung, Teil III, in: Deutschland Archiv 12, S. 1241–1251.
Maximytschew, Igor F., 1995: Persönliche Aufzeichnungen zur Flucht der DDR-Bürger über Ungarn, Moskau (Ms.).
McAdams, A. James, 1991: Germany Divided. From the Wall to Reunification, Princeton.
Merton, Robert K., 1995: Die Self-Fulfilling-Prophecy, in: ders., Soziologische Theorie und soziale Struktur, Berlin/New York, S. 399–413.

Meuschel, Sigrid, 1992: Legitimation und Parteiherrschaft in der DDR, Frankfurt/Main.
Mittag, Günter, 1991: Um jeden Preis, Berlin/Weimar.
Mitter, Armin/Wolle, Stefan, 1993: Untergang auf Raten. Unbekannte Kapitel der DDR-Geschichte, München.
Möbis, Harry, 1999: Von der Hoffnung gefesselt. Zwischen Stoph und Mittag – unter Modrow, Müncheberg/Berlin.
Modrow, Hans, 1991a: Aufbruch und Ende, Hamburg.
Modrow, Hans, 1991b: Ein Staatssekretär als Exempel. Der Fall Schalck-Golodkowski – eine Chronik und einige Anmerkungen, in: Die Zeit 46, 8.11.1991, S. 11.
Modrow, Hans, 1998: Ich wollte ein neues Deutschland, Berlin.
Momper, Walter, 1991: Grenzfall, München.
Müller, Bodo, 2019: Faszination Freiheit. Die spektakulärsten Fluchtgeschichten, Berlin.
Naimark, Norman M., 1992: »Ich will hier raus«. Emigration and the Collapse of the German Democratic Republic, in: Banac, Ivo (Hg.), Eastern Europe in Revolution, New York, S. 72–95.
Nakath, Detlef/Stephan, Gerd-Rüdiger, 1995: Von Hubertusstock nach Bonn. Eine dokumentierte Geschichte der deutsch-deutschen Beziehungen auf höchster Ebene 1980–1987, Berlin.
Nakath, Detlef/Stephan, Gerd-Rüdiger, 1996: Countdown zur deutschen Einheit. Eine dokumentierte Geschichte der deutsch-deutschen Beziehungen 1987–1990, Berlin.
Neubert, Ehrhart, 1998: Geschichte der Opposition in der DDR, 1949–1989, 2. Aufl., Berlin.
Neubert, Ehrhart, 2008: Unsere Revolution. Die Geschichte der Jahre 1989/90, München.
Neues Forum Leipzig, 1989: Jetzt oder nie – Demokratie! Leipziger Herbst '89, Leipzig.
Neues Forum, 1990: Die ersten Texte des Neuen Forum, Berlin.
Oldenburg, Fred, 1994: Das Dreieck Moskau–Ost-Berlin–Bonn 1975–1989. Berichte des Bundesinstituts für ostwissenschaftliche und internationale Studien Nr. 54.
Oplatka, Andreas, 2009: Der erste Riss in der Mauer. September 1989 – Ungarn öffnet die Grenze, Wien.
Ovens, Ove, 2003: Die Nationale Volksarmee der DDR zwischen »Wende« und Auflösung, Der Untergang der NVA im Lichte des Zusammenbruchs der DDR, Ingolstadt.
Pannen, Sabine, 2018: Wo ein Genosse ist, da ist die Partei! Der innere Zerfall der SED-Parteibasis 1979–1989, Berlin.
Peter, Matthias/Wentker, Hermann (Hg.), 2012: Die KSZE im Ost-West-Konflikt. Internationale Politik und gesellschaftliche Transformation 1975–1990, München.

Petschull, Jürgen, 1989: Die Mauer. Vom Anfang und vom Ende eines deutschen Bauwerks, 2. aktualisierte und erweiterte Auflage, Hamburg.

Petzold, Frank, 1994: Der Einfluß des MfS auf das DDR-Sperrgebiet an der innerdeutschen Grenze und an der Ostseeküste 1952–1990, Kiel (unveröff. Staatsexamensarbeit).

Pirker, Theo/Lepsius, Rainer/Weinert, Rainer/Hertle, Hans-Hermann, 1995: Der Plan als Befehl und Fiktion. Wirtschaftsführung in der DDR, Opladen.

Plato, Alexander von, 2010: Die Vereinigung Deutschlands – ein weltpolitisches Machtspiel, 3. Aufl., Berlin.

Pleitgen, Fritz, 1990: Schritt gehalten. Die Wende in der DDR im Fernsehen der ARD, in: ARD-Jahrbuch 22 (1990).

Pollack, Detlef, 1990: Das Ende einer Organisationsgesellschaft; systemtheoretische Überlegungen zum gesellschaftlichen Umbruch in der DDR, in: Zeitschrift für Soziologie, 19. Jg. 1990, S. 292–307.

Pollack, Detlef, 2009: »Wir sind das Volk!« Sozialstrukturelle und ereignisgeschichtliche Bedingungen des friedlichen Massenprotests, in: Henke (Hg.), Revolution und Vereinigung 1989/90, München, S. 178–197.

Pond, Elizabeth, 1993: Beyond the Wall. Germany's Road to Unification, Washington D.C.

Potthoff, Heinrich, 1995: Die »Koalition der Vernunft«. Deutschlandpolitik in den 80er Jahren, München.

Potthoff, Heinrich, 1997: Bonn und Ost-Berlin 1969–1982. Dialog auf höchster Ebene und vertrauliche Kanäle. Darstellung und Dokumente, Bonn.

Protokoll der 10. Tagung des Zentralkomitees der Sozialistischen Einheitspartei Deutschlands 8. bis 10. November 1989, o. O. (Berlin/DDR).

Raschka, Johannes, 2000: Justizpolitik im SED-Staat. Anpassung und Wandel des Strafrechts während der Amtszeit Honeckers, Köln–Weimar–Wien.

Rehlinger, Ludwig A., 1991: Freikauf. Die Geschäfte der DDR mit politisch Verfolgten 1963–1989, Berlin/Frankfurt/Main.

Richter, Michael, 2009: Die Friedliche Revolution: Aufbruch zur Demokratie in Sachsen, Bd. 1 und 2, Göttingen.

Ritter, Jürgen/Lapp, Peter Joachim, 2015: Die Grenze. Ein deutsches Bauwerk, 9. Aufl., Berlin.

Rödder, Andreas, 2009: Deutschland, einig Vaterland. Die Geschichte der Wiedervereinigung, München.

Ross Range, Peter, 1991: When Walls Come Tumbling Down: Covering The East German Revolution, Washington D.C.

Sächsischer Landtag, 1994a: Minderheitenvotum des Abgeordneten Arnold und der Fraktion Bündnis 90/Die Grüne zu Drs. 1/4773: Schlußbericht des Sonderausschusses zur Untersuchung von Amts- und Machtmißbrauch infolge SED-Herrschaft, Dresden.

Sächsischer Landtag, 1994b: Anlagen 1–20 zum Minderheitenvotum des Abgeordneten Arnold und der Fraktion Bündnis 90/Die Grüne zu Drs. 1/4773.

Sarotte, Mary Elise, 1993: Elite Intransigence and the End of the Berlin Wall, in: German Politics 2/1993, S. 270–287.
Sarotte, Mary E., 2009: 1989. The Struggle to Create Post-Cold War Europe, Princeton/Woodstock.
Sarotte, Mary E., 2014: The Collapse. The Accidental Opening of the Berlin Wall, New York.
Savranskaya, Svetlana/Blanton, Thomas/Zubok, Vladislav (ed.), 2010: Masterpieces of History: The Peaceful End of the Cold War in Europe, 1989, Budapest/New York.
Schabowski, Günter, 1991: Der Absturz, Berlin.
Schabowski, Günter, 2009: Wir haben fast alles falsch gemacht. Die letzten Tage der DDR, Berlin.
Schachnasarow, Georgi, 1996: Preis der Freiheit. Eine Bilanz von Gorbatschows Berater, Bonn.
Schalck-Golodkowski, Alexander, 2000: Deutsch-deutsche Erinnerungen, Reinbek bei Hamburg.
Schäuble, Wolfgang, 1993: Der Vertrag. Wie ich über die deutsche Einheit verhandelte, München.
Schell, Manfred/Kalinka, Werner, 1991: Stasi und kein Ende. Die Personen und Fakten, Frankfurt/Main/Berlin.
Schewardnadse, Eduard, 1991: Die Zukunft gehört der Freiheit, Reinbek.
Schewardnadse, Eduard, 2007: Als der Eiserne Vorhang zerriss. Begegnungen und Erinnerungen, Duisburg.
Schnibben, Cordt, 1990: »Diesmal sterbe ich, Schwester«, in: Der Spiegel 41/1990, S. 102–109.
Schorlemmer, Friedrich, 1990: Frieden vor Einheit sagen, in: Neumann, Peter (Hg.), Träumen verboten. Aktuelle Stellungnahmen aus der DDR, Göttingen, S. 45–56.
Schröder, Dieter, 2002: Von Politik und dummen Fragen. Beobachtungen in Deutschland, Rostock.
Schuller, Wolfgang, 2009: Die deutsche Revolution 1989, Berlin.
Schürer, Gerhard, 1996: Gewagt und Verloren. Eine deutsche Biographie, Frankfurt/Oder.
Segert, Dieter, 2008: Das 41. Jahr. Eine andere Geschichte der DDR, Wien/Köln.
Seiffert, Norbert, 1992: Strukturen und Einsatzgrundsätze der NVA-Luftlandetruppe, in: Dissberger, Karl-Heinz u. a., Vom Himmel auf die Erde ins Gefecht. Fallschirmjäger der Nationalen Volksarmee, Düsseldorf, S. 57–107.
Selvage, Douglas/Süß, Walter, 2019: Staatssicherheit und KSZE-Prozess. MfS zwischen SED und KGB (1972–1989), Göttingen.
Simon, Gerhard/Simon, Nadja, 1993: Verfall und Untergang des sowjetischen Imperiums, München.
Stechbarth, Horst, 2006: Soldat im Osten. Erinnerungen und Erlebnisse aus fünf Jahrzehnten, Hüllhorst.

Steiner, André, 2004: Von Plan zu Plan, Eine Wirtschaftsgeschichte der DDR, München.
Stephan, Gerd-Rüdiger (Hg.), 1994: »Vorwärts immer, rückwärts nimmer!« Interne Dokumente zum Zerfall von SED und DDR 1988/89, Berlin.
Streletz, Fritz, 1995: Es bestand nie die Absicht, die Berliner Grenze wieder zu schließen, in: Deutschland Archiv 9/1995, S. 901–905.
Streletz, Fritz, 2014: Handlungen der obersten militärischen Führung der DDR im Herbst 1989 zur Gewährleistung der Gewaltlosigkeit, in: ISOR e. V. (Hg.), Aktuelle Beiträge, Ausgabe 2/2014, Berlin, S. 3–32.
Süß, Walter, 1990: Weltgeschichte in voller Absicht oder aus Versehen? In: Das Parlament 46–47, S. 8–9.
Süß, Walter, 1994: Entmachtung und Verfall der Staatssicherheit. Ein Kapitel aus dem Spätherbst 1989, hrsg. v. Bundesbeauftragten für die Unterlagen des Staatssicherheitsdienstes der ehemaligen DDR, Berlin.
Süß, Walter, 1995: Die Demonstration am 4. November – ein Unternehmen der Stasi? In: Deutschland Archiv 12/1995, S. 1240–1252.
Süß, Walter, 1999: Staatssicherheit am Ende. Warum es den Mächtigen nicht gelang, 1989 eine Revolution zu verhindern, Berlin.
Süß, Walter, 2011: Der 9. November 1989, in: Henke, Klaus-Dieter (Hg.), Die Mauer. Errichtung, Überwindung, Erinnerung, München, S. 227–240.
Szabo, Stephen F., 1992: The Diplomacy of German Unification, New York.
Tantzscher, Monika, 2005: Hauptabteilung VI: Grenzkontrollen, Reise- und Touristenverkehr (MfS-Handbuch). hg. v. d. BStU, Berlin.
Teltschik, Horst, 1991: 329 Tage. Innenansichten der Einigung, Berlin.
Thatcher, Margaret, 1993: Downing Street No. 10. Die Erinnerungen, Wien.
Thaysen, Uwe, 1990: Der Runde Tisch. Oder: Wo blieb das Volk? Opladen.
The Cambridge History of the Cold War, Vol. III, 2010: Endings 1975–1991, ed. by Melvyn P. Leffler and Odd Arne Westad, Cambridge.
Tschernjajew, Anatoli, 1993: Die letzten Jahre einer Weltmacht, Stuttgart.
Turner, Henry Ashby Jr., 1992: Germany from Partition to Reunification, New Haven.
Uhl, Matthias, 2014: Die sowjetischen Truppen in der DDR zwischen Perestroika, »Wende« und Mauerfall, in: Wenzke, Rüdiger (Hg.), »Damit hatten wir die Initiative verloren.« Zur Rolle der bewaffneten Kräfte in der DDR 1989/90, Berlin, S. 137–160.
Vodička, Karel, 2014: Die Prager Botschaftsflüchtlinge 1989. Geschichte und Dokumente, Göttingen.
Walters, Vernon A., 1994: Die Vereinigung war voraussehbar, Berlin.
Wehler, Hans-Ulrich, 2008: Deutsche Gesellschaftsgeschichte: Bundesrepublik und DDR 1949–1990, München.
Weidenfeld, Werner (mit Wagner, Peter/Bruck, Elke), 1998: Außenpolitik für die deutsche Einheit: Die Entscheidungsjahre 1989/90, Stuttgart.
Weinert, Rainer, 1995: Wirtschaftsführung unter dem Primat der Parteipolitik, in:

Pirker, Theo / Lepsius, Rainer / Weinert, Rainer / Hertle, Hans-Hermann, 1995: Der Plan als Befehl und Fiktion. Wirtschaftsführung in der DDR, Opladen, S. 285–308.

Weizsäcker, Richard von, 1997: Vier Zeiten. Erinnerungen, Berlin.

Wensierski, Peter, 2017: Die unheimliche Leichtigkeit der Revolution, München.

Wentker, Hermann, 2007: Außenpolitik in engen Grenzen. Die DDR im internationalen System 1949–1989, München.

Wentker, Hermann, 2017: Die Außenpolitik der DDR im Prozess der deutschen Wiedervereinigung, in: Gehler, Michael/Graf, Maximilian (Hg.), Europa und die deutsche Einheit. Beobachtungen, Entscheidungen und Folgen, Göttingen, S. 43–64.

Wenzel, Otto, 1993: Der Tag X. Wie West-Berlin erobert wurde, in: Deutschland Archiv 12/1993, S. 1360–1371.

Wenzel, Otto, 1995: Kriegsbereit. Der Nationale Verteidigungsrat der DDR 1960 bis 1989, Köln.

Wenzke, Rüdiger, 2014: Von der Parteiarmee zur Volksarmee? Die NVA und die Grenztruppen der DDR in Krise und Umbruch, in: ders., (Hg.), »Damit hatten wir die Initiative verloren.« Zur Rolle der bewaffneten Kräfte in der DDR 1989/90, Berlin, S. 43–89.

Wilke, Jürgen/ Schröder, Wilhelm Heinz, 1997: Politische Gefangene in der DDR – eine quantitative Analyse, Köln.

Wirsching, Andreas, 2008: Die Mauer fällt. Das Ende des doppelten Deutschland, in: Wengst, Udo / Wentker, Hermann (Hg.), Das doppelte Deutschland. 40 Jahre Systemkonkurrenz, Berlin, S. 357–374.

Wölbern, Jan Philipp, 2014: Der Häftlingsfreikauf aus der DDR 1962/63–1989. Zwischen Menschenhandel und humanitären Aktionen, Göttingen.

Wolle, Stefan, 1992: Der Weg in den Zusammenbruch, in: Jesse, Eckhard / Mitter, Armin (Hg.), Die Gestaltung der deutschen Einheit, Bonn / Berlin, S. 73–110.

Wolle, Stefan, 1999: Flucht als Widerstand? In: Klaus-Dietmar Henke / Peter Steinbach / Johannes Tuchel (Hg.), Widerstand und Opposition in der DDR, Köln / Weimar / Wien, S. 309–326.

Zelikow, Philipp / Rice, Condoleezza, 1995: Germany Unified and Europe Transformed, Cambridge / London.

Zimmerling, Zeno / Zimmerling, Sabine, 1990: Neue Chronik DDR, Berlin.

Zwahr, Hartmut, 1993: Ende einer Selbstzerstörung. Leipzig und die Revolution in der DDR, Göttingen.

Archivverzeichnis

Allgemeiner Deutscher Nachrichtendienst, Abteilung Archiv/Dokumentation. Berlin.
Archiv und Bibliothek des Zentralinstituts für sozialwissenschaftliche Forschung der Freien Universität Berlin. Berlin.
Archiv des Bundesbeauftragten für die Unterlagen des Staatssicherheitsdienstes der ehemaligen Deutschen Demokratischen Republik. Berlin.
Associated Press. Berlin.
Berliner Mauer-Archiv. Hagen Koch. Berlin.
Bibliotheks- und Informationssystem des Fachbereichs Politische Wissenschaft der Freien Universität Berlin. Berlin.
Bundesarchiv. Berlin (ehem.: Bundesarchiv – Militärisches Zwischenarchiv, Potsdam, sowie Bundesarchiv, Abteilungen Potsdam. Berlin und Potsdam).
Bundesministerium des Innern, Außenstelle Berlin, Altschriftgutverwaltung. Berlin (ehem. Verwaltungsarchiv des Ministeriums des Innern der DDR, danach Bundesarchiv, Abteilungen Potsdam, jetzt: Bundesarchiv. Berlin).
Der Polizeipräsident in Berlin, Dez. VB 132-AG Archiv. Berlin (jetzt: Polizeihistorische Sammlung des Polizeipräsidenten in Berlin).
Deutsche Presseagentur, Datenbank. Hamburg.
Deutsche Welle (und ehem. RIAS-TV), Archiv. Berlin.
Deutsches Rundfunkarchiv, Standort Berlin – Fernseharchiv (ehem. DFF). Berlin (jetzt: Deutsches Rundfunkarchiv. Potsdam-Babelsberg).
Deutschland Radio (ehem. RIAS), Abteilung Dokumentation und Archive. Berlin.
Landespolizeidirektion Leipzig, Innerer Dienst / Registratur. Leipzig.
Norddeutscher Rundfunk, ARD-Aktuell, Koordination, Archiv. Hamburg.
Polizeipräsidium Frankfurt (Oder), Archiv. Frankfurt / Oder.
Polizeipräsidium Potsdam, Archiv. Potsdam.
Regierungspräsidium Halle, Chef der Polizei, Archiv. Halle.
Regierungspräsidium Magdeburg, Chef der Polizei, Dez. 23-Archiv. Magdeburg.
Reuters. Berlin.
Sender Freies Berlin, Redaktion ARD-Aktuell, Archiv. Berlin.
Spiegel-TV. Hamburg.
Stiftung Archiv der Parteien und Massenorganisationen der DDR im Bundesarchiv. Berlin.
Zweites Deutsches Fernsehen, Studioarchiv. Berlin.

Verzeichnis der Gesprächspartner

Die politischen und beruflichen Amts- und Funktionsbezeichnungen beziehen sich auf das Jahr 1989. Die mit * gekennzeichneten Gespräche wurden gemeinsam mit Prof. Dr. Theo Pirker, Prof. Dr. M. Rainer Lepsius und Dr. Rainer Weinert, die mit ** markierten Gespräche gemeinsam mit Prof. Dr. Peter Steinbach geführt. In einigen Fällen telefonisch eingeholte Auskünfte sind mit *** kenntlich gemacht. Die 1996 für den 3SAT/ZDF-Dokumentarfilm »Beton und Devisen« (gemeinsam mit Lew Hohmann) geführten Interviews sind mit ****, die 1998/99 für den ARD/Cineimpuls-Dokumentarfilm »Als die Mauer fiel. 50 Stunden, die die Welt veränderten« (gemeinsam mit Gunther Scholz) mit ***** versehen.

Lothar Ahrendt, Kandidat des Zentralkomitees der SED, Stellvertreter des Ministers des Innern (bis 17. 11. 1989), Minister des Innern (18. 11. 1989 – 18. 3. 1990); Generalleutnant, 4. 12. 1994***.

Harald Altmann, Stabschef des Luftsturmregiments-40 der Landstreitkräfte der Nationalen Volksarmee; 1990 Kommandeur, 14. 1. 1995.

A. R., Oberstleutnant, Divisionsstab des Grenzkommandos Mitte der Grenztruppen der DDR, 27. 6. 1995.

Klaus-Dieter Baumgarten, Generaloberst, Mitglied des Zentralkomitees der SED; Stellvertreter des Ministers für Nationale Verteidigung und Chef der Grenztruppen der DDR, 21. 12. 1994, 20. 3. 1995**.

Hans-Dieter Behrendt, Oberstleutnant, Stellvertretender Leiter der Abteilung VI (Paßkontrolle) der BVfS Potsdam, 9. 11. 1994.

Tom Brokaw, NBC-Anchorman, 4. 11. 1998*****.

George Bush, US-Präsident, 2. 7. 1998*****.

Hanns-Christian Catenhusen, Soldat im Grundwehrdienst in der 1. Motorisierten Schützendivision, Truppenteil Beelitz, 3. 1. 1996.

Dr. Karl-Heinz Christoph, Leiter der Abteilung Verwaltungsrecht im Ministerium der Justiz (MdJ), 31. 8. 1993, 14. 9. 1993.

Friedrich Dickel, Armeegeneral, Mitglied des Zentralkomitees der SED; Minister des Innern (bis 10. 11. 1989); Mitglied des Nationalen Verteidigungsrates der DDR, 30. 3. 1992.

Dr. Claus-Jürgen Duisberg, Leiter des Arbeitsstabes Deutschlandpolitik im Bundeskanzleramt, 4. 5. 1994.

Frank Durré, freier Bildjournalist, 29. 7. 1996.

Werner Eberlein, Mitglied des Politbüros und des Zentralkomitees der SED; 1. Sekretär der SED-Bezirksleitung Magdeburg, 15. 12. 1992.

Riccardo Ehrman, Journalist, 1989 Chefkorrespondent der italienischen Nachrichtenagentur ANSA in Berlin, 12. 4. 1994***.

Dr. Valentin Falin, Mitglied des Zentralkomitees der KPdSU, Leiter der Internationalen Abteilung des ZK der KPdSU, 27. 8. 1992.

Oskar Fischer, Mitglied des Zentralkomitees der SED, Minister für Auswärtige Angelegenheiten (bis 18.3.1990), 29.11.1993.

Manfred Flegel, NDPD, Stellvertretender Vorsitzender des Ministerrates der DDR, Vorsitzender des Staatlichen Vertragsgerichts, 7.4.1992.

Heinz Geschke, Oberst, Stellvertreter Grenzsicherung des Kommandeurs des Grenzkommandos Mitte der Grenztruppen der DDR, 9.11.1994 und 5.12.1994, 5.8.1998.

Joachim Goldbach, Generaloberst, Stellvertreter des Ministers für Nationale Verteidigung und Chef Technik und Bewaffnung der NVA, 20.9.1994, 21.12.1994 und 20.3.1995**.

Michail S. Gorbatschow, KPdSU-Generalsekretär, 8.12.1998*****.

Sylvia Gräfe, Archivarin, Internes Parteiarchiv des Zentralkomitees der SED, 27.5.1994.

Manfred Grätz, Generalleutnant, Stellvertreter des Ministers für Nationale Verteidigung und Chef Rückwärtige Dienste, von Jan. bis Sept. 1990 Chef des Hauptstabes, 12.9.1995.

Eberhard Grashoff, Pressesprecher der Ständigen Vertretung der Bundesrepublik Deutschland in Ost-Berlin, 21.4.1994.

Werner Großmann, Generaloberst, Stellvertreter des Ministers für Staatssicherheit und Leiter der Hauptverwaltung Aufklärung des MfS, 5.12.1994.

Manfred Gruß, Oberstleutnant, Stellvertreter des Leiters der Passkontrolleinheit an der Grenzübergangsstelle Friedrich-/Zimmerstraße (»Checkpoint Charlie«), 1.4.1998***** (gemeinsam mit Kathrin Elsner).

Raymond E. Haddock, Major General, US-Stadtkommandant in Berlin, 28.6.1998*****.

Dr. Siegfried Hähnel, Generalmajor, Leiter der Bezirksverwaltung für Staatssicherheit Berlin, 13.9.1995.

Oberstleutnant Hennig, Stellvertreter des Kommandeurs der 1. Motorisierten Schützendivision für Technik und Bewaffnung, 19.6.1995.

Dr. Wolfgang Herger, Mitglied des Zentralkomitees der SED, Leiter der Abteilung Sicherheitsfragen des ZK der SED (bis 8.11.1989), Mitglied des Nationalen Verteidigungsrates der DDR; ab 8.11.1989 Mitglied des Politbüros und ZK-Sekretär für Sicherheit, 5.3.1992, 24.11.1994, 19.9.1995.

Hans-Joachim Heusinger, Stellvertretender Vorsitzender der LDPD, Stellvertretender Vorsitzender des Ministerrates der DDR, Minister der Justiz, 21.10.1993.

Albrecht Hinze, Journalist, Süddeutsche Zeitung, 9.3.1994***.

Theodor Hoffmann, Admiral, Stellvertreter des Ministers für Nationale Verteidigung und Chef der Volksmarine der NVA; Minister für Nationale Verteidigung (18.11.1989 – 18.3.1990), 27.6.1994.

Harald Jäger, Oberstleutnant, Stellvertreter des Leiters der Passkontrolleinheit an der Grenzübergangsstelle Bornholmer Straße, 7.8.1995, 13.9.1995.

Dr. Helmut Kohl, Bundeskanzler, 25.11.1998*****.

Egon Krenz, Mitglied des Politbüros; ZK-Sekretär für Sicherheit (bis 17. 10. 1989); Generalsekretär des ZK der SED (18. 10. – 3. 12. 1989); Vorsitzender des Staatsrates und des Nationalen Verteidigungsrates der DDR (ab 24. 10. 1989), 2. 4. 1992 und 20. 4. 1994, 4. 12. 1998***** (Gunther Scholz).

Valentin Koptelzew, Leiter des Sektors DDR in der Internationalen Abteilung des ZK der KPdSU, 22. 10. 1992.

Prof. Dr. Helmut Koziolek, Mitglied des Zentralkomitees der SED; Direktor des Zentralinstituts für sozialistische Wirtschaftsführung beim ZK der SED, 2. 5. 1994*, 1. 9. 1994 und 6. 10. 1994.

Prof. Dr. Claus Krömke, Persönlicher Mitarbeiter des ZK-Sekretärs für Wirtschaft, 18. 10. 1993* und 1. 4. 1995.

Dr. Hans-Joachim Krüger, Oberst, Stellvertretender Leiter der Hauptabteilung VII des MfS, 11. 3. 1992 und 7. 12. 1994.

Dietmar Landmann, Oberstleutnant, Kommandeur des Artillerieregiments I der 1. Motorisierten Schützendivision, 21. 4. 1994.

Gerhard Lauter, Oberst, Leiter der Hauptabteilung Paß- und Meldewesen des Ministeriums des Innern, 24. 2. 1992 und 28. 5. 1994.

Dr. Udo Lemme, Oberst, Leiter der Rechtsstelle des MfS, 28. 2. 1992 und 22. 4. 1994.

Siegfried Lorenz, Mitglied des Politbüros und des Zentralkomitees der SED; 1. Sekretär der SED-BL Karl-Marx-Stadt, 21. 6. 1992.

Hans-Jürgen Mader, Oberstleutnant, Leiter der Abteilung Zivilrecht in der Rechtsabteilung des Ministeriums für Nationale Verteidigung; 1989/90 Leiter des Ausschusses zur Untersuchung von Amtsmißbrauch, Korruption und persönlicher Bereicherung in der NVA und den Grenztruppen der DDR, 24. 1. 1995.

Georg Mascolo, Journalist, Spiegel-TV, 5. 3. 1996***.

Dr. Igor F. Maximytschew, Erster Gesandter der Botschaft der UdSSR in der DDR, 23. 5. 1994 und 13. 6. 1994, 18. 11. 1998*****.

Dr. Klaus Mehnert, Leiter der Rechtsabteilung des Sekretariats des Ministerrates der DDR, 27. 10. 1993.

Dr. Werner Melzer, Oberst, Leiter des Sekretariats des Ministeriums für Nationale Verteidigung, 21. 8. 1995.

Rainer Menzel, Oberstleutnant, Stellvertreter des Leiters der Politischen Hauptverwaltung im Grenzkommando Mitte der Grenztruppen der DDR, ab 10. 11. 1989 Pressesprecher des Grenzkommandos Mitte, 9. 11. 1994, 24. 7. 1995.

Wolfgang Meyer, Pressesprecher des Ministeriums für Auswärtige Angelegenheiten, ab 7. 11. 1989 Regierungssprecher und Mitglied des Ministerrates der DDR, 1. 2. 1995.

Peter Miethe, Konteradmiral, Stellvertretender Leiter der Abteilung Sicherheitsfragen des ZK der SED, ab 8. 11. 1989 amtierender Leiter der Abteilung Sicherheitsfragen des ZK der SED, 19. 3. 1992 und 10. 1. 1995.

Dr. Günter Mittag, Mitglied des Politbüros (bis 17. 10. 1989), ZK-Sekretär für Wirtschaft (bis 17. 10. 1989), Mitglied des Nationalen Verteidigungsrates der DDR, 10. 12. 1993*.

Dr. Hans Modrow, 1. Sekretär der SED-Bezirksleitung Dresden und Mitglied des Zentralkomitees der SED, ab 8. 11. 1989 Mitglied des Politbüros, vom 13. 11. 1989 bis 18. 3. 1990 Vorsitzender des Ministerrates der DDR, 4. 1. 1995.

Dr. Harry Möbis, Leiter der Abteilung Organisation und Inspektion des Ministerrates der DDR, ab 7. 11. 1989 Leiter des Sekretariats des Ministerrates der DDR, Staatssekretär, 18. 8. 1992 und 11. 7. 1994.

Walter Momper, SPD, Regierender Bürgermeister von Berlin, 7. 3. 1996.

Dr. Gerhard Neiber, Generalleutnant, Stellvertreter des Ministers für Staatssicherheit, 6. 2. 1999***.

Michelle Neubert, Journalistin, NBC, 11. 7. 1995***.

Dr. Gerhard Niebling, Generalmajor, Leiter der Zentralen Koordinierungsgruppe (ZKG) des MfS, 14. 9. 1998*****, 11. 11. 1998*****.

Wolfgang Petter, Stellvertretender Leiter der Rechtsabteilung des Sekretariats des Ministerrates der DDR, 5. 11. 1993.

Jan-Pierre Porenski, Oberst, Regimentsarzt des Luftsturmregiments-40 der Landstreitkräfte der Nationalen Volksarmee, 28. 12. 1994.

Günter Pötschke, Mitglied des Zentralkomitees der SED, Generaldirektor des Allgemeinen Deutschen Nachrichtendienstes (ADN), 9. 12. 1994.

Peter Priemer, Oberst, Kommandeur der 1. Motorisierten Schützendivision, 4. 5. 1994.

Wolfgang Rauchfuß, Mitglied des Zentralkomitees der SED, Stellvertretender Vorsitzender des Ministerrates der DDR, Minister für Materialwirtschaft; ab 8. 11. 1989 Mitglied des Politbüros und ZK-Sekretär für Wirtschaft, 26. 7. 1993 und 2. 9. 1993*.

Friedhelm Rausch, Generalmajor, Präsident der Volkspolizei Berlin, 28. 6. 1995.

Günter Schabowski, Mitglied des Politbüros und Zentralkomitees der SED, 1. Sekretär der SED-Bezirksleitung Berlin; ab 8. 11. 1989 ZK-Sekretär für Medien, 24. 4. 1990, 5. 6. 1990 und 24. 1. 1993.

Dr. Alexander Schalck, Mitglied des Zentralkomitees der SED, Leiter des Bereiches Kommerzielle Koordinierung im Ministerium für Außenhandel, Staatssekretär, 15. 10. 1992, 20. 8. 1993, 29. 9. 1993*.

Eduard Schewardnadse, sowjetischer Außenminister, 18. 12. 1998*****.

Georg Schertz, Polizeipräsident in Berlin, 15. 1. 1996.

Oberstleutnant Schneider, Stellvertreter des Kommandeurs der 1. Motorisierten Schützendivision für Ausbildung, 2. 5. 1996.

Dr. Rolf Schönfeld, Oberstleutnant, Regimentsarzt im Artillerieregiment I der 1. Motorisierten Schützendivision, 16. 4. 1994.

Horst Scholz, Oberstleutnant, Leiter der Passkontrolleinheit an der Grenzübergangsstelle Friedrich-/Zimmerstraße (»Checkpoint Charlie«), 16. 4. 1997.

Prof. Dr. Dieter Schröder, Chef der Senatskanzlei von Berlin, 10. 4. 1996.

Dr. Joachim Schunke, Oberst, Persönlicher Mitarbeiter des Ministers für Nationale Verteidigung, 4. 8. 1995.

Dr. Gerhard Schürer, Kandidat des Politbüros und Mitglied des Zentralkomitees der SED; ab 8. 11. 1989 Mitglied des Politbüros der SED; stellvertretender Vorsitzender des Ministerrates der DDR und Vorsitzender der Staatlichen Plankommission, 11. 2. 1992, 21. 2. 1992, 25. 2. 1993*, 21. 5. 1993*, 14. 3. 1995, 31. 5. 1995, 3. 9. 1996 ****.

Dr. Edwin Schwertner, Leiter des Büros des Politbüros der SED, 30. 3. 1992 und 6. 1. 1995.

Manfred Sens, Major, Diensthabender Offizier der Grenztruppen der DDR an der GÜST Bornholmer Straße; ab 10. 11. 1989 Kommandant der GÜST, 11. 9. 1995.

Günter Sieber, Mitglied des Zentralkomitees der SED, Leiter der Abteilung Internationale Verbindungen des ZK der SED; ab 8. 11. 1989 Mitglied des Politbüros der SED, 20. 10. 1993.

Horst Skerra, Generalleutnant, Chef des Stabes der Landstreitkräfte der NVA; ab 1. 1. 1990 Chef der Landstreitkräfte, 9. 9. 1995.

Horst Stechbarth, Generaloberst, Mitglied des Zentralkomitees der SED, Stellvertreter des Ministers für Nationale Verteidigung und Chef der Landstreitkräfte der NVA, 12. 12. 1994, 18. 7. 1995.

Fritz Streletz, Generaloberst, Mitglied des Zentralkomitees der SED; Stellvertreter des Ministers für Nationale Verteidigung und Chef des Hauptstabes der NVA, Sekretär des Nationalen Verteidigungsrates der DDR, 8. 12. 1994, 21. 12. 1994, 28. 3. 1996, 9. 10. 1996****.

Dr. Horst Teltschik, Leiter der Abteilung Auswärtige und Innerdeutsche Beziehungen, Entwicklungspolitik und Äußere Sicherheit im Bundeskanzleramt, 7. 10. 1992.

Peter Thomsen, Oberstleutnant, Stabschef des Grenzregiments-44 des Grenzkommandos Mitte, 12. 11. 1994, 11. 12. 1994.

Harry Tisch, Mitglied des Politbüros (bis 8. 11. 1989) und des Zentralkomitees der SED (bis 3. 12. 1989); Vorsitzender des Bundesvorstandes des FDGB (bis 2. 11. 1989), 9. 12. 1993* und 1. 3. 1994.

Karl-Heinz Wagner, Generaloberst, Stellvertreter des Ministers des Innern und Chef des Stabes, 24. 4. 1995, 12. 5. 1995.

Hans-Werner Weber, Oberst im Bereich Technik und Bewaffnung des Ministeriums für Nationale Verteidigung, 27. 9. 1994.

Siegfried Wenzel, Stellvertreter des Vorsitzenden der Staatlichen Plankommission für den Bereich Volkswirtschaftliche Gesamtrechnung, 15. 6. 1992, 25. 2. 1993*, 21. 5. 1993* und 13. 9. 1993.

S. W., Oberstleutnant, Stellvertreter des Leiters der Passkontrolleinheit an der Grenzübergangsstelle Invalidenstraße, 14. 5. 1998***** (gemeinsam mit Gunther Scholz und Kathrin Elsner), 14. 5. 1998*****.

Dr. Siegfried Wittenbeck, Stellvertreter des Ministers der Justiz, 8. 10. 1993.

Dr. Günther Wyschofsky, Mitglied des Zentralkomitees der SED; Minister für Chemische Industrie (bis 17. 11. 1989), 2. 11. 1992, 2. 9. 1993*, 31. 3. 1994, 5. 5. 1994.

Bildnachweis

Archiv des Autors: S. 13, 126, 128
Associated Press: S. 177
Bildarchiv Preußischer Kulturbesitz: S. 262 o., 262 u.
Bundesarchiv: S. 12, 211, 213
Bundesbeauftragter für die Stasi-Unterlagen: S. 76 o., 76 u., 137, 149, 153 o., 158, 169, 181
Bundesbildstelle: S. 39 o., 39 u.
Andreas Kämper: S. 120
Heinz Löster: S. 42
Wolfgang Mrotzkowski: S. 163, 253 u.
NDR/ARD: S. 134, 278
Jürgen Ritter: S. 16
Andreas Schoelzel: S. 88, 141 u., 196, 249 u., 265 o., 265 u., 273 u.
Spiegel-TV: S. 141 o., 253 o.
Frank Splanemann: S. 249 o.
Hans-Peter Stiebing: S. 273 o.
Ullstein-Bild: S. 153 u.

Abkürzungsverzeichnis

ADN	Allgemeiner Deutscher Nachrichtendienst
AdW	Akademie der Wissenschaften
AfNS	Amt für Nationale Sicherheit
AGB	Arbeitsgesetzbuch
AGM	Arbeitsgruppe des Ministers
AIM	Archivierter Inoffizieller Mitarbeiter
AK ZWO	Aktuelle Kamera, Zweite Abendausgabe
AKG	Auswertungs- und Kontrollgruppe (des MfS)
AMS	Ausländer-Meldestelle
ANSA	Agenzia Nazionale Stampa Associazione (ital. Nachrichtenagentur)
ASt.	Außenstelle
ASTA	Antragsteller auf ständige Ausreise
AZN	Archiv-Zugangsnummer
BArch	Bundesarchiv
BdL	Büro der Leitung (des MfS)
BDVP/BdVP	Bezirksbehörde der Deutschen Volkspolizei
BLN	Berlin
BMiB	Bundesministerium für innerdeutsche Beziehungen
BStU	Der Bundesbeauftragte für die Unterlagen des Staatssicherheitsdienstes der ehemaligen DDR
BUVO	Bundesvorstand
BVfS	Bezirksverwaltung für Staatssicherheit
CFS	Chiffriertes Fernschreiben
CHS	Chef des Hauptstabes (der NVA)
CSLaSK	Chef des Stabes der Landstreitkräfte (der NVA)
ČSSR	Tschechoslowakische Sozialistische Republik
DABA	Deutsche Außenhandelsbank
DPA	Deutsche Presseagentur
DV	Dienstvorschrift
DVP	Deutsche Volkspolizei
FDGB	Freier Deutscher Gewerkschaftsbund
FDJ	Freie Deutsche Jugend
FS	Fernschreiben
FStW	Funkstreifenwagen
GBl.	Gesetzblatt
Gen.	Genosse
GK-Dos	Geheime Kommandosache
GKM	Grenzkommando Mitte
GO	Grundorganisation
GR	Grenzregiment
GSSD	Gruppe der sowjetischen Streitkräfte in Deutschland

GT	Grenztruppen
GÜST/GÜSt	Grenzübergangsstelle
GVS	Geheime Verschlußsache
HA	Hauptabteilung
IA	Innere Angelegenheiten
IPA	Internes Parteiarchiv
IME	Inoffizieller Mitarbeiter für einen besonderen Einsatz (des MfS)
KD	Kreisdienststelle
KDfS	Kreisdienststelle für Staatssicherheit
KfS	Komitee für Staatssicherheit (UdSSR)
KGB	Komitet Gossudarstwenoi Besopasnosti (sow. Geheimdienst)
KP	Kontrollpunkt
KMB	Kommando des Militärbezirks
KOKO	Bereich Kommerzielle Koordinierung
KPdSU	Kommunistische Partei der Sowjetunion
KSZE	Konferenz über Sicherheit und Zusammenarbeit in Europa
KVP	Kasernierte Volkspolizei
LAPOLDIR	Landespolizeidirektion
LAPOLPRÄS	Landespolizeipräsidium
LaSK	Landstreitkräfte
LDPD	Liberal-Demokratische Partei Deutschlands
LStR	Luftsturmregiment
MB	Militärbezirk
MdI	Ministerium des Innern
MdJ	Ministerium der Justiz
MfAA	Ministerium für Auswärtige Angelegenheiten
MfNV	Ministerium für Nationale Verteidigung
MfS	Ministerium für Staatssicherheit
MR	Ministerrat
MSD	Motorisierte Schützendivision
MZA	Militärisches Zwischenarchiv
NSW	Nichtsozialistisches Wirtschaftsgebiet
NVA	Nationale Volksarmee
NVR	Nationaler Verteidigungsrat
ODH	Operativer Diensthabender
OibE	Offizier im besonderen Einsatz (des MfS)
OLZ	Operatives Lagezentrum
OpD	Operativ-Diensthabender (militärisch)
PA	Personalausweis
PArch	Privatarchiv
PB	Politbüro
PdVP	Präsidium der Volkspolizei Berlin
PHV	Politische Hauptverwaltung (der NVA)

PKE	Passkontroll-Einheit
PM	Pass- und Meldewesen
POLPRÄS	Polizeipräsidium
PPr	Polizeipräsident
POZW	Politisch-operatives Zusammenwirken
RdB	Rat des Bezirkes
RdK	Rat des Kreises
REGPRÄS	Regierungspräsidium
RGW	Rat für Gegenseitige Wirtschaftshilfe
RIAS	Rundfunk im amerikanischen Sektor
RS	Rechtsstelle
RVO	Rechtsverordnung
SAPMO	Stiftung Archiv der Parteien und Massenorganisationen der DDR
SDP	Sozialdemokratische Partei (in der DDR)
SdM	Sekretariat des Ministers
SED	Sozialistische Einheitspartei Deutschlands
SGAO	Staatsgeheimnis-Anordnung
SPK	Staatliche Plankommission
SPW	Schützenpanzerwagen
Stasi	Staatssicherheitsdienst
StäV	Ständige Vertretung
SU	Sowjetunion
UA	Untersuchungsausschuss
UdSSR	Union der Sozialistischen Sowjetrepubliken
USAP	Ungarische Sozialistische Arbeiterpartei
UUK	Unabhängige Untersuchungskommission
UVR	Ungarische Volksrepublik
VE	Verrechnungseinheiten
VM	Valutamark
VP	Volkspolizei
VPI	Volkspolizei-Inspektion
VPKA	Volkspolizei-Kreisamt
VS	Verschlusssache
VVS	Vertrauliche Verschlusssache
WGSS	Westgruppe der Sowjetischen Streitkräfte in der DDR
WV	Warschauer Vertrag
ZA	Zentralarchiv
ZAIG	Zentrale Auswertungs- und Informationsgruppe (des MfS)
ZGA	Zentrales Gewerkschaftsarchiv
ZK	Zentralkomitee
ZKD	Zentraler Kurierdienst
ZKG	Zentrale Koordinierungsgruppe (des MfS)
ZPA	Zentrales Parteiarchiv

Personenregister

Zum Autor

Hans-Hermann Hertle

Dr. phil., geboren 1955 in Eisern Krs. Siegen (Westf.), wissenschaftlicher Publizist und Sozialforscher, Themenschwerpunkte: Zeitgeschichte der Bundesrepublik Deutschland, Geschichte des Kalten Krieges, Diktatur- und Transformationsforschung, Politische Soziologie, Industrielle Beziehungen, Gewerkschafts- und Industriesoziologie.

Zahlreiche Buchveröffentlichungen zur Sozial- und Zeitgeschichte sowie vielfältige Auszeichnungen u. a.: Bayerischer Fernsehpreis 2000 (mit Gunther Scholz), Grimme-Preis 2005 (mit Team »Damals in der DDR«), Politikaward 2011 und Digita 2012 – Deutscher Bildungsmedienpreis (mit dem Website- und App-Team »www.chronik-der-mauer.de«), Deutscher Preis für Online-Kommunikation 2015 (mit Dagmar Hovestädt/BStU und Hans-Wilhelm Saure/Bild Zeitung für das Twitter-Projekt »Heute vor 25 Jahren – @Mauerfall89«).